동아시아 염불결사의 연구

동아시아 염불결사의 연구

1판 1쇄 펴낸 날 2014년 1월 1일

저자 김성순
발행인 김재경
기획 김성우
디자인 김현민
마케팅 권태형
제작 금강인쇄(주)

펴낸곳 도서출판 비움과소통 서울시 영등포구 영등포동7가 29-126 포레비떼 7층 705호
전화 02-2632-8739
팩스 0505-115-2068
이메일 buddhapia5@daum.net
트위터 @kjk5555
페이스북 ID 김성우
홈페이지 http://blog.daum.net/kudoyukjjung
카페(구도역정) http://cafe.daum.net/kudoyukjung
출판등록 2010년 6월 18일 제318-2010-000092호

• 책값은 뒤표지에 표시되어 있습니다.
• 잘못된 책은 서점에서 바꾸어 드립니다.
• 불교 또는 동양고전, 자기계발, 경제경영 관련 원고를 모집합니다.

동아시아 염불결사의 연구

천태교단을 중심으로

김성순(金星順) 지음

비움과소통

내가 불교학을 처음 접하게 된 것은 원광대 대학원 석사학위 논문을 준비하는 과정에서 밀교를 공부하기 시작하면서 부터였다. 지기가 허한 곳을 찾아 사탑을 세우거나, 택지를 하는 과정에서 밀교적 법술을 이용하는 것, 그리고 의식(儀式)을 설행하거나, 사원 등의 축조를 하기 전에 밀교적 작법을 통해 땅과 주변의 기운을 정화하는 등의 밀교적 요소에 관한 연구가 필요했던 것이다. 연구를 진행하다 보니, 이미 불교의 식이나 각종 실천 안에 자리잡고 있는 수많은 밀교적 요소들을 알게 되고 자연스럽게 불교 전반에 대한 관심도 확장되어 갔다.

2005년에 서울대 종교학과 대학원에 입학하게 되면서부터는 본격적으로 불교공부를 시작하게 되었다. 물론 학부 졸업 후에 만 9년 가까이 은행원 생활을 하고나서 다시 시작한 공부라, 절대로 쉽지는 않았다. 나이가 들면서 두뇌의 노쇠현상은 어쩔 수가 없었지만, 한번 더 생각하고, 현상의 이면까지 들여다보려는 노력으로 흐려지는 기억력을 극복하려고 애썼다. 특히 종교이론에 관한 체계적인 기반이 없이 시작한 종교학 공부는 나를 자주 절망하게 만들었고, 또 학부 때부터 전통 공부를 한 것도 아니었기 때문에 늘 남들보다 두, 세배는 더 공부를 해야 된다는 중압감으로 늘 내 스스로를 다그치며 살아야 했다.

그나마 다행인 것은 은행 다니던 시절에 영어와 중국어, 일본어를 쉬지 않고 공부해 둔 덕에 '동아시아 불교' 비교연구라는 출구를 발견할 수 있었다는 것이다. 또한 가학(家學) 덕분에 한문원전을 읽는 것은 그다지 어려움이 없었기에 한역경전을 공유하는 한·중·일 불교, 즉 동아시아 대승불교 권역의 불교문화 비교연구라는 큰 프레임을 그릴 수 있었다. 물론 전공이 종교학이었기 때문에 불교 전통을 공부한다고 해도, 교학이나, 문헌 관련 연구보다는 늘 신앙과 실천 쪽에 관심을 두고 있었다. 설령 불교문헌을 연구배경으로 하더라도, 그 문헌이 번역되고 다른 문화권에 전달되는 과정에서 이루어지는 재해석이나, 실제적인 신앙현장에서 수행론으로 만들어지고 적용되는 현상들, 수행론의 실천을 두고 교단이나 사회와 신앙인 개인 간에 오가는 긴장, 그리고 각 종교들의 전파 과정에서 이루어지는 교섭(interaction)현상 등에 집중했다.

2007년에 박사과정에 들어서면서 내가 관심을 기울이기 시작한 것은 바로 동아시아 불교결사운동이었다. 한·중·일 모두 불교결사운동의 역사를 가지고 있고, 각 결사마다 조금씩 발현되는 모습은 달랐지만 공통적으로 해당 결사의 시대에 가장 선진적인 실천을 보여준다는 점에서 연구의 가치가 충분하다 싶었다.

동아시아 불교사를 보면, 지도자들의 역량과 구성원들의 열정, 그리고 조직의 운영방식이 잘 어우러지는 결사의 경우에는 독립된 교단으로 성장하기도 하고, 모체가 되는 교단을 부흥시키는 토대가 되기도 했으며, 기존의 불교가 그 본질을 잃고 부패하고 있다고 인식하는 승려들이 결사의 형식으로 새로운 수행기풍을 진작시키는 전위부대로서의 역할을 하기도 했다. 무엇보다 인상적인 것은 불교결사운동이 갖고 있는 그 역동성과 진취성으로 인해 새로운 수행론을 실천에 접목시키는 온

상으로서의 역할을 해냈다는 점이었다.

이러한 불교결사운동은 정토왕생을 궁극의 구원으로 지향하는 아미타정토신앙결사, 즉 염불결사가 단연 수적으로 우세했으며, 그 중에서도 천태교단과 관련된 결사들의 활동이 규모면에서도 크고 활발했음을 알 수 있다. 정토신앙을 배경으로 하는 대부분의 신앙결사들은 결사운동이 곧 다수의 신도들을 상대로 한 포교운동이기도 하기 때문에 모두가 쉽게 실천할 수 있는 염불을 주요수행론으로 채택하는 보편성을 보여준다. 나의 연구가 천태교단의 염불결사운동에 집중된 이유는 바로 여기에 있다. 나아가 내가 석사 시절부터 천착해 온 주제인 수행론을 결사연구라는 주제에 접목시켜서 불교결사의 배경이나 조직 분석, 교의보다는 결사 구성원들의 실천에 집중했다.

결사운동이 동아시아불교사에서 갖는 의미나 지분에 비해 그 동안의 연구결과는 상대적으로 적었으며, 더군다나 동아시아라는 통합적 시각에서 조망하는 연구는 없었다. 따라서 내가 아는 한, 나의 박사학위논문은 동아시아 한·중·일 삼국의 불교결사의 보편성과 차이, 그리고 그 실천의 변천사를 들여다 볼 수 있는 최초의 논문이기도 하다. 그리고 이 책[1]은 나의 박사학위논문을 거의 내용에 변화를 주지 않고 책으로 편제한 것이다. 내 욕심 같아서는 학위논문을 쓰는 과정에서 좀 더 주제에 집중하기 위해 잘라냈던 장이나, 졸업 후에 썼던 결사 관련 논문

---

1 이 책은 서울대학교 대학원 종교학과 철학박사 학위논문(2011년 8월)을 단행본으로 편집한 것이다. 주요어: 동아시아 염불결사, 아미타신앙, 정토왕생, 수행론, 천태교단, 지도자 승려, 학번 : 2007–30733

들까지 포함하여 책으로 엮고 싶었지만 이미 학위논문 만으로도 400여 페이지가 넘는 분량이라서 그대로 편집하기로 했다.

물론 지금 봐도 미진한 구석이 많고, 더 보완해야 할 점이 많기는 하지만 내가 진행하는 동아시아 불교결사 연구의 한 전환점을 마련한다는 의미에서 그냥 이 책을 세상에 내보낸다. 그리고 이 책에서 많이 부족하고 아쉬웠던 점은 새로이 시작하는 저술에서 극복되고 보완될 것임을 스스로에게 약속하고자 한다.

그동안 공부를 하면서 참으로 많은 이들에게 가르침과 은혜의 빚을 지게 되었다. 원광대 대학원의 양은용선생님, 그리고 서울대 대학원의 윤원철선생님 두 분 석사지도교수께서는 의지는 있으되 지혜가 부족한 나를 위해 참으로 많은 시간을 무던히도 참고 기다리며 포용해주셨다. 전생이 있다면 그 두 분은 나의 부모님이셨을 거라고 생각한다. 그리고 서울대 박사과정 지도교수님이신 샘 베르메르스(Sem Vermeersch)선생님께서는 학자란 어떠한 태도로 연구를 진행해야 하는지를 가르쳐주셨다. 학위논문을 진행하는 과정에서 샘선생님께서 보여주신 인내와 지도력에 대해 다시 한번 존경어린 감사의 마음을 보낸다. 아울러, 서울대 대학원 시절에 까다로운 나의 체질 때문에 고생이 많았을 나의 연구실 동료들께 이 지면을 빌어 미안함을 전하고 싶다. 그리고 무엇보다도 어려운 형편 속에서도 대학까지 공부시켜주신 부모님과, 공부한다는 구실로 주부로서의 소명을 다하지 못하고 있는 나를 이해하고 도와주는 가족들에게 무한한 사랑과 감사의 마음을 전한다.

2013년 12월 김 성 순

목 차

I

서론

1. 문제 제기

    불교결사는 일반적으로 종교적 지향을 공유하는 이들끼리 신앙과 실천의 약속을 맺고. 주기적인 집회를 통해 수행을 함께하는 신앙공동체라고 볼 수 있다. 이 책에서는 동아시아 대승불교권 안에서 결성되고 활동했던 불교결사 중에서 아미타정토 왕생 신앙결사, 즉 염불결사[2]를 중심으로 하여 그들이 실천했던 수행론에 관해 고찰하고자 한다.

    동아시아 염불결사에 대한 연구의 계기는 흔히 결사의 원류로 보고 있는 여산 혜원의 백련사 시대부터 이미 사원이나 법회 등의 기성 종교 조직과 포교의 체계를 갖추고 있었는데 굳이 별도의 수행공동체로서의

---

2 아미타결사, 정토결사, 아미타신앙결사, 정토신앙결사는 모두 동일한 의미로 볼 수 있으며, 아미타신앙결사에서 기본적인 수행법으로서 염불을 실천했던 까닭에 염불결사로 부르기도 한다. 이 책에서는 될 수 있으면 '염불결사'로 용어를 통일하겠지만 간혹 문맥에 따라 정토신앙결사나 정토결사, 혹은 아미타신앙결사로 쓰더라도 그 의미는 동일한 것임을 밝힌다. 지도자 승려의 소속교단과 상관없이 천태교단이나 선종 교단 소속이라 하더라도 아미타신앙의 교의와 실천을 결사 수행에 적용한 경우에는 모두 염불결사로 보고 있으며, 이는 불교학계의 일반적인 시각이기도 하다.

결사를 조직해야 했던 원인을 묻는 데서부터 시작되었다. 더 나아가 이 책은 동아시아 불교에서 염불결사는 왜 필요했으며, 어떠한 방식으로 조직되고, 그 안에서 실천했던 수행론은 누구에 의해, 어떠한 형식으로 정비되어 갔는지에 대한 답을 각 결사와 연관된 기록을 통해 확인하는 여정이 될 것이다.

또한 결사의 수행론이 선택되고 정비되었던 과정에 대한 분석과 염불결사의 수행론이 동아시아 불교 전체의 수행론과는 어떠한 연계성을 갖는가에 대한 문제 역시 고찰하고자 한다. 이는 동아시아로 전입된 정토사상이 결사의 지도자 승려들을 통해 불교도들과 만나게 되는 과정에서 어떠한 방식으로 재해석되었으며, 그 파장이 어떠했는가에 대한 문제의식과 연결되는 것으로 볼 수 있을 것이다.

지도자 승려에 의해 결사의 수행론이 제시되고, 구성원들이 이를 따르고 실천하는 양상에 대해서는 구체적으로 다음의 두 가지 측면에 집중하여 관찰하게 될 것이다.

첫째, 결사의 규모와 수행론 간의 연관성에 관한 것으로서, 결사가 점차 확대되면서 나타나게 된 구성원들의 다수성과 수행역량의 다양성의 문제를 지도자 승려들이 어떻게 해결해 나가는지를 살펴보고자 한다. 이 문제는 또한 동아시아 염불신앙결사의 수행론들이 정비되는 과정에서 나타나는 보편성에 대해서도 유효한 설명을 제공해줄 수 있으리라 생각된다.

두 번째는, 지도자 승려들이 구원의 개인성을 결사의 연내성과 연결하는 방식에 관한 문제이다. 이 연대성과 개인성 간의 문제에 관련해서 다음의 질문들이 추가적으로 제기될 수 있으리라 생각된다.

① 신앙과 실천을 함께하는 신도들의 조직체인 결사의 연대성은 과연 개인적인 구원에 있어서 어떠한 방식으로 작동하는가.

② 연대성의 다른 일면인 다수성은 구원의 개인성과 충돌할 여지도 있는데, 지도자 승려들은 이를 어떤 방식으로 해결하였는가.

③ 또한 개인적인 구원을 다수의 연대를 통해 해결하려 했던 초기 결사의 방식이 11세기 이후에 변화해갔던 배경은 무엇인가.

두 가지 문제와 거기에서 파생된 이 세 질문에 관한 답변은 본문에서 제시되는 각 시대별 결사의 실천을 관찰하면서 찾아가게 될 것이다. 그리고 위의 두 문제와 연결 지어서 결사의 지도자 승려와 신도 구성원들 간의 위계관계, 아미타신앙의 해석의 변화가 만들어 내는 임종의식의 변화까지 각 결사별로 관찰해 보고자 한다.

이상 핵심적인 문제의 요소들을 정리하면 지도자 승려가 결사의 수행론을 제시하는 배경에서 작동하는 요인들-① 구성원들의 수행역량 ② 결사의 규모 ③ 실천의 근거인 아미타신앙에 대한 해석 ④ 결사의 구성동기-에 대한 분석이 본문의 집중적인 서술의 대상이 될 것이다.

2. 연구의 목적

　동아시아 불교의 수행론은 진공상태에서 만들어져 변함없는 전통으로 계승되어 온 것이 아니라, 누군가에 의하여 끊임없이 재해석되고, 필요에 따라 다른 교의와 융합되어 새로운 형식과 내용들을 보태어 가는 유기적 생명체와 같은 모습을 보여준다. 이 책에서는 동아시아 불교의 수행론에 그러한 생명력을 부여해 온 가장 큰 원인 중의 하나로 불교결사 활동을 지목하고, 그 결사들이 수행론을 만들어 내고 실천에 적용했던 모습을 관찰하고자 하는 것이다. 다시 말해 동아시아 불교 수행론의 역사적 전개에 대해, 그것들이 누구에 의해, 어떻게, 왜 그러한 방식으로 만들어지고 변화해 갔는지에 대한 답변을 동아시아 중국 · 한국 · 일본 삼국의 염불결사의 역사에서 찾아보는 작업이라고 말할 수 있을 것이다.

　이는 또한 지도자 승려들이 각 결사에서 제시했던 수행론들이 기존의 실천과 다름을 확인하면서 그들이 왜 새로운 실천을 제시해야 했는지, 새로운 실천을 위해 재해석한 교의의 내용은 무엇인지, 그리고 결사 활동을 통해 생산되고 적용되었던 새 교의와 실천들이 결사의 구성원들 내지 동아시아 전체 불교사에서 어떻게 작동하는지를 살피고 캐묻는 작업이기도 하다.

본문에서 제시되는 각 결사에서 실천되었던 수행론들을 살펴보는 것은 동아시아 불교의 수행론의 재해석을 통한 변용과 확대, 그리고 재생산의 과정을 고찰하는 작업으로서의 의미를 가질 수 있을 것이다. 다시 말해 결사의 수행론이 제시되고 실천되는 과정을 들여다보는 것은 동아시아 불교의 교의와 수행론의 전개사를 파악하는 것과 맥락을 같이 하며, 나아가서는 현재에도 여전히 진행 중인 각 종단들의 신앙결사활동에도 시사해주는 바가 있으리라 생각된다. 오늘날의 불교도들이 누리고 있는 풍요로운 수행론들 역시 과거의 어느 결사에서 이루어진 승려 지도자와 신도들 간의 긴장과 타협의 산물이며, 지도자 승려의 고민의 흔적이다. 따라서 그 수행론들이 만들어지는 과정을 되짚어보는 것 자체가 오늘날의 신앙결사의 지향점을 확인시켜주는 역할을 할 수도 있으리라 생각된다.

동아시아 불교사의 변곡점에는 반드시라고 해도 좋을 만큼 굵직한 결사활동이 있었으며, 대부분은 아미타신앙을 근거로 하여 결성되었던 아미타신앙결사들이었다. 이들 결사들 중에는 신생 교단이나 거대 종파의 본류 속으로 흡수된 것도 많지만, 그 실천의 흔적들은 온전히 동아시아 불교의 수행론 안에 차곡차곡 축적되어 있음을 볼 수 있다. 따라서 아미타신앙결사의 현장에서 새로이 만들어지고 실천되었던 수행론의 배경을 들여다보는 작업은 현재에 이르기까지 교단과 종파를 불문하고 동아시아 불교 전체를 풍요롭게 채우고 있는 아미타신앙의 역사를 반추해보는 의미도 될 수 있을 것이다.

3. 연구사의 검토

　동아시아불교 안에서 각종 결사들이 보여주었던 실천의 에너지, 변혁의 의지, 구원에 대한 열망, 그리고 때로는 국가체제의 전복을 시도할 만큼 맹렬했던 연대의 힘 등이 전체 동아시아 불교사 안에 남긴 족적에 비해, 불교결사에 대한 학계 연구의 비중은 협소했다고 볼 수 있다. 동아시아라는 광범위한 영역을 논문의 범위로 설정한 것은 단일 국가의 결사나, 각 개별 결사 내지 개별 승려와 연계된 연구가 아닌 한 · 중 · 일 삼국의 염불결사 그 자체를 한 자리에 놓고 들여다 볼 수 있는 공시적 연구에 대한 갈증 때문이었다.

　이제 동아시아 염불결사와 관련된 기존의 연구결과를 이 책과 관련된 불교결사 내지 결사의 개념 정의와 관련한 연구에까지 시야를 넓혀서 한 번 개괄해 보기로 하겠다. 먼저 동아시아 삼국, 즉 한국 · 중국 · 일본의 불교결사들을 한 자리에 놓고 비교분석해보려는 시도는 아직까지는 없었던 것으로 알고 있다. 삼국 중에서 한국의 불교결사에 대한 연구로는 보조지눌(普照知訥, 1158-1210)과 원묘요세(圓妙了世, 1163-1245)의 불교결사에 대해 비교적 다수의 연구결과가 축적되어 있음을 볼 수 있다. 그밖에 염불결사[3]나 정토교학[4]의 차원에서 연구가 진행된 것이 있으며, 아주 소수이긴 하지만 한국 학자들이 중국의 불교결사를 다루고 있는 논문[5]들이 존재한다.

다음으로 중국의 불교결사와 관련한 연구를 보면, 영명연수(永明延壽, 904-975)나 운서주굉(雲棲袾宏, 1532-1612)과 같은 저명한 고승의 경우에도 그 개별 승려의 전반적인 생애와 사상에 대한 연구[6]는 진행하되, 불교결사와 연계한 연구나 불교결사 자체를 연구하려는 시도 자체는 거의 보이지 않았다. 천태교단에 의한 결사활동이 가장 활발했던 송대의 불교결사에 대해서는 스즈키 추세이(鈴木中正)가 「宋代佛敎結社の研究」[7](『史學雜誌』제52편, 제1·2·3호)에서 비교적 자세하게 다루고 있다.

또한 중국 불교결사의 비조로 불리는 여산혜원(廬山慧遠, 334-416)의 경우에는 쥐르허(Erick Zürcher)가 중국 초기불교에 관한 저서에서 부분적으로 백련사를 다루고 있으며[8], 교토대학 인문과학연구소에서 편집

---

3 한보광, 『信仰結社研究』(여래장, 2000).

4 이태원, 『정토의 본질과 교학발전』(운주사, 2006).

5 장계환, 「中國의 佛敎結社」, 『한국불교학』 17, 한국불교학회, 1992.

6 Albert Welter, The Meaning of Myriad Good Deeds: A Study of Yen-shou and the Wan-Shan t'ung-kuei chi, (New York: Peter Lang, 1993).

7 鈴木中正, 「宋代佛敎結社の研究」 『史學雜誌』 52, (東京: 東京大史學會, 1941).

8 Erik Zürcher, The Buddhist Conquest of China: The Spread and Adaptation of Buddhism in Early Medieval China, (Leiden: E. J. Brill, 1972).

한 『혜원연구(慧遠研究)』[9]가 주목된다. 『혜원연구』는 「연구(研究)편」과 「유문(遺文)편」의 두 편으로 나뉘어 출판되었는데, 「유문편」은 혜원이 남긴 저작물들을 모아 엮은 것이며, 「연구편」은 혜원에 관한 일본학자들의 연구논문들을 집록한 것이다. 「연구편」 안에도 혜원의 결사와 직접적으로 연관된 논문은 없지만, 「유문편」과 더불어 결사를 조직하게 된 사상적 동인, 즉 죽음과 구원에 대한 재인식에 관한 부분을 확인할 수 있게 해준다는 점에서 중요한 참고자료라 할 수 있다.

일본의 불교결사는 연구 인력의 저변이 넓어서인지 일본 국내 연구결과도 다양하려니와 서구 학자들의 연구결과도 상당히 축적되어 있음을 확인할 수 있다. 먼저 '결사의 세계사(結社の世界史)' 시리즈[10] 중의 하나인 『결중 · 결사의 일본사(結衆 · 結社の日本史)』에서는 결사의 개념에 대해 중요한 명제를 던져주고 있다. 이 책의 편찬자인 후쿠다 아지오(福田アジオ)는 와카모리(和歌森)[11]의 견해를 빌어 혈연이나 지연이 아닌 심연(心緣)에 의한 사회결합(社會結合), 즉, 개인의 자발적 의지에 의한 사회적 결합을 근대적 의미의 결사로 보고 있다.[12] 따라서 후쿠다의

---

9 木村英一 編, 『慧遠研究』 「遺文篇」(東京: 京都大學人文科學研究所, 創文社, 1950), 同 「研究篇」(東京: 京都大學人文科學研究所, 創文社, 1981).

10 이 시리즈에서는 일본의 경우를 제외하고는 주로 유럽이나, 미국, 중국 등의 '비밀결사'에 대해서 다루고 있다.

11 和歌森太郎는 『國史に於ける協同体の研究: 族緣協同体』(帝国書院: 東京, 1947)에서 인간의 사회결합의 세 가지 계기로 혈연, 지연, 心緣을 들고 있다. 또한 同書에서 아야베 츠네오(綾部恒雄, 1930~2007)는 사회인류학적 시각에서 '약연집단(クラブ)'의 한 부분으로서의 불교결사를 다루고 있는데, 이 경우에도 불교결사의 범주에 포함시킬 수 있는 조직의 종류들이 무척 넓어지기 때문에 一揆, 同朋, 同行, 講, 座 등의 조직체를 모두 포함시키고 있음을 볼 수 있다.

12 福田アジオ 編, 『結衆 · 結社の日本史』(東京: 山川出版社 2006).

결사 개념에 따르면 결사로 정의할 수 있는 조직체들의 범주가 무척 넓어지게 된다. 이는 중세부터 결연(結緣)의 개념이 등장하여 개인들이 종교생활을 하는데 있어서도 승려나 다른 신앙인과의 연대를 통해 조직적인 성격을 보이는 일본의 종교적 특성과도 연관이 있을 것으로 생각된다. 현대 일본의 결사 연구는 사회학적 시각에서 다루고 있는 것들이 많으며, 그 연구대상도 현대 일본사회의 결사조직이나, 서구와 중국의 비밀결사 등 상당히 폭넓게 진행되고 있다.

이 책에서 다룬 히에이잔(比叡山) 요카와(横川)의 '25삼매회(二十五三昧會)'의 경우는 사상적 배경이 되는 겐신(源信, 942-1017)의 『왕생요집』에 대한 연구와 함께 진행하고 있는 연구결과물도 많았다. 아울러 '이십오삼매회'는 일본불교의 거대한 산맥인 히에이잔 천태교단에서 연원한 결사인데다가 일본 특유의 장례불교의 한 원형이라 할 수 있는 점에서 학자들의 시선을 받았던 것으로 생각된다. 그 중 후지모토 요시오(藤本佳男)는 일본에서 불교가 국가종교로서의 역할에서 벗어나 민족종교로서 기능하기 시작했던 흐름의 한 가운데 있는 염불결사운동으로서 이십오 삼매회를 다루고 있다.

원묘요세의 백련사에 대해서는 단연 국내학자들의 연구결과가 많이 집적되어 있다. 대표적으로 허흥식[13], 채상식[14], 서윤길[15], 고익진[16] 등 외

---

13 허흥식, 「고려전기 불교계와 천태종의 형성과정」, 『한국학보』 제4집, 1978.
14 채상식, 「고려후기 천태종의 백련사 결사」, 『한국사상논문선집』(불함문화사, 1998). 同 「고려후기 원묘요세의 백련결사」, 『염불신앙결사의 역사적 조명』(한국정토학회, 2000).
15 서윤길, 「요세의 수행과 준제송주」, 『한국불교학연구총서』(불함문화사, 2004).

에도 다수 학자들의 논문이 존재한다. 특별히 원묘요세 본인과 연관된 자료는 「비문」류에 제한되거나, 거의 실전된 경우가 많았지만 만덕산 백련사의 초창기부터 활동을 함께했던 직전 제자인 진정천책(眞淨天頙, 1206-?)과 정명천인(靜明天因, 1205-1248)의 경우『호산록(湖山錄)』등의 저술이 남아있어 백련사의 모습을 확인하는데 많은 도움을 주었다. 천책의 저술로 알려진『호산록(湖山錄)』이 다산 정약용에 의해『만덕사지』에 소개되면서 요세와 천책의 사상은 물론 백련사의 실천적 측면을 조명할 수 있게 해주고 있다. 백련사의 수행론을 확인해보는 문제에 있어서, 가장 중요한 요세의 저술이 전해지지 않은 상태에서 그나마 명확하게 수행론을 보여주는 것은 아무래도 천책의『호산록』일 것이다. 그간의 만덕산 백련사에 관한 연구에서는 중 · 일의 천태결사와 차별화되는 경전독송이나 경전 배포 등의 수행론에 대해 거의 주목하지 않았던데 비해, 이 책에서는 비교적 자세하게 서술하고자 했다. 이러한 결과는 요세에 관한 제한된 기록만이 아니라 거의 동시대에 활동했던 제자들의 저서인 천책의『호산록』과 정약용(丁若鏞, 1762-1836) 등이 편찬한『만덕사지』에까지 시선을 확대시켜 백련사 수행론과 관련한 자료를 적극적으로 찾으려 했던 데서 가능할 수 있었다.

　자운준식(慈雲遵式, 963-1032)과 사명지례(四明知禮, 960-1028)를 비롯한 11세기 중국 천태교단의 결사에 관한 연구는 전술한 스즈키 추

16　고익진, 「원묘요세의 백련결사와 그 사상적 동기」, 『한국사상논문집』(불함문화사, 1998). 同 「원묘국사 요세의 백련결사」, 『한국불교학연구총서』(불함문화사, 2004).

세이와 사토 세이준(佐藤成順)의 연구[17] 외에도 의외로 서구권 학자들의 연구가 탄탄하게 집적되어 있음을 확인할 수 있었다. 대표적으로 Buddhism in the Sung(1999)에 수록되어 있는 대니얼 스티븐슨(Daniel Stevenson)[18]과 첸 츠와(Chi-wah Chan)[19], 대니얼 게츠(Daniel Getz)[20] 등의 논문이 그것이다. 이들의 논문은 정확히 천태교단의 결사에 관한 연구라기보다는 준식과 지례, 모자원(茅子元, 1086/88-1160) 등의 지도자 승려에 대한 인물 연구, 즉 그들의 사상, 행적, 그리고 그 배경에 대한 분석이 주를 이루는 작업이라고 말할 수 있다. 이 책에서는 이들 기존의 연구결과물을 참고하되, 『사명존자교행록(四明尊者敎行錄)』 등의 원전을 통해 결사 자체의 실천에 대해 심층적으로 분석하고자 노력했다.

이 밖에 운서주굉의 결사에 관한 연구는 의외로 찾아보기 힘들었다. 아라키 켄고(荒木見惡)가 주굉의 전반적인 사상과 행적에 대해 연구한 『雲棲袾宏の硏究』[21]와 함께 명말의 전체적인 종교상황에 대한 연구[22], 그리고 명말 거사들의 종교 활동에 관한 연구[23]에서 약간의 연결되는

---

17 佐藤成順, 『宋代佛敎の硏究』(東京; 山喜房佛書林, 2001).

18 Daniel B. Stevenson, "Protocols of Power: Tz'u-yün Tsun-shih (964-1032) and T'ien-t'ai Lay Buddhist Ritual in the Sung," in Buddhism in the Sung, ed. Peter N. Gregory and Daniel A. Getz Jr. (Honolulu: University of Hawai'i Press, 1999).

19 Chi-wah Chan, "Chih-li (960-1028) and the Crisis of T'ien-t'ai Buddhism in the Early Sung," in Buddhism in the Sung, ed. Peter N. Gregory and Daniel A. Getz Jr. (Honolulu: University of Hawai'i Press, 1999).

20 Daniel A. Getz, Jr. "T'ien-t'ai Pure land Societies and the Creation of the Pure Land Patriarchate," in Buddhism in the Sung, ed. Peter N. Gregory and Daniel A. Getz Jr. (Honolulu: University of Hawai'i Press, 1999).

21 荒木見悟, 『雲棲袾宏の硏究』(東京; 大藏出版社, 1985).

22 荒木見悟, 『明末宗敎思想硏究』(東京; 創文社, 1973).

23 Chun-fang Yü, The Renewal of Buddhism in China: Chu-hung and the Late Ming Synthesis (New York: Columbia University Press, 1981).

부분을 찾을 수 있었을 뿐이었다. 따라서 주굉의 결사활동에 대한 분석은 비교적 근대와 가까운 시기에 활동했던 덕에 잘 보존되어있는 그의 각종 저술에서 결사와 연관되는 부분을 찾아서 맥락을 연결하는 작업이 주를 이루게 되었다.

이상 불교결사에 대한 대략적인 연구사와 함께 그간의 연구결과물들을 정리해 보았다. 이 외에도 여러 가지 세부적인 항목에서 동아시아 불교결사와 연관될 수 있는 연구결과물은 많이 있지만, 아쉽게도 동아시아불교결사라는 범주에서 수행론을 중심으로 하여 결사들을 연구한 작업은 거의 찾아보기가 힘들었다. 또한 아직까지 결사에 대한 개념을 명확하게 정리해보고자 하는 시도가 드물었던 점이나 최소한 동일 교단, 동일 종파 내에서라도 동아시아 삼국의 불교결사에 대한 비교연구 역시 시도한 사례가 부재하다는 점도 아쉬운 대목이다. 하지만 단일 국가의 한 인물을 중심으로 한 결사에 대한 연구가 대부분이었던 그간의 성과물들은 그 자체로서 이 책의 중요한 밑거름이 되어 주었으며, 각 교단과 연관된 결사를 교학적 차원에서 연구한 논문 역시 결사의 교의적 배경을 이해하는 부분에서는 많은 도움을 받을 수 있었다.

전체적으로 특정 교단이나, 승려, 교학자 등을 다룬 논문은 많지만 동아시아 불교결사만을 전적으로 다룬 연구물은 드문데다가 결사 안에서 실천되었던 수행론을 중심으로 연구한 결과물은 더더욱 보기 힘들었다. 따라서 결사 안에서의 실천들을 추적하기 위해서 기본적으로는 지도자 승려가 저술한 원전과 사후의 비문(碑文), 사서 등의 기록들에 의지했으며, 결사가 구성된 당시에 작성된 원문(願文)과 기청(起請), 결사

규약, 참가자들의 의지를 담은 입회 시문(詩文) 등도 중요한 길잡이가 되어 주었다. 사실 이 책에서 결사 초기의 원문들이 보전되어 있는 결사만을 서술 대상으로 삼았던 이유도 거의 이러한 연유에서 말미암은 것이다.

이제 이 책의 주인공인 결사들은 역사 속으로 사라졌지만 그들이 펼쳤던 치열한 수행의 에너지들은 후예들의 종교적 전범으로서 동아시아 불교 안에 남아 있다. 오늘날 동아시아의 대승불교 안에 축적된 수행론들은 과거 결사에서 지도자 승려들이 기존의 교의와 신도들의 새로운 요구 간의 최적의 접점을 찾기 위해 고심했던 결과물들이기도 하다. 그런 의미에서 이 책은 그 결사의 현장들을 투영함으로써 동아시아 불교의 현재의 수행론을 비춰 보는 데에도 쓰일 수 있는 작은 거울이 될 수 있으리라 생각한다.

4. 연구의 범위와 방법

이 책은 일차적으로는 동아시아 염불결사에서 기존의 교의를 재해석하고, 구성원들의 다양한 요구를 수용하여 새로운 수행론들을 정비했던 모습들을 확인하고 그 배경을 추적하는 작업이다. 여산혜원의 백련사에서부터 명말의 거사회에 이르기까지 각 결사에 관한 기록과 그 지도자 승려의 저술 등 다양한 문헌자료의 분석을 통해 다양한 수행론이 생산되고, 실천되는 과정들을 확인하는 역사학적 방법론을 토대로 진행하게 될 것이다. 많게는 1500년 이상의 과거에 이루어진 결사의 수행론들을 추적해보는 작업은 그와 동시대에 활동했던 사람들의 관찰에 의한 기록이나, 그것을 인용한 후대의 자료, 결사 참여자 혹은 그 제자들의 저술이나, 교단 차원에서 교조화 작업을 위해 남긴 전집 등의 역사적 자료를 통해 결사 당시의 현장을 구성하고 이를 다시 분석하는 작업을 필요로 하기 때문이다.

본문에서는 먼저 서술의 대상이 된 각 결사들을 시대 순으로 배열하고, 지도자 승려가 결사의 주요 수행론을 채택하고 구성원들에 맞추어 정비해나갔던 과정과 배경을 추적해보는 작업을 진행할 것이다. 아울러 전 시대의 결사에서 실천되었던 수행론과 후대의 재정비된 수행론 사이에 나타나는 실천의 변화들을 비교해 보는 작업을 통해서 동아시아 염불결사들의 수행론의 전개양상과 그 수행론들 사이에 개입된 재해석의 요소들을 추출해 볼 수 있으리라 생각된다.

개별 결사들의 수행론에 대한 분석은 결사의 지도자 승려가 남긴 관련 저술과 사후에 기록된 비문(碑文) 등의 역사적 문헌, 함께 참여했던 구성원들의 원문(願文) 등의 기록, 그리고 동시대 문인들이 결사 활동과 관련하여 남긴 작품과 무엇보다도 각 결사의 규약 등을 주요 대상으로 했다. 또한 승려와 신도가 함께하는 승·속 연합결사나 승려들만으로 이루어진 결사들의 경우에도 결사의 구성 동기와 수행 목표를 알리는 이른바 결사 원문(願文)이나 결사 규약, 기청(起請) 등을 발표하게 되는데, 이 책에서는 이러한 원문이나 규약이 존재하는 결사들을 중심으로 다루게 될 것이다. 한국의 봉암사 결사의 경우처럼 결사 구성원들 자신은 결사를 표방하지 않았지만 외부의 시선에 의해 결사로 규정되는 경우도 있으므로 결사의 범주를 명확히 하기 위한 준거로서 '원문' 내지 '규약'의 여부가 중요하리라는 판단에서이다.

이 책의 주제인 '동아시아 염불결사의 수행론'의 범위를 설정하는 작업과 관련하여 먼저 주제와 관련된 지역적 범주인 '동아시아'에 관해 정의해 둘 필요가 있으리라 생각된다. 여기에서 말하는 '동아시아 불교'는 인도불교를 먼저 받아들여서 경전번역을 거쳐 주변의 국가에 전달한 중국, 그리고 중국으로부터 수입한 한역경전을 수용하고 다시 관련 문물과 함께 일본에 전한 한국, 한국에서 받아들인 불교의 바탕위에 자체적으로 중국과 교류하면서 자신들의 불교를 만들어 간 일본, 다시 말해 한역경전이라는 자원을 공유하는 삼국의 불교를 말한다.

거시적인 관점에서 보면 이들 삼국의 불교는 타국으로부터 전해진 경전이나 문물들의 무차별적인 수용이나 소비가 아닌 끊임없는 재해석의 산물이었다. 삼국의 승려들은 전해진 경전에 '소(疏)'나 '초(抄)', '논(論)'의 형태로 주석을 가해서 수용하고, 이들 문하의 제자들은 이러한 결과물들에 원본 경전에 준하는 권위를 부여하며 전승했으며, 이를 다시 확대시키는 작업을 통해 하나의 교단이나 종파, 법맥을 발전시켜 나갔다. 결국 동아시아불교는 한·중·일 삼국이라는 지리적 영역인 동시에 한역경전이라는 공통의 종교적 기반과 그에 대한 재해석으로 구축된 대승불교의 영역이기도 한 것이다.

덧붙여 여기서 다루고 있는 결사들은 각기 한·중·일 삼국에 고루 안배하되, 동아시아 불교결사의 시원이라 할 수 있는 중국과 천태교단에 좀 더 무게중심이 치우쳐지게 되었다. 천태교단에 속하는 승려들의 결사가 상대적으로 많이 서술되고 있는 것은 그만큼 정토신앙을 적극적으로 수용하고 포교에 활용했던 북송대 중국 천태교단의 상황을 대변해주는 것으로도 볼 수 있을 것이다.

다음으로 본문 안에서 가장 많이 접하게 될 수행론의 범주에 관한 문제이다. 결사의 수행론은 구성원들의 궁극적 구원을 전제로 한 실천의 약속이기도 하다. 구성원들이 자신의 시간과 물자, 열정과 노력들을 쏟으면서 얻고자 했던 궁극적 지향점은 결국 '구원'이며, 따라서 결사의 수행론은 그 실천의 결과를 확신할 수 있는 것이어야 했으리라 생각된다. 동아시아 불교결사의 수행론을 보면 염불이나 선(禪), 독송(讀誦) 등의 일반적인 수행법 외에도 교단의 교의에 근거한 모든 신행(信行)들, 다시 말해 기도, 의식(儀式), 염송(念誦), 주문(呪文), 명상, 시식(施食), 보시(布施) 등의 실천들까지도 포괄하고 있다.[24] 동아시아 대승불교 안에서는 불교도들이 '구원'으로 갈 수 있는 길이 지난한 깨달음의 수행 속에도 있지만 보시나 자비행 같은 공덕의 실천으로도 가능함을 교의적으로 뒷받침하고 있기 때문이다. 결국 이 책에서 이야기하는 동아시아 불교결사의 '수행론'은 구원을 향한 모든 실천들인 수행(修行)과 그 수행의 이론적 근거인 교의(論)를 포섭하는 개념이라 할 수 있을 것이다.

다음으로 결사(結社)라는 용어의 적용범주에 대해 생각해보고자 한다.[25] 여기서 우선적으로 밝혀두어야 할 것은 이 책에서는 비의(秘儀)적 조직이나 정치와 종교의 성격이 혼재된 비밀결사들은 서술의 대상에서

---

24 요아힘 바흐는 예배, 즉 신적 존재를 받드는 의식 안에 입을 여는 것, 식사하는 것, 그림 그리는 것, 옷 입는 것, 목욕하는 것과 성상을 지니고 다니는 것 등 여러 행위를 포함시키고 있다. (요아힘 바흐(Joachim Wach), 김종서 옮김, 『비교종교학』(민음사, 2004), p. 184.) 이러한 시각은 동아시아 불교에서 儀式과 수행론의 중첩성에도 적용시킬 수 있으며, 바흐가 고등종교들의 예배의식의 일부로 제시하는 경전 읽기, 설교, 설법, 특수한 자비의 행위 등은 실제로 대승불교의 수행론 안에 포섭될 수 있는 것들이다.

25 綾部恒雄의 경우에는 "결사(임의결사)는 어떤 공통의 목적이나 관심을 충족시키기 위해 일정한 약속 하에 기본적으로 평등한 자격을 가지고 자발적으로 가입한 성원에 의해 운영되며, 생계를 목적으로 하지 않는 파트타임적 사적 집단"으로 정의하기도 한다. 결사를 구성하게 되는 유대원리를 구성원 간의 약속 내지 계약으로 보기 때문에 아야베 츠네오는 '約緣集團(クラブ)'이라는 용어로 혈연이나 지연집단과 구별하고 있다. 로위(R. H. Lowie)의 영향을 받은 아야베의 이러한 정의는 일본 사회에 다양한 형태로 존재해 온 講집단이나 동호회, 협회, sect(교파), 조합 같은 클럽 형식의 임의결사(voluntary association)를 위주로 하고 있으며, 역사적으로 親鸞(1173~1263), 蓮如(1415~1499) 등에 의해 제시되었던 '同朋'나 '同行'개념 등이 용해되어 있는 것으로 보인다. 綾部恒雄, 『くらぶの人類學』(京都: アカデミア出版会, 1988), pp.6~7.

제외했다는 점이다. 이 책에서는 무엇보다도 결사라는 조직이 갖는 인적 구성과 수행론과의 연계성에 대해 주목하고 있기 때문에 교의와 실천, 그리고 명확한 구성원이 드러나지 않는 비밀결사들은 조사의 대상이 아니었던 것이다. 또한 서구의 경우에 결사라고 할 수 있는 신앙공동체들이 종족-종교공동체적 성격을 띠는 것들이 많은 까닭에 거주와 신앙생활을 함께하는 형태가 많은 데 비해 이 책에서 다루는 불교결사들은 대부분 특정 기한을 정해두고 수행을 함께하는 수행공동체를 말한다는 점을 분명히 해두고자 한다.[26]

또한 이 책의 구성체계에 대해 말하자면, 결사들을 분석하는 데 있어서 요아킴 바흐가 제시한 결사형 조직들, 즉 brotherhood, collegium pietatis, fraternitas 등의 분류개념[27]을 참조했으되, 이에 근거하거나, 유사한 유형화작업은 시도하지 않았다.[28] 이 책은 결사의 조직 자체에 대한 분석보다는 결사 안에서 제시되고 실천되어지는 수행론에 방점을 두고 서술하는 작업이 중심이기 때문에 특정 시대나 교단별 분계점을 정하지 않으면 유형화작업이 어려워지게 된다. 또한 이 책은 결사 조직에 대한 분석보다는 결사 안에서 지도자 승려를 통해 제시되는 수행론과 그것이 제시되는 배경, 그리고 그 수행론이 구성원들에 의해 실천되

---

26 한편 '동아시아 삼국의 문화비교를 위한 분석틀의 모색'이라는 부제를 달고 나온 『동아시아문화전통과 한국사회』에서는 동아시아 삼국의 조직문화 비교연구 차원에서 결사를 다루고 있는데, 한국의 契와 일본의 座, 講, 惣, 町內會 등의 자치조직, 중국의 대학생 사단(社團) 등을 모두 결사로 규정하고 있는 점이 눈에 띈다. 비록 전적인 신앙결사는 아니라 할지라도 임의조직이라고 할 수 있는 이들 각종 단체들을 그 결성의 원리와 사회적 네트워크라는 기능적 측면에서 결사로 보고 있는 것이다. 문옥표 외, 『동아시아 문화전통과 한국사회―한·중·일 문화비교를 위한 분석틀의 모색―』(백산서당, 2001).

어지는 모습들, 그리고 그 실천들을 관통하는 핵심적 요소들을 포착하는 작업이기 때문에 결사의 인적 구성 형식과 시기, 장소 등의 분류를 두고 유형화하는 작업은 논문 주제에 비추어 볼 때 별 비중을 갖지 못한다는 점도 한 이유가 될 수 있을 것이다.

본문을 구성하고 있는 다섯 결사들은 모두 한국과 중국, 일본의 아미타신앙결사를 대표할 수 있는 사례들이며, 각자 아미타정토왕생이라는 구원관에 근거하되 자신들만의 특색 있는 수행론을 보여주고 있다. 다

---

27 collegium pietatis는 느슨하게 조직되어 있으며, 회원의 숫자에 제한을 두고, 강렬한 신앙, 엄격한 규율, 좀 더 높은 영적 도덕적 완성을 지향하는 신앙단체이다. 기도, 명상, 독서, 교화를 위한 회합을 가지며, 좀 더 강렬한 개인적 체험이나 표준화된 종교적 체험의 극대화를 지향하는 경향을 갖는다. collegia는 community 로부터 분리 독립되어 있지는 않지만 그들은 자신들의 종교적 실천을 위해 커뮤니티에 냉담함을 유지하는 경향을 보인다. 기독교 수행자, 은둔자, 그리고 2–3세기 이집트의 은자들이 이러한 collegia의 전형이다. 주도단체(교회)에 대한 비판 역시 이러한 콜리기아 그룹들의 특징 중의 하나이며, cultic(의식적) 요소들을 강조하는 경향이 있어서 새로이 강화된 의식적 실천이 조직된다. 묵상(명상, 기도), 금욕적 훈련, 자비의 행위 등이 이러한 운동들의 표지가 된다. fraternitas는 13–14세기 서유럽의 Brethren and Sisters of the Common Life(Beghins and Beghards), devotio moderna의 추종자들, 독일, 네덜란드, 엥글로색슨 개신교의 경건파, 청교도파, 감리교파. Russian Dissenters(Shore–dwellers, Vigovsk brotherhood), Mohammedan brotherhoods, 도교와 불교의 유사한 결사들을 포함한다. 이러한 그룹들은 엄격한 조직보다는 정신적(영적)으로 통합되어 있으며, 중심 교단의 교의와 의식, 실천에 대해 비판적인 자세를 보인다. 이로 인해 fraternitas는 종종 공식적인 단체나 그 권위와의 충돌을 일으키기도 한다. Joachim Wach, Sociology of Religion, (Chicago: The University of Chicago Press, 1971). 참조.

28 참고로, 유형화작업에 있어서 다른 학자들의 경우를 보자면 B.J. ter Haar는 중국의 불교결사에서 가장 자주 등장하는 '白蓮社'들을 분석하면서 결사의 구성원들을 중심으로 '사원의 승려(monastic)·엘리트 거사(literati)·비 엘리트(non–elite)'라는 세 가지 인적 유형을 제시하고 있다. 이는 비단 白蓮社뿐만 아니라 거의 모든 중국의 불교결사에 해당될 수 있는 도식으로 생각된다. Barend J. ter Haar, "Whose Norm, Whose Heresy? The Case of The Chinese White Lotus Movement", Haresien, (München: Wilhelm Fink Verlag, 2003). 참조.
또한 Allan A. Andrews는 중국의 정토결사들을 유형화하는 조건으로 ① 각 결사의 시대관과 인간관 ② 불교의 교의를 반영한 실천 ③ 구원론 등을 제시하며 각 결사들을 먼저 시대별로 세 단계로 나누고, 다시 교의와 실천, 구원론에 따라 각 단계들을 양분(monastic & lay orientation)하는 시각을 제시한다. 앨런의 경우에는 불교사 안에서 새로운 교의가 등장하는 기점에 해당되는 인물과 그들의 수행론을 중심으로 구분하고 있는 점이 특징이다. Allan A. Andrews, "Lay and Monastic Forms of Pure Land Devotionalism: Typology and History", Numen, Vol. 40 (1993). 참조.

시 말해 아미타신앙결사의 공통적인 수행론이라 할 수 있는 염불을 기반으로 하여 반주삼매의 견불(見佛; 여산 백련사), 영강(迎講; 이십오삼매회), 참법과 수계회(受戒會; 사명지례와 자운준식의 천태결사), 지계와 염불(모자원의 백련채), 경전 독송과 배포(원묘요세의 백련사) 등으로 결사의 수행론을 확장시켜 나갔던 사례들을 보여주게 될 것이다.

나아가 이들 여섯 결사들은 시차를 두고 수행론이 확대, 발전되어가는 모습을 보여주고 있으며, 이는 동아시아 대승불교 안에서의 아미타신앙의 해석의 역사와 맥락을 같이하는 것으로 볼 수 있을 것이다. 결국 이 여섯 결사는 한·중·일 삼국의 무대를 통해서 대승불교의 교의에 대한 해석의 차이가 빚어내는 다양한 수행론의 적용들을 보여줄 수 있는 최적의 대상들로서 선택된 셈이다.

이 책에서는 이들 여섯 결사를 대표적 사례로 제시하면서 동일한 아미타신앙을 두고 표출되는 실천의 차이에 시선을 집중하고, 각 장의 결사 별로 그 차이를 만들어내는 배경을 서술하게 될 것이다. 이에 따라 각 장에서는 결사들을 관통하는 아미타신앙에 대한 시대별 해석의 차이에 따라 달라지는 수행론의 문제, 즉 지도자 승려에 의한 아미타 신앙의 재해석이 빚어내는 실천의 연속성과 차이를 드러낼 수 있으리라 생각한다.

전체적으로 혜원의 여산백련사에서는 민간신도들까지 결사 안으로 수용하는 대승보살도적 성격이 잘 드러나지 않지만 겐신의 이십오삼매회부터는 점차 결사 구성의 양식을 다양화·대형화함으로써 적극적으로 결사의 외연을 확대시켜가는 모습을 확인하고자 했다. 아울러 정토왕생이라는 구원의 개념이 정토교의의 재해석의 역사와 맞물리게 되면서 결사 안에서의 실천 역시 점차로 변해가는 모습을 포착하는 작업도 동시에 진행될 것이다. 결국 아미타신앙의 교의에 대한 해석의 변화로 인해 결사의 규모와 실천이 확대되고, 나아가 동아시아 대승불교의 수행론의 확대현상과도 유기적으로 연관을 맺게 되는 모습을 차례로 보여주는 것이 본문에서 각 결사들을 시간적 순차로 배열한 의도라고 볼 수 있을 것이다.

전체적인 동아시아 염불결사의 수행론이라는 시각에서 과연 삼국 간의 명확한 분계를 그을 수 있을까 하는 약간의 의구심이 드는 것은 사실이다. 삼국 공히 한역경전이라는 자원을 공유하고 있으며, 교단차원에서는 물론이고 정치적인 의도를 배경으로 한 인적 · 물적 교류 역시 활발했다. 동아시아 삼국이라는 범주 안에는 이처럼 그간의 교류를 바탕으로 축적된 교의와 문화적 동일성 내지 상사성이 엄존하고 있는 것이다. 하지만 종교연구자가 특정 종교 활동을 대상으로 연구하는 작업의 묘미는 역시 동일한 영역으로 치부되기 쉬운 덩어리들을 기획의도에 맞추어 세분화하고 차이점들을 추출해 내는 데 있을 것으로 생각된다. 이 책에서는 그 차별성들을 끄집어내는 작업에서 단지 삼국의 국경(territory)에만 기대지 않고, 수행론의 설정과정에서 나타나는 지도자 승려들의 고민에 시선을 집중하게 될 것이다. 중요한 것은 소속된 교단이나 국경이 아니라 정토왕생이라는 동일한 지향을 갖고 있음에도 불구하고 각 결사마다 다르게 산출되고, 실천되었던 수행론들의 차별성을 밝히고, 그 배경을 캐는 시각일 것이기 때문이다.

II

여산혜원(廬山慧遠)의 백련사(白蓮社): 동아시아 불교결사의 원형

• 여산혜원

동아시아 불교결사를 다루는 논문의 초반부에서 먼저 염불결사의 시작으로 불리는 여산혜원(廬山慧遠, 334-416)[29]의 백련사(白蓮社)[30]에 대해서 살펴 볼 필요가 있을 것이다. 여산 백련사는 많은 불교결사들이 실천의 원형으로 삼고 있다는 점에서 동아시아 불교사 안에서 수많은 승려와 신도들을 결사의 장(場)으로 이끈 원초적 요소를 보여줄 수 있으리라 생각된다. 동진 불교의 사상적 리더였던 혜원은 중국적 사유에 기반을 두고 인도불교를 재해석 해냄으로써 중국인들로 하여금 죽음과 구원에 관한 이해를 전환케 하는 한 계기를 마련했다. 이 장 전반부에서 상당 부분을 혜원의 논변 소개에 할애한 이유는 그것이 이후의 동아시아 불교결사, 특히 아미타 신앙결사의 사상적 배경을 이루는 기본 교의가 되기 때문이다. 영혼과 윤회, 불멸, 그리고 신선사상의 이상적 세계관과 연결된 정토관은 많은 이들을 정토신앙에 몰두하게 만들었으며, 당시의 은사(隱士)들의 수행 풍토와 맞물려 여산 백련사의 결성을 촉발시키게 되었다.

혜원과 그의 제자 승려들, 그리고 동진 당시의 최고 엘리트로 볼 수 있는 은사들로 이루어진 백련사의 구성원들이 여산에 모여 실천했던 수행론은 어떠한 모습이었는지, 그리고 백련사의 지도자인 혜원이 그러한 수행론을 선택하게 된 동기와 배경에 대해 들여다보는 것이 이 장의 주요 서술 목표가 될 것이다.[31]

결국 본 장에서는 승려와 속인이 연합한 결사-비록 아직은 제한된 소수들만의 결사라 할지라도-를 지도하면서, 혜원이 구원의 개인성과

29　혜원은 AD334년(咸和01)에 산서성의 安門군 樓煩현에서 태어났다. 『고승전』에 그의 선조들의 관직명이 기록되지 않은 것으로 보아 전쟁으로 인해 몰락한 가문 출신이었던 듯싶다. 소년시절에는 하남의 許昌과 洛陽에 유학하였으며, 그 후 계속 유학과 도교의 경전을 학습하여 유가와 도가를 아우르는 엘리트였다고 한다. 21세에는 동생 慧持와 함께 道道安에게 사사했으며, 도안의 『반야경』 강의를 들은 이후 유교와 도교를 버리고 출가하게 된다. 당시 42세이던 도안의 문하로 들어간 혜원은 그 후로 25년간 사사하면서 사상의 기틀을 확보하였다.

30　요아킴 바흐 식의 종교조직 분류에 의거한다면 백련사는 여산이라는 제한된 영역 안에서 외부와 냉담한 관계를 유지하며, 단지 그들만의 구원에만 관심을 두었다는 점에서 'collegium pietatis'에 속하는 것으로 볼 수 있을 것이다. 또한 새로이 도입된 불교 경전들을 기반으로 하여 신앙의식을 만들어 내고, 아미타상에 대한 예경 의식을 강조했다는 점에서도 collegia적 요소가 확인된다.

31　여산 백련사의 구성원들이 보여 준 구체적인 활동에 관한 내용은 유유민(劉遺民=程之, 354~410)이 쓴 것으로 전하는 「입서원문」(『고승전』에 수록)이나 혜원의 「염불삼매시서」(『樂方文類』에 수록), 그리고 『고승전(高僧傳)』, 『불조통기(佛祖統紀)』, 『출삼장기집(出三藏記集)』, 『낙방문류』 등에 전하는 혜원과 다른 구성원들에 대한 짧은 전기를 통해 부분적으로 확인할 수 있다. 아울러 여산 백련사의 결성을 이끌어 낸 동기를 확인하기 위해서 『홍명집(弘明集)』과 『광홍명집(廣弘明集)』에 실린 혜원과 그 외 은사들의 글을 포함하여 동진시대의 불교 논변들을 주로 참조했다.

결사조직의 연대성 내지 다수성을 어떠한 방식으로 조화시켜 가는지를 고찰하는데 초점을 맞추게 될 것이다. 또한 이와 더불어 정토왕생을 지향했던 백련사의 구성원들이 죽음과 궁극적 구원이 교차하는 임종의 현장에서 실천했던 초기적 임종의식의 모습까지 관찰하고자 한다.

1. 여산 백련사의 결성

　여산 백련사의 지도자인 혜원이 활동했던 4-5세기는 유교와 도교가
자생종교로서 자리 잡고 있었으며, 인도에서 전입한 불교 역시 서서히
중국의 종교문화와 교섭과정을 거치면서 중국불교화 되어가고 있던 시
기였다.[32] 초기에는 황로학의 한 유파로 수용되었던 불교가 구마라집
(鳩摩羅什, 344-413)에 의해 많은 대승경전이 번역되기 시작되면서 다양
한 해석이 등장하게 되었으며, 도안(道安, 312-385)에 의해 도교사상과

32　중국에 전해진 불교는 아함부의 초기 교설에서 확대되어 변화한 대승불교가 주를 이루고 있었다. 중국
후한 말은 인도에서는 카니시카왕이 인도의 서북부에서 중부에 걸쳐 광대한 지역에 국가의 세력이 충실한
간다라왕국을 형성하면서 불교의 흥성을 이루었던 직후의 시기에 해당된다. 그 다음 삼국시대는 龍樹와 提
婆가 활동했던 대승불교의 흥성기로서, 이미 시방의 제불보살의 존재와 東方阿閦佛의 정토와 서방 아미타
불의 정토에 관한 여러 경전도 그 내용을 충실하게 채우면서 발전하던 시기였다. 이 시기를 전후로 하여 대
승불교 흥성기에 성립되고 유포된 거의 모든 경전이 月支國으로부터 중국에 전해지게 된다. 하지만 인도의
불교가 중국에 전해졌다는 것은 단지 경전의 번역이 이루어진 상태만을 말하지는 않을 것이다. 인도 경전의
한역은 인도 불교의 관념과 신앙을 중국인이 납득하고 수용할 만한 체계로 해석하는 작업이었으며, 이 과정
에서는 필연적으로 중국적인 해석이 수반될 수밖에 없기 때문이다. 따라서 경전의 번역이 한창이던 위진 남
북조 무렵에는 불교의 개념에 대한 이해를 두고 각종 논쟁이 활발했으며 인도불교는 이러한 논쟁을 딛고 서
서히 중국화 되어가는 과정을 거치게 된다.

접목된 격의불교(格義佛敎)의 형태로 이해되기도 했다. 또한 당시의 죽림칠현과 청담의 기풍은 도교 및 유교 지식인 사회에서 불교를 자연스럽게 학문적 담론의 영역으로 수용하는 배경이 되기도 했다. 효무제 시대(373 이후)에는 이미 불교가 중국에서 절대 우세를 점하게 되었으며, 당시에 상류사회의 왕실과 귀족 등이 불교를 신봉하는 이들이 많아짐에 따라 진(晉)왕조시기에 건립한 유명사찰이 37개소에 이르렀다. 혜원이 주로 활동했던 4세기는 이처럼 불교가 중국적 색채를 띠고 뿌리내리기 시작했으며, 불교와 함께 유교와 도교가 사상·문화계에 공존했던 시기였다. 이처럼 초기의 격의불교가 구마라집 등의 경전번역에 힘입어 서서히 중국적인 불교로 성장하기 시작한 전환기의 정점에 바로 혜원이 있었다.[33]

여산 혜원은 불교 교의를 둘러싼 논쟁들을 이끌어가면서 불교계와 정치권의 긴장, 반 불교세력과의 대립들 속에서도 주도권을 놓지 않았던 논사이자 수행승이기도 했다. 그가 하북지방 및 양양(襄陽)에 머물던 시절에 받아들였던 안세고(安世高, ?-170?)계열의 선사상은 인과보응과 영혼의 불멸, 인생무상과 번뇌 등을 주제로 한 독특한 사상체계를 형성하고 있었으며, 혜원은 단지 선의 교의만 배우는 차원이 아닌 실제 수행에도 매진하는 모습을 보였다.[34] 또한 여산에 칩거하면서도 당시의

---

33 혜원은 중국불교를 둘러 싼 각종 문제들—사회적으로는 제왕을 중심으로 하는 禮敎와 불법의 대립문제를 해결하기 위해 『사문불경왕자론』을 저술했으며, 사상적으로는 격의불교로부터 벗어나는 전환점을 제공했다. 또한 교리적인 문제에서도 神不滅論을 내세워 삼세인과응보론과 윤회전생설을 확립시켜 인도불교와 차별화되는 중국불교의 이론체계를 세워나갔다. 비록 혜원의 사후에 『열반경』이 번역되어 그의 이론들이 극복되기도 했지만 초기 중국불교의 이론적 과제를 해결하기 위해 그가 기울인 노력들은 치열했다.

중앙 정계에서 활동했던 환현(桓玄) 등의 고위관료들과 서간문의 형식으로 교의를 둘러싼 논쟁을 벌이며 불교의 위치를 확보하는 모습을 보이기도 했다.

당시 혜원을 지도자로 하는 백련사가 결성되었던 배경에는 위진 남북조 시대의 혼란한 정치상황과 함께 혜원을 필두로 한 중국 지식인 사회에서의 기존의 중국적 종교관에 입각한 윤회 · 보응의 이해가 있었다. 이러한 백련사의 결성 배경을 이해하기 위하여 먼저 혜원이 제시한 윤회와 보응, 그리고 신불멸(神不滅)의 개념을 이해해 볼 필요가 있을 것이다.

1-1. 동진시대의 불교이해

불교의 중국화는 반야학(般若學)과 현학(玄學)의 융합 외에도 중국 전통의 영혼불멸 관념의 영향을 받아 위진남북조 시기에 신불멸의 교의를 기본으로 하여 윤회의 개념을 이해했던 점으로도 나타난다. 대승불교의 공(空)사상은 일체의 실체를 부정하고 신불멸론 역시 찬성하지 않았지만 곧 윤회의 주체에 관한 문제에 부딪치게 된다. 중국불교에서는 윤회의 주체문제를 해결하는 데 있어서 전통적인 영혼불멸의 관점에서 영혼을 윤회보응의 주체로 받아들였으며, 불변하는 신성을 성불과

---

34 安藤俊雄, 「廬山慧遠の禪思想」, 『慧遠研究』(東京: 創文社, 1981), p. 260.

해탈의 근거로 삼게 된다.[35] 이러한 신불멸론의 대표 논사가 바로 남조의 양무제와 동진 불교계의 영수였던 혜원이었다. 혜원은 윤회보응의 문제를 논증하기 위해 『신불멸론』을 저술하였으며, 양무제 소연(蕭衍, 464-549)은 『입신명성불의기(立神明成佛義記)』를 편찬하여 남북조 시기의 육신과 정신의 논쟁(形神之爭)[36]을 촉발시켰다.

당시 혜원은 『법성론』을 통해 사람의 정신이란 항구적으로 불변하는 것이며, 이 정신이 인과보응의 주체일 뿐 아니라 성불의 근거가 되는 것임을 역설했다. 범부는 생사의 순환 안에 들어 있으며(順化), 사람이 정신을 근본으로 되돌려 법성의 본체와 은밀하게 결합될 때 곧 열반의 경계에 들어가게 되고 정신은 법신(法身)으로 변화된다는 것이다. 다시 말해, 사람의 정신이 선 수행을 통해 생각도 없고, 행함도 없으면서 행하지 않음도 없는 상태에 도달하면 곧 외부경계와 끊어진 그윽한 열반의 경계로 들어가게 된다는 것이다. 또한 『불영명(佛影銘)』에서 혜원은 법신을 홀로 존재하는 정신이며, 영응(靈應)이 머무는 곳으로 보고 있다. 또한 진송(晉宋)의 종병(宗炳, 375-443)은 "육신이 없어도 정신은 존재하니 법신이 상주함을 일컫는다"[37]라고 적극적으로 혜원의 주장에

---

35 뢰영해(賴永海), 박영록 옮김, 『중국불교문화론』 (동국대출판부, 2006), p. 81.

36 이 '形神之爭'은 '神滅不滅論'이라고도 하며, 중국에서의 인과보응개념의 수용과 聖人之敎와의 융화문제를 해결하는 키워드로 등장하게 된다. 인과보응 문제는 초기에 인과보응 자체의 성립 가능성 여부에서 보응의 주체가 되는 영혼의 존재여부로 논점이 바뀌게 되었다. 남조 宋의 何承天(370-447)은 『達性論』을 지어 "육신이 다하면 혼령도 사라진다"는 '形盡神滅說'을 주장한 반면, 동진 羅含의 『更生論』, 혜원의 『形盡神不滅』, 安延之의 『釋達性論』, 宗炳의 『明佛論』, 鄭鮮之의 『神不滅論』 등에서는 신불멸을 주장했다. 하지만 100년 후의 範縝은 『滅神論』을 통해 다시 신멸론을 주장했다.

37 無身以存神, 法身之謂也. 「明佛論」, 『弘明集』(大正藏 52: 2102, 10c09~10c10).

동의하고 있다. 한편 혜원은 『사문불경왕자론』 안에서 불과 장작의 비유를 들어 육신이 죽어도 영혼은 없어지지 않는다는 신불멸의 주장을 논증하기도 한다.

불이 장작에 옮겨 붙는 것은 영혼이 육신에 전해지는 것과 비슷하다. 불이 다른 장작에 옮겨 붙는 것은 영혼이 다른 육신에 옮겨 가는 것과 비슷하다. …미혹된 자는 육신이 한 생애에서 썩어 없어지는 것을 보고 곧 정신과 감정이 모두 없어진다고 생각하는데, 이것은 불이 하나의 땔감에서 다 타는 것을 보고서 마지막까지의 기약이 모두 다했다고 생각하는 것이나 비슷한 것이다.[38]

인도불교에서도 설일체유부의 나가세나비구가 불과 장작의 비유로 윤회를, 종자와 과실의 비유로 업(業)을 설명했으며, 『법구경』에서도 새와 조롱(雀器), 불과 장작의 비유로 육체와 정신이 분리되는 것을 설명하고 있음을 볼 수 있다. 또한 장자(莊子)역시 『장자』「양생주(養生主)」 편에서 불과 장작의 비유를 들어 영혼이 육체를 바꾸어가며 영원할 수 있음을 말하고 있다. 이는 혜원 자신이 밝히고 있듯이[39], 노장과 인도불교의 경전에 달통했던 그가 중국의 전통적 사상과 인도불교의 교의를 결합시켜 자신의 신불멸론을 논증한 것임을 알 수 있다.

---

38 以實火之傳於薪, 猶神之傳於形, 火之傳異薪, 猶神之傳異形. ……惑者見形朽於一生, 便以爲神情俱喪, 猶睹火窮於一木, 謂終期都盡耳. 「沙門不敬王者論形盡神不滅」第五, 「弘明集」(大正藏 52: 2102, 32a01~32a05).

39 火木之喩, 原自聖典 「沙門不敬王者論形盡神不滅」第五, 「弘明集」(大正藏 52: 2102, 31c25).

또한 백련사의 구성원 중의 한 명인 종병 역시 그의 저술인 「명불론(明佛論)」과 「답하형양난석백흑론(答何衡陽難釋白黑論)」 안에서 육신이 죽더라도 사라지지 않는 법신에 대해 설명하고 있음을 볼 수 있다.

생명이 없으면 신체가 없는데, 신체가 없으면서도 정신이 있는 것을 법신이라 한다.[40]

정신은 궁극으로 가면 육체를 초월하여 독립적으로 존재하게 됩니다. 육체가 없이 정신이 존재하는 것을 '법신이 항상 머문다'고 합니다. 그러므로 범부에서 시작하여 여래에서 끝맺게 됩니다. 한평생 거친 것을 지향하더라도 의식은 만 겁 동안 사라지는 일이 없으므로, 반드시 청정한 세계로 오르도록 수행해야 합니다.[41]

인용문에서 종병 역시 육체가 소멸한 이후에도 독립적으로 존재하는 법신의 개념을 설명하고 있으며, 비록 삶의 과정은 거칠더라도 의식은 만 겁 동안 사라짐이 없이 존재하게 되므로 반드시 종교적 이상향인 맑은 세계에 오르도록 수행을 익혀야 함을 주장하고 있다.

다음으로, 혜원의 인과보응론을 논하기에 앞서 먼저 인도와 중국의 인과보응론의 차이점을 명시해 둘 필요가 있으리라 생각된다. 가장 중

---

40 無生則無身, 無身而有神, 法身之謂也. (「明佛論」 『弘明集』 大正藏 52: 2102, 10c09~10c10)
41 精神極則, 超形獨存. 無形而神存, 法身常住之謂也. 是以始自凡夫終則如來. 雖一生向麤, 苟有識向萬劫不沒, 必習以清昇. 「答何衡陽難釋白黑論」 『弘明集』(大正藏 52: 2102, 21a06~21a07).

동아시아 염불결사의 연구

요한 점은 불교의 업보윤회관은 윤회의 주체를 부정했던 까닭에 업을 지은 자에 대한 보응이 아니라, 업 자체에 대한 보응으로 보고 있지만, 중국의 보응사상은 화복(禍福)을 지은 자에 대한 옥황상제나 귀신의 상벌과정을 거쳐 실현된다는 것이다. 다시 말해, 인도와 중국은 보응의 대상 내지 주체가 다른 것이다. 중국에서 보응의 주체는 항상 불멸하는 영혼이었으나, 인도불교에서는 보응의 주체를 인정하지 않았으며, 후에 'Pudgala(個我)'로 발전하게 되면서 윤회주체를 담지하게 된다. 따라서 중국 전통의 보응설이 주로 보응의 사례를 통해 논증하는 경험적 성질을 띠는 반면, 인도불교의 보응설은 윤회보응이 존재한다는 것과 윤회의 주체가 없다는 양자의 모순을 해결하는 분석과 논증으로 발전했음을 볼 수 있다.[42]

혜원은 이러한 두 종류의 보응설이 가지는 장점과 단점을 분명하게 꿰뚫어 보고 있었던 까닭에 양자를 융합시킨 삼업(三業)·삼보론(三報論)으로 발전시키게 된다. 보응은 업에 의한 보응(業報)이며, 스스로 받는 보응(自報)인 것이지 옥황상제의 상벌을 통하여 실현되는 것이 아니라고 주장하는 점에서 혜원은 인도불교의 관점을 채택하고 있다.

업에는 세 가지 보응이 있으니 하나는 현보이며, 두 번째는 생보, 세 번째는 후보이다. 현보는 선악이 이 몸에서 비롯되어 이 몸이 곧 보응을 받는 것이다. 생보는 내생에 보응을 받는 것이며, 후보는 이생이나 삼 생,

---

42 賴永海, 앞의 책,, p. 88.

백 생이나 천 생 후에 받는 것이다.[43]

　인용문에 나타난 혜원의 주장은 현생의 업을 반드시 현생에 받는 것
은 아니기 때문에, 현생의 길흉화복은 전생이나 백 생, 천 생 전의 행업
에 대한 보응일 수 있다는 것이다. 이는 중국의 전통적인 보응설의 한
계를 보완하는 것으로, 현생의 불교신앙과 수행을 통해 내생의 좋은 보
응을 기대했던 일반인들의 호응을 불러 일으켜서 불교신앙의 대중화에
큰 기여를 하기도 했다. 무엇보다도 주목할 점은 혜원이 보응의 주체에
관한 인도불교의 추상적 개념을 영혼이라는 중국적 개념으로 전환시켰
다는 것이다. 양무제 역시 진신(眞神)이라는 윤회의 주체를 설정하고 있
다는 점에서 혜원과 유사하다. 육조시기의 많은 불교신도들은 윤회보
응설을 통해 불교를 수용했으며, 또한 대부분이 중국 전통의 영혼불멸
설을 통해 불교의 윤회보응설을 이해하고 있었다. 따라서 당시의 불교
의 윤회보응설은 일반 대중들을 불교로 이끈 강력한 동인이었다고 봐
도 무방하며, 이 같은 사실을 혜원 같은 종교 엘리트들이 간과할리는
없었을 것이다. 또한 그 시대의 중국인들이 거부감 없이 불교를 받아들
이게 하기 위해서는 기존 사상으로 여과시켜 재해석하는 과정이 필연
적이었을 것으로 보인다. 선업과 봉불신앙을 통해 보응을 받게 될 존재
가 없다면 현실적이고 실제적 성향이 강한 대부분의 중국인들에게 불

43　業有三報, 一曰現報, 二曰生報, 三曰後報. 現報者, 善惡始於此身, 卽此身受. 生報者, 來生便受. 後報
者, 或經二生三生, 百生千生後乃受. 「三報論」『弘明集』(大正藏 52: 2102, 34b04~34b07).

교는 거의 설득력을 잃게 된다. 따라서 인과보응이나 윤회와 같은 죽음 이후의 상황에 관한 인간의 근본적인 두려움을 해소하는 장치로서 당연히 '영혼'을 존속시켜야 했으리라 생각해 볼 수 있을 것이다.

1-2. 정토를 향한 은일(隱逸)의 수행

혜원의 백련사가 활동했던 4세기-5세기 초 동진의 지식인사회에는 3세기부터 시작된 정토계 경전들-『관무량수경』을 제외한-의 역출(譯出)이 완성되어 본격적으로 중국 내에 정토 사상이 보급되어 있었다. 정토의 개념은 기존에 사후 이상향이었던 천당(天堂) 혹은 극락(極樂)의 개념과도 부합하는 바가 있었으므로 중국사회에서 쉽게 수용될 수 있었다. 죽음 이후의 세계에 대한 두려움, 그리고 육신의 죽음 이후에도 영혼은 불멸한다는 자각, 대승경전을 통해 인식하게 된 정토라는 이상적 사후세계에 대한 열망은 많은 이들을 염불신앙으로 인도하게 되었다.

각자의 몸에 있는 불성, 이것이 곧 진신(眞神) 혹은 영혼이며, 사람이 죽은 후에는 이 진신불성이 사후의 또 다른 세계로 전이(轉移)할 수 있다는 점을 인식하게 되자 궁극적인 구원의 세계인 서방정토에 왕생할 필요를 자각하게 된 것이다. 또한 혜원에 의해 인과보응론을 재인식하게 됨으로써 필연적으로 인과와 윤회에 대한 두려움에 봉착하게 되고, 이는 또다시 정토왕생이라는 새로운 종교적 요구의 강력한 동인으로 작용하게 된 것이다. 혜원의 삼세보응론에 입각한 정토관은 백련사의 핵심 구성원이었던 유유민(劉遺民)이 백련사의 수행 목표와 실천 의지, 그리고 신앙의 맹세를 기록한 선언문이자 기도문인 『입서원문(立誓願文)』에서도 잘 드러난다.

여기에 모인 사람들이 감화의 인연을 맺은 이치가 분명하니 삼세의 수행의 인연이 드러난 것이다. 인과가 옮겨가서 감응하는 이치가 이미 부합하니 선악의 보응이 반드시 있기 때문이다. 육친과 벗이 난세에 은거하는 것을 추찰하고, 목숨의 무상함을 깨달았다. 삼세보응이 서로 재촉함을 살펴, 삼악도에서 건져내기 어렵다는 것을 알았다. 여기 동지제현들은 조석으로 근심하고 근심하여 우러러 생각하고 해탈의 도를 생각한 자들인 것이다.[44]

인용문을 보면 결사에서 서원하고 있는 사람들은 삼세인과응보의 도리와 윤회전생의 교설을 믿으며, 그로 인한 두려움으로 아미타불의 정토에 왕생하는 것을 기원하고 있는 것을 알 수 있다. 혜원으로 인해 촉발된 진신(眞神), 즉 불멸하는 영혼의 전이와 그 영혼이 옮겨가게 될 종교적 이상으로서의 정토에 대한 인식이 새로이 중국인들에게 자리 잡게 된 것이다. 아울러 삼세보응의 인과가 내생을 결정하는 것으로 발현

44　惟斯一會之衆, 夫緣化之理旣明, 則三世之傳顯矣. 遷感之數旣符, 則善惡之報必矣. 推交臂之潛淪, 悟無常之期切. 審三報之相催, 知險趣之難拔. 此其同志諸賢, 所以夕惕霄勤, 仰思收濟者也. 『高僧傳』(大正藏 50: 2059, 358c27~359a02).

되는 것에 대한 두려움과 함께 그 두려움을 극복하기 위한 종교적 실천으로서 정토수행이 자연스럽게 파고들 수 있었던 것으로 생각된다.

또한 이러한 현상은 이 당시 중국에 전해졌던 인도불교가 아함부가 아닌 대승불교 계열의 경전이 주류를 이루고 있었기 때문에 경전의 내용도 초기 교설에서 확장되고 변화한 형태였다는 점과도 관계가 있는 것으로 보인다.[45] 혜원 당시에 전역된 이들 경전에서는 석가모니 불타만의 교설이 아닌 수많은 불타와 보살의 얘기를 다루고 있었으며, 이들이 상주하는 공간으로서 정토 내지 천당의 개념이 함께 등장하고 있었다. 또한 후한 말에서 서진(西晉)시대에 걸쳐서 월지국의 불교도들에 의해 전역된 정토경전 내지 아미타정토에 관해 언급하고 있는 다른 경전들이 중국에 전해짐으로 인해 중국의 불교계에는 이미 아미타신앙이 상당히 보급되어 있었다. 결국 중국 본래의 신선신앙과 불사(不死)에 대한 동경, 불보살의 주처신앙이 만나서 정토신앙이 빠르게 확산될 수 있는 기반을 형성한 것으로 생각된다.

여산 백련사로 모여든 엘리트들이 지향하고 있었던 구원이 '정토왕생'이었다는 점은 관련된 여러 자료들을 통해서 명확하게 드러난다. 이처럼 정토왕생을 수행의 궁극적 목표로 삼고 있었던 백련사 구성원들의 모습을 보여주는 일화를 『고승전』에서 발췌해 보았다.

---

45 후한 말은 인도의 카니시카왕이 북서부에서 중부에 이르는 광대한 지역에 간다라왕국을 형성하고 불교의 흥륭을 후원한 직후에 해당된다. 뒤이어 삼국시대에는 용수와 제바가 활동했던 대승불교 흥륭기로서 시방 제불보살의 존재와 동방아축불의 정토, 서방아미타불의 정토와 관련된 여러 경전들이 충실하게 발전했던 시기였다. 이러한 대승불교의 제반 경전들이 월지국으로부터 중국에 들어오게 되었던 것이다. 藤吉慈海,「慧遠の淨土敎思想」『慧遠硏究 硏究篇』(京都: 創文社, 京都大學人文科學硏究所, 1981), p. 199.

석혜영(釋慧永)은 맹렬하게 수행하면서 서방정토왕생을 기원했으며, 진
(晉) 의희 10년에 질긴 병을 만나게 되자 계율을 지키는 데 전념하고 더
욱 성실하게 수행했다. 비록 잠잘 때는 오랜 병 때문에 고통스러워했지
만 안색은 밝았다. 잠깐 사이에 홀연히 옷을 여미고 합장하면서 신을 찾
으며 일어서고자 했는데 마치 무엇을 본 듯하였다. 사람들이 모두 놀라
서 묻자 부처(아미타불)께서 오셨다고 답하고 나서 죽었다. 그의 나이 83
세였으며, 여산에 있던 승려와 속인들이 모두 특이한 향내를 맡았는데 7
일이 지나자 그쳤다.[46]

혜지법사는 혜원의 친동생이다.⋯융안 3년에 형에게 이별을 고하고 촉
으로 들어가려하자 혜원이 그를 만류하며 말했다. 인생을 소중히 여겨야
지 그대만 홀로 즐거움을 여의려는가. 혜지가 말하기를 인정과 소중한
것에 구애되는 자는 본디 출가를 하지 않을 것입니다. 저는 이미 인정을
잘라내고 구도의 길로 들고자 했으니 반드시 서방(정토왕생)을 기약할 따
름입니다. 말을 마치고는 마음아파하며 이별했다.[47]

담순법사는 황룡사람이다. 어려서 출가하여 구마라집에게서 모든 대승
경전을 배웠는데, 구마라집이 탄복하면서 이 아이는 천재라고 하였다 한

46　永厲行精苦願生西方, 以晉義熙十年遇疾綿篤, 而專謹戒律執志愈勤. 雖枕痾懷苦顔色怡悅, 未盡少時,
忽斂衣合掌求屣欲起, 如有所見. 衆咸驚問, 答云, 佛來, 言終而卒. 春秋八十有三, 道俗在山咸聞異香, 七日
乃歇. 『高僧傳』(大正藏 50: 2059, 362b05~362b10).

47　法師慧持, 遠公同母弟也.⋯隆安三年, 辭兄入蜀, 遠公留之曰, 人生愛聚, 汝獨樂離. 師曰, 滯情愛聚者,
本不應出家. 今既割欲求道, 正以西方為期耳. 即悵然而別. 『東林十八高賢傳』(卍續藏(CBETA) 78: 1543, p. 9).

다. 후에 여산에 와서 함께 정토수행을 하였다. 영만교위 류준효가 강릉에 절을 세워서 담순법사에게 요청하여 강의를 시작하였는데 염불삼매의 교의를 널리 펼치게 되었다. 송 원가 2년에 대중들과 이별하고 서거했는데 특이한 향기가 온 방에 가득했으며, (당시) 그의 나이는 79세였다.[48]

위에 열거한 세 인용문의 주인공들은 모두 혜원의 제자인 승려이자 여산 백련사의 구성원들이며, 특히 혜지(慧持)는 혜원의 친동생으로서 나중에 백련사로 와서 함께 결사수행에 동참했던 인물이다. 세 사람 다 염불과 정토왕생이라는 공통적인 실천과 수행 목표를 보여주고 있으며, 이는 은일 지식인들을 포함한 백련사 구성원들의 공통적인 성향이기도 했다. 유유민의 「입사서원문」에서도 볼 수 있듯이 은일 지식인들은 "함께 세속의 영화를 버리고 서방정토의 가르침을 사모하면서 임종 시에 각자 아미타불의 내영을 느끼겠다"[49]고 선언하고 결사에 입회한 이들이었다. 결국 여산 백련사는 당시에 이미 지식인사회에 보급되었던 한역경전을 통해서 새로운 정토왕생의 구원관에 눈을 뜨고 있었던 구성원들이 때마침 위진 남북조시대에 유행했던 은일의 기풍에 힘입어 정토왕생의 수행을 위해 백련사에 모여들었던 것으로 볼 수 있으리라

---

48 法師曇順, 黃龍人. 幼出家承訓羅什講釋群經妙盡色空無著之旨. 什歎曰, 此子奇器也. 後來廬山同脩淨業. 寧蠻校尉劉遵孝於江陵立寺, 要師經始, 盛弘念佛三昧之道. 宋元嘉二年, 別衆坐逝, 異香滿室, 春秋七十九.『東林十八高賢傳』(卍續藏(CBETA) 78:1543, p. 10).

49 並棄世榮慕西方之訓, 終時各感佛來迎也.「廬山白蓮社誓文」『樂方文類』(大正藏 47: 1969, 176a29–176b01).

생각된다.

백련사의 결성은 이처럼 혜원과 그 외 구성원들 간에 보응과 윤회에 대한 새로운 이해, 그리고 아미타경전 류의 유입에 따른 이론적인 배경을 공유함으로 인해서 명확한 종교적 목표와 함께 이들 구성원 간의 유대 역시 긴밀해지게 된 결과로 볼 수 있을 것이다.[50] 또한 영원불멸의 진신(眞神) 혹은 법신(法身)이 윤회보응의 주체로 인식되면서 죽음 이후의 세계와 생전의 죄업에 대한 두려움을 정토왕생신앙으로 극복하고자 했던 종교적 요구가 결사를 조직케 했던 동인이 되었으리라 생각된다.

---

50 嚴耀中, 『江南佛敎史』(上海: 上海人民出版社, 2000), pp. 73-74.

2. 혜원이 열어 놓은 결사의 문

    백련사가 결성될 수 있었던 배경에 대해 살펴보면 혜원 등에 의해 촉발된 죽음과 보응에 대한 새로운 이해 외에도 당시 동진시대의 정치·사회적 상황도 한 몫 하고 있었음을 알 수 있다. 서역출신의 승려가 대부분이었던 서진시대와 달리, 동진시대에는 귀족 출신 중에서도 승려가 되는 자들이 나타났는데, 축도잠(竺道潛, 286-374)과 축도숭(竺道崇), 축도일(竺道壹) 같은 이들이 대표적인 경우라 하겠다. 이러한 귀족출신의 승려들은 자연스럽게 다른 귀족들에게 불교에 대한 친밀감을 주는 원인으로 작용했으며, 이에 따라 귀족과 승려들의 교류도 더욱 활발해지게 된다.

    그러나 승려들과 귀족의 교류를 가능케 했던 보다 근본적인 이유는 동진시대의 정치상황에 있었다. 동진시대의 황제는 매우 불안한 입지에 놓여 있었으며, 실질적인 정치권력을 쥔 귀족들 간의 쟁투로 인해 정치상황은 늘 위태로웠다. 따라서 당시의 귀족들은 적극적으로 권력다툼에 개입하거나 아니면, 산림에 은거하는 방관자가 되어야 했는데, 실질적으로 몸은 관직에 두되 정신은 은일의 세계에서 노닐던 중도적 입장도 많았다. 그들이 산림 쪽으로 눈을 돌리면서 자연스럽게 불교의 승려들과 어울리게 되었으며, 사원 역시 그들에게 안식처이자 수행의 장소가 되었던 것이다. 따라서 유교적 배경까지 갖추고 있었던 혜원과, 동림사라는 독립된 공간이 당시 엘리트 귀족들의 은일지향적 성향과 목적에 잘 부합했으리라 생각된다. 결국 여산의 혜원은 은일을 지향하는 동진시대의 엘리트들에게 백련사라는 정신적 귀의처를 제공했던 수행자 겸 지도자인 승려였던 것이다.

2-1. 백련사의 은사와 승려

혜원 당시의 화북지방은 호족들의 흥망이 연이어 발생했고 동진의 왕권 역시 손은(孫恩)과 환현의 반란으로 인해 위태로웠다. 정치적 혼란은 유교 엘리트들의 사회적 입지를 약화시켰으며, 이로 인해 산림에 은거하는 사람이 늘어나고 청담의 풍조가 유행했다. 따라서 정치적 변란과 권력으로부터 자유로웠던 혜원의 결사가 있는 여산에 종교적 성향이 강한 엘리트들이 모이는 것은 자연스러운 일이었다. 위진남북조 시대 이후 동아시아불교 안에서 거의 모든 결사운동의 모범적 원형으로 추앙되는 백련사의 구체적인 구성원들은 어떠한 인물들이었을까? 관련 문헌들을 통해 이를 낱낱이 살펴보기로 하겠다.

여산 백련사는 문헌상으로는 원흥(元興) 원년(402) 7월에 혜원이 유유민 등의 123인과 함께 반야대정사(般若臺精舍)의 무량수불상 앞에서 염불삼매를 닦은 것에서 시작된다.[51] 『고승전』에서는 혜원이 백련사를 시작했던 상황을 다음과 같이 기록하고 있다.

혜원은 정사의 무량수불상 앞에서 가지런히 모여서 서원을 세워 함께 서방(정토왕생)을 기약했다. 유유민으로 하여금 그 서원문을 적게 하여 말하기를 "7월 28일(을미일)에 법사 혜원은 운명을 함께하는 동지이자 번뇌를 멈춘 바른 신앙의 사대부 123인과 함께 여산의 반야대 정사 아미타불상 앞에서 향을 피우고 경건하게 서원을 하노라…"[52]

또한 宋의 진순유(陳舜愈)가 저술한 『여산기(廬山記)』에서는 결사의 주도적 구성원으로서 아래의 18현을 들고 있음을 볼 수 있다.

① 師主 혜원 ② 혜영 ③ 혜지 ④ 담순 ⑤ 담항 ⑥ 축도생 ⑦ 혜예 ⑧ 도경 ⑨ 도병 ⑩ 담선 ⑪ 백의 ⑫ 장야 ⑬ 종병 ⑭ 유유민 ⑮ 장전 ⑯ 주속지 ⑰ 뇌차종 ⑱ 불타야사[53]

---

51 혜원을 정토결사의 창시자로 기록한 것은 宋의 찬녕이 처음이며, 그 이전의 담란, 도작, 善導(613–681)와 같은 정토사상가들에게 있어 그의 정토사상이나 실천은 별로 부각되지 않았다. 野上俊靜, 「慧遠と後世の 中國淨土教」, 『慧遠研究』(東京: 創文社, 1981), pp. 229–236.
52 遠乃於精舍無量壽像前, 建齋立誓, 共期西方, 乃令劉遺民著其文曰, 惟歲在攝提秋七月戊辰朔二十八日乙未, 法師釋慧遠貞感幽奧宿懷特發, 乃延命同志息心貞信之士百有二十三人, 集於廬山之陰般若臺精舍阿彌陀像前, 率以香華敬薦而誓焉. 『高僧傳』 권6(大正藏 50: 2059, 358c21–358c26).

이러한 후대의 기록들에 대해 탕용동(湯用彤)은 18고현의 이름이 초기 기록에서는 보이지 않으며 중당 이후에야 나타난다는[54] 점을 들어 각종 전거를 들어가며 여산 백련사의 구성원에 대해 의구심을 제시하기도 한다.[55] 사실 백련사와 관련된 각종 문헌들의 내용이 조금씩 차이를 보이는 데서 알 수 있듯이 혜원의 결사에 참가한 사람들의 면모는 정확하지는 않다. 『출삼장기집』의 「혜원전」에는 팽성의 유유민, 안문의 주속지, 신채의 필영지(畢穎之), 남양의 종병의 네 사람의 이름이 기록되어 있지만[56], 『고승전』의 「혜원전」에는 팽성의 유유민, 여장의 뇌차종(雷次宗, 375-443), 안문의 주속지(周續之, 386-448), 신채의 필영지, 남

---

53 遠公與慧永, 慧持, 曇順, 曇恒, 竺道生, 慧叡, 道敬, 道昺, 曇詵, 白衣, 張野, 宗炳, 劉遺民, 張詮, 周續之, 雷次宗, 梵僧佛馱耶舍. 十八人者, 同修淨土之法, 因號白蓮社. (『廬山記』, 大正藏 51: 2095, 1028a21-1028a25)

54 이를테면, 『白香山集』 代書에서는 "여산에 도연명과 사령운이 머무르고 18현이 돌아갔지만 儒風이 면면히 이어져 끊이지 않았다"고 적고 있다. 儒風이라고 했으니 그 안에는 서역승려는 없었던 듯하다. 唐 飛錫의 『念佛三昧寶王論』에서는 혜원이 覺賢에게서 염불삼매를 사사했으며, 혜지, 혜용, 종병, 장야, 유유민, 뇌차종, 주속지, 사령운, 궐공칙 등 123인이 서원을 세웠다고 했으되, 연사와 고현에 대해서는 언급하지 않고 있다. 唐 法琳의 『辨正論』 권3에서는 유유민, 뇌차종, 주속지, 畢穎之, 종병 등을 5현으로 칭하고 있다. 같은 책 권7에서는 『宣驗記』에 유유민이 禪을 수행했다는 기록이 있을 뿐, 정토결사(淨社)에 관한 얘기는 전혀 없다. 법림이 인용하고 있는 육조시대의 일화는 극히 많고 견문이 넓다는 점에서 唐初에는 18고현의 설이 없었다는 점을 알 수 있으며, 또한 隋 費長房의 『歷代三寶記』에서 18고현이 연사를 결성했던 일이 기록되어 있지 않다. 또한 『慧遠傳』에서는 왕생의 서원을 세웠던 일이 제거되어 있으며, 또한 육조시기의 목록과 비장방이 본 책에서는 백련사에 대한 언급이 없다. 湯用彤, 『漢魏兩晉南北朝佛敎史』(北京: 崑崙出版社, 2006), pp. 326-327.

55 18현 중 석혜지(釋慧持)는 융안(隆安)3년(399)에 혜원과 작별하고 촉으로 들어가 돌아오지 않았으며, 불타발타라는 의희(義熙) 6,7년경(410 혹은 411)에 비로소 여산에 들어왔으므로 둘 다 원흥(元興)원년(402)에 백련사의 구성원으로서 참여할 수는 없었다고 한다. 불타야사의 경우에도 『승전(僧傳)』에서는 그가 남방에 온 것에 대한 기록이 없으며, 남북조 시기의 기록에서는 여산에 야사가 있었다는 언급이 없다고 한다. 또한 『송서(宋書)』에 의하면 종병은 나이 69세가 되는 원가(元嘉) 20년에 죽었는데, 원흥(元興) 원년이면 20여세가 되는 해이기 때문에 설령 123인 안에는 참여할 수 있었을지 몰라도 18고현의 위치에 오르기는 힘들었을 것으로 생각된다. 뇌차종, 장야, 장전의 세 사람은 본디 『우록(祐錄)』(『출삼장기집(出三藏記集)』의 다른 이름)의 「혜원전(慧遠傳)」에는 보이지 않으며, 『고승전』에 처음으로 나타난다고 한다. 湯用彤, 앞의 책, pp. 326-327.

56 絶塵清信之賓, 並不期而至, 望風遙集. 彭城劉遺民, 鴈門周續之, 新蔡畢穎之, 南陽宗炳, 並棄世遺榮, 依遠遊止. 「慧遠法師傳第三」 『出三藏記集』(大正藏CBETA 55:2145, p. 213.).

동아시아 염불결사의 연구

양의 종병, 장래민(張野, 350-418), 장계석 등의 이름이 기록되어 있다[57]. 결사가 처음 조직되었던 402년에는 참가자들 중에 승려보다 재가자가 더 많았을 수도 있으며, 123인이라는 숫자도 확신할 수는 없다.[58]

신앙결사의 발기문에 적힌 인원의 명단은 결사 참가자일 수도 있지만 결사의 경제적 후원자들의 이름을 같이 올릴 수도 있다. 또한 수행처에서 동주(同住)하며 수행하는 형태가 아니라 속가의 생활 여가에 잠시 들러 함께 경전을 공부하거나 수행을 하는 경우도 많을 수 있다. 카마타 시게오의 견해에 따르면, 위의 『여산기』 인용문에서 제시하고 있는 18현 중에서 결사에 참가한 혜원의 제자는 동문인 혜영을 제하면 담항 · 도병 · 담선 · 도경 · 담순 등으로 볼 수 있다.[59] 결국 이 18현 가운데 염불결사에 참가한 재가자인 유유민 · 뇌차종 · 주속지 · 종병 · 장야 · 장전의 여섯 사람은 비록 402년의 결사 시작부터 참가하지는 않더라도 도중에 어떤 형태로든 결사에 참여한 것으로 보인다.

백련사의 구성원 중에서 결사의 입서문(立誓文)을 지은 유유민과 종병, 장야, 주속지, 뇌차종 등은 함께 동림사 맞은편의 서림사에 조성한 선방에서 머물렀다고 한다. 또한 혜원이 쓴 「은사 유유민에게 보내는

---

57 絕塵淸信之賓, 並不期而至, 望風遙集. 彭城劉遺民, 豫章雷次宗, 雁門周續之, 新蔡畢穎之, 南陽宗炳張萊民張季碩等, 並棄世遺榮依遠遊止. 『高僧傳』(大正藏 50: 2059, 358c17-358c18).

58 여산의 결사는 혜원 생존시기에는 특정한 이름도 없었다. 결사에 참가한 사람의 이름도 불분명하지만, 唐代가 되어서야 소위 백련사를 결성한 18高賢의 전기가 편찬되었다. 宋 陳舜兪의 『廬山記』에 인용된 「十八高賢傳」에 의하면 동림사에는 예로부터 저자가 불분명한 『십팔현전』이 전하는데, 여기에 전하는 이들은 혜원과 깊은 교유를 하던 엘리트들이지, 염불결사의 구성원은 아니라고 한다. 鎌田茂雄, 장휘옥 옮김, 『중국불교사 2』(장승, 1993), p. 404.

59 카마타 시게오, 앞의 책, pp. 406-410.

편지」의 내용으로 보아, 결사의 구성원 중 가장 주도적인 역할, 즉 후대 불교결사에서 권수(勸首·勸請之首) 내지 회수(會首)로 불리는 역할을 했던 이는 유유민이었음을 알 수 있다. 나아가 대부분의 백련사의 구성원들은 탈속적 성향을 지닌 소수의 엘리트, 이른바 은사들과 혜원 휘하의 승려들로 이루어진 결사였으며, 석상이나 석굴 등을 건립했던 결사의 행적으로 미루어 볼 때, 이러한 정도의 기부행위가 가능할 만큼 경제적 여력을 갖춘 사람들이었음을 알 수 있다. 육조시대 당시만 해도 아직 불교가 후대처럼 일반화되지 않았기 때문에 평민계층의 사람들이 불교결사에 참가하기는 힘들었던 것이다.[60]

당시 사문사태론(沙門沙汰論)을 주장하며 불교계를 억압했던 환현(桓玄)까지도 여산은 사태(沙汰)의 대상에서 제외해야 한다[61]고 명령했던 것으로 보아 백련사에 대한 당시의 사회적 인식이 매우 긍정적이었음을 짐작할 수 있다. 이는 혜원을 비롯한 백련사의 구성원들의 면면이 당시 불교와 유교, 정치계를 오가는 담론을 주도할 만큼의 학식을 갖추고 있었던 데다가 여산이라는 독립된 공간에서 은일(隱逸)의 형태로 사회와 격리된 입장을 취하고 있었기 때문이었을 것으로 생각된다. 정리하자면 여산의 백련사는 아미타신앙을 통해 새로운 생사관과 구원관을 갖게 된 은사들이 혜원에게로 귀의하여 여산 백련사라는 탈 정치적 공

---

60 그러나 唐代에 이르러서는 안사의 난으로 인해 귀족계급의 몰락과 함께 불교의 세속화운동이 현저하게 나타나기 시작하여 평민계급을 향해서도 열성적인 포교가 행해지기 시작했다. 스즈키 추세이(鈴木中正), 「宋代佛教結社の研究」, 「史學雜誌」 52편 제2권(東京: 東京大史學會, 1941), p. 206.

61 唯廬山道德所居, 不在搜簡之例. 「高僧傳」권6(大正藏 50: 2059, 360b21–360b22).

간에서 혼란한 사회상황으로부터 자신을 보호하면서 서방정토왕생을 기원했던 신앙결사였다고 볼 수 있을 것이다.

2-2. 백련사의 규율과 연대성

여산 백련사와 관련된 문헌에서는 '동지의 인연', '모두의 구제'와 같은 구원의 연대성과 보편성의 메시지가 자주 나타나는 것을 볼 수 있다. 일반적으로 사원공동체 내에서의 전문수행자들의 경우에는 각자의 개인적 구원을 지향하는 모습을 보이지만, 소규모 염불결사와 같은 조직의 공동 수행에서는 구성원 모두의 구원을 목표로 삼게 되는 경우가 많다는 점에서 명확한 대비가 드러나게 된다.

그렇다면 동진시대의 이른바 최고 엘리트들이 모여 결성했던 여산 백련사의 수행 풍토는 과연 어떠한 모습이었을까? 후대에 송의 찬녕(贊寧, 919-1002)이 저술한 「결사법집(結社法集)」에는 혜원의 백련사와 당시의 결사 수행풍토에 관하여 다음과 같이 기록하고 있다.

진송(晉宋) 사이에 여산혜원법사가 심양에서 교화행을 했다. 고명한 사대부와 은사들이 동림으로 몰려와 향화의 결사를 맺고자 했다. 당시 뇌차종·종병·장전·유유민·주속지 등이 함께 백련결사를 맺어 미타상을 세우고 안양국에 왕생하기를 기원했다. 그를 일러 연사(蓮社)라 했는데, 결사의 명칭이 여기에서 비롯되었다. 제나라 경릉 문선왕이 승속을 모집하여 정주법과 정주사(淨住社)를 행했다. 양(梁)의 승우(僧祐)는 법사(法社)를 찬술하고 공덕읍회문을 세웠다. 역대 이래 크게 이룬 승려와 사원은 법회(法會)와 사(社)를 만들었다. 사의 법은 무리를 가볍게 여기고 하나가 되는 것을 중히 여긴다. 구제사업의 공을 이루는 것이 사만한 것이 없다. 지금의 결사는 함께 복의 인(因)을 짓는 것이니, 조약이 공법보다 엄명하다. 수행하는 이들이 서로 격려하여 수행에 힘쓰니 사가 선(善)을 만드는 공이 크다.[62]

인용문에서 보듯이 동진 혜원의 시대에 이미 일반적으로 '『법사경(法社經)』'이라든지 '『법사절도(法社節度)』'와 같은 것들이 알려져 있었던 사실로 미루어 법사(法社)는 불교를 믿는 자들의 결속체를 의미하며, 혜원의 결사에서 그 구체적인 모습이 나타남을 알 수 있다. 혜원의 시대에 『법사절도』가 존재했었다는 점은 당시의 불교신앙단체에 엄격하게 준수해야 하는 규범이 제정되었다는 사실을 말해주는 것으로서, 후대의 결사에서도 나타나는 보편적인 결사규약의 선구적 모습을 보여준다.[63]

이제 혜원의 백련사에서 구체적으로 보여주는 실천의 모습을 관련 자료를 통해 살펴보기로 하겠다. 『고승전』권6 「진여산석혜원전(晋廬山

---

62 晋宋間. 有廬山慧遠法師. 化行潯陽. 高士逸人. 輻湊于東林. 皆願結香火. 時雷次宗·宗炳·張詮·劉遺民·周續之等. 共結白蓮華社. 立彌陀像. 求願往生安養國. 謂之蓮社. 社之名始於此也. 齊竟陵文宣王募僧俗行淨住法, 亦淨住社也. 梁僧祐曾撰法社. 建功德邑會文. 歷代以來成就僧寺, 爲法會社也. 社之法以衆輕成一重, 濟事成功, 莫近於社. 今之結社, 共作福因, 條約嚴明, 愈於公法. 行人互相激勵, 勤於修證, 則社有生善之功大矣. 「結社法集」『大宋僧史略』卷下(大正藏 54: 2126, 250c18~250c28).

동아시아 염불결사의 연구

釋慧遠傳)」에서는 여산 백련사에 관해 다음과 같이 언급하고 있다.

> 무리를 이끌고 수행하기를 새벽부터 저녁까지 멈추지 않았으며, 석가의
> 교화가 여기에 부흥한 듯하였다. 계율에 철저하고 번뇌를 멈춘 지사들과
> 세상의 티끌을 끊어버린 청신지사들이 기약 없이 몰려들었다. 팽성의 유
> 유민, 예장의 뇌차종, 안문의 주속지, 신채 필영지, 남양의 종병, 장채민,
> 장계석 등이 속세와 영화를 버리고 혜원에게 의지했다.[64]

인용문을 보면 아침부터 저녁까지 수행을 멈추지 않았으며, 계율에
철저했다는 대목이 등장한다. 혜원은 불약다라(弗若多羅)와 구마라집에
의한 『십송률(十誦律)』의 번역이 미완성으로 끝난 것을 아쉬워하여 담
마류지(曇摩流支)에게 제자 담옹을 보내어 나머지 부분의 번역을 간청
하기도 했다. 이처럼 중국불교에 율장을 완비하려는 의지를 강하게 보
였으며, 강남지역에 『십송률』을 유포하려고 노력했던 혜원이니만큼 백
련사에서도 계율행을 중시했으리라는 점을 짐작할 수 있을 것이다.

또한 인용문에서는 18현 등을 비롯한 결사의 구성원들이 혜원의 '교

---

63 梁 僧祐가 편찬한 『出三藏記集』 권12에 송의 陸澄이 편찬한 『法論』의 목록이 실려 있는데 그 7질계장집
에 '法社節度序—釋慧遠'의 대목이 등장한다. '節度'라는 것은 일상의 규범을 말하는 것으로서, '법사절도'의
서문을 『法論』에 실은 것임을 알 수 있다. 또한 『출삼장기집』 권4, 신집속찬실역잡록의 경전목록 중에 『法社
經』 1권이 있으며, 隋 費長房이 쓴 『歷代三寶紀』에 의하면 서진 축법호가 번역한 것으로 되어 있지만 현재는
전하지 않는다. 小笠原宣),『中國淨土教家の研究』,(京都: 平樂寺書店, 1951), pp. 9~1.

64 於是率衆行道昏曉不絶, 釋迦餘化於斯復興. 旣而謹律息心之士, 絶塵淸信之賓, 並不期而至, 望風遙集.
彭城劉遺民, 豫章雷次宗, 雁門周續之, 新蔡畢穎之, 南陽宗炳張萊民張季碩等, 並棄世遺榮依遠遊止.『高僧
傳』(大正藏 50: 2059, 358c16~358c20).

화행'의 대상들이며, 그에게 '의지'했던 청신지사들로 표현되고 있다. 이는 혜원이 다른 결사 구성원들과 동지로서의 인연을 강조하며 함께 생활하고 수행을 했다 할지라도 어디까지나 혜원은 수행처를 제공하고, 교의와 실천을 가르치는 지도자이자 보호자였음을 보여주는 대목이라 하겠다. 특히 "석가의 교화가 이곳에서 다시 일어난 듯했다"는 대목은 은연중에 결사 안에서 지도자인 혜원의 위치를 확인시켜 주는 대목으로도 읽을 수 있을 것이다.

이와 관련하여 혜원이 「은사 유유민에게 보내는 편지」에서 이들 은사들이 백련사에서 실천했던 수행에 관한 정보 중의 한 가지를 얻을 수 있다.

제가 생각건대, 육재일에는 마땅히 일상의 업무를 중단하고 전심으로 불가의 수행에 힘쓴 연후에 불타에게로 인도되어 깨달음을 얻으려고 하는 마음도 깊어지고, 내생을 도모하는 것도 깊게 될 것입니다. 그리고 만약 붓을 들어 문장을 쓴다면 이 점(불도의 수행)에 중점을 둘 수 있을 것입니다. 비록 말은 생래적으로 도를 담기에 부족하지만 말에 의지하지 않으면 한 번 감득한 진리를 표현할 길이 없습니다.[65]

본문에 등장하는 육재일(六齋日, poṣadha, upavasatha)은 매월

---

65 意謂六齋日, 宜簡絕常務專心空門. 然後津寄之情篤, 來生之計深矣. 若染翰綴文 可託興於此. 雖言生於
不足, 然非言無以暢一詣之感. 因驥之喻, 亦何必遠寄古人.「與隱士劉遺民等書」,「廣弘明集」(大正藏 52: 2103,
304b03-304b06).

8 · 14 · 15 · 23 · 29 · 30일을 말하는 것으로 『십송률』에 근거하여 정오 이후에는 식사를 하지 않으며, 8계를 지키는 날을 말한다. 따라서 혜원이 이들 은사들에게 육재일에는 일상의 업무를 멈추고 전심으로 불가의 수행을 권했다는 것은 구성원 전부가 동림사에 모여 공동생활을 하면서 수행을 하는 형태의 결사는 아니었으며, 평상시에는 속가의 생활을 하면서 특정일에 수행에 전념하는 구성원도 있었음을 짐작케 해준다. 그렇다면 여산 백련사 내에는 본디 혜원의 제자로서 입사했던 승려들이나 유유민의 경우처럼 백련사 내에서 정주하면서 수행생활을 하는 구성원들과 육재일과 같은 특별한 일자에 사원에 들어와 함께 수행을 했던 외부 구성원들이 혼재했다고 보아도 좋을 것이다.

이어서 아래의 두 인용문은 구성원 중에서 승려가 아닌 당대의 은일지사로서 백련사에 입회한 엘리트들에 대한 기록이다.

장야의 자는 내민이며, 심양의 자상에 거주했다.…여산에 들어가서 혜원에게 의지했으며, 유유민, 뇌차종 등과 함께 정토수행을 했다. 혜원이 죽자 사령운이 비명을 쓰고, 장야가 그 서문을 쓰면서 (스스로를) 제자라 칭하니 세상 사람들이 그 의리에 탄복했다. 의희4년에 가족과 이별하고 방에 들어가 단정히 앉아서 죽었는데 그의 나이 69세였다.[66]

---

66   張野字萊民, 居尋陽柴桑. …入廬山依遠公. 與劉雷同尚淨業. 及遠公卒, 謝靈運為銘, 野為序首, 稱門人. 世服其義. 義熙十四年與家人別, 入室端坐而逝. 春秋六十九. 『東林十八高賢傳』(卍續藏(CBETA) 78: 1543, p. 13).

장전의 자는 수석이며, 장야의 조카이다. 성품이 고상한 은일이었으며, 책 읽는 것을 몹시 좋아하여 농사일을 할 때에도 책을 끼고 내려놓질 않았다. 조정에서 산기상시의 벼슬을 주어 불렀으나 가지 않고, 그 빈궁함을 즐거워했다. 심양령으로 삼으려 하자 조소하며 말하기를 옛사람은 무릎이나 간신히 들어가는 좁은 거처에서도 편안해 했는데, 만약 뜻을 굽혀 벼슬에 나아간다면 어찌 영예로울 수 있겠는가 하고는 곧 여산으로 들어가 버렸다. 혜원에게 의지하여 불경을 연구하더니 심오한 깨달음을 얻었다. 송 경평 원년에 병 없이 서쪽으로 향하여 염불하다가 편안하게 누워서 사망하였으니 그의 나이 65세였다.[67]

인용문의 두 은일지사인 장야와 장전 모두 벼슬을 그만두고 여산에 들어가 백련사의 일원으로서 정토수행을 했던 모습을 보여주고 있다. 세상과 거리를 두고 은둔처에서 칩거하면서 바깥과 소통하지 않고 수행을 실천했던 은일(隱逸)의 전통은 위진남북조시대의 지식인들이 혼란한 정치권으로부터 자신을 지키는 방법이자, 한편으로는 자신의 명예를 끌어올리는 길이기도 했다. 또한 본디 유교적 배경을 가지고 있던 엘리트들은 은일의 생활을 통해 도교나 불교의 수행과 교의 연구를 겸하게 되면서 중국 종교의 수행론의 수준을 한층 상승시키는 긍정적인 작용을 하기도 했다. 혜원이 저술했던 불교의 논변들도 이들 은일지사

---

67 張詮, 字秀碩, 野之族子也. 尚情高逸, 酷嗜典墳. 雖耕耡, 猶帶經不釋. 朝廷徵為散騎常侍, 不起. 庚悅以其食. 起為尋陽令. 咲曰, 古人以容膝為安, 若屈志就祿, 何足為榮. 乃入廬山. 依遠公研窮釋典, 深有悟入. 宋景平元年無疾, 西向念佛, 安臥而卒, 春秋六十五. 『東林十八高賢傳』(卍續藏(CBETA) 78: 1543, p. 13).

들과의 지적 소통에서 어느 정도 도움을 받았으리라 생각되며, 실제로 종병 같은 경우 『명불론(明佛論)』[68]을 저술하여 혜원과 함께 호교론에 앞장섰던 모습을 보여주기도 한다.

제자 승려들과 속인(俗人) 은사들이 함께 모였던 결사 안에서 그 자신 역시 구원을 지향하는 수행자이면서 동시에 지도자 승려이기도 했던 혜원은 이 두 가지 입장 사이의 긴장을 놓지 않고 있었으리라 생각된다. 혜원의 백련사뿐만 아니라 후술하게 될 다른 결사에서도 지도자 승려가 결사 내에서 자신의 위치를 다른 구성원들에게 확인시키는 방법으로서, 누구보다도 치열하게 수행에 매진하는 것, 결사 내에서 자신과 구성원들이 실천하는 수행론에 차등을 두는 것, 그리고 별도로 자신만의 수행론을 실천하는 모습 등이 발견된다. 마치 혜원이 염불삼매뿐만 아니라 별도의 수행처에서 따로 습선을 했던 것처럼 어떠한 방식으로든 결사의 지도자 승려는 여타의 구성원과 차별화되는 수행자로서의 모습을 보여주는 경우가 많다는 것이다. 혜원 역시 결사의 형태로 수행공동체를 구성하면서 표면적으로는 정토왕생이라는 구원의 목표를 공유하는 동지적 수행자를 표방하지만 지도자 승려로서의 혜원이 다른 구성원들과 동일한 위격을 갖고 있지는 않았던 것으로 보인다.

이와 관련하여 혜원을 비롯한 여산 백련사의 구성원들이 수행을 실천하고 결사를 운영해 나갔던 구체적인 모습에 대해서 기술한 자료는 현재로서는 전하지 않으므로 관련된 자료들에서 단편들을 모아 큰 그

---

68 『弘明集』 수록.

림을 그려나가는 방식으로 추론할 수밖에 없으리라 생각된다. 먼저 혜원이 쓴「염불삼매시서(念佛三昧詩序)」일부를 통해서 그 한 단면을 그려보기로 하겠다.

　　필부 무리들의 인연된 바가 정해지면 그 우열을 말하기는 어렵지만 같이 있으면 알 수 있는 것이다. 이 때문에 제현을 성심으로 받드는 것은 함께 하자는 언약이 모두 시간의 흐름에 따라 스러져서, 와서 쌓아도 쌓이지 않을까 두려워해서인 것이다. 이에 법당에서 마음을 청정하게 하고 옷깃을 바르게 하며 밤 시간을 나누고 잠을 잊으며 새벽까지 수행에 매진하였다. 여러 사람들의 올바른 수행의 공덕이 삼승의 뜻에 통하였고 궁극의 경지에 다다라 모든 이치를 고루 깨달아서 구류와 더불어 왕생하고자 한다. 우러러 당겨주어 수준을 상승시키고 힘껏 자라도록 도와주며, 굽어보아 끌어 당겨주며 전진하게 해서 그 후진을 다그치고자 한다.[69]

　　후술하게 될 유유민의 「입사시」에서도 드러나겠지만 인용문을 통해 보면 백련사의 수행은 기본적으로 선학과 후학의 분계를 확실히 정해 두고, 먼저 수행의 윗 단계에 오른 자가 아랫 단계의 후진들을 이끌어 주는 구도를 취하고 있었음을 알 수 있다. 이들은 시간이 지나도 수행

69　若匹夫衆定之所緣, 故不得語其優劣, 居可知也. 是以奉誠諸賢, 咸思一揆之契咸寸陰之頹景. 懼來儲之未積, 於是洗心法堂, 整衿georgia向, 夜分忘寢, 夙霄惟勤, 庶夫貞詣之功, 以通三乘之志, 臨津濟物, 與九流而同往, 仰援超步, 拔茆之興, 俯引約進, 秉策其後, 以覽衆篇之揮翰, 豈徒文詠而已哉. (「念佛三昧詩序」『廬山集』. 又載「王喬之念佛三昧詩」, 見下第五卷)「念佛三昧詩序」『樂方文類』(大正藏 47: 1969, 166a10~166a16).

의 진전이 없을까 두려워 '우열을 나누어' 선배 제현의 지도 아래 후진이 빨리 발아하도록 돕는(拔萃之興) 선·후학 간의 지도-피지도의 관계를 바탕으로 공동체 수행을 해나가고 있었던 것으로 볼 수 있다.

이를 바탕으로 혜원과 구성원 간의 관계를 유추해보면 지도자 승려 대 제자의 관계로서 교의와 실천을 가르치고 지도받는 구도였으리라는 점을 짐작해 볼 수 있을 것이다. 또한 인용문 안에서는 결사를 구성한 제현(諸賢)들의 제 일차적 동기는 내세를 위한 '공덕의 부족'에 대한 두려움으로 명기된다. 시간이 흐르는 것의 허무함에 비례하여 내세에 대한 불안과 두려움이 자라났고, 그에 대한 준비로써 결사에 입회하여 염불삼매와 견불의 수행에 전념한다는 것이다. 결국 여산 백련사는 공동의 구원을 지향했던 소수 엘리트들이 내세의 구원을 지향하여 결성했던 수행공동체로서, 선학과 후학 간의 연대적 사승관계가 존재했으며, 혜원과 구성원 간에는 스승과 제자로 위격이 설정되어 있었던 것으로 볼 수 있을 것이다.

3. 여산 백련사의 실천 : 반주삼매와 염불

『법원주림(法苑珠林)』권42에 등장하는 궐공칙(闕公則)과 그의 제자인 위사도(衛士度)의 정토왕생담으로 미루어볼 때 3세기 말에서 4세기 초엽에 걸쳐 서방정토왕생을 기원하는 정토왕생신앙이 생겨났으리라는 점을 짐작해 볼 수 있다.[70] 따라서 혜원이 활동했던 4-5세기에는 정토경전 류의 보급과 더불어 정토왕생신앙 역시 한역경전에의 접근이 가능했던 지식인 사회에 널리 퍼져 있었던 것으로 보인다. 아울러 백련사가 결성되었던 원흥(元興) 원년(402)은 혜원이 69세가 되던 해이자, 구마라집이 장안에 들어온 다음 해로서 『아미타경』1권을 역출한 해이기

---

70 後漢 桓帝시대 建和 2년(147)에 安世高가 중국에 와서 그 이듬해인 148년에 『無量壽經』 2권을 번역했으며, 지루가참은 光和 3년(179)에 『반주삼매경』을, 178-179년 사이에 『大阿彌陀經』을 번역했다. 이처럼 정토계 경전들이 역출되고 나서 약 100년의 시간이 지나는 동안 중국인들이 정토사상을 이해하게 됨으로써 본격적으로 정토신앙이 중국사회에 보급되었을 것으로 추측된다. 나아가 闕公則의 왕생담이 西晉의 武帝시대(265-274)의 일이므로 대략 3세기에서 늦어도 4세기 초에는 정토왕생신앙이 보급되었던 것으로 보고 있는 것이다. 이태원, 『정토의 본질과 교학발전』(운주사, 2006), pp. 400-413.

도 했다.

또한 이 시기에는 『관무량수경』이 아직 전역되지 않았기 때문에 혜원과 그 외 결사 구성원들의 정토신앙은 이 『아미타경』의 교의에 머무르는 것으로 생각할 수 있을 것이다. 다시 말해 백련사의 아미타 염불은 후대의 정토신앙에서 나타나는 구칭염불이 아니라 마음을 서방정토의 아미타불에 집중하는 것에 의해서 선정에 들고, 선정 중에 아미타불의 모습을 보는 견불(見佛)의 체험을 함으로써 사후에 정토에 왕생할 것을 기약하는 형태의 수행이었던 것이다. 이러한 염불삼매는 또한 『반주삼매경』에서 강조하는 '정중견불(定中見佛)'의 수행법과 맥락을 같이 하는 것이기도 하다.

『반주삼매경』에서는 아미타불을 오로지 생각(專念)하며, 선정(禪定) 중에 부처를 본다(見佛)고 하는 정중견불(定中見佛)의 교의를 제시하고 있다. 이러한 염불삼매, 즉 반주삼매의 실천을 통해 정중견불을 하는 것이 곧 정토왕생의 구원을 보증하는 한 징험이 된다. 따라서 정토왕생의 궁극적 목표를 지향하고 여산에 모여들었던 백련사의 구성원들의 입장에서는 당시 아직 대표적 정토경전인 『관무량수경』이 성립되지 않은 상태에서 이 『반주삼매경』을 결사의 소의경전으로 채택하는 것이 자연스러웠으리라 생각된다.[71]

반주삼매는 염불을 통해 고도로 정신을 집중한 상태에서 마치 불타

---

71 Erik Zürcher, The Buddhist Conquest of China: The Spread and Adaptation of Buddhism in Early Medieval China, (Leiden, E. J. Brill, 1972), pp. 221-222.

가 수행자의 눈앞에 서있는 듯한 삼매(現在佛悉在前立三昧, pratyutpanna-buddhasammukhāvathita-samādhi)를 체험하는 것이다. 이는 바로 수행자의 현존 상태에서 불타의 위신력과 삼매의 힘, 그리고 수행자가 축적한 공덕으로 이루어지는 것이다. 혜원의 결사 구성원들은 소승선의 방식인 재가습정법(在家習定法), 즉 집안에 머물면서 정신집중을 통해 무아의 경지를 익히는 삼매수행보다는 이러한 반주삼매의 염불처럼 좀 더 간단하고 현실적인 수행론을 필요로 했을 것으로 생각된다. 이 상대적으로 간결한 수행론인 반주삼매의 염불법은 복잡한 준비와 훈련을 필요로 하는 대신에 수행자로 하여금 반드시 삼개월간 그의 정신을 온전한 상태로 청정하게 지킬 것을 요구한다.[72] 수행자는 이 삼개월 간의 청정한 재계를 거쳐 염불 수행을 위한 몸과 마음의 바탕을 갖춘 후에, 반주삼매 수행을 통해 염불 수행자의 눈앞에 실제로 아미타불을 비롯한 불보살들의 모습을 친견하듯 관(觀)하는 견불(見佛)의 체험을 하게 되는 것이다.

하지만 여산 백련사 구성원들의 수행론과 관련하여 주목해야 할 점은 혜원이 개인적으로 실천했던 수행과 백련사의 구성원들에게 지도하고 함께 실천했던 수행론 사이에 간극이 있을 수 있다는 점이다. 흔히 여산 백련사는 정토결사, 즉 최초의 아미타신앙결사로 인식되고 있지만 실제 혜원은 여산의 동림사가 세워지자 따로 사원 내에 선림(禪林)

---

72 菩薩復有四事, 疾得是三昧. 何等爲四. 一者不得有世間思想. 如指相彈頃三月. 二者不得臥出三月, 如指相彈頃. 三者經行不得休息, 不得坐三月, 除其飯食左右. 四者爲人說經, 不得望人衣服飮食, 是爲四. 「四事品」『般舟三昧經』(大正藏 13: 0418, 906a16~906a28).

을 세워서 무리를 이끌고 아침저녁으로 수행하기를 게을리 하지 않았다고 전한다.[73] 혜원의 이러한 선 수행은 특별히 21세부터 45세에 이르는 약 25년 동안 그가 사사했던 도안의 사상적 영향을 무시할 수 없을 것으로 평가된다.[74]

또한 구마라집 교단에서 배척받았던 불타발타라가 혜관과 함께 여산에 왔을 때, 혜원은 그에게 좌선과 관련한 경전의 번역과 선의 지도를 부탁하기도 했으며, 이 불타발타라로 인해 동림사에 불영굴(佛影窟)을 조성하여 습선 수행을 하게 된 것이다.[75] 혜원이 스승인 도안에게서 가장 먼저 배운 것이 『반야경』이었다는 점은 그의 사상적 변천을 이해하는 데 매우 중요하다. 도안은 후한의 지루가참(支婁迦讖)이 번역한 『도행반야경』과 서진의 무차라(無叉羅)가 번역한 『방광반야경』을 연구하는 데 심혈을 기울이고 있었다. 이후 염민(冉閔)의 난(350년)을 피해 혜원 등의 제자 500여 인을 데리고 안주할 수 있는 곳을 찾아 유랑하던 도안

---

73 復於寺內別置禪林, 森樹煙凝石筵苔合, 凡在瞻履皆神淸而氣肅焉. (『高僧傳』권6, 大正藏 50: 2059, 358b06-358b07)

74 혜원은 강동지방에 율장과 禪과 관련된 경전이 없는 것을 탄식하여 제자인 法淨 등을 서역에 파견하여 구하게 하였으며, 曇摩流支가 關中에 들어오자, 그를 청하여 『십송률』의 번역을 완성시켰다. 安藤俊雄, 앞의 글., p. 251.

75 아울러 혜원은 중국불교에 율장을 완비하려는 의지를 보이기도 했다. 弗若多羅와 라집에 의한 『十誦律』의 번역이 미완성으로 끝난 것을 탄식한 혜원은 曇摩流支에게 제자 담옹을 보내어 나머지 부분의 번역을 간청했다. 『십송률』이 강남에 유포된 데에는 혜원의 공적이 있었던 것이다. 또한 동진 隆安 5년(401)에 구마라집이 장안에 초대되자 혜원은 라집에게 친교를 청하는 편지를 보내어 둘의 왕래가 시작된다. 혜원이 새로이 전래된 대승불교에 관하여 질문을 제기하면 구마라집이 그에 대한 답변을 하는 문답집이 바로 『大乘大義章』이다. 혜원 문하의 道生 · 慧觀 · 道溫 · 曇翼 등은 장안에 가서 구마라집에게 수학했으며, 새로 번역한 『大智度論』을 연구하며 『大智度論抄』를 저술했다. 혜원은 처음에 비담학을 배웠지만 나중에 라집보다는 비담학을 부정했던 용수의 반야학을 받아들이기 위해 자신의 비담학과 도안에서 받은 전통적인 반야학을 수정해야 했다.

은 양양(襄陽)으로 가게 되었으며, 혜원은 그곳에서 도안으로부터 안세고가 번역한 『안반수의경(安般守意經)』과 『음지입경(陰持入經)』에 근거한 소승의 선관(禪觀)도 배우게 된다. 이러한 수행의 전력으로 인해 후일 혜원은 서역이나 천축에 있는 불영굴을 흉내 내어 공동의 영역과 분리된 전용 수행처, 즉 선실까지 따로 만들 정도로 수선(修禪)에 대한 의지가 강했던 것으로 보인다.[76]

한편 혜원과 『반주삼매경』의 연관성에 대해, 안도 토시오(安藤俊雄)는 『반주삼매경』을 역출한 지루가참(支婁迦讖, 2세기 활동)계열의 대승선과 안세고(安世高)계열의 소승선이 혜원에 의해 통합되었음을 의미한다고 주장한다.[77] 혜원은 한편으로는 안세고 계열의 소승선을 닦으며, 다른 한편으로는 지참계의 대승선인 반주삼매를 제창함으로써 중국불교 내 양대 계통의 선의 종합을 이루어 냈다는 것이다. 하지만 여기서 중요한 점은 혜원이 자신의 개인적인 수행관이나 실천과는 별도로 백련사 안에서 제시한 수행법은 염불삼매였다는 점이다. 혜원 자신은 동림사 근처의 별도의 공간에 습선실을 만들어 개인적으로 선 수행을 실천했으며, 선 관련 경전들의 번역을 주도했지만 결사 안에서는 정토왕생을 지향하는 반주삼매염불을 실천하는 모습을 보이고 있는 것이다. 이러한 혜원의 성향은 결사의 수행론에도 그대로 투영되었으며, 정토왕생을 기원하는 염불수행자들의 신앙공동체인 백련사의 정체성을 드러

---

76   鎌田茂雄, 앞의 책, p. 340.
77   安藤俊雄, 앞의 글, p. 259.

내는 것으로 볼 수 있을 것이다.

3-1. 염불삼매와 견불(見佛)의 방법론

그렇다면 이들 백련사의 은일지사와 승려들이 정토왕생을 구하기 위해 실천했던 방법론인 염불삼매는 어떠한 것이었을까. 먼저 혜원의 「염불삼매시서」를 통해서 그가 추구했던 염불삼매를 어떠한 수행론으로 인식하고 있었는지에 대해서 알아볼 필요가 있을 것이다.

또한 모든 삼매의 이름이 많지만 공력이 높고 나아가기 쉬운 것은 염불이 우선이며, 현묘함과 고요함의 궁극이 된다. 여래의 존호를 부르면 불타의 체와 합일하여 변화함이 방소에 따르지 않게 되므로 지금 이 삼매에 드는 자는 아득하여 앎을 잊게 된 즉 인연된 바에 따라 거울을 이루게 된다. 이미 거울이 밝으면 내면을 비추어 색과 상이 생겨나는 것을 보게 되는 것이니 시각과 청각이 이르러 보고, 듣고, 행하는 것이 아니다.[78]

혜원이 말하는 염불삼매는 염불을 통해서 삼매에 들어가고, 내면을 거울처럼 관조하는 "공력이 높고 나아가기 쉬운(功高易進)" 수행법이

---

78 又諸三昧其名甚衆, 功高易進, 念佛爲先, 窮玄極寂, 尊號如來, 神體合變, 應不以方, 故今入斯定者, 昧然忘知, 卽所緣以成鑒, 鑒明則內照交映, 而色象生焉, 非耳目之所曁而聞見行焉.「念佛三昧詩序」『樂方文類』(大正藏 47: 1969, 166a04~166a05).

다. 염불과 선정수행이 결합된 이러한 삼매는 『반주삼매경』에서 제시하는 염불삼매, 즉 반주삼매와 유사한 것임을 확인할 수 있다.

『반주삼매경』은 반야의 공사상과 염불을 함께 설하고 있는 경전으로서, 도안(道安)의 반야사상을 계승한 혜원이 갖고 있었던 수행관과 충돌함이 없이 쉽게 수용이 되었으리라는 점을 짐작할 수 있다. 또한 초기 정토 경전인 『대아미타경』과 『평등각경』에서는 염불의 실천에 대해 구체적으로 설하고 있지 않지만 『반주삼매경』에서는 염불수행자가 갖추어야 할 지계(持戒), 장소, 방향, 수행시간 등과 자세에 이르기까지 자세하고 설하고 있음을 볼 수 있다. 따라서 여산혜원이 당시의 사상적 주류를 이루고 있던 반야의 공사상과도 충돌함이 없이 상세하게 수행의 순차와 방향을 제시해주는 『반주삼매경』을 소의경전으로 선택한 것은 자연스러운 결과라 할 수 있을 것이다.

반주삼매는 수행자의 정신적 집중에 의해 "모든 불타가 마치 자신의 눈앞에 서있는 것처럼" 보게 하는(現在佛悉在前立三昧) 수행법이다. 이처럼 『반주삼매경』에서는 염불과 삼매의 개념을 융합한 염불삼매를 등장시키고 있으며, 삼매 수행 중에 불타를 친견하는 '정중견불(定中見佛)'의 체험을 중심으로 한다. 또한 이 『반주삼매경』에서는 정(定), 즉 삼매를 얻을 수 있는 세 가지 힘으로 지계를 범하지 않는 것(持戒不犯)과 수행자의 공덕력, 부처의 위신력을 들고 있으며,[79] 또한 구원의 증거

---

[79] 是三昧佛力所成, 持佛威神, 於三昧中立者, 有三事, 持佛威神力, 持佛三昧力, 持本功德力, 用是三事故, 得見佛, 『般舟三昧經』(大正藏 13: 418, 905c15~905c18).

가 되는 견불(見佛)의 방법론으로서 항상 아미타불을 염불할 것을 설하고 있다.

수시로 (아미타불을) 사념하라. 이 사념 때문에 아미타불을 볼 수 있게 되는 것이다. 견불을 얻고 나서는 어떠한 법을 지켜야 아미타불국토에 왕생할 수 있느냐고 묻자 아미타불이 보살에게 답했다. 나의 불국토에 왕생하려거든 나를 항상 사념하고 그 사념을 지키되 한시도 쉼이 없어야 한다. 이와 같이 하면 나의 불국토에 태어날 수 있다. 아미타불이 말씀하시기를, 이 보살은 염불을 했기 때문에 아미타불국토에 왕생하게 될 것이다. 항상 이와 같이 불타의 몸이 32상을 구족하고 광명이 비추이는 것을 사념해야 한다.[80]

인용문을 보면 『반주삼매경』에서 말하는 염불은 쉼 없이 아미타불을 사념하는 실천을 말하며, 이러한 염불을 통해 마침내 아미타불을 보게 되는 견불이 이루어지면 정토왕생을 할 수 있는 것으로 설명하고 있다. 이처럼 『반주삼매경』에서는 위신력에 의지하거나, 반주삼매에 의하거나, 불타의 살아있는 몸을 명상하는 것 등의 방법론들이 모두 염불삼매[81]의 개념 안에 포섭되고 있으며, 아미타불을 염불하는 것에 있어서도 칭명보다는 견불, 즉 아미타불을 사념하는 수행법에 비중을 두고 있

---

80 數數念, 用是念故, 見阿彌陀佛, 見佛已從問, 當持何等法生阿彌陀佛國, 爾時阿彌陀佛, 語是菩薩言. 欲來生我國者, 常念我數數, 常當守念, 莫有休息. 如是得來生我國. 佛言. 是菩薩用是念佛故, 當得生阿彌陀佛國. 常當念如是佛身, 有三十二相悉具足光明徹照. 『般舟三昧經』(大正藏 13: 418, 905b09~905b15).

다. 이는 칭명염불의 수행법이 혜원보다 후대인 당대에 이르러서야 선도(善導, 613-681)나 도작 등에 의해 본격적으로 보급되기 시작했던 데에 그 원인이 있을 것이다.

그렇다면 백련사의 수행자들은 어떠한 형태로 견불삼매를 실천하며 수용했을까? 이에 대한 해답의 단초를 혜원이 유유민에게 보내는 서간문의 내용에서 찾아보기로 하겠다.

여산에 머무는 사문과 처사들은 매일 열심히 수행하지만, 그 중에서도 유유민은 한결 같이 불도수행에 열심이었으며, 굳게 계율을 지키니 종병(宗炳)ㆍ장야(長野) 등도 정진하는 것이 그에 미치지 못했다. 그는 일심으로 좌선을 행하면서 반년 만에 선정 중에서 불타의 모습을 보았으며, 또한 노상에서 불상을 만나면 진짜 부처가 공중에 현현하여 광명이 천지를 비추고 근처가 금색으로 빛났다. 또한 불타가 가사를 걸쳐주거나, 보배로운 연못에서 목욕하고 있는 모습을 보았다. 선정에서 깨어나면 승려에게 경을 읽게 하고 하루빨리 입멸할 것을 기원했다.[82]

위의 인용문에 나타난 유유민의 수행 방식은 『반주삼매경』의 「행품

---

81 『대지도론』에서는 "다른 삼매는 瞋을 다스리지만 업을 다스리지 못하며, 혹은 업을 다스리되 과보를 다스리지 못한다. 그러나 염불삼매는 두루 모든 것을 다스리며, 三毒과 三障을 다스린다"라고 말하고 있다. 이처럼 염불삼매는 모든 장애를 대치하는 공덕이 있기 때문에 수행을 통해 죄를 소멸시키고 정토에 왕생할 수 있는 것으로 받아들여졌다. 望月信亨, 이태원 옮김, 『中國淨土教理史』(운주사, 2006), p. 133.

82 山居道俗, 日加策勵, 遺民精勤偏至, 具持禁戒, 宗張等所不及. 專念禪坐始涉半年, 定中見佛, 行路遇像佛於空現光照天地皆作金色, 又披袈裟在寶池浴. 出定已請僧讀經, 願速捨命. (『廣弘明集』권27, 大正藏 52: 2103, 304b07-304b11).

동아시아 염불결사의 연구

(行品)」에서 설하고 있는 염불삼매에 의거하고 있음을 알 수 있다. 혜원과 함께 결사 초기부터 여산에 기거하면서 마찬가지로 별도의 선실을 만들어 습선을 했던 유유민은 백련사 안에서도 구성원들의 리더 역할을 했던 인물이기도 했다. 이처럼 혜원이 유유민에게 그의 견불체험과 염불삼매, 계율 수지, 그리고 정토왕생에 대한 간절한 기원 등에 대한 칭찬을 하고 있는 것은 서간문의 형식을 빌려 구성원들에게 그가 바라는 결사 수행자의 모범적 원형에 대해 발언하고 있는 것으로 생각된다. 이는 전체 문장의 내용으로 보아 혜원이 유유민 개인에게 보내는 사적인 서간문으로 보기에는 지나치게 세밀하게 제3자적 관점에서 서술되고 있다는 점에서도 짐작이 가는 대목이라 하겠다.

또한 백련사에서는 이러한 관불수행법과 연결하여 아미타상에 대한 예경의식 역시 실천하고 있었다고 한다. 먼저 유유민이 백련사 결성 당시에 결사 수행을 시작하는 심경과 기원, 그리고 맹세를 기록한 문헌인 「입서원문(立誓願文)」에서 그 교의적 단초를 찾아보기로 하겠다.

> 대개 신(神)은 느낌으로 교섭할 수 있으나, 자취로 구할 수 없다. 이것을 느끼는데 물(物)이 있으면 곧 먼 길도 가까운 거리와 같으며, 진실로 이것을 구하는데 주(主)가 없으면 곧 강가의 나루터가 아득히 망망함과 같다.[83]

83　蓋神者可以感涉, 而不可以跡求必感之有物, 則幽路咫尺, 苟求之無主, 則眇茫河津. 『高僧傳』제6권(大正藏 21: 2059, 359a02-359a04).

인용문으로 미루어 보건대 하나의 실체로서의 불(佛)을 대상으로 삼아 관불하면 느끼기 쉽지만, 만일 사념할 대상이 없으면 아득하고 막막하여 관불삼매를 이룰 수 없다는 것을 설명한 것으로 보인다. 수행자의 입장에서는 관불수행의 중심이 되는 한 상징 내지 표지(sign)로서의 대상물이 필요했고 그러한 요구에 대한 대답으로서 제시된 것이 바로 아미타불상이었다. 백련사 결성 초기에 세웠던 아미타상은 사념할 대상으로서의 불타를 현실 속에 구현해 놓은 물리적 실체이자 예경의 대상이기도 했다. 이러한 이유로 백련사에서는 불타의 모습을 그린 불화와 함께 불상이 결성 초기부터 존재하고 있었던 것으로 보인다. 백련사가 아미타상을 조성했던 것에 대한 교의적 근거는 『반주삼매경』에서 "일찍 반주삼매를 얻기 위해서는 불타의 형상을 만들라"고 한 부분에서 확인된다. 아미타불을 끊임없이 사념하는 염불수행의 과정에서 잡념과 망상이 끼어들기 쉬우므로 가시적인 불타의 형상에 의지하면 좀 더 집중하는 데 도움이 되어 빠르게 견불을 할 수 있다는 것이다.[84]

백련사의 불화와 불상은 혜원이 도안을 스승으로 모실 때에 서역사문에게서 불타의 그림이 있다는 얘기를 들은 기억에 근거하여, 불타발타라와 남국의 율사를 초청하여 그들이 친견한 불타의 그림에 대해 상세히 물어서 의희 8년(412) 5월에 이르러 조성한 것이었다.[85] 또한 의희 9년(413)에는 사령운에게 비명(碑銘)을 부촉하여 함께 한 사람들의

---

84 菩薩復有四事, 疾得是三昧, 何等爲四. 一者作佛形像若作畫, 用是三昧故. 「四事品」『般舟三昧經』(大正藏 13: 0418, 906a24~906a26).

동아시아 염불결사의 연구

이름과 당시의 정황을 돌에 새겼다는『불영명(佛影銘)』의 기록도 전한다.[86]

이처럼 백련사의 결성 초기부터 존재했던 아미타불상과 관련하여, 혜원의 스승인 도안의 미륵신앙의 영향이 여전히 결사의 실천 안에서 나타나고 있었음을 지적하는 견해도 존재한다.[87] 혜원이 양양(襄陽)에 있던 시절에 스승이었던 도안은 미륵불 신앙을 강조했으며, 중국 내에서 최초로 미륵신앙 의식을 제정한 승려이기도 했다. 도안은 일곱 명의 제자와 함께 미륵상 앞에서 도솔천에 나기 위한 예경의식을 행하기도 했다고 한다.[88] 이러한 도안의 의식과 대략 30년 후에 혜원이 여산의 아미타상 앞에서 백여 명의 신도들과 함께 동일한 유형의 의식을 행했던 것의 연관성은 분명해 보인다. 당대의 엘리트들이 모인 백련사 역시 단순하면서도 단시간 안에 몰입과 집중의 효과가 드러날 수 있는 수행을 필요로 했기 때문에 아미타불상이나 불화와 같은 가시적인 상징물을 통해 수행의 효과를 얻으려는 시도를 하고 있었던 것으로 생각된다.

다만 차이가 있다면 30년 전의 도안은 그를 포함하여 여덟 명에 지나지 않는 소수의 승려들이 사원이라는 제한된 공간 안에서 좀 더 사적인 의식을 행했던 반면에, 30년 후의 혜원은 승려뿐만 아니라 은일 지식인

---

85   遠聞, 天竺有佛影, 是佛昔化毒龍所留之影, 在北天竺月氏國那竭呵城南古仙人石室中, 經道取流沙, 西一萬五千八百五十里. 每欣感交懷志欲瞻睹. 會有西域道士敘其光相, 遠乃背山臨流營築龕室, 妙算畫工淡彩圖寫. 色疑積空望似煙霧, 暉相炳若隱而顯. 遠乃著銘曰, 廓矣大像.『高僧傳』(大正藏 50: 2059, 358b08–358b14).

86   謝靈運爲造碑文銘其遺德.『高僧傳』(大正藏 50: 2059, 361b08–361b09).

87   Erik Zürcher, 앞의 책, p. 220.

88   安每與弟子法遇等, 於彌勒前, 立誓願生兜率.『高僧傳』(大正藏 50: 2059, 353b27– 353b28).

까지 포함하는 좀 더 넓은 범위의 구성원을 데리고 사원의 의식이 아닌 결사의 의식을 실천하고 있었다는 점일 것이다.[89] 다시 말해 혜원은 도안에게서 배운 예경의식을 바탕으로 하되, 그가 선택했던 아미타신앙의 교의로 의식의 내용을 바꾸고, 구성원과 실천의 장(場)을 확장시켜서 백련사의 종교적 요구를 충족시키는 데 사용하고 있었던 것이다.

3-2. 염불삼매의 개인성과 결사의 연대성

백련사에서 채택한 반주삼매, 즉 염불삼매의 소의경전이라 할 수 있는『반주삼매경』의 염불이나 정중견불은 기본적으로 조용한 곳에서 홀로 실천하는 것을 전제로 하는 개인적인 수행임을 알 수 있다. 경전의 본문에서 이를 확인해보자.

비구 · 비구니, 우바새 · 우바이가 여법하게 행하며, 지계를 온전히 갖추고, 홀로 한 곳에 머물러 서방 아미타불이 현전하고 있음을 염해야 한다. 이곳으로부터 천만억 불국토를 지나면 그 나라의 이름이 서방정토극락세계(수마제)라 한다. 일심으로 그를 염하되 하루 주야 혹은 칠일 주야로 하면 칠일이 지난 후에는 아미타불을 보게 된다.[90]

---

89   Erik Zürcher, 앞의 책, p. 194.

먼저 인용문에서 말하는 '홀로 한 곳'은 여러 사람이 모여 가르침을 주고받으며 실천을 공유했던 백련사와 같은 결사의 수행과는 거리가 있어 보인다. 나아가 인용문에서 제시하는 7일 이후에 아미타불을 보는 이른바 '정중견불'에 대한 내용은 아래의 유유민에 대한 기록에서 더욱 자세히 나타남을 볼 수 있다. 『거사전』의 「유유민전」에 나타난 유유민의 수행과 임종기록을 들여다보자.

유유민은 서림(西林) 계곡 북쪽에 따로 선방을 지어서 으뜸가는 진리를 연마하고 엄격하게 계율을 지켰다.…반년이 지나자 선정 중에 불타의 광명이 땅을 비추어 금색으로 변하는 것을 보았다. 15년이 되자 염불을 할 때에 아미타불의 옥호에서 빛을 비추고 손을 뻗어 어루만지는 것을 보았다. 유유민이 말하기를, 불타가 정수리를 쓰다듬고 가사를 덮어주었다고 하였다. 그가 또 말하기를 칠보연못에 들어가는 꿈을 꾸었는데 청색과 백색의 연꽃을 보았으며, 그 물은 맑았는데, 정수리에 둥근 빛이 감돌고 가슴이 卍자가 두드러진 이가 그 물을 가리키며 팔공덕수인데 네가 마셔도 된다고 하였다. 유민이 그 물을 마시니 달고 맛있었다. 꿈에서 깨어났는데도 털구멍에서 기이한 향내가 났다. 이에 다른 이에게 '나의 정토 인연이 이르렀구나'하고 말하고는 승려를 청하여 묘법연화경을 수백 번 독송케 하였다. 유민이 불상을 마주보고 향을 피우고 재배하며 축원하기

---

90 其有比丘比丘尼, 優婆塞優婆夷, 如法行, 持戒完具, 獨一處止, 念西方阿彌陀佛今現在, 隨所聞當念. 去此千億萬佛刹, 其國名須摩提. 一心念之, 一日一夜若七日七夜, 過七日已後見阿彌陀佛. (『般舟三昧經』 大正藏 13: 0417, 905a06~905a17).

를, 나는 석가의 가르침으로써 아미타불을 알게 되었다. 이 향은 마땅히 먼저 석가여래에게 공양하고 그 후에 아미타불에게 공양할 것이다. 또한 그 다음에 묘법연화경에 공양하여 정토왕생의 소이를 얻을 것이니 이 경전의 공덕으로 모든 유정중생이 다 같이 정토왕생을 얻기를 원한다. 그 이후에 곧 대중에게 이별을 고하고 침대에 누워 서쪽을 향하여 합장하고서 조용하게 죽었다.[91]

인용문은 청대의 학승인 팽제청(彭際淸, 1740-1796)에 의해 편찬된 『거사전』에서 발췌한 것이기 때문에 여산 백련사에 관한 다른 기록에서는 볼 수 없는 『묘법연화경』이 등장하고 있으며, 임종기록 역시 미화되어 있어서 그대로 받아들이기는 힘들 것이다. 하지만 이 단락에서 놓치지 말아야 할 요소는 바로 '정중견불'의 체험이며, 백련사 구성원 중 가장 모범적인 수행자로 제시되고 있는 유유민의 정중견불이 곧바로 정토왕생의 소인이 되고 있다는 맥락을 확인할 수 있다는 점이다. 실제로 다수의 사람들이 모여서 거주와 수행을 함께 했던 백련사와 같은 결사에서는 『반주삼매경』에서 제시하는 것처럼 '홀로 한 곳에 머무르는 (獨一處止)' 개인적인 수행은 하기 힘들다. 결사라는 조직의 기본적인

---

91 遺民度西林澗北別立禪坊, 精研元理兼持禁戒…居半載, 即於定中見佛光照地皆作金色. 更十五年於正念佛時, 見阿彌陀佛玉毫光照垂手慰接. 遺民曰, 安得如來為我摩頂, 覆我以衣, 俄而佛為摩頂, 引袈裟以被之. 他日又夢入七寶池, 見蓮華青白色, 其水湛湛, 有人頂有圓光胸出卍字. 指池水曰, 八功德水, 汝可飲之. 遺民飮水甘美, 及寤異香發於毛孔. 乃語人曰, 吾淨土之緣至矣. 請僧轉妙法蓮華經近數百周. 遺民對像焚香再拜而祝曰, 我以釋迦遺教, 知有阿彌陀佛. 此香當先供養釋迦如來, 次供養阿彌陀佛, 復次供養妙法蓮華經, 所以得生淨土. 由此經功德, 願與一切有情俱生淨土, 即與眾別. 臥牀上面西合掌泊然化去. (『東林傳』, 『出三藏記集』), 『居士傳』(卍續藏(CBETA) 88: 1646, p. 16).

동아시아 염불결사의 연구

특성인 다수성은 '정중견불'과 같은 고요하고 명상적인 수행과는 양립하기 어려운 것이다. 그렇다면 혜원은 소의경전인 『반주삼매경』의 교의와 충돌할 수도 있는 결사 수행을 어떠한 방식으로 이끌어 가야 했을까. 우리는 그에 대한 대답을 유유민의 「입사서원문」의 한 구절에서 찾아 볼 수 있을 것이다.

> 그러나 그 살아온 모습(景績)은 서로 다르고 공력과 복(功福)도 하나가 아니다. 새벽기도는 같다고 해도 저녁때 돌아오는 것은 차이가 있다. 이것은 우리의 한 스승을 둔 동학(師友)의 권속으로서 진실로 슬픈 일이다. 그렇기 때문에 이를 개탄하고 서로 命하여 법당에서 마음을 정리하고 다 함께 일심(一心)을 다스려 마음을 지극한 곳(幽極)에 머물게 하며, 이 동료들이 모두 절대적 경지(絶域)에서 노닐 것을 서원한다.[92]

사람마다 수행의 역량이 다르고 결과가 다름을 안타까워하여, 서로 한 법당에 모여서 수행의 목표를 정하고 정진하여 모두 다 정토에 왕생할 것을 서원한다는 내용이다. 이 글을 통해 함께 모여서 정진하는 결사 수행의 근간이 서로의 수행역량의 층차를 상호간에 메워주고 보완하여 피안의 세계로 함께 이르기 위한 '공동의 구원'에 있었음을 알 수 있다. '결사'란 의지를 함께 하는 이들의 집합체이자, 실천공동체를 말

---

92 然其景績參差, 功德不一, 雖晨祈云同, 夕歸攸隔, 卽我師友之眷, 良可悲矣. 是以慨焉, 胥命整衿法堂, 等施一心, 亭懷幽極, 誓茲同人, 俱遊絶域. 『高僧傳』(大正藏 50: 2059, 359a09~359a12).

한다. 신앙과 교의를 공유하는 이들이 '한데 모여' 실천하는 결사는 당연히 수행의 공간과 방법론 역시 공유하게 된다.

그렇다면 그들은 왜 함께 모여 수행을 하려 했을까? 먼저 정치적 혼란기에 교유하는 이들끼리 환란으로부터 자유롭고 조용한 산사에 모여 종교적 담론을 나누는 것이 일차적 원인으로 작동했으리라 생각된다. 하지만 이것만으로 동일한 장소에서 다함께 모여 한 마음으로 수행하는 그들의 종교적 실천까지 설명해주지는 않는다. 종교적 수행의 궁극적인 목적은 인간의 구원에 있으며, 따라서 '공동수행'의 목적은 '공동의 구원'에 있을 것이기 때문이다. 이와 관련하여 『출삼장기집』의 「석혜원전」에서는 결사 시작 당시의 수행관을 짐작할 수 있는 구절이 등장한다.

지금 다행히 굳이 도모하지 않아도 마음이 모두 서방정토로 향해 있으니 시문을 지어 믿음을 열고 밝은 정을 하늘에 발하니 이에 우리 무리들은 꿈에서도 뜻이 통할 것이다.…그러나 그 나이와 공력, 복이 일정치 않고 다르니 비록 새벽에 기도하기를 같은 날 저녁에 (서방정토에) 돌아갈 것을 근심하지만 우리 스승과 동지들은 진실로 슬퍼할 것이니 이에 탄식한다. 운명을 함께하고 옷깃을 가지런히 하고 법당에 모여 함께 베풀고 일심으로 궁극에까지 도달하려는 마음을 품었다. 이 동지들이 함께 서방극락정토에서 노닐고, 놀랍도록 뛰어나 견줄 데가 없는 이가 있어서 홀로 신선계에 오르게 되면 홀로 그 이상향에서 고고하게 지내거나 유곡을 완전하게 잊어버리지 말기를 서원한다. 먼저 오른 이가 나중에 오른 이와 함께 할 것이며, 여럿이 함께 나아감(彙征)의 도를 다한 연후에 대의를 잘 관하여 마음을 열어 곧게 비출 것이다.[93]

인용문에서는 구성원들의 나이와 수행역량의 층차에 따라 한 날 한 시에 모두가 정토에 왕생할 수는 없으리라는 두려움이 잘 나타나 있다. 먼저 정토에 왕생한 이는 수행이 완성된 자의 공덕으로써 뒤처진 이의 궁극적 완성을 돕게 해달라는 서원이 주요 내용을 이룬다. 신앙의 인연이 닿는 이들끼리 연대하여 서로 수행을 돕고, 함께 정토에 이르는 결사의 목적을 다시 한 번 구성원들에게 주지시키는 내용이라 하겠다. 결국 백련사는 한 개인으로서의 종교적 구원만을 목표로 하는 수행의 개인성보다는 구성원의 연대를 통해 서로 이끌어 주며 모두가 궁극적 지향점에 도달하는 보편의 구원을 표방하는 신앙조직임을 확인할 수 있다.

인용문에서 제시하고 있는 것처럼 혜원은 다수가 모여 함께 수행하는 결사의 구성원들이 모두 구원에 동행하는 결사를 꿈꾸었으며, 서로가 서로의 수행에 도움이 되는 상승적(相乘的, synergistic) 형태의 수행을 원했던 것으로 보인다. 혜원 당시의 백련사에서는 이렇듯 구성원 모두의 구원을 위해 서로 격려하며 노력하는 모습이 보이지만 이마저도 후

93 　今幸以不謀而僉心西境, 叩篇開信亮情天發, 乃機衆通於寢夢. 欣歡百於子來, 於是靈圖表輝景倬神造. 功由理諧事非人運. 茲實天啟其誠, 冥數來萃者矣. 可不剋心重精疊思以凝其慮哉. 然其景績參差功福不一. 雖晨祈云同夕歸悠. 即我師友之眷, 良可悲矣. 是以慨焉. 背命整襟法堂, 等施一心亭懷幽極, 誓茲同人俱遊絕域, 其有驚出絕倫首登神界, 則無獨善於雲嶠, 忘兼全於幽谷, 先進之與後升, 免思彙征之道, 然後妙觀大儀啟心貞照.「釋慧遠傳」『出三藏記集』(大正藏(CBETA) 55: 2145, p. 214).

대 정토교가의 눈에는 그다지 긍정적인 모습으로 비치지는 않은 듯하다. 가재(迦才, 7세기 활동)는 그의 저서 『정토론』에서 혜원에 대해 다음과 같은 글로 비판하고 있다.

옛 스승들인 혜원법사와 사령운 등은 비록 서방정토왕생을 기약하는 수행을 하기는 했지만 끝까지 개인적인 구원을 지향하는 것이었기 때문에 후대의 학자들이 배울만한 바가 없다.[94]

가재의 이러한 비판은 백련사에서 실천했던 수행이 일반 신도들로서는 하기 힘든 반주삼매염불, 즉 명상 위주의 수행이었기 때문에 모든 중생의 구원을 이끌어야 하는 대승불교적 성격이 부재했음을 지적한 것으로 생각된다. 이는 또한 담란(曇鸞, 476-542)·도작(道綽, 562-645)과 마찬가지로 칭명염불을 적극적으로 제창했던 가재 자신의 종교적 지향성과 차이가 있었으므로 선택된 엘리트만이 참가하고 실천할 수 있었던 백련사의 수행 방식을 폄하하고 있는 것일 수도 있다. 승려인 혜원과 거사라고 볼 수 있는 사령운을 동일 선상에 놓고 비판하는 것도 이러한 맥락에서 나온 것으로 짐작해 볼 수 있을 것이다.[95] 이는 단지 혜원이나 사령운 같은 인물에 대한 비판이라기보다는 구원의 개인성과

---

94 然上古之先匠, 遠法師謝靈運等, 雖以僉期西境, 終是獨善一身. 後之學者, 無所承習. 『淨土論』(大正藏 (CBETA) 47: 1963, p. 1).謀

95 『고승전』의 기록에 의하면 사령운은 백련사의 구성원은 아니었지만 혜원과 상당히 깊은 친교를 맺고 있었던 것으로 보인다. (陳郡謝靈運, 負才傲俗, 少所推崇. 及一相見, 肅然心服遠內通佛理, 外善群書. 『高僧傳』(大正藏 50: 2059, 361a21-361a23).

보편성의 사이에 존재하는 긴장감의 표출이라고 보는 편이 맞으리라 생각된다.

한편 『고승전』에는 혜원이 여산 백련사에서 실천했던 것으로 보이는 아미타신앙 관련 임종의식에 관한 구절이 등장한다.

승제(僧濟)는 … 나이 서른이 넘자 읍(邑)(읍회(邑會)·사(社) 등의 민간불교결사)에 나가 법문을 강론하더니 수석 강사가 되었다. 혜원이 매양 나와 함께 불법을 홍포할 자는 그대(濟)라고 말했다. 후에 잠시 여산에 머무를 때에 홀연히 중병에 걸렸음을 느끼고는 서방정토와 아미타불을 진심으로 생각했다. 혜원이 濟에게 촛불 하나를 주면서 너는 굳건한 마음으로 모든 시각 동안 안양으로 향하여 나아가라고 말하자 濟는 촛불을 잡고 침상에 기대어 생각을 멈추어 어지러운 생각을 일으키지 않았다. 또한 승려 무리를 초빙하여 한밤에 모여 『무량수경』을 전독하게 하고, 오경에 이르자 濟가 촛불을 동료들에게 주고 무리 한가운데로 가더니 잠시 누웠다. 꿈에서 자신이 촛불 한 자루를 쥐고 허공으로 올라서 무량수불을 보고 직접 만나 손바닥 위에서 시방에 이르렀다가 자신도 모르게 갑자기 깨어났다. 병시중을 드는 이들에게 그것을 얘기하면서 슬퍼하기도 하고 위안을 받기도 하였다. 스스로 자신의 몸을 모두 살펴도 병의 고통이 없는 듯 했으며 다음날 저녁에 홀연히 신발을 찾아 일어서다가 눈으로 허공중에서 무언가를 본 듯하였다. 잠깐 사이에 다시 누웠는데 안색이 더욱 환했으며, 옆 사람에게 말하기를, 내가 가려한다 하고는 이에 몸을 오른쪽 옆구리로 돌리고는 말이 모두 끊기니 나이 45세였다.[96]

혜원의 백련사 당시에 이미 정토계 경전 중『관무량수경』을 제외한 『아미타경』이 한역되어 있었으므로 이들 정토경전에 근거하여 임종인들의 정토왕생을 돕는 의식을 실천하고 있었음을 보여주는 대목이다. 혜원의 시대는 아직은『사분율행사초(四分律行事鈔)』[97]와 같은 임종의식의 매뉴얼이 정비되기 이전이었으므로 정토경전의 교의에 의거하여 죽음을 맞이하는 모습이 보이고 있는 것이다. 인용문에서는 후술할 결사 중의 하나인 히에이잔 요카와의 '이십오삼매회(二十五三昧會)'의 경우처럼 정교하고 의미를 풍부하게 담은 의식은 아니지만 아미타불의 내영과 관련한 의식의 초기 형태가 잘 드러난다. 특히 병자의 죽음의 순간에 임박해서 주변의 동료들이 함께 병자의 주위에 모여 밤새워『아미타경』을 전독하는 것은 한 개인으로서의 마지막 순간에 다른 신앙 동지들이 연대하여 구원의 에너지를 상승시키는 동시에 산 자들 스스로의 신앙을 고취시키는 의식을 구현하는 모습이라 할 수 있을 것이다.

96　釋僧濟. 未詳何許人. 晉太元中来入廬山, 從遠公受學. 大小諸經及世典書數, 皆遊錬心抱貫其深要. 年始過立便出邑開講歷當元匠, 遠每謂曰. 共吾弘佛法者爾其人乎. 後停山少時忽感篤疾, 於是要誠西國想像彌陀, 遠遺濟一燭曰. 汝可以建心安養競諸漏刻. 濟執燭憑机停想無亂. 又請衆僧夜集爲轉無量壽經, 至五更中濟以燭授同學, 令於僧中行之, 於是暫臥. 因夢見自秉一燭乘虛而行睹無量壽佛, 接置于掌遍至十方, 不覺欻然而覺, 具爲侍疾者說之. 且悲且慰, 自省四大了無疾苦. 至于明夕忽索履起立, 目逆虛空如有所見. 須臾還臥, 顏色更悅. 因謂傍人云, 吾其去矣. 於是轉身右脅言氣俱盡, 春秋四十有五矣.『高僧傳』(大正藏 50: 2059, 362b12-362b27).

97　『四分律行事鈔』즉『四分律刪纂補闕行事鈔』는 율종에 속하는 唐 道宣(596-667)이 초기 불교 계율인『사분율』에 의거하여 저술한 의식집이라고 볼 수 있다. 그 중「瞻病送終」편에서는 간병인과 병자의 마음가짐, 임종을 맞이하는 자세 등 여러 임종의식을 설명하고 있으며, 임종 이후에는 장송의 의례에 대해 설명하고 있다.

동아시아 염불결사의 연구

3-3. 염불결사의 원형

흔히 혜원을 중국 정토종의 조사로 말하지만 정작 송대에 들어서야 찬녕이 그를 처음으로 정토결사의 창시자로 기록하고 있으며, 그 이전의 담란, 도작, 선도와 같은 정토사상가들은 혜원의 정토사상이나 실천을 별로 부각시키지 않았다.[98] 혜원이 실천했던 반주삼매 계열의 염불과 선도 등의 칭명염불은 서로 다른 점이 많지만, 중당(中唐)시대 이후에는 두 갈래의 흐름이 융합되기에 이른다. 이에 따라, 시대적으로 가장 빠른 혜원을 개조로 받들게 되면서 송대에 이르러서 완전히 중국 정토교의 시조로서의 지위를 확립하게 된 것이다. 하지만 혜원의 교학과 실천이 그의 사후에도 그대로 전승되어서 중국 정토교의 개조로서 확립되어 지속되었던 것은 아니었다. 혜원과 그를 중심으로 모였던 엘리트들 사이에서는 정토신앙이 실천되었던 것이 확인되고 있으며, 초당대 이후로 동아시아의 대부분의 불교결사의 전범이 되긴 했지만 정토종이라고 불릴만한 혜원의 직계의 전승이 명확하게 존재하지는 않는다.

이처럼 가시적인 사승의 계보가 없는 혜원이 정토교를 개창한 교조로서의 지위를 확립한 것은 훨씬 후대인 송대에 불교결사가 크게 유행했던 시기의 일이었다. 이미 공식적인 법맥이 존재하고 있는 교단 내지 거대 사원의 영역 밖에서 결성되고 활동했던 각종 불교결사들, 그 중에서도 주로 염불신앙을 실천했던 염불결사 ─ 혹은 정토결사, 아미타

---

98 野上俊靜, 「慧遠と後世の中國淨土敎」, 『慧遠硏究』(東京: 創文社 1981), pp. 229-236.

결사 등의 이름이 붙은 결사-들이 자신들의 교의와 실천에 걸맞은 계통(lineage)의 기원을 여산 백련사의 혜원에게서 구했던 것이다. 하지만 정작 정토종의 비조라고 불리는 혜원에게서는 젊은 시절에 스승 도안에게서 반야 공관을 배우고, 조금씩 전입되어 들어오던 인도불교의 선(禪)을 배우려 노력했던 부분들이 드러난다. 또한 그는 백련사 안에서도 별도의 공간을 만들어 따로 습선(習禪)을 하거나 각종 선적(禪籍)을 수용하려 애쓸 정도로 선(禪)을 놓지 않고 있었다. 혜원이 백련사에서 보여준 이러한 선과 염불의 공존은 당시 구마라집의 번역을 통해 들어온 『반주삼매경』을 소의경전으로 삼게 되면서 관상염불, 즉 관법과 염불이 충돌하지 않는 초기 형태의 선이자, 초기 형태의 염불을 주로 실천했던 것과도 연관이 있으리라 생각된다.

정리해보면 혜원이 이처럼 선과 염불 양자를 모두 놓지 않고 있었던 이면에 백련사의 은일지사들이 시종일관 견지하고 있었던 종교적 목표는 정토왕생에 있었으며, 그들의 수행 역시 염불삼매에 집중되어 있었다. 아울러 백련사의 구성원들에게서는 신앙의 목표를 함께 하는 이들의 연대의식 역시 강하게 드러난다. 유유민의 「입사서원문」에서 말하듯 백련사의 구성원들은 "사우(師友)의 친분으로서 서로 명(命)하여 법당에서 마음을 정리하고 이 동료들이 모두 정토에서 왕생할 것"을 서원하고 수행하는 신앙의 동지들이었다. 죽음 이후의 미지의 세계에 대한 두려움은 그들을 결사 안에서 연대하게 만들고, 상보(相補)와 상승(相乘)의 수행을 실천하며 공동의 구원을 지향케 했던 것으로 볼 수 있을 것이다.

동아시아 염불결사의 연구

동진시대에 유행했던 은일(隱逸)의 전통과 불교 사원의 정주(定住) 수행전통이 공존했던 여산의 백련사는 정토계 경전의 전역으로 인해 촉발된 죽음과 구원에 대한 새로운 이해가 중국의 수행전통과 만나서 엘리트 중심의 소규모 불교결사로 꽃피게 된 한 사례였다. 또한 여산 혜원의 백련사는 불가의 승려들만으로 이루어진 수행공동체가 아닌 유교·도교 엘리트인 은사들에게까지 문호를 개방했던 결사이기도 했다. 백련사는 비록 소수 엘리트들만이 입회가 가능했던 소규모 결사이기는 했지만 전문 수행자인 승려가 아닌 속인 신도들을 수용했던 승속연합의 결사였던 것이다. 또한 백련사의 수행론을 선택함에 있어서도 구성원들 모두의 궁극적 지향과 수행역량을 배려하는 모습을 보여줌으로써 당대 이후 결성되었던 수많은 결사들의 원형적 모델이 되었음을 알 수 있다. 백련사의 지도자인 혜원은 개인적인 수행과 결사 구성원들을 지도해야 하는 소명(召命) 사이를 오가면서 자신도 의식하지 못하는 사이에 동아시아 불교 결사의 전범을 마련하고 있었던 것이다. 특히 혜원과 그의 제자들이 실천했던 임종 의식이 이어서 서술하게 될 일본 천태 결사의 임종행의(臨終行儀)와 영강(迎講, 무카에코)로 확대 발전하게 되리라는 것을 아마 그들 자신도 짐작치 못했을 것이다.

III

동아시아 천태교단의
염불결사들의 전개

이 장에서는 동아시아 삼국의 천태교단의 염불결사들의 결성배경과 수행론에 관해 집중적으로 고찰하고자 한다. 삼국 결사의 서술 순서는 결사의 결성연도를 기준으로 했으며, 주로 10-13세기에 활동했던 염불결사들을 대상으로 삼았다. 일본 천태교단의 경우에는 히에이잔 요카와에서 겐신이 지도했던 이십오삼매회를, 중국 북송대 천태교단에서는 사명지례, 자운준식과 모자원의 결사, 그리고 한국에서는 고려 원묘요세의 만덕산 백련사를 살펴보게 된다.

일본 천태교단의 이십오삼매회에서는 겐신의 『왕생요집』에서 제기된 사후의 지옥과 정토의 개념, 그리고 정토왕생의 구원론으로 인해 촉발된 아미타신앙과 임종행의를 결사의 주요 수행론으로 실천하는 모습을 고찰하고자 한다.

북송대 천태교단에서는 사명지례가 만 명에 이르는 대형결사의 수행론을 제시하고 이끌어가는 방식과, 자운준식이 결사의 영향력을 효과적으로 파급시켜가면서 당시 북송대 지역사회에서 유행했던 민간신앙을 불교의식으로 대체하는 과정, 그리고 준식의 영향을 강하게 받았던 모자원이 민간신도들과 함께 했던 결사에서 제시했던 교의와 실천들을 집중적으로 살펴보게 될 것이다. 아울러 이들이 천태교단의 교의를 근거로 하여 재정비한 수행론을 제시하고, 아미타신앙의 재해석을 통해 결사의 실천과 그 의미를 강화해 가는 모습을 관찰하면서 그들이 해낸 작업들이 전체 동아시아 불교의 수행론에 파급시켰던 영향까지 함께 생각해보고자 한다.

　고려 원묘요세의 백련사의 경우는 전술한 중국과 일본 천태교단보다 많게는 200여 년 후에 결성되었기 때문에 백련사에 나타나는 천태결사 수행론의 연속성과 불연속성을 비교해 볼 수 있는 좋은 계기를 제공하고 있다. 결국 고려 원묘요세의 백련사에서는 사상적인 면에서는 분명히 중국 천태교단의 영향 안에 있었음에도 불구하고, 그 구체적인 실천에서는 차별성이 드러나는 배경에 대해 추적하는 것이 서술의 초점을 이루게 되었다고 볼 수 있을 것이다.

1. 일본 : 이십오삼매회(二十五三昧會)의 임종행의(臨終行儀)와 영강(迎講)

　일본에서 죽음에 대한 사상과 상상적 사후세계관이 급속도로 퍼지기 시작한 것은 헤이안(平安)시대 말기부터 가마쿠라(鎌倉)시대 초기에 걸친 시기였다. 이 시기는 히에이잔(比叡山) 엔랴쿠지(延曆寺)를 중심으로 하는 천태종을 근거지로 하여 이른바 가마쿠라 신불교(新佛敎)운동이 전개되었던 때이다. 국가와 왕족, 혹은 귀족 중심의 구불교가 각종 의식(儀式)의 실천에 주력한 반면, 신불교 운동은 종교적 관심을 인간의 실존적 문제로 서서히 전환시키는 역할을 진행하고 있었다. 특히 고대 말부터 중세에 걸쳐서 모습을 드러낸 사후세계관은 구체적으로는 각종 「왕생전」의 편찬과 지옥초지(地獄草紙) 혹은 아귀초지(餓鬼草紙)와 같은 육도도(六道圖)가 제작되었던 것과도 연관이 되어 있다.[99] 이러한 「왕생전」은 인간에게 이상적인 죽음에 대한 모델- 죽음에 대한 준비, 죽음의 각오, 죽음의 방법, 죽음의 의식 등-을 제시하는 교과서로서 사용되기도 했다. 또한 헤이안시대 말기에 유행한 정토교와 말법사상은 현세에서의 육신의 죽음이 정토라는 새로운 이상적 세계에로의 전환을 위한 기회가 된다는 사상을 만들어 내기에 이르렀다.

• 겐신

동진시대의 여산 혜원처럼 이 시기의 죽음관을 이론적으로 체계화하고 그 교설에 근거한 실천을 제시했던 대표적인 사상가가 바로 겐신(源信, 942-1017)[100]이다. 그가 관화(寬和) 원년(985)에 『왕생요집(往生要集)』을 저술하자 이내 히에이잔의 승려들을 비롯하여 헤이안 말기 귀족 사회에 큰 반향을 일으키게 되었다. 당시 최고 권력층에 속했던 후지와라노 미치나가(藤原道長) 같은 이도 『왕생요집』을 애독하며 서사(書寫)를 하게 했을 뿐만 아니라, 승려들 역시 『왕생요집』에서 제시하는 임종행의를 실천하며, 주변의 간병인들에게 『왕생요집』의 구절을 읽어줄 것을 부탁할 정도였다고 한다.[101] 『왕생요집』은 동일한 정토신앙과 실천을 공유했던

---

99 草紙는 삽화를 곁들인 이야기책을 말하며, 헤이안시대 말기는 귀족정권의 지원을 받은 고대국가체제가 위기에 봉착했던 시대로서 불안한 시대적 분위기를 틈타 각종 「왕생전」이 편찬되어 읽혀졌다. 이 시기를 대표하는 왕생전이 『法華驗記』, 『日本往生極樂記』 등이다. 山折哲雄, 「死のための団体形成—源信とその同志たち」, 『宗教硏究』 52(1)(東京: 宗敎硏究會, 1978), p. 2.

100 겐신은 동시대 중국 천태교단의 사명지례(960~1028)보다 18년 앞서 태어났으며, 比叡山의 慈慧僧正 문하에서 수학하고, 궁중 八講會의 강사가 되었다. 천태교단에서 僧都의 자리에 올랐기 때문에 惠心僧都로 불린다.

101 堀大慈, 「源信における講運動の立場—二十五三昧会と靈山院釋迦講—」, 『硏究紀要』(京都: 京都女子學園佛敎文化硏究所, 1971), p.112.

(同信同行) 염불집단의 실천지침서이자, 죽음과 지옥, 정토에 관한 이론서로서 10세기 후반 일본의 불교계에 새바람을 일으켰던 것이다.

겐신이 이끌었던 히에이잔 요카와(横川)의 이십오삼매회(二十五三昧会)는 이처럼 헤이안시대 말기에 일본인들에게 새로운 구원관을 제공했던 『왕생요집』을 교의적 근거로 하여 조직된 결사이다.[102] 기본적으로 겐신의 『왕생요집』과 이십오삼매회는 정토교의와 실천을 적극적으로 수용했던 천태교단의 배경 하에서 이루어진 산물이라고 볼 수 있을 것이다.[103] 이십오삼매회는 요카와의 정주승 25인이 주축이 되어 결성된 승려중심의 결사였지만, 결연(結緣)의 방식을 통해 여성을 비롯한 속인 신도들까지로 구성원들의 범위를 넓혔다는 점에서 혜원의 여산 백련사에서 한 단계 확장된 결사로서의 의미를 갖는다고 할 수 있을 것이다. 아울러 25삼매회의 주된 실천으로서 정토왕생을 위해 불가결한 요소로 제시되고 있었던 임종의식 역시 여산 백련사의 초기적 형태에서 한층 다양화되고, 상징적 요소가 추가된 모습을 발견할 수 있다.

이 장에서는 중국에서 유입된 아미타신앙이 일본 천태 교단의 결사

---

102 이십오삼매회의 수행론에 관한 주요자료는 겐신의 『왕생요집』 외에도 결사의 규약인 「横川首楞嚴院二十五三昧起請」(요시시게노 야스타네의 8개조 기청과 겐신의 12개조 기청의 두 가지가 있다), 구성원들의 원문이 수록된 「横川首楞嚴院二十五三昧式」, 그리고 겐신에 관한 개인적 전기인 『源信僧都傳』(『淨土七祖傳』에 수록)등이 기본이라고 할 수 있다.

103 일본의 정토교는 6세기경부터 발전하기 시작한 중국의 정토교를 천태 교단의 사이초 등이 수용함으로써 시작된다. 사이초는 중국으로부터 천태 수행법의 하나인 四種三昧를 들여오게 되는데, 그 가운데 90일 간에 걸쳐 끊임없이 아미타불을 염불하며 걷는 수행법인 常行三昧가 포함되어 있었다. 이처럼 정토교의 수행법인 염불이나 정토왕생의 교의 등이 이미 천태 교법 안에 체계를 갖추고 들어와 있었으므로 일본의 천태 교단 내에서도 정토교의 실천과 교의를 수용하는 데 충돌이 없었던 것이다. 사이초의 후계자인 圓仁 역시 847년에 당에서 밀교와 정토교를 들여오게 되면서 상행삼매가 크게 유행하게 되었으며, 천태 교단의 중심지인 히에이잔에도 동탑과 서탑에 각각 상행삼매당이 세워지게 된다.

인 이십오삼매회에서 수용되어 실천되는 모습과, 일체중생에게 불성이 있음을 내세웠던 천태교단에서 수행의 근기가 낮은 중생의 구원문제를 어떠한 방식으로 해결해가는 지를 살펴보게 될 것이다. 아울러 혜원의 여산 백련사에서는 결사 내 수행의 부수적 요소처럼 보이는 초기 임종의식이 이십오삼매회에서는 결사의 핵심적 수행론으로 자리 잡게 되는 것에 대해서도 고찰하고자 한다.

1-1. 결사의 근본결중(根本結衆)과 결연중(結緣衆)

이십오삼매회가 결성되어 행해졌던 요카와(橫川)는 히에이잔 동탑·서탑과 더불어 히에이잔 3탑을 이루고 있는 곳이다. 요카와는 일본 천태종의 개조인 사이초(最澄(傳敎大師), 766-822) 사망 후 약 10여년이 지나 천장(天長) 10년(833) 제3조인 엔닌(圓仁(慈覺大師), 794-864)에 이르러 비로소 개창되었다.[104] 엔닌은 승화(承和) 3년(836)에 요카와의 문도들에게 사이초의 가르침을 준수할 것을 요지로 하는『수능엄원식(首楞嚴院式)』9조를 발표했다. 이『수능엄원식』에서는 세간의 명리를 버리고 궁극적 깨달음을 구하기 위해 엄격한 수행을 요구하는 것은 물론 재

---

[104] 엔닌은 이곳 요카와에서 12년간의 參籠수행을 하면서 3년간 칩거하며 엄격한 좌선수행을 했으며, 법화 참법, 사종삼매 등의 천태교단의 근본 수행에도 충실했다고 한다. 엔닌이 천태교단이 중심인 동탑을 떠나 당시 미개발지였던 요카와를 개창했던 이유는 사이초 사후에 남은 제자들 간의 대립이 표면화된 데다가, 천태교단에 독립계단을 설치하는 것에 대한 천황의 허가가 내려졌기 때문에 이와 관련한 문제로 교단 내의 파벌 싸움이 심했기 때문이었다. 堀大慈,「橫川佛敎の硏究」『國家と佛敎』(京都: 永田文昌堂, 1981), p. 174.

• 엔닌

가자 신도에게 의존하지 말고 승려문도끼리는 서로 부모형제처럼 교유할 것과, 상호간의 평등한 수행자적 연대의식인 동붕동행(同朋同行)의 정신을 가지고 교단을 운영해 갈 것을 규정하고 있다.

정관(貞觀) 6년(864) 엔닌은 사망할 무렵에 요카와에 대한 조정이나 귀족 등의 개입을 거부하고, 요카와가 엔닌 문하의 제자들에 의해 독자적으로 운영되는 수행집단이어야 함을 다시 한 번 천명했다. 또한 요카와에서 정주하는 승려가 아니더라도 천태의 수행을 실천하고 교의를 배우려는 의지를 가지고 있다면 거처와 경문을 제공해 줄 것을 요청했다. 이러한 점은 정주하는 승려들 상호간에 파벌을 형성하여 사원의 당우와 경전까지도 동일 문벌 내에서만 전승하는 경향이 강했던 당시 천태교단(동·서탑)의 상황과는 대조되는 것으로 상대적으로 교단을 개방하되, 수행기풍에는 엄격했던 요카와의 성격을 잘 보여준다고 하겠다. 이러한 요카와의 기본적 성향[105]은 이후에 이십오삼매회가 전개하는 결사의 활동과 긴밀한 관련성을 보여준다.

엔닌 사후에 쇠퇴해갔던 요카와는 제18대 천태좌주인 료겐(良源, 912-985)에 이르러 다시 부흥하게 되는데 이 료겐이 바로 이십오삼매회의 사상적 근거인 『왕생요집』의 저자, 겐신(源信)의 스승이다.[106] 료겐

102

은 히에이잔 문도들의 수학을 독려하기 위해 수능엄원(首楞嚴院) 정심방(定心房)에서 자신이 직접 강사로 활동하는 사계강(四季講)[107]을 시작했다. 료겐의 시대에는 왕실의 기도사원인 어원사(御願寺)가 성행했기 때문에 히에이잔에서도 많은 문파가 왕실과 귀족들과 결합하여 기도의식을 행하고 밀교의식이 특히 유행하게 되면서 전법체계 역시 폐쇄성을 띠게 되었다.[108] 이

• 료겐

십오삼매회가 결성되던 해인 관화(寛和) 2년(986)은 료겐이 이미 사망한 다음으로서 그의 후계자인 진젠(尋禪)이 요카와의 사원을 왕실의 어

---

105 엔닌의 사후에 좌주로 취임했던 안혜의 뒤를 이어 중국에서 밀교를 들여온 圓珍이 천태밀교 일파를 형성하고 귀족들을 자신의 세력으로 규합했으며, 히에이잔의 밀교를 통섭한 후에 마침내 천태좌주로까지 취임하기에 이른다. 이러한 엔친 세력의 신장은 엔닌 문도들의 급격한 쇠퇴를 불러오게 되었으며, 엔닌의 유지에도 불구하고 요카와는 조정이나 귀족 등과 사적으로 결합하여 그 초기의 수행집단으로서의 성격도 변하게 된다. 掘大慈, 앞의 책, p. 178.

106 료겐 당시의 요카와는 천태교단의 중심적인 위치를 확립하게 되었으며, 요카와 역사상 보기 드문 발전을 이루게 된다. 명문세족인 藤原 일문과 손을 잡고, 수능엄원에서 레이센(冷泉)천황의 탄생기원 의식을 하는 등의 계기를 통해 법화삼매당과 상행삼매당이 새로이 건설되는 외형적 확대가 이루어지게 되었던 것이다. 應和 3년(963)에 궁중에서 5일간에 걸쳐 실시된 法華八講의 법회인 應和宗論을 기획한 것도 료겐이었으며, 이 법회에서 법상종의 학장인 法藏을 논파하여 자신의 명성을 높이기도 했다. 요카와는 료겐 계열의 승려들이 중심이 되어 동·서탑의 엔닌 문도들로부터 독립된 법맥을 계승하게 되며, 점차 히에이잔의 중심세력이 되어갔다. 이십오삼매회의 겐신은 이러한 요카와의 료겐 법맥에 속하는 대표적인 승려였던 것이다. 10세기의 분열기에 중국의 吳越국왕 錢씨에 의해서 천태종 부흥의 지원요청이 있었으며, 섭관가문 후지와라씨가 여기에 응하여 주도적으로 나서게 된 것도 일본 천태종 흥성의 중요한 외부적 요인이라 할 수 있을 것이다. 또한 오월의 불교정책을 발전적으로 계승한 북송에서 동대사의 승려 奝然이 986년에 귀국한 것을 계기로, 이에 고무된 겐신이나 야스타네 등의 천태교단 승려의 활동이 활발해진 것도 한 요인이었다. 上川通夫, 『日本中世佛敎形成史論』(東京: 校倉書房, 2007), p. 179.

원사로 만들고 자신의 일파로 하여금 요카와의 세력을 장악하게 했던 시점이었다. 하지만 이들 진젠 일파의 결사는 왕실과 귀족 단월들의 현세적 욕망에 부응하기 위한 활동을 주로 하고 있어서 요카와의 다른 수행승들에게 비판을 받게 된다.

료겐이 사망한 이후의 요카와는 천황의 외척인 진젠(尋禪)에 의해 더욱 귀족화·세속화되었으며, 료겐이 열어놓았던 사계강(四季講) 역시 쇠퇴하게 되었다. 이러한 진젠 일파의 행태에 대해 강력하게 반발하고 나선 요카와의 내부세력을 대표하는 이가 바로 겐신을 중심으로 하는 수능엄원의 승려들이었다. 이십오삼매회는 진젠 일파의 세속화에 대한 겐신 일행의 반동적 작용으로 생겨난 원형적 신앙으로의 회귀운동이자 엔닌이 구축했던 수행기풍의 회복운동이었던 것이다.

아울러 이들이 활약했던 10세기 말의 일본불교계는 정토교가 수용되면서 염불을 실천하는 이들에 의해 결성된 염불결사운동이 출현했던 시기이기도 했다.[109] 따라서 요카와의 이십오삼매회는 정토교의 유행이라는 외부적 상황과 진젠 일파에 의한 요카와의 지나친 세속화에 대해 반발하며, 수행기풍을 일신하려 했던 내부적 요구가 맞물려 이루어졌

---

107 이 사계강은 교단 내의 문도들만으로 청중이 제한된 강경법회로서 봄에는 『화엄경』, 여름에는 『열반경』, 가을에는 『법화경』, 겨울에는 『대집경』과 『대품경』을 강의했다.

108 掘大慈, 앞의 책, p. 186.

109 이십오삼매회가 결성되었던 10세기는 정토교가 비약적으로 발전했던 시기이며, 동시에 사회적으로는 藤原씨가 대두되기 시작한 시기이기도 했다. 후지와라 가문은 關白에 취임한 이후 정무의 실질적인 집행자인 攝關의 지위를 계속 독점하여 이른바 섭관정치가 본격화되는 시대를 열었다. 천황은 명목상의 최고 권력자로서 섭관이 갖는 권력의 배경이 되었으되, 실질적인 국정 운영의 주도권은 이들 섭관에게 있었다. 후지와라 일문은 천황의 외척이라는 위치를 이용하여 대대로 섭관의 지위를 보장받을 수 있었다.

동아시아 염불결사의 연구

다고 볼 수 있을 것이다. 겐신과 그를 따르는 승려들은 요카와에 이십오삼매회를 위시로 하는 염불수행집단을 결성하여 엔닌이 개창한 이래 요카와의 정체성을 이루어왔던 도오보오(同朋)교단, 즉 평등한 수행공동체의 명맥을 계승하고자 했던 것이다.

이십오삼매회의 결성과 활동에 대한 겐신의 입장에서 눈여겨 볼 대목은 히에이잔의 '세속화'에 대해 적극적인 반대의사를 천명하고 수행의 독자성을 주창하며 은둔수행, 즉 참롱(參籠)수행을 위해 요카와에 은신했던 겐신이 정작 결사의 장에서는 민간 신도들에까지 폭넓은 개방성을 보이고 있다는 점이다. 다시 말해 겐신은 개인적인 수행의 측면에서는 반(反)세속화 내지 은둔형의 성격을 드러내지만 결사 내에 민간신도들을 대규모로 수용하면서 결사활동을 통한 대중의 구제라는 대승교단적 성격도 적극적으로 실현하고 있는 것이다.

초기에는 요카와에 정주했던 승려들만으로 구성된 결사였던 이십오삼매회가 이처럼 민간신도들까지 포섭하는 승속혼합형으로 활동할 수 있었던 것은 근본결중(根本結衆)과 결연중(結緣衆)이라는 결사의 운영방식에서 기인한다. 근본결중은 엄격하게 가입자격이 제한된 결사의 초기 구성원으로서 대부분 히에이잔 요카와의 승려들로 구성되었다. 결연중은 말 그대로 근본결중의 각 구성원들과 승려 대 신도 내지는 신앙적 동지로서 궁극적인 구원의 순간까지 수행을 함께 할 것을 약속한 결연자(結緣者)들의 모임을 말한다. 따라서 이십오삼매회 같은 경우 그 자체는 가입자격이 승려로 제한되어 있지만 정기 법회가 열릴 경우에는 결연중도 함께 참여했기 때문에 승속이 함께하는 결사가 이루어질 수 있었던 것이다. 다시 말해 결연(結緣)은 혜원의 백련사와 유사한 엘리트 결사인 근본결중을 유지하면서도 속인신도들까지 수용할 수 있게 하는 이중구조형 결사의 방식이라고 볼 수 있다.

근본결중과 결연중이라는 두 가지 형태의 구성원은 사망자의 이름을 적은 명부인 『이십오삼매회과거장(二十五三昧会過去帳)』의 기록에서 확인된다. 이 『이십오삼매회과거장』은 장화(長和) 2년(1013)부터 기록이 시작되었는데, 영연(永延) 원년(987)에 사망했던 상련(祥連)에서부터 장원(長元) 7년(1034)에 사망한 각초(覺超)에 이르기까지 51명에 관한 기록이 실려 있다. 『이십오삼매회과거장』은 전·후반부의 두 부분으로 크게 대별되는데, 전반부는 초기 구성원인 44인의 근본결중의 이름이, 후반부는 속인이 혼합된 이후의 결연중 80인의 이름이 나열되어 있으며, 총 124명의 이름을 확인할 수 있다. 이십오삼매회가 결성된 당시에는 이십오인의 구성원으로만 이루어졌지만 그 후 사망자가 생겨남에 따라 결원을 보충하게 되면서 44인의 근본결중이 생겨나게 된 것이다. 먼저 『이십오삼매근본결연과거장(二十五三昧根本結緣過去帳)』에 수록된 이십오삼매회 최초 결성 당시의 25인의 구성원들을 살펴보면 다음과 같다.

선만대덕(禪満大德), 원개대덕(元凱大德), 상련대덕(祥連大德), 인수대덕(仁澍大德), 인심대덕(仁尋大德), 엄서대덕(嚴誓大德), 명선대덕(明善大德), 인정대덕(仁靜大德), 계연대덕(戒緣大德), 긍희대덕(亘熙大德), 신세대덕(神勢大德), 강련대덕(康練大德), 법련대덕(法蓮大德), 엄공대덕(嚴功大德), 엄련대덕(嚴蓮大德), 원순대덕(源純大德), 원효대덕(圓孝大德), 신후대덕(信厚大德), 도율전권소승도각초(都率前權少僧都覺超), 범조아사리

(梵照阿闍梨), 정구대덕(貞久大德), 성진대덕(盛辰大德), 청영대덕(清栄大德), 법원대덕(法源大德), 상조대덕(相助大德).

전원이 승려로 구성되어 있었던 위의 최초 구성원에 이어 추가로 입회한 근본결중 19인은 다음과 같다.

화산선정법황(花山禪定法皇), 화산전권대승도엄구(花山全權大僧都嚴久), 혜심원전권소승도원신(惠心院全權少僧都源信), 호원대덕(豪源大德), 묘공대덕(妙空大德), 주호대덕(住好大德), 명회대덕(明会大德), 명보아사리(明普阿闍梨), 도조대덕(道朝大德), 양운아사리(良運阿闍梨), 염조대덕(念照大德), 양진아사리(良陳阿闍梨), 양범대덕(良範大德), 인찬대덕(仁讚大德), 성금아사리(聖金阿闍梨), 선진대덕(禪珍大德), 강심대덕(康審大德), 인종대덕(仁宗大德), 성원대덕(盛源大德).

근본결중에 속하는 승려들의 면모를 살펴보면, 먼저 선정법황(禪定法皇): 화산법황(花山法皇) 1, 전권대승도(全權大僧都): 嚴久 1, 전권소승도(全權小僧都): (覺超 · 源信) 2, 아사리(阿闍梨): (梵照, 貞久, 明普, 良運, 良陳, 聖金) 6, 그리고 대덕(大德) 34인이었다. 이 중 법황과 같은 이는 정쟁의 결과 천황의 지위를 양위한 이후 화산사(花山寺)에 출가하고, 히에이잔 요카와에 들어와 겐신과 결연했던 예외적 구성원으로서 이십오삼매회의 수행규정 밖에 있었던 인물로 보는 것이 맞을 것이다.[110]

그 밖에 겐신을 비롯하여 겐쿠(嚴久), 가쿠쇼(覺超) 등은 승도(僧都)로서의 승직을 사임한 후에 결사에 가담했으며, 여타의 승려들도 모두 승

---

110 山切哲雄, 앞의 논문, p. 20.

직과는 상관없이 일반 수행자로서 참여하고 있었던 것으로 보인다. 이십오삼매회를 이끌었던 겐신은 초기 결사 구성단계가 아니라 이후에 추가로 가입한 근본결중에 속한다. 이들 근본결중은 요카와의 정주승을 중심으로 상당한 고위직의 승직에 있었던 이들에서부터 젊은 나이의 승려에 이르기까지 다양한 층차의 구성원들이 상호 평등한 수행자, 이른바 동붕의 입장에서 결사를 구성한 것으로 생각된다.[111]

다음으로 80인의 결연중에 대해 살펴보면, 좌주(前大僧正) 2, 법인(法印) 4, 법안(法眼) 4, 법교(法橋) 2, 권소승도(勸小僧都) 3, 권율사(權律師) 1, 아사리(阿闍梨) 3, 승(僧) 8, 사미(沙彌) 16, 비구니(比丘尼) 24, 속인(남) 7, 속인(여) 6명이다. 구성원 중에는 비구니와 속인 여성 신도 등이 다수 보이고 있다는 점이 눈에 띈다. 이는 야스타네의 「8개조기청」 안에서 여성 역시 결연중으로서 이십오삼매회에 참가할 수 있다고 명시한 것이 그대로 실현되고 있었음을 보여준다.

이 부분에서 중요하게 짚고 넘어가야 할 점이 있다면 초기 이십오삼매회 시절에 료겐의 수행정신을 계승하여 히에이잔의 세속화에 반기를 들고 요카와에 은거했던 겐신이 석가강 시기에는 적극적으로 권력층의 외호를 받아들이고 있다는 것이다. 이십오삼매회가 결성되었던 시점으로부터 20년 정도 지난 석가강의 결연중에서 속인 신도들의 숫자는 121명에 달하며, 그들 대부분은 당대의 최고 권력층 가문에 속하는 후지와라(藤原)가문의 황족과 귀족을 비롯하여 고위직 대신들이 만만치

---

111 堀大慈, 앞의 책, p. 110.

않게 포진하고 있었다.[112]

이 같은 상황은 결사의 외연을 확대하려다 보니 결사 전용 공간의 증축이나 탑, 불상 등의 조성 공사, 정기 회합의 비용을 마련하기 위해 유력자의 지원이 필요해졌기 때문일 수도 있고, 당시 귀족사회에서 유행했던 지옥이나 정토, 타계관념의 영향으로 인해 염불결사로 밀려드는 주류계층들을 수용할 수밖에 없었기 때문이었으리라는 추정도 가능할 것으로 생각된다. 어떠한 이유로든 이십오삼매회의 부속결사로서 신도대중들을 폭넓게 수용했던 영강(迎講)이나 석가강(釋迦講) 등이 활발하게 열렸던 것은 이십오삼매회가 결성 초기에 가지고 있었던 전문수행자 중심의 닫힌 결사의 성격에서 점차 일반 신도대중들에게까지 문호를 확대시키는 대중적인 결사로 방향을 전환했음을 의미한다.[113]

그렇다면 히에이잔 요카와의 이십오삼매회가 여산혜원의 백련사에서 나타났던 제한적 결사 입회의 성격과 달리 근본결중과 결연중이라는 독특한 방식으로 개방되었던 점은 결사의 수행론의 변화와는 어떠한 연관이 있을까? 이제 다음의 두 장에서는 바로 이 부분에 관해 집중적으로 조명해 보게 될 것이다.

---

112 석가강의 결연중에 속하는 속인신도 중에는 一品官(資子內親王)을 필두로 하여 內大臣家 藤原公季, 藤原道長夫人 源倫子, 皇后宮職 藤原定子, 侍從命婦 등 고위의 궁정귀족, 大藏權大輔 藤原義理, 遠江守藤原致孝, 三河守源惟能, 伊豆掾藤原夏影, 西市正藤原永理, 若狹掾角長賴, 織手長桑原高見, 內膳典膳坂田守直 등의 중하급 관인과 토지 유력자 등이 있었다.

113 藤本佳男,「念佛運動と民衆」『民衆と佛敎』(京都; 永田文昌堂, 1984), p. 133.

1-2. 지옥과 정토에 대한 중세적 이해

이제 이십오삼매회의 주된 수행론과 그 사상적 배경에 대해 살펴보기로 하겠다. 이십오삼매회가 결성된 해는 바로 겐신이 결사의 수행지침서이기도 했던 『왕생요집』을 완성한 다음 해인 관화(寬和) 2년(986)이다. 이 해 5월 23일에 히에이잔 요카와(橫川)의 승려 이십오명이 수능엄원(首楞嚴院)에 모여 '이십오삼매회'라는 결사를 조직하게 된다. 결사의 구성을 선도한 주체는 요시시게노 야스타네(慶滋保胤, 933?-1002)[114]를 중심으로 한 대학료(大學寮) 북당의 학생들과 히에이잔의 승려들이 강보(康保) 원년(964)에 결성한 권학회였다. 권학회는 응화종론(應和宗論)과 구야(空也, 903-972)의 경전공양법회가 열렸던 바로 다음 해에 결성되었으며, 『법화경』을 강독하고 경전의 한 구절을 주제로 삼아 시를 짓고 노래로 부르는 문인 엘리트결사였다.

매년 3월과 9월의 15일을 정하여 14일 저녁에 대학료(大學寮)의 학생들은 백낙천(白樂天)의 "백천만겁 보리의 씨앗, 83년 공덕의 숲(百千萬劫菩提之種, 八十三年功德之林)"이라는 시를, 승려들은 『법화경』의 "불도를 구하려는 뜻을 품은 자들이 무량천만억이네. 모두 공경심을 품고서 이 사원에 모였네(志求佛道者, 無量千萬億, 咸以恭敬心, 皆來至佛所)"라

---

114 법명을 쟈쿠신(寂心)이라 했던 요시시게노 야스타네는 중국의 迦才의 『정토론』과 『瑞應傳』의 영향을 받아 일본 내에서 이상적인 염불신앙을 통해 정토왕생의 이적을 보인 이들의 이야기를 모은 『日本往生極樂記』를 편찬하기도 했다. 요시시게노 야스타네는 이십오삼매회 결성 이전부터 겐신과 친밀한 유대관계를 갖고 있었으며, 寬和 2년(985)에 히에이잔에 출가하여 겐신에게서 정토업을 사사했다. 겐신의 『왕생요집』에 이 책이 인용되어 있는 것으로 보아 두 사람의 밀접한 유대관계를 짐작할 수 있다. 堀大慈, 앞의 논문, p. 112.

는 게송을 외며 집회를 했다. 15일 아침에는 『법화경』을 강경했으며, 저녁에는 염불을 실천했다. 이들은 밤새워 시를 짓고, 불타의 공덕을 찬탄했으며 지은 시는 사원에 바쳤다고 한다. 이러한 권학회의 결사 활동을 위한 공간을 제공한 것은 바로 구야가 창시한 육바라밀사(六波羅密寺)였다. 또한 권학회의 주된 실천이었던 낮 시간의 『법화경』 강경과 저녁 시간의 염불은 육바라밀사의 수행전통이기도 했다.

이 육바라밀사는 승려 혹은 특정 계층만이 아닌 교토의 주민 모두에게 개방된 사원이라는 특징을 가지고 있는 사원으로서[115] 권학회가 육바라밀사의 전통의 영향을 받았을 가능성도 있으리라 생각된다. 따라서 이십오삼매회의 전신인 권학회 시절부터 엘리트 구성원만으로 가입을 제한했던 폐쇄성과 함께 육바라밀사처럼 법회에 대중의 참가를 허용했던 개방성이라는 상반된 성격을 동시에 안고 있었다고 보아도 좋을 것이다. 아울러 이와 같은 상반된 성격을 충돌 없이 포용할 수 있었던 배경이 근본결중과 결연중이라는 인적 구성방식이었으리라는 점도 연결 지어 생각해 볼 수 있는 부분이다.

겐신이 이십오삼매회에 본격적으로 참여하기 이전에 이십오삼매회의 중추적 역할을 했던 요시시게노 야스타네는 988년까지 2년간에 걸쳐서 『이십오삼매식(二十五三昧式)』[116]에 수록되어 있는 『능엄원이십오삼매근본결중이십오인연서발원문(楞嚴院二十五三昧根本結衆二十五人連

---

115 川崎庸之 編, 『源信』(東京: 中央公論社, 1982), p. 13.

116 일반적으로 불교교단에서 말하는 式은 매일 올리는 공양, 주야의 宿直, 독경염불, 별시의 공양, 발원 등의 각 조항에 대한 세세한 규정을 말한다.

署發願文)』(이하 『발원문』)을 시작으로 하여 「8개조기청(起請)」[117]을 저술했으며, 뒤이어 겐신의 「12개조기청」이 만들어지게 된다. 이십오삼매회가 결성되던 해인 986년 9월에 먼저 요시시게노 야스타네의 「8개조기청」이 작성되고 나서, 2년 후인 영연(永延) 2년(988) 6월에 겐신이 「8개조기청」을 확대시킨 「12개조기청문」을 작성한 것이다.

요시시게노 야스타네의 「8개조기청」을 보면, 동료가 병들었을 때 왕생원(往生院)이라는 별도의 건물로 옮기고 수행의 자세가 흐트러지지 않도록 동료들이 서로 독려하며, 사후에는 사체에 광명진언(光明眞言)[118]에 의한 토사가지(土砂加持)를 더한 뒤에 무덤에 묻고, 사후에 애도하는 것까지 세세하게 규정되어 있다.

이십오삼매회의 구성원인 근본결중과 결연중은 이 기청문에 의거하여 망자가 발생할 경우 그 이름과 사망 일자를 『삼매회과거장』에 기록하고 매월 정례 회합일에 망자를 위한 염불을 실천했다. 결사의 행동규약이라고 볼 수 있는 기청문을 들여다보면 혜원의 여산 백련사에서 결사의 구성원 중 먼저 수행이 뛰어난 이가 정토에 왕생하게 된다면 나중에 남은 이들을 잊지 말고 함께 이끌어달라고 했던 결사 원문의 내용과 유사한 구절이 요시시게노 야스타네의 「8개조기청」에서도 나타나고 있음을 볼 수 있다.

---

117 '起請'은 일본의 불교결사에서 등장하는 용어로서 결사의 운영방침과 조직론을 모두 명시하고 있는 강령을 말한다. 한국이나 중국의 불교결사에서는 통상 '規約', 혹은 '規則', '社規' 등의 용어로 표시된다.

118 『不空羂色毘盧遮那佛大灌頂光眞言』 등에 보이는 진언. 이 진언을 108번 외우고 土砂를 깨끗이 하여 그것을 사체나 무덤에 뿌리면(土砂加持) 부처의 광명에 싸여 극락왕생할 수 있다고 한다. 훗날 가마쿠라시대의 明惠에 의해 광명진언과 관련된 신앙이 널리 보급되었다.

지금 극락 연대(정토왕생)의 발심을 하여 오랫동안 10명의 신앙동지가 인연을 맺어 왔는데, 비구니, 여성, 속인들에게도 제한을 두지 않고, 마땅히 원하는 자가 있으면 들어오게 할 것이다. 한 사람이라도 정토에 왕생하게 된다면 나머지 사람들을 모두 인도하고자 할 것이요, 한 사람이라도 악취에 떨어지게 되면 나머지 사람들이 함께 그를 구제해 낼 것이다. 세간의 명예와 이익을 위해 결사를 맺음이 아니요, 오직 보리와 참된 선지식을 위해 맺은 것이다.[119]

인용문 안에서는 신앙적 동지(禪侶)의 개념을 여성을 비롯한 재가신도까지 확장시키고 있으며, 이들 역시 한 명의 구원받은 자가 나머지 사람을 인도하고, 악도에 빠진 자를 건지기 위해 다른 사람들이 모두 노력하는 이른바, '공동의 구원' 내지 '구원의 보편성'을 지향하고 있음을 보여준다는 점에서 혜원의 백련사와의 동일한 맥락을 확인할 수 있다. 나아가 이십오삼매회의 근본결중과 결연중들은 요카와 뿐만 아니라 히에이잔 내의 다른 사원과 다른 지방의 사원에까지 결연(結緣)을 확대시켜 가면서 임종염불을 유행시키게 된다.[120]

겐신의 『왕생요집』에 의하면 지옥은 싫어하고 멀리해야 할 염리(厭離)의 대상이며, 극락정토는 이와 반대로 기꺼이 추구해야 할 흔구(欣

---

119 今發心於極樂之蓮臺, 長結緣於十口之禪侶, 尼女在俗非於此限, 宜隨競望將以補入. 一人若生淨土, 餘人悉欲得其引攝. 一人若墮惡趣, 餘人共應垂其拔濟, 不爲世間名聞利養而契, 唯爲菩提眞善知識而契.(「橫川首楞嚴院二十五三昧起請」(大正藏(DTD)84: 2724, 0880b03~0880b08).

120 掘大慈, 앞의 논문, p. 120.

求), 즉 적극적 지향의 대상이다. 지옥과 정토의 묘사가 끝난 다음에는 자연스럽게 정토를 흔구하는 이가 갖추어야 할 방법론, 즉 수행법들이 등장하고 있으니, 그것이 바로 정수염불(正修念佛), 조념(助念)의 방법, 별시염불(別時念佛), 왕생의 제행(諸行) 등이다.

예토와 정토의 사이에는 '죽음'이 있으며, 인간의 죽음은 정토에서의 재생을 기약할 수 있는 기회의 순간이기도 하다. 바로 이 죽음의 순간, 다시 말해 예토의 인간에서 정토의 보살로 왕생하는 존재론적 전환을 위해 임종의 순간에 이루어져야 하는 의식이 바로 『왕생요집』에서 다루는 임종행의(臨終行儀)이다. 일본 천태교단의 임종행의는 정토사상이 유입되면서 사후세계 내지 지옥의 개념이 강조됨에 따라 상대적으로 정토에 대한 지향이 강해졌던 데서 근본적인 원인이 있는 것으로 보인다. 결국 임종인의 정토왕생을 기원하는 방법론으로서의 임종행의의 중요성이 부각되면서 구성원들이 연대하여 임종행의를 실천하는 것이 결사의 주요 수행론이 되기에 이른 것이라고 볼 수 있을 것이다.

겐신의 『왕생요집』은 또한 생생한 지옥의 묘사로도 유명한데, 전체 10장 중의 첫 장에서부터 8개의 지옥[121]에 대해 묘사하고 있다. 이처럼 『왕생요집』에 기본적으로 깔려 있는 말법사상, 지옥에 대한 생생한 묘사들, 그리고 겐신의 이십오삼매회가 행했던 아미타내영의 임종의식이 당시의 사회에 가져왔을 파장을 짐작하기는 어렵지 않을 듯하다. 이십

---

121 『往生要集』에서 묘사하는 지옥은 等活·黑繩·衆合·叫喚·大叫喚·焦熱·大焦熱·無間 등의 8개로 이루어져 있다.

오삼매회에서 실천한 수행법은 천태종의 상행삼매를 응용했으며, 『아
미타경』을 소의경전으로 삼고 있다. 정토교의 왕생신앙이 보급되면서
이십오삼매회 역시 특별히 서로의 내세를 기약하는 임종염불을 중시했
기 때문에 이들의 수행법이 장송의례로써 전국적으로 널리 유행하기도
했다.[122]

전술했듯이 이십오삼매회를 조직하고 운영하는 과정에서 겐신이 저
술한 『왕생요집』은 결사 결성의 직접적인 동기이자 염불수행 결중(結
衆)의 지침서과 같은 역할을 하게 된다. 이십오삼매회의 결성 동기와
수행지침이 잘 드러나고 있는 문헌으로는 먼저 「능엄원이십오삼매근본
결중이십오인연서발원문(楞嚴院二十五三昧根本結衆二十五人連署發願文)」
을 들 수 있을 것이다. 25인의 승려들이 연서한 발원문의 내용은 다음
과 같다.

지금 이 결연중(結緣衆)은 함께 논의하여, 우리들은 서로 인연을 맺고 선
우(善友)가 되어, 최후의 임종 때는 서로 돕고 가르쳐서 염불하도록 하자
고 결정했다. 25인을 지정하여 결사의 가르침으로 삼게 될 것이다. 만약
우리 중에 병자가 생긴다면 결연중의 원력에 의지하여 날의 길흉을 가
리지 않고 그가 있는 곳에 가서 병문안을 하고 왕생토록 할 것이다. 만
약 극락에 왕생한 사람이 있다면 자신의 원력이나 불신(佛神)의 힘에 의

122 이십오삼매회의 임종염불의식이 장례의식으로 전국적으로 유행하게 되면서 '삼매(三昧)'가 묘지와 동의
어로써 사용되기도 했다. 川崎庸之 · 笠原一男, 계환 옮김, 『일본불교사』(우리출판사, 2009), p. 122.

하여 잠잘 때나 깨어 있을 때나 결연(結緣)한 사람에게 알리도록 하자. 만약 악도(惡道)에 떨어진 자가 있다면 역시 이를 알리도록 하자. 그리고 이 결연중은 때때로 마음을 같이 하여 정토왕생의 업을 함께 이룰 것이니, 매월 15일 저녁 염불삼매를 행하는 것이 그것이다. 어찌 풀끝의 이슬과 같은 목숨을 믿겠는가. 마땅히 연화대의 내영을 기다리며 부지런히 정진하고 수행을 게을리 해서는 안 될 것이다.[123]

인용문의 내용을 보면 이 이십오삼매회에서는 매월 15일 저녁에 모여 염불삼매를 행하는 것을 결사의 규칙으로 정하고 있으며, 동료가 임종을 맞이했을 때 모두 합심하여 염불해서 극락왕생토록 한다는 데에 그 목적을 두고 있다. 이처럼 이십오삼매회의 결사활동의 동기는 정토왕생과 지옥개념의 확산이라는 신앙적 배경, 붕괴되어가는 요카와의 수행전통에 대한 위기의식과 그에 따른 개혁의지, 『왕생요집』이라는 확고한 교의적 지침서, 그리고 동붕(同朋)·동신동행(同信同行)이라는 수행공동체적 연대의식 등이었다.

이들은 서로를 '우리 모임(自ら黨)'이라고 부르며, 현세와 내세를 함께 하고자하는 강렬한 신앙적 연대감으로 결합되어 있었다. 아울러 내부 규율인 기청(起請)을 엄격하게 적용하여 이를 위반하는 사람이 있을

---

123 今相議云, 我等合契, 互爲善友, 最後臨終, 相助敎令念佛. 卽占二十五人. 以爲結衆之敎. 若於此中, 有一病者, 依結緣願力, 不選日吉凶, 往到其所, 問訊勸誘. 若適有往生極樂者, 依自願力, 依佛神力, 若夢若覺, 示結緣人. 若墮惡道, 亦以示此. 亦此結衆, 時時同心, 共淨土業, 就中每月有涯. 豈恃草露之命, 昇沈不定. 宜期蓮台之迎, 當勤精進, 莫得放逸. 「楞嚴院二十五三昧根本結衆二十五人連署發願文」『橫川首楞嚴院二十五三昧式』(大正藏 84: 2723).

동아시아 염불결사의 연구

경우에는 내부 구성원 전원의 합의를 거쳐 결사에서 적용시키기도 했으며, 별도로 왕생원인 화태원(華台院)을 지어서 결사의 구성원이 임종을 맞이할 경우에는 상서로운 날을 택하여 왕생을 위한 의식을 행했다.

사망한 구성원은 이십오삼매회의 공동 매장지인 화태묘(華台廟, 安養廟)에 매장하고, 망자의 이름을 「과거장(過去帳)」에 기록했다. 또한 이십오삼매회는 요카와의 정주승들을 중심으로 이루어진 결사였으므로 당연히 승려들 간에 위계의 차이가 있었을 것이지만 '함께 논의'한다든가 '선우(善友)'가 되어 서로 돕고 가르치자고 맹약하고 있다는 점에서 볼 때 결사 안에서는 상호 평등한 관계로 설정하고 있음을 알 수 있다.[124] 이러한 평등한 수행동지로서의 결사 구성원의 관계설정은 엔닌의 동붕(同朋)교단의 이념을 계승하고 있는 것으로도 해석할 수 있을 것이다. 이제 다음 장에서는 이십오삼매회의 구성원들이 실천했던 구체적인 수행론과 내부 규율은 어떠한 것이었는지, 그리고 그 수행론의 배경과 영향은 어떠한 것인지에 대해서 확인해보도록 하겠다.

1-3. 이십오삼매회의 기청(起請)과 임종행의

이십오삼매회 결사의 초기 구성원인 결중(結衆)들은 결사 구성 후 수개월 이내에 그들의 염불실천에 강력한 영향을 주었던 『왕생요집』의

124　藤本佳男, 「念佛運動と民衆」『民衆と佛敎』(京都: 同朋社 1984), p. 213.

저자 겐신을 결사의 지도자로 초빙하게 된다. 겐신이 결사에 들어 온 이후 이십오삼매회의 염불신앙은 점차 겐신의 영향 하에 놓이게 되며, 그 실천 역시 변화가 나타남을 볼 수 있다.[125] 초기에 요시시게노 야스타네에 의해 이루어진 「8개조기청(八箇條起請)」에서는 천태의 상행삼매를 적용한 관상염불을 제시하고 있지만 겐신이 입회한 후에 제시한 「12개조기청(十二箇條起請)」에서는 관상염불보다는 칭명염불 위주의 실천을 제시한 것이다.

겐신에게 있어 구칭염불은 관념염불, 즉 관상염불을 감당할 수 없는 수행자가 선택하는 보조적 수행법이었다. 그는 염불 외에 또 다른 보조적인 수행법으로서 조념(助念)의 수행법인 수선(修善)과 참회 등을 제시하기도 한다. 또한 항상 불타를 칭념(稱念)하는 것은 왕생의 직접적인 원인이 되는 정인(正因)인데 비해 지계(持戒)는 간접적인 행위인 조인(助因)으로 보고 있으며, 이러한 수행법들을 돕는 것이 보리심이라고 설명한다. 아울러 겐신이 제시하는 별시염불은 염불을 평상시와 임종당시로 나누는 시간적인 개념으로서 아미타 내영의 개념으로 인해 임종당시의 의식을 중시하는 모습을 보여준다. 아미타 신앙인에 있어서 죽음은 아미타 성중이 망자를 맞이하러 오게 되는 구원의 순간이기 때문에 임종 당시에 실천하는 별시염불이 무척 중요한 의미를 갖게 되는 것이다.

이십오삼매회의 이와 같은 수행론을 규정하는 두 종류의 기청 모두

---

125 藤本佳男, 앞의 책, p. 133.

겐신의 『왕생요집』을 사상적 배경으로 의지하고 있다. 또한 두 기청의 전반적인 내용은 결사 내의 구성원들이 죽음에 이르렀을 때 임종 당사자 및 다른 동료들이 지켜야 할 임종의식, 즉 임종행의(臨終行儀)가 주를 이루고 있음을 알 수 있다. 이 임종행의라는 표현은 겐신이 『왕생요집』의 「별시염불」 제2에서 처음으로 사용한 것으로서, 겐신이 제시한 임종행의의 영향이 점차 커지게 됨에 따라 일본 내에 임종행의가 널리 유포되었으며, 『임종행의』, 『임종용심(臨終用心)』, 『임종용심초(臨終用心鈔)』, 『간병용심초(看病用心鈔)』 등의 유사한 내용의 저술이 등장하게 되었다.[126] 중국불교의 경우에는 임종행의라는 이름이 붙은 저술이 없으며, 용어 자체도 거의 사용되지 않지만, 이는 용어상의 문제이지 중국불교 안에서도 임종의식은 엄연히 존재했다. 나아가 겐신의 『왕생요집』에 수록된 임종행의 역시 도선(道宣)이나 선도 등의 중국 불교 교가들의 교의에 근거하여 만들어졌음을 명확히 알 수 있다.[127]

먼저 이십오삼매회의 결성 시작부터 함께 했던 요시시게노 야스타네가 작성한 「8개조기청문」에 의하면 이십오삼매회의 규칙은 상당히 엄격했던 것으로 보인다. 염불 · 강경(講經)에 세 번 이상 빠지거나, 병자의 간병, 문안, 장례 등의 일반적인 의식을 어기는 자는 결사의 조직에서 제외되었으며,[128] 구성원의 숫자도 제한적이어서 근본결중의 경우

---

126 佐藤成順, 『宋代佛敎の硏究-元照の淨土敎-』(東京: 山喜房佛書林, 2001), p. 433.

127 佐藤成順, 앞의 책, pp. 433-434.

128 若有念佛講經, 三度闕之, 看病問葬一般違之人者, 永不可告四鳥之離, 敢得爲八龍之友. 自余起請皆可守之, 可愼可勤, 勿忘勿背. 「十二箇条起請」 『橫川首楞嚴院二十五三昧式』(大正藏(DTD) 84: 2723, 0878b06-0878b09).

결원이 생길 경우에만 보충했던 것으로 생각된다. 이제 이십오삼매회의 구체적인 실천에 대해 알아보기 위해 야스타네와 겐신이 각자 제정했던 기청문 중에 먼저 야스타네가 정한 「8개조기청」을 살펴보기로 하겠다.

1. 매월 15일에는 염불삼매에 정진하여야 한다.

2. 염불서원을 한 다음에 광명진언을 외워 토사에 가지(加持, Adhiṣṭhāna)를 한다.

3. 마음이 바르고 불도를 지킬 수 있는 자를 골라 결원을 보충한다.

4. 별도의 장소에 왕생원을 건립하여 구성원 중에 병자가 생기면 이주시키도록 한다.

5. 구성원 중에 병자가 생기면 틈틈이 서로 순번을 정하여 병문안을 한다.

6. 결사 구성원들의 묘지를 택지하여 화태묘라 이름하고 두 계절마다 염불수행을 한다.

7. 항상 서방정토를 염하고 깊은 공덕의 힘을 쌓는다.

8. 결사의 구성원이 사망한 후에는 격식을 지켜 염불을 실천한다.[129]

129　一.可每月十五日勤修念佛三昧事. 一.可念佛結願. 次誦光明眞言. 加持土砂事. 一.可調心護道択人補闕事. 一.可建立別處號往生院. 結衆病時令移住事. 一.可結衆病間結番瞻視事. 一.可点定結衆墓處號華台廟. 二季修念佛事. 一.可常念西方. 深積功力事. 一.可結衆沒後守義修善事. 「横川首楞嚴院二十五三昧起請」(大正藏(DTD) 84: 2724, 0878b25~0880b10).

이 「8개조기청」은 왕생원이나 화태원 등 수행과 장의를 위한 전용공간을 설치할 것을 건의하고 있다는 점에서 「발원문」에서 얘기하고 있는 내용을 구체적으로 실천할 시 · 공간을 설정하고 있는 점이 눈에 띈다. 이십오삼매회에서 요카와의 당사나 회원의 가옥을 빌리지 않고 전용공간을 마련할 수 있었던 것은 전임 천황인 화산(花山)법황이나, 겐신과 결연(結緣)관계에 있었던 오오에노 타메모토(大江爲基) 등의 후원도 한 몫 했겠지만 무엇보다도 임종의식을 치러야 했기 때문에 산 자들의 공간과는 분리할 필요가 있었기 때문이었을 것으로 짐작된다.[130] 나아가 왕생원이나 화태묘 등의 결사 전용공간을 마련함으로써 구성원 간의 유대가 더욱 강화되고, 「기청」에 의거한 실천을 통해 신앙결사로서의 삼매회의 정체성 역시 한층 선명해졌으리라는 점도 생각해 볼 수 있을 것이다.

1번에 해당되는 매월 보름의 집회에서는 『아미타경』 6권을 독송하고, 「보성론원게」를 외웠다고 한다. 이러한 평상시의 실천의 공덕에 의해 망자가 임종 시에 아미타불의 무변공덕한 몸을 보게 되고, 아미타불을 친견한 망자는 무지에 물든 눈을 여의게 되어 무상의 보리를 얻게 될 것을 염원하는 것이다.

2번의 광명진언에 의한 토사가지(土砂加持)는 밀교의 의례에서 유래한 것으로 사체를 매장할 경우에 행해진다.[131] 이 토사가지는 강력한 죄

---

130   이십오삼매회가 결성된 지 얼마 되지 않아 花山법황이 요카와에 출가하여 이십오삼매회와 結緣했으며, 이 당시 윤지를 내려 탑을 조성하고 분묘지를 결정했다고 한다. 掘大慈, 앞의 논문, p. 115.

업의식에 근거한 것으로 사후를 위해 평소부터 광명진언을 염송하면서 토사가지를 준비해 두었다가 결사의 구성원 중에 사망자가 생겼을 때 가지기도에 의해 정화된 흙(土砂)을 망자의 시신에 뿌리면 망자가 생전에 지은 죄업이 정화된다는 믿음에 의한 것이다. 요시시게노 야스타네는 망자가 토사가지의 효험에 의해서 '광명신(光明身)'을 얻어 정토의 연화대 위에 '화생(化生)'하게 된다고 하는 밀교경전의 구절을 인용하고 있다.[132]

요시시게노 야스타네의 「8개조기청」에서는 이 광명신의 존재양태를 밝히고 있지는 않지만 겐신의 「12개조기청문」에서는 극락에 화생하는 것이 '존령(尊靈)'임을 명확히 말하고 있다. 11번째 초목에서 결사의 구성원들(結衆)은 사망자가 발생했을 경우, 염불을 행하면서 오체를 땅에 던지며 각자 '존령'의 이름을 부르면서 극락에 왕생할 수 있도록 인도해야 한다고 주장하는 대목이 등장하고 있다. 이 존령은 광명진언에 의해 가지를 입은 토사의 신비적인 주술력으로 전생의 죄업을 정화하고, 시신의 오염이 제거되며, 영육의 분리가 촉진되어 왕생할 수 있게 된다. 여산 백련사의 혜원이 신불멸론을 통해서 육체와 분리되는 법신(法身)의 존재를 주장했듯이 겐신 역시 죽음 이후의 육체와 분리되는 존령(尊靈)의 존재를 제시함으로써 바로 이 존령을 정토왕생의 주체로 연결시

---

131 야마오리 테츠오는 광명진언에 의한 토사가지가 결사의 구성원들이 안고 있는 개별적인 '죽음'의 관념에 대해 하나의 강력한 磁場이 되고 있다고 말한다. 山切哲雄, 앞의 논문, p. 12.

132 右如來説曰, 若有衆生具造十惡五逆四重諸罪, 墮諸惡道, 以此眞言加持土砂一百八遍, 散亡者尸骸, 或散墓上, 彼亡者若地獄若餓鬼若修羅若傍生中, 以一切如來大灌頂眞言加持砂立力, 則得光明身, 及除諸罪報, 往生極樂, 蓮花化生 云云. 「橫川首楞嚴院二十五三昧起請」(大正藏(DTD) 84: 2724, 0878c22-0878c27).

동아시아 염불결사의 연구

키고 있는 것이다.[133]

4번 조항과 관련하여 「8개조기청」에서는 병자를 왕생원에 옮긴 이후의 의식에 대해서 자세히 기술하고 있다. 먼저 병자로 하여금 서방을 향하여 불상을 바라보게 하고, 불상의 손에 깃발을 늘어뜨려 병자가 그 깃발의 아랫부분을 잡게 하고 병자가 정토왕생의 뜻을 사념토록 했다.[134] 5번 조항의 병자의 간호와 관련해서는 2인을 지정하여 한 사람은 잡다한 일을 처리하고 나머지 한 사람은 염불을 계속하여 병인으로 하여금 염불하는 소리(法音)를 듣게 했다.

8번 조항을 보면, 결사 구성원의 장례의식은 최선을 다해 치를 것과 하룻밤을 세우며 염불을 할 것을 규정하고 있다. 망자의 이름을 「과거장(過去帳)』에 기록하고, 망일(亡日)을 기억하여 매월 왕생원에서 염불을 했다는 점으로 미루어 이십오삼매회의 장례의식에서는 염불이 추선회향(追善廻向)의 기능을 하고 있었음을 알 수 있다.[135] 이십오삼매회의 실천에 있어서 염불은 구성원들을 결속시키는 종교적 동인이자, 결사가 조직된 목적-죽음 이후의 타계에 대한 준비-을 이루는 주요 실천이기도 했던 것이다.

염불의 실천과 관련하여 살펴보면, 전체적으로 요시시게노 야스타네의 「8개조기청」을 보면 일체중생의 극락왕생을 위한 염불은 실천했

---

133 仍結衆悉集行安養廟, 將修念佛即導亡者. 念佛畢後五體投地, 各唱尊靈引導往生極樂. 「橫川首楞嚴院二十五三昧式」(大正藏(DTD) 84: 2723, 0878a22-0878a24).

134 向西方觀佛像好相. 垂縣幡令病人執幡脚. 作往生淨土之意. 「橫川首楞嚴院二十五三昧起請」(大正藏(DTD) 84: 2724, 0879a25-0879a26).

135 藤本佳男, 앞의 책, p. 216.

으되, 결사의 장에서 민간신도들과 함께 하는 염불은 아니었음을 알 수 있다. 간혹 일반 신도들 중에 이십오삼매회의 의식이나 집회에 참여하는 경우도 있긴 했지만, 이는 결사에 필요한 물품을 기부하는 자에 제한되었으며, 그것도 일부 의식에만 참여가 허락될 정도였다.[136] 이러한 결성 초기의 폐쇄적 성격은 요카와라는 수행지가 본래적으로 가지고 있는 수행영지(修行靈地), 즉 산중의 은거수행적 성격과도 상관이 있는 것으로 보이지만 좀 더 본질적인 이유는 결성초기의 이십오삼매회가 전문 수행승 중심으로 이루어진 사원 안의 닫힌 결사였다는 점에 있는 것으로도 생각해 볼 수 있을 것이다.

전술한 요시시게노 야스타네의 「8개조 기청」이 만들어진 지 2년 후인 영연(永延) 2년(988) 6월 15일에 겐신의 「12개조 기청」이 만들어지게 된다. 『왕생요집』을 통해 이십오삼매회에서 실천하는 각종 수행론의 교의적 기반을 제공했던 겐신이 제정한 「12개조 기청」은 다음과 같다.

1. 매월 15일 밤을 정해, 부단염불을 행하여야 한다.
2. 매월 15일의 정오 이후는 염불을 행하고, 그 이전에는 『법화경』을 강하여야 한다.
3. 15일 밤에 참가하는 사람 가운데에서 순번을 정하여 부처님께 등명을 올려야 한다.
4. 광명진언으로 가지(加持)한 토사로 망자의 유해를 묻는다.

---

136 藤本佳男, 앞의 책, p. 221.

동아시아 염불결사의 연구

5. 이 이십오삼매회에 참가한 사람들은 서로 영원히 부모형제 섬기듯 해야 한다.

6. 이십오삼매회에 결연한 대중은 발원 후에 각자의 삼업을 잘 지켜야 한다.

7. 이십오삼매회에 결연한 대중 가운데서 병자가 생겼을 때에는 주의하여야 한다.

8. 이십오삼매회에 결연한 대중 가운데에 병자가 생겼을 때에는 순번대로 간병하고 병문안하여 위로하여야 한다.

9. 건물을 한 채 지어서 왕생원이라 이름하고 병자를 옮겨야 한다.

10. 미리 좋은 땅을 점하여 안양묘라 이름하고 탑 1기를 지어 결사대중의 묘소로 삼아야 한다.

11. 이십오삼매회에 결연한 대중 가운데에 사자가 나왔을 때에는 장의(葬儀)를 행하고 염불을 해야 한다.

12. 서약을 따르는 일에 게을리 하는 자는 결사대중 안에서 축출하여야 한다.[137]

겐신의 「12개조기청」은 「8개조기청」과 기본적인 골격은 거의 유사

137　一.可以每月十五日修不斷念佛. 一.可以每月十五日正午以後念佛, 以前講法華經事. 一.可以十五日夜結衆之中, 次第奉供佛聖燈明事. 一.可以光明眞言加持土沙, 置亡者骸事. 一.可結衆相共永成父母兄弟之思事. 一.可結衆發願之後, 各護三業事. 一.可結衆之中有病之時致用心事. 一.可結衆之中有病人時, 結番遞守護問訊事. 一.可以建立房舍一宇, 号往生院移置病者事. 一.可兼占勝地名安養廟, 建立率都婆一基, 將爲一結墓所事. 一.可結衆之中有己者, 時問葬念佛事. 一. 可隨起請致懈怠之人, 殯出衆中事.「橫川首楞嚴院二十五三昧起請」,『橫川首楞嚴院二十五三昧式』(大正藏(DTD) 84: 2723, 0876c05~0878b19).

하며, 좀 더 세부적이고 구체적인 사항을 각 항목마다 추가하고 있음을 알 수 있다. 전체적으로 『마하승기율(摩訶僧祇律)』이나 『십송률(十誦律)』, 『사분율(四分律)』 등의 초기 계율에 입각한 항목들이 많으며, 특히 간병에 관한 항목이 대표적인 경우라 할 수 있다.[138]

1번 조항의 부단염불(不斷念佛)의 경우에는 유정중생의 무리를 제도하는 날인 육재일(六齋日) 중의 하루인 15일 밤을 택하여, 아미타불(무량수불)을 사념하도록 하고 있다. 겐신은 15일 밤에 염불하고 강독하는 것은 왕생극락의 업이라고 할 만하기 때문에 밤새워 염불삼매를 시작하여 금생과 내생의 선근을 심자고 권유한다. 집회의 내용을 보면 미시(未時)에 결사의 구성원들이 모두 모여서, 신시(申時)에 경전을 강설하고, 이를 회향한 후에 기청문(起請文)을 읽는다. 유시(酉時)가 끝날 무렵을 즈음하여 염불을 시작하고, 진시(辰時)의 시작 무렵에 결원(結願)을 하며 마치게 된다. 이와 같이 하여 12권의 경문을 읽고, 함께 2천 편 남짓의 아미타불의 명호를 염하며, 한 경문을 읽어 마칠 때마다 회향을 외친다. 회향한 후에는 다시 모두 백팔 편의 염불을 칭한다. 이와 같은 염불의식은 십만억토의 피안으로 가는 매개가 되는 의미를 갖게 되므로, 모두 오체투지를 하고 아미타여래를 예배한다. 또한 임종 시에도 반드시 왕생극락할 것을 기원하는 예배를 하여야 한다.

다음으로 9번 조항에서는 임종인을 위한 별도의 공간이며, 임종행

의가 행해지는 주요 공간이라 할 수 있는 왕생원에 대해 규정하고 있다. 그 구체적인 내용을 보면, 먼저 결사의 구성원들이 협력하여 한 채의 초막을 짓고, 그 가운데 아미타여래를 모시고, 임종의 순간에 왕생을 생각하여야 한다. 나아가 병자가 생겼을 때에는 방위라든가 일시의 길흉을 논하지 말고, 왕생원으로 옮겨 함께 병자를 보살피고 병구완을 할 것을 규정하고 있다.

또한 『왕생요집』에서 말한 대로 불상을 서방을 향하여 모시고, 병자는 그 뒤에 따르게 하여 불상의 오른손 안에 오색의 번을 잡게 하고, 그 번의 끝을 병자의 왼 손에 쥐게 하여 진실로 부처님을 따라 정토에 왕생하게 한다는 생각을 하게 했다. 상의 오른 손은 위로 향하고 왼 손에는 오색실을 다섯 가닥 잡고서 등 뒤로 걸게 된다. 병자는 바로 그 실을 왼손으로 잡고서 아미타불에 의해 서방정토로 인도되어 가는 형태를 취하게 되는 것이다. 이 밖에도 임종을 앞둔 병자를 장엄하기 위하여 향을 사루거나 꽃을 뿌리는 의식을 행했으며, 관을 미리 마련하여 화장의 준비를 했다.

이상의 각 세부조항들을 살펴보면, 전체적으로 요시시게노 야스타네의 「8개조기청」과 겐신의 「12개조기청」 양자 모두 『왕생요집』의 「임종행의」편에 의거하여 만들어졌음을 알 수 있다. 또한 겐신이 『왕생요집』에서 서술한 임종행의는 당의 도선(道宣, 596-667)이 저술한 『사분율행사초(四分律行事鈔)』(『四分律刪纂補闕行事鈔』)의 권제 40·下4의 1의 「첨병송종(瞻病送終)」편을 주로 원용한 것임을 알 수 있다. 이 『사분율행사초』는 간병인과 병자의 마음가짐, 임종을 맞이하는 자세 등 여러 임종의식을 설명하고 있으며, 임종 이후에 치러지게 되는 장송의 의례에 대해서도 설명하고 있는 의식집이라고 할 수 있다.[139] 한편 도선의 『사분율행사초』에 나타난 임종의식의 골자를 추려보면 아래와 같다.

① 중병인에게는 간병인이 필요하며, 간병인은 병자의 주변을 청정하게 하고 병자가 죽음의 불안에서 마음을 어지럽히지 않도록 설법하고 격려해야 한다.
② 임종의 순간이 다가오면 병자를 별도의 공간인 무상원으로 옮기고 불상의 손으로부터 오색의 깃발을 늘어뜨려서 그 끝을 병자의 손에 쥐게 해서 불타를 따라서 정토에 왕생할 수 있다는 생각을 하게 한다.
③ 간병인은 향을 피우고 꽃을 뿌려 당내를 장엄한다.
④ 이윽고 목숨이 다하는 시간에는 무상(無常)의 형(馨)을 울린다.[140]

원전의 내용을 간략하게 정리한 인용문을 보면 이십오삼매회에서 실천했던 임종행의가 이 『사분율행사초』를 근간으로 하고 있음을 명확히 보여준다. 이처럼 도선이 제창한 간병과 임종의식은 중국과 일본의 임종의식에 널리 계승되었으며, 나아가 이십오삼매회 같은 결사에서도

---

139   이 밖에 간병인을 선택하는 법, 간병의 방법 등에 대한 내용은 『사분율』 권제41, 『摩訶僧祇律』권제28, 『十誦律』권제28 등에서 말하고 있다.
140   祇桓西北角, 日光沒處, 爲無常院. 若有病者, 安置在中, 以凡生貪染. 見本房內衣鉢衆具, 多生戀着, 無心厭背故, 制令至別處. 堂號無常, 來者極多, 還反一二. 卽事而求, 專心念法. 其堂中置一立像, 金薄塗之, 面向西方, 其像右手擧, 左手中繫一五綵幡, 脚垂曳地, 當安病者, 在像之後, 左手執幡脚, 作從佛往淨刹之意. 瞻病者燒香散華莊嚴. 病者乃至若有屎吐唾. 隨有除之. 『四分律行事鈔』 권하 4(大正藏 40: 1804, 144a13~144a21).

임종행의 뿐만 아니라 일상 수행론으로도 원용되고 있었던 것이다.

이십오삼매회의 임종행의는 전 장에서 서술한 혜원의 여산 백련사에서 행해졌던 초보적 임종의식에서 몇 걸음 더 나아가 서쪽이라는 아미타불의 정향성을 강조하고 있으며, 수실로 임종인과 아미타불을 연결하여 정토로 인도하는 상징적 행위라든지, 무덤에 쓰일 흙을 정화하는 토사가지(土砂加持), 분향, 산화공양 등의 의식적 요소가 추가된 것이 보인다. 하지만 이러한 세부적 요소들로 인해 상대적으로 임종의식이 정교해졌음에도 불구하고 결사의 동료들이 밤새워 병자의 곁에서 함께 염불하는 의식의 본질적 요소는 여전히 지켜지고 있음을 볼 수 있다. 또한 임종을 앞둔 병자에게 간병인이 끊임없이 눈앞에 지옥의 상이 보이는지, 아니면 정토의 상이 보이는지를 물으며 기록해야 한다는 내용이 등장하는데,[141] 만약 병자가 지옥의 광경을 보게 되면 그가 최종적으로 아미타불의 내영을 보게 될 때까지 계속 염불을 하도록 했다는 점도 눈에 띈다.

이십오삼매회의 수행론은 정토왕생이라는 전일한 목표에 집중되어 있기 때문에 임종행의와 관련된 모든 실천들은 그 목표를 향한 과정을 점검하는 작업인 것이다. 죽어가는 한 개별 구성원의 궁극적 지향인 정토왕생을 위해서는 이십오삼매회의 다른 구성원들의 연대를 통한 조력이 필요하며, 토사가지라든지 하는 주술적인 작업들 역시 그러한 조력

---

141 病人若見前境, 則向看病人說, 旣聞說已, 卽依說錄記. 又病人若不能語, 看病必須數數問病人, 見何境界, 若說罪相, 傍人卽爲念佛, 助同懺悔. 花山信勝, 『往生要集 · 註記』(東京: 小山書店, 1937), p. 300.

의 일부분이라 할 수 있다. 「기청」에 의해 임종의식이 정토왕생에 필수 불가결한 요소로 상정되었기 때문에 마지막 순간에 의식을 치러줄 동료 역시 필수적으로 존재해야 했다. 다시 말해『왕생요집』에서 주장하는 교의에 근거하면 이십오삼매회의 구성원들이 정토왕생이라는 개인적인 수행의 목표를 완성하기 위해서는 신앙적 동지들로 규합된 결사의 보증과 조력이 필요했던 것이다. 결국 다수의 연대가 있어야 완성될 수 있는 개인의 수행 목표, 이것이 바로 요카와 수능엄원의 이십오삼매회를 존속케 했던 본질적인 요인이었다고 볼 수 있을 것이다.

1-4. 결사의 확장과 수행론의 변화

전술한 두 가지의 「기청」을 살펴 본 결과, 이십오삼매회의 수행론은 각 구성원들의 개인적인 구원을 상조(相助)하기 위한 소공동체적이고, 연대적인 성격이 강하다고 볼 수 있을 것이다. 다시 말해 죽음을 앞둔 병자 자신이 임종의식을 행하는 것은 불가능하기 때문에 서로가 서로의 임종의식을 보증하기 위하여 주기적으로 모여 수행을 함께 하면서 훗날에 있을 구원의 시간을 대비하는 것이 이십오삼매회의 실천목표인 셈이다. 결국 이십오삼매회는 구원을 지향하는 개인들의 수행을 상보(相補)하는 차원에서 다수성이 나타나긴 하지만 어디까지나 구성원의 숫자가 백여 명으로 제한되어 있는 소극적 다수성이었다. 그렇다면『왕생요집』에서 승속 귀천을 가리지 않고 정토에 왕생할 수 있도록 하기 위해 수행법을 제시했던 겐신의 대승보살도적 구원관은 어떠한 방식으로 발현되었을까? 이제 대승보살로서의 겐신과 요카와의 승려들이 벌이는 퍼포먼스를 본격적으로 살펴보고, 그러한 의식의 실천이 가능하게 한 사상적 배경에 대해서도 간단히 짚어 보기로 하겠다.

이십오삼매회가 결성된 지 약 20년 정도 지난 장보(長保) 3년(1001), 60세가 된 겐신은 화태원(華台院)을 건립하여 영강(迎講)을 시작하게 된다. 이 영강은 승속과 귀천을 막론하고 누구라도 법회에 참여하는 것이 가능했던 열린 결사였다. 영강은 겐신의 발의에 의하여 이십오삼매회에서 주최하는 행사로서 시작되었으며, 『왕생요집』의 흔구정토 · 성중내영(欣求淨土 · 聖衆來迎), 즉 정토왕생을 희구하고 진심으로 발원하면 임종의 순간에 아미타불과 보살성중이 임종인을 맞이하러 와서 정토로 데리고 간다는 교의를 의식으로써 실현해 보이는 퍼포먼스라 할 수 있다.[142] 이 영강은 히에이잔 요카와 뿐만 아니라 일본의 여러 장소에서 두루 행해지게 되면서 임종 당시의 의식을 중시하는 내영왕생의식의 기초를 이루게 된다.

이십오삼매회의 구성원들에 의해 영강 의식이 실연되는 날에는 승속을 막론하고 신도대중들이 모여서 함께 참여하는 법회가 열렸다. 이

---

142 이러한 영강은 겐신의 스승 료겐 시절부터 요카와 수능엄원의 定心房에서 매년 네 계절에 걸쳐 대승경전의 강연을 했던 四季講과도 맥락이 연결되는 것으로 생각된다. 『延曆寺首楞嚴院源信僧都傳』에 실린 기록에 의하면 겐신은 永祚 2년(990)부터 해마다 정심방의 미륵상 앞에서 사계강이라 불리는 강연을 행했다고 한다. 『山門記』에 의하면 이 사계강은 겐신의 스승 良源이 문도의 수행을 권유하기 위해서 수능엄원 정심방에서 시작했는데, 봄에는 『화엄경』, 여름에는 『열반경』, 가을에는 『법화경』, 겨울에는 『대집경』과 『대품경』을 격년으로 강의하게 했다고 한다. 이영아, 「源信說話에 나타난 彌勒信仰―阿彌陀信仰과의 관련을 중심으로」 『日本研究』 20, (한국외대 일본연구소, 2003), p. 50.

십오삼매회가 요카와라는 공간이 갖는 독립성이나 승려들만으로 가입을 제한했던 폐쇄성에도 불구하고 후일 점차 신도대중들에게까지 이러한 방식으로 법회를 개방해 갔던 것은 기본적으로 속인신도들과의 결연(結緣)을 통해 다수의 구원을 지향하는 대중적 구제의식을 갖고 있었음을 보여준다. 이십오삼매회가 결연이라는 형식을 통해서까지 수많은 민간신도들이 요카와의 장(場)으로 모여들게 한 배경에는 먼저 겐신이 『왕생요집』을 통해 제시한 말법사상과 윤회, 그리고 지옥과 정토 개념의 영향이 컸다는 점을 얘기할 수 있을 것이다.

겐신은 총 10부로 나눈 『왕생요집』의 첫 번째 장에서 육도(六道)를 설명하고 있는데 그 중에서도 가장 먼저 '지옥(地獄)'에 대해 언급한 다음에 바로 제 2장에서 정토에 대해 묘사하고 있다. 겐신은 처참하고 공포스러운 각종 지옥에 대한 생생한 묘사를 통해 죽음 이후의 세계에 대한 두려움을 한껏 고조시킨 뒤, 바로 다음 장에서 정토의 장엄함, 안락함과 극단적으로 대비시키고 있는 것이다.[143] 지옥에 대한 공포의 확대는 자연스럽게 아미타 정토신앙의 확산과 함께 임종행의, 즉 임종 당시의 내영의식의 유행을 가져오게 되었다.[144] 또한 『왕생요집』에서는 말

---

143 『往生要集』의 차례는 다음과 같다. ; 序. 一.厭離穢土 二.欣求淨土 三.極樂の證據 四.正修念佛 五.助念の方法 六.別時念佛 七.念佛の利益 八.念佛の證據 九.往生の諸行 十.問答料簡.

144 虎關師錬의 『元亨釋書』에 보면, 겐신이 임종의 순간에 수제자인 慶祐에게 자신이 그 순간 본 환상에 대해 말하는 내용이 등장한다. 자씨천존, 즉 미륵불이 동자 두 명을 보내어 도솔천에 상생할 것을 청했지만 자신은 아미타불의 정토에 왕생하는 것을 염원해 왔기에 응하지 않았더니 잠시 후에 관자재보살이 나타났다는 것이다. 이는 겐신이 미륵정토신앙보다는 아미타정토신앙을 선택했으며, 각종 수행론에서도 이를 반영했던 것에 대한 설화적 설명인 것으로 생각된다. 虎關師錬, 정천구 옮김, 『元亨釋書』(씨・아이・알, 2010), pp. 233-234.

법시대의 오탁악세(汚濁惡世)에서 지옥으로의 윤회를 면하고 아미타불의 원력에 힘입어 정토에 왕생할 수 있는 방법으로서 염불을 제시했으며, 관상염불을 수용하기 힘든 신도들에게는 칭명염불을 권장했다. 결국 겐신이 『왕생요집』에서 묘사하는 지옥과 정토의 교의가 민간계층의 신도들에게 설득력을 갖기 시작한 이후부터 일본불교는 이전의 정형성에서 벗어나 점차 민중적 색채가 짙어지게 되었다고 볼 수 있을 것이다.[145]

그렇다면 초기에 요카와에서 은둔수행을 지향했던 겐신이 이러한 방식으로 점차 민간신도들을 향해 결사의 문을 확장시켜 갔던 수행관의 배후에는 어떠한 교의가 자리 잡고 있었을까. 먼저 기본적으로는 천태교단의 교조인 사이초가 내세운 '일체중생실성불설(一切衆生悉成佛說)'과 맥락이 연결되어 있을 것으로 생각된다. 모든 중생들은 태어나기 전부터 불성을 내재하고 있어서 모두 성불이 가능하다는 일체중생실성불 개념은 자연스럽게 절대로 구제받지 못할 악인의 종성을 규정하고 있었던 법상종의 '오성각별설(五性各別說)'과 대립할 수밖에 없었다. 12세기 초에 편찬된 『금석물어집(今昔物語集)』안에 실린 겐신 설화[146]에서는 미나모토노 미쓰나카(源滿仲)라는 극악무도한 악인의 제도를 위해 노력하는 겐신의 모습을 묘사하고 있어서 당시 겐신의 '일체중생실성불설'과 법상종의 '오성각별설' 사이에 존재했던 교의적 대립을 짐작케

---

145   Allan A. Andrews, "World Rejection and Pure Land Buddhism in Japan", Japanese Journal of Religious Studies, vol. 4, (1977), p. 257.

146   『今昔物語集』 권19, 제4화 「攝津樹源滿仲出家語」

하고 있다. 또한 겐신 자신도 저서인 『진여관(眞如觀)』에서 오성각별설에 대한 반대의 시각을 직접적으로 드러내고 있다.

일체의 비정, 초목산하, 대해허공은 모두 진여(眞如)에 다름 아니다. 이들이 모두 진여이며 모든 진여는 부처이다. 진여를 참된 부처로 삼기 때문이다. 또한 부처께서 일체중생에게 "내 심신이 곧 진여이다"라고 알리셨다는 것이 법화경 중에는 명백히 드러나 있다. 법화 이전의 모든 경전은 대권취기설(帶權趣機說)로서 지금껏 개삼현일(開三顯一)의 취지를 밝히지 못했다. 무시로부터 오성각별(五性各別)이라고 밝히고 일체중생개본각진여(一切衆生皆本覺眞如)의 이치로부터 나왔다고 설법하지 않는다.[147]

인용문은 『법화경』을 일승의 진리를 담은 소의경전으로 삼고, 성문(聲聞)·연각(緣覺)·보살(菩薩)의 삼승이 모두 일승을 드러내기 위한 방편교설이라는 천태교단의 입장을 명확히 드러내고 있다. 또한 겐신은 오성각별설의 입장을 비판하면서, '일체중생개본각진여(一切衆生皆本覺眞如)'라는 구절에서 보듯이 '일체중생실성불설'과 '본각사상'을 자신의 근본적인 구원관으로 수용하고 있음을 보여준다.[148] 천태교단의

---

147 『眞如觀』『惠心僧都全集弟一』(東京; 思文閣, 1927), p. 462.

148 또한 겐신 사후에 바로 말법의식이 도입되어 일본 전역에서 유행했던 것도 왕생신앙과 함께 『往生要集』이 크게 영향을 미칠 수 있었던 중요한 원인이라고 볼 수 있을 것이다. 정치적·사회적 혼란을 타고 급속도로 파급되기 시작한 왕생신앙으로 인해 藤原期(966~1027)부터 院政期(1072~1086)에 걸쳐서 귀족들은 모두 아미타당을 건립하게 되었다. 이들은 아미타당 안에 아미타 장육상과 9품상을 안치하고 아미타내영도를 장식하여 자신들의 극락왕생을 기원했다.

승려인 겐신은 일체중생이 모두 성불이 가능한 존재라는 구원관을 가지고 있었기에 귀족사회의 신도들만이 아닌 여러 계층의 신도들을 모두 결사의 현장으로 끌어들이는 것이 가능했던 것이다.

이 밖에 겐신이 결사 활동을 통해 보여준 사상과 관련해서 주목할 만한 중요한 사건이 있다면 바로 응화(應和) 3년에 있었던 '응화의 종론(應和の宗論)'일 것이다. 응화의 종론은 남북의 승려들이 모두 모여서 5일 간에 걸쳐 『법화경』의 강회를 열어 강론의 장을 펼쳤던 법회이다. 이 응화의 종론에서는 특정한 수행자는 성불할 수 없다고 하는 '정성이승불성불(定性二乘不成佛)'의 교의를 주장하는 동대사(東大寺)의 호오쇼(法藏, 908-969)와 모든 중생이 성불이 가능하다고 하는 '실성불(悉成佛)'의 교의를 주창하는 료겐(良原)의 양자 간에 치열한 논쟁이 벌어졌다. 료겐은 바로 겐신의 스승으로서, 이십오삼매회를 이끌었던 겐신은 스승 료겐의 교의, 즉 초목을 포함한 일체의 유정중생은 성불이 가능하다는 입장을 취했을 것이라는 점을 생각해 볼 수 있을 것이다.

수행역량이 저열한 중생이나 기타 불가의 계율에서 정한 중죄를 지은 중생은 성불할 수 없다고 하는 입장을 견지하는 교단에서는 당연히 수행의 역량이 낮은 일반 신도들까지 수용하는 신앙결사를 조직하기는 힘들 것이기 때문이다. 반대로 료겐이나 겐신이 포함되어 있던 천태교단의 경우처럼 일체의 중생이 성불가능하다고 하는 입장에서는 자연스럽게 모든 속인신도들을 구원의 범주 안에 포섭하게 되며, 그들을 대상으로 하는 포교사업이나 각종 의식, 결사활동 등이 교의에 의해 뒷받침되므로 활동 영역 역시 넓을 수밖에 없게 된다.

겐신은 이십오삼매회 이전에도 이미 야스타네 등이 주관했던 엘리트 결사인 권학회(勸學會)에도 참여했을 가능성이 높으며, 쇼쿠(性空, 910-1007)와의 면담에 대한 기록에서도 볼 수 있듯이[149] 승려와 민간신도들이 함께 결연하는 치소결연(緇素結緣)에도 열심이었다고 전한다. 후일 이십오삼매회의 주관 하에 확장되었던 각종 강(講) 역시 겐신의 이러한 천태적 구원관이 적용된 결과로 보아도 무리가 없으리라 생각된다. 결국 모든 인간을 비롯한 일체의 중생 내지 초목까지도 성불이 가능하다는 천태교의의 뒷받침이 있었기에 겐신의 이십오삼매회는 영강과 같은 각종 강을 통해 민간계층의 신도들까지 결사의 현장으로 수용할 수 있었던 것이다.

1–5. 영강의 민간신도들과 칭명염불

그렇다면 천태 본각사상을 기본적으로 수용하고 있었던 겐신이 결사의 현장에 모여든 신도들에게 제시했던 수행법은 어떠한 것이었을까. 원래 겐신이 『왕생요집』에서 제시하는 수행론에서는 상행삼매에서 실천하는 관상염불을 우위에 두고 있었다. 정토왕생의 가장 명백한 근거인 '성중래영(聖衆來迎)', 즉 아미타불과 보살성중이 임종인을 맞이하러

---

149   天台の源公.其高行を聞き.遠く尋ねて相見す.緇素結緣するもの.寔に繁くして徒あり.(『性空上人伝記遺續集』川崎庸之 編, 『源信』(東京: 中央公論社, 1982), p. 15. 재인용)

오는 모습을 관(觀)하는 것을 수행의 중심으로 삼는 것이 관상염불이기 때문이다. 하지만 이러한 관상염불은 전문 수행자나 그에 준하는 엘리트 계층의 수행 근기가 아니면 수용하기 힘들었으므로 결사의 현장인 이십오삼매회에서는 비 전문수행자인 민간신도들을 위해 이를 직접 감각적으로 시현해 보이는 실험을 하게 된다. 바로 이십오삼매회의 본거지인 화태원을 중심으로 하여 신앙과 실천을 함께 하는(同信同行) 대외적 활동으로서 강(講)[150]을 창설한 것이다. 이른바 영강(迎講)이라 불리는 이 의식은 외부의 많은 민간신도들과 결연하여 내영왕생의식을 통해 정토왕생을 기원하는 염불을 하는 것을 목적으로 하는 강이었다.[151]

정토수행자의 죽음의 순간에 아미타불이 보살성중과 함께 망자를 정토에 맞이하러 오는 아미타성중내영은 곧 정토왕생의 상징이자 관상염불의 궁극적인 단계가 된다. 이러한 '성중내영(聖衆來迎)'의 의식을 법회에서 신도들의 눈앞에서 실현코자 했던 것이 바로 영접회(迎接會), 영접강(迎接講), 혹은 이십오삼매강(三昧講)으로도 불렸던 영강(迎講)이다.[152]

---

150 염불결사에 의한 講會는 이전에도 교토를 중심으로 각지에서 행해지고 있었다. 원래 講의 의미는 불전을 講讚한다는 것이지만 후일에는 불전을 강설하는 법회를 가리키게 되고, 거기에 덧붙여 講莚에 모인 불교 신앙집단을 이르게 된 것이다. 藤本佳男, 「念佛運動と民衆」『民衆と佛敎』(京都: 同朋社, 1984), p. 143.

151 迎講은 발리섬의 랑다(rangda)와 바롱(barong)의 의례적 싸움처럼 의례적 performance를 연기하는 사람들 스스로가 그러한 실재가 존재하는 영역의 한 부분이 되는 모습을 보여준다. 의례가 구현하는 종교적 관점(내지 구원관)에 내재된 권위는 의례 그 자체를 연기함에 의해서 받아들여지게 되는 것이다. 클리포드 기어츠(Clifford Geertz), 문옥표 옮김, 『문화의 해석』(까치글방, 2009), pp. 147-148.

152 신앙을 함께하는 이들이 승속귀천을 가리지 않고 신앙공동체를 형성했던 운동은 行基로까지 소급해 볼 수 있지만, 헤이안시대에 이르러 정토교적 講會의 기점이 된 것은 이십오삼매회의 모체가 되었던 勸學會라고 볼 수 있다. 하지만 行基의 영향을 받은 空也의 염불운동이 승속귀천을 가리지 않았던 것과는 달리 권학회는 중하층 문인귀족들을 중심으로 한 결사였다. 迎講과 같은 법회를 개최하여 전문 수행자가 아닌 일반신도들도 다수 참가하는 승속연합형 염불결사의 기점이 된 것이 바로 이십오삼매회이다. 藤本佳南, 앞의 책, p. 133.

그렇다면 겐신의 이십오삼매회 당시에 열렸던 영강은 어떠한 모습이었을까. 관련 문헌들을 통해 구체적으로 살펴보기로 하겠다.

수능엄원 동남쪽에 정사를 건립하여 금색 장육아미타불상을 봉안하고 화태원이라 이름 하였다. 그 지세를 따라서 내영행자의 강을 열고 힘써 수행했다.[153]

인용문에서 말하는 수능엄원 동남쪽의 정사는 이십오삼매회의 본거지였던 화태원이며, 장육아미타불상은 결연중의 한 명인 묘쿠(妙空)가 결연염불의 본존불로서 조성한 것이었다. 이십오삼매회의 결중은 이러한 영강과 같은 염불운동을 본격적으로 민간에 보급하기 위해서 다양한 시각적 요소, 즉 중국의 속강(俗講)과 유사한 방식으로 정토교의 교의를 공연 형식으로 사람들에게 전달하려는 시도를 했다.

일찍이 영접회를 창시했는데 스스로 법악을 연주하여 보고 들으며 환희심을 내어 각자 좋은 신앙의 연을 맺었다. 하루는 화태원에서 영접회를 열었는데 진짜 아미타불이 감응하여 와서 손을 내미니 이에 겐신이 직접 아미타상을 문짝에 그린 다음 그것을 새겨서 인쇄하여 동지들에게 나누어주었다.(인쇄한 그림이 번져서 알아보기 어려웠기 때문에 세상에서는 이를 난

---

153   楞嚴院東南, 建立精舍, 安金色丈六彌陀佛, 号之華台院. 便就其地勢, 勤修來迎行者之講.『延暦寺首楞嚴院源信僧都伝』(今津本) (山崎庸之,『源信』(東京: 中央公論社, 1982), p. 411.

동아시아 염불결사의 연구

판이라 했다) 지금은 서림원, 당마사, 천교립 등의 여러 곳에서 이 영접회를 여는 자들이 있으니 실은 겐신으로부터 비롯된 것이다.[154]

이처럼 겐신을 비롯한 이십오삼매회의 구성원들이 직접 기악을 연주하며 아미타내영의식을 시연하고, 아미타불을 그린 그림을 나누어 주었던 일련의 실천들은 궁극적으로 정토왕생을 기약하고 있으며, 단지 이십오삼매회의 구성원뿐만이 아닌 다수 대중의 구제를 목표로 하고 있음을 적극적으로 표명했던 것으로 볼 수 있을 것이다. 특히 아미타불의 그림을 인쇄하여 신도들에게 나누어 준 부분은 겐신 등이 아미타정토신앙의 포교를 위해 취했던 방법론 중의 하나였으리라 생각된다.

이 영강 의식은 모든 계층을 망라한 다수의 대중이 모인 법회에서 보살성중의 역할을 한 승려들이 직접 불교음악을 연주하면서 아미타내영을 시연했으며, 아미타내영도까지 등장하는 종합예술이었다.

보살성중이 좌우에서 둘러싸고 기악을 공양하며, 영가를 찬탄하는 (의식을) 연중행사로 삼았다. 승속과 귀천의 결연자들이 모두 극락에 왕생케 하고자 함이었다.[155]

154　嘗創迎接會(一曰迎講 或曰練供養). 自備法樂見聞隨喜各結勝緣. 一曰在華臺院修之感眞佛來授手. 師乃親圖其像於戶扇次刻之印施同志(印像浸而難分故世稱亂版). 至今西林院當麻寺天橋立等諸處修此會者實自師始.「淨土眞宗七祖傳」「源信大師傳」(永田調兵衛, 1812).

155　菩薩聖衆, 左右圍繞, 伎樂供養, 歌詠讚嘆, 已爲年事矣. 緇素貴賤, 結緣之者, 僉然以爲卽身往極詣極樂國也.「延曆寺首楞嚴院源信僧都伝」(今津本) (山崎庸之,「源信」(東京: 中央公論社, 1982), p. 411.

인용문에서도 볼 수 있듯이 영강은 일 년에 한 번씩 거행하는 의식으로서, 이십오삼매회의 구성원 중 25명의 승려가 보관(寶冠)을 쓰고, 보살의 탈과 고운 옷을 입고, 향로·천개(天蓋)·번당(幡幢)을 올리고, 악기를 연주하며, 25보살을 흉내 내면서 아미타삼존을 둘러싸고 내영하는 퍼포먼스를 연출했음을 알 수 있다. 겐신은 또한 영강 뿐만 아니라 정토변상도와 유사한 개념의 성중내영도(聖衆來迎圖)도 제작하게 된다.

다음날 겐신은 다시 두 사람과 함께 영접회를 열었는데 사람들 사이에서 홀연히 색다른 음악이 합주되고 성중이 내현하는 것을 보고 감읍하여 땅에 엎드려 예배하였다. 이로 인해 믿음이 더욱 견실해져서 마침내 죄를 멸하게 되었으며, 많은 영지를 두고 사원을 꾸려 가게 되었다. 장군 타이라노 코레모치(平維茂)가 겐신을 찾아뵙고 지관을 배우고 정토의 가르침을 받아들였으나 임종조념을 하기로 한 약속을 어겼다. 병과 반란이 이르게 되자 사자를 보내어 겐신을 초청했으나, 겐신이 일이 있어서 가지 않고 영접도를 사자 편에 보내며 말하기를 이 상을 마주 대하고 심신을 잘 거두어 수행하면 어찌 승상을 받지 않겠느냐고 하였다. 사자가 명을 받들어 돌아오자 타이라노 코레모치가 크게 기뻐하였다.[156]

고야산에 전해지는 겐신의 성중내영도는 채색 구름에 탄 25명의 성

---

156   次日師復與二公(院源·覺運)潛修迎接會, 滿仲忽觀異樂合奏聖衆來現. 驚異感泣下地禮拜. 於是信益堅遂, 爲滅罪營寺於多田. 將軍平維茂謁師, 學止觀受淨敎, 逆約臨終助念, 至病革遣使請師, 師有事不赴, 以迎接圖付使言, 對此像修攝身心莫尙焉, 使復命維茂大悅.(『淨土眞宗七祖傳』「源信僧都傳」(永田調兵衛, 1812).

중이 음악을 연주하거나 춤을 추면서 중앙의 금색 찬연한 아미타본존을 둘러싸고 고요한 호수 위로 오는 광경을 묘사하고 있다. 이들 25인의 승려들은 법을 설하는 법사(法師)나 거리의 히지리(聖)도 아닌 극락의 성중 그 자체를 의미했으며, 아미타삼존과 함께 내영하는 25성중에 승려들 자신의 모습을 투사시킨 것이었다. 이십오삼매회의 영강은 법회 안에서 바로 구성원들 자신을 아미타 보살성중(聖衆)으로서 체현하는 의식이기도 했던 것이다. 또한 영강(迎講)은 '요카와 음악'(橫川音樂)으로도 유명했으며, 겐신이 지은 「이십오보살화찬(二十五菩薩和讚)」·「팔탑왜찬(八塔倭讚)」·「내영화찬(來迎和讚)」·「육시찬(六時讚)」 등이 영강의 의식 안에서 결연자들에 의해 불려 지기도 했다.[157]

음악과 미술, 그리고 연극의 공감각적 효과를 활용했던 영강의 파급력은 민간사회에 대한 포교의 측면에서도 커다란 힘을 발휘하게 된다. 화태원을 중심으로 영강을 매개로 모였던 대규모의 염불결연자들이 이후에 일본 각지에서 이를 실천함으로써 정토교를 민간계층에 확대시키는 데 커다란 공헌을 하게 되었던 것이다.[158] 영강이 민간포교에 효과적이었다는 것은 영강에 모인 신도들의 계층이 승속과 귀천에 상관없이 다양했던 사실을 방증해주는 것이기도 하다. 영강의 수용계층과 관련한 이러한 사실은 『법화험기』「원신전(源信傳)」의 내용에서도 확인할 수 있다.

---

157 掘大慈, 앞의 논문, p. 122.
158 掘大慈, 앞의 논문, p. 122.

아미타불을 영접하는 상을 구현하여 장엄한 의식을 보이니 세상에서는 영강(迎講)이라 불렀다. 그 장(場)에 모인 자들은 승속노소 방탕하고 사견을 가진 자들에 이르기까지 모두 알지 못하는 사이에 눈물을 흘리면서 왕생의 업을 맺고, 오체를 땅에 던져 보리의 인(因)을 심었다.[159]

인용문에서 말하는 '승속노소' 내지 '방탕하고 사견을 가진 자들'은 언행이 세련되지 못하고 불교에 아직 귀의하지 않은 사람들까지 포함하는 모든 계층의 사람들을 말하는 것으로 생각되며, 그야말로 영강이 모두에게 열린 의식이었음을 짐작케 한다.

이십오삼매회의 영강과 같이 아미타내영의식 내지 정토왕생을 위한 각종 의식들이 활발하게 실천되었던 일본불교의 사원은 중세 이후에는 승려가 아닌 일반신도들까지 죽음을 맞이하려는 장소가 되기에 이른다. 죽음을 예감한 이들이 사원으로 가거나, 임종 직전에 이른 사람을 가족들의 손에 의해 사원으로 옮기는 경우도 많았으며, 심지어는 전쟁에서 패한 무사들이 사원을 자결의 장소로 택하는 일도 있었다.[160] 헤이안시대에 이르러 일본의 전통적인 사자공양인 '모가리(殯)'의 풍습이 없어지고 불교식 장례로 대체되면서 사원이 죽음의 문제를 해결하는 장소로 부상하게 된 것이다.[161]

귀족계층에서 행해졌던 추선행사인 기일공양(忌日供養) 역시 『법화

---

159   構彌陀迎接之相, 顯莊嚴之儀, 世云迎講, 集其庭者,緇素老少至放蕩邪見之輩, 皆流不覺之淚, 結往生之業, 五体投地, 種菩提之因. (『本朝法華驗記』「源信傳』)

160   神田千里, 「門徒と道場」『結衆・結社の日本史』, (東京: 山川出版社, 2006), p. 51.

경』을 강독하는 법화팔강(法華八講) 등이 성행하게 되었는데, 이러한 경향은 일본인들이 '사후의 세계'를 불교 의례에 의지하게 된 것을 의미한다.[162] 이처럼 사원이 불도의 수행의 장소뿐만 아니라 죽음을 맞이하는 장소로까지 인식이 확대되어 간 것은 이십오삼매회의 경우처럼 아미타불의 대변자로서의 승려들이 왕생의식을 실천하고, 임종을 위한 공간과 장지를 따로 마련하는 등 적극적인 정토왕생의 가교 역할을 했기 때문이었을 것으로 생각된다.[163]

영강 외에도 겐신이 민간신도들까지 수용하는 결사활동을 실천했던 흔적은 여러 가지로 드러난다. 겐신은 정력(正曆) 2년(991) 3월에 이전에 그가 쇼쿠(性空)를 방문했을 때 동행했던 이들 중의 한 명인 진코(仁康)가 주최한 하원원(河原院)의 오시강(五時講)을 청문하기도 했다. 하원원의 오시강 뿐만 아니라 기타림사(祇陀林寺)에서도 지장강(地藏講)을 열었던 진코의 이름이 후일 겐신이 주관한 영산원 석가강(釋迦講)의 명부에도 등장하는 것으로 보아 장기간 겐신과 친교를 맺고 결연했던 것

---

161 헤이안시대가 되면 이전 나라시대의 천황과 국가중심의 의례불교에서 좀 더 개인적이고 일상적 차원의 신앙으로 전이해갔음을 볼 수 있다. 또한 불교의례 역시 국가진호와 천황의 안위를 기원하던 형태에서 망자의 추선공양이나, 개인들의 내세를 기원하는 의례로까지 확대된다. 아울러 임종 직전에 승려를 초빙하여 계와 계명을 받고 출가하는 일본 특유의 '임종출가' 풍습이나 사후에 계를 받는 '사후출가' 역시 이러한 맥락에서 생겨난 것들이다. 佐藤弘夫, 성해준 외 옮김, 『일본사상사』(논형, 2009), pp. 80-81.

162 佐藤弘夫 외, 앞의 책, p. 79.

163 일본에서 선이 크게 발전할 수 있었던 계기 역시 의외로 장례나 기도 등의 의례를 통해서였다. 특히 조동종은 瑩山紹瑾(1268-1325) 이후 의례적 요소를 과감하게 도입하여 교단 세력의 확대를 도모했다. 선종 교단에서 수행 도중에 죽은 수행자를 위해 그 망자가 빨리 수행을 완성할 수 있도록 하기 위해 亡僧葬法을 행하던 것을 재가신도들에게도 적용한 것이다. 점점 세력을 키워가던 지방의 大名를 비롯해 재가의 후원자들이 좀 더 정밀한 의식을 요구했지만 종래의 현밀불교의 의식은 너무 복잡했기 때문에 재가신도들의 장례에 적용되기가 힘들었다. 바로 이러한 시점에서 장례의식을 간결하게 정비한 조동종의 의식이 민간에서 크게 환영을 받아 교단이 확대될 수 있었던 것이다. 末木文美士, 백승연 옮김, 『일본종교사』(논형, 2009), p. 121.

으로 보인다. 이러한 사실들은 겐신과 그의 주변 인물들이 활발하게 강을 열고 상호간에 결연을 맺어가면서 수행과 포교를 해나갔던 모습을 보여주는 것이라 할 수 있다. 강이 열리는 숫자만큼 결연의 숫자도 많아지고, 결연의 숫자만큼 포교의 대상과 범위도 넓어질 수 있기 때문이다. 다시 말해 겐신과 같은 지도자 승려에게 있어 영강과 같은 의식은 수행과 포교를 아우를 수 있는 현장이기도 했던 것이다.

이즈음 겐신은 관홍(寬弘) 원년(1004)에 겐쿠(嚴久)의 양위에 의해 승도(僧都)에 부임하지만, 바로 다음 해에 사퇴해버리고 요카와에 은거하면서 정토수행을 하게 된다. 이후 관홍(寬弘)4년(1007)에 겐신은 영산원(靈山院)을 건립하여 「영산원석가당매일작법(靈山院釋迦堂每日作法)」을 제정하고 석가강(釋迦講)을 결성했다. 영산원은 화태원의 남쪽에 세워진 작은 건물로서 그 안에는 석가상을 안치했으며, 매월 그믐날에 모여 『법화경』을 강독하고 토론했기 때문에 그곳에서 이루어지는 법회를 영산석가강(靈山釋迦講)이라고 부르게 된 것이다. 겐신이 같은 해 7월에 제정한 『영산원식(靈山院式)』에 의하면 석가강의 결사구성원들은 마치 석가모니가 현생에 살아있는 듯 매일 저녁에 구별 없이 숙직하여 공양 봉사하며, 독경과 염불을 실천했다고 한다.[164] 이 석가강(釋迦講)은 이십오삼매회의 구성원들이 주축이 되어 결성한 신앙결사로서, 이 석가강의 『영산원과거장(靈山院過去帳)』에 의하면 승속남녀를 포함한 547명의

---

164   화태원의 남쪽에 지어진 석가당에는 석가여래상을 안치하고, 매일 아침 공양예배를 했으며, 석가의 10대 제자의 상을 사면의 벽에 그려놓았다고 한다. 이는 석가당 안에 석가 당시의 영축산의 회상을 재현해 놓은 것으로 볼 수 있을 것이다. 川崎庸之, 앞의 책, p. 411.

대중이 결연으로서 함께 참여했던 것으로 보인다.

이 「영산원과거장」에 이름이 실린 승려 중에는 겐신을 비롯하여 이십오삼매회에도 참가하고 있는 심원(尋圓)·연원(延圓)·관인(寬印)·인강(仁康)·명보(明普)·정조(定朝)·진원(鎭源)·각초(覺超)·범초(梵昭)·심광(尋光)·연경(延鏡) 등의 이름이 눈에 띄고 있다.[165] 이들은 학승들을 대상으로 하는 제한된 소수의 모임으로서의 석가강의 근본결중(根本結衆)과 결합한 결연중(結緣衆)의 형태로 요카와 내의 여러 결사에 참가하고 있었던 것이다. 또한 석가강의 근본결중은 학승들만으로 가입이 제한되어 있었지만 석가당에서 주최하는 행사에는 그 강의 구성원들과 결연자들이 모두 참가하는 형태로 진행되었음을 알 수 있다. 전체적으로 이 석가강은 요카와의 학승들을 중심으로 하는 4백여 명의 승려와 궁정귀족관료, 하위 관리, 지방의 유력자 등의 계층들이 광범위하게 참여하고 있었으며, 승속과 남녀귀천을 가리지 않되 결연의 자격과 의식의 성격은 꽤 엄격한 결사였던 것으로 보인다.[166]

관화(寬和) 2년에는 수능엄원의 이십오삼매회와 더불어 히에이잔 내의 안락원(安樂院)에서도 결연행법(結緣行法), 즉 결사의 수행이 행해졌다. 여기서도 역시 요시시게노 야스타네와 겐신의 이름이 나타나고 있

---

165 또한 이들 根本結衆이나 結緣衆에 참여했던 이들 중에서 별도로 講을 만드는 경우도 있었으니, 修善講을 창시하고 「修善講式」을 제작한 覺超의 경우가 대표적이다. 川崎庸之, 앞의 책, p. 45.

166 겐신은 이십오삼매회 영강, 석가강 뿐만 아니라 地藏講도 열었다. 이들 講의 결연중은 대부분 중첩되어 있었으며, 세 講 모두 『왕생요집』의 교의에 근거하여 구성된 결사였다. 차이가 있다면, 영강은 아미타내영신앙, 석가강은 석가여래의 영산정토신앙, 지장강은 지장보살상을 본존불로 모시고 지장신앙을 실천했다는 점일 것이다. 堀大慈, 앞의 논문, p. 128.

어서 구성원이나 그 운영의 측면에서 이십오삼매회와 연관성이 있었을 가능성도 생각해 볼 수 있을 것이다.[167] 이는 겐신을 위시한 천태교단에서 이십오삼매회나 여타 강을 매개로 한 결연의 형식을 통해 다른 지역의 신도들에까지 염불의 실천을 지도하고 활발하게 보급시켰던 상황을 짐작할 수 있게 해준다.

이러한 부속결사로서의 여러 강과 관련된 이십오삼매회의 활동에서 주목해야 할 것은 겐신이 관계했던 여러 강의 실천적 장에서 수행론 상의 중대한 전환을 보여주고 있다는 점이다. 먼저 겐신 이전에「수능엄원이십오삼매회기청」을 작성한 요시시게노 야스타네의 경우는 관상염불을 제시했던 데 비해, 겐신의 기청문에서는「모두 병자가 있는 곳으로 가서 함께 소리를 외는 염불을 하여 병자로 하여금 듣게 하고 은근히 서로 독려하여 극락에 왕생하게 한다」[168]는 내용을 추가한 것으로 미루어 칭명염불로 전환했음을 보여준다.[169] 겐신은『왕생요집』집필 이후로 서해도(西海道)에 염불포교를 했던 전력이 있는데, 신도들과 직접 접촉할 수 있었던 포교행 이후로 이십오삼매회에서 염불실천의 지도자로서 활동하게 되면서 확고하게 칭명염불로 입장을 전환했음을 짐작할 수 있다.

---

167 이십오삼매회가 결성되기 1년 전인 寬和 원년(985)에 範好・叡桓・延久 등이 요카와 北谷에서 '오직 보리를 구하기 위하여(爲一向求菩提)' 안락원을 건립했는데, 다음 해인 986년 여름에 겐신이 원내의 승려들과 염불결연을 맺고 수행을 함께 했다고 한다. 掘大慈, 앞의 논문, p. 115.

168 皆行病者所, 相共唱念佛, 可令聞其聲, 慇懃相催, 令生極樂. (「橫川首楞嚴院二十五三昧起請」(大正藏 84: 2724, 0877c08~0877c09).

169 藤本佳男,「源信の宗敎的實踐に關する覺書-源信淨土敎分析のための前提作業-」,『佛敎文化硏究所紀要』(京都: 龍谷大學佛敎文化硏究所, 1962), p. 83.

이처럼 겐신이 이십오삼매회와 그에 부속된 강의 실천에서 보여준 칭명염불에 대한 지향은 해당 결사에 다수의 민간신도들이 참여했던 것이 동기를 제공했던 것으로 보인다.[170] 다시 말해 다수의 민간신도들의 참여를 유도하기 위해서는 그들이 보편적으로 실천할 수 있는 수행법으로서 칭명염불이 필요했으리라는 것이다. 나아가 강의 결연중이 많아지게 되면서 실천의 통일성이나 간결성 내지 정형성을 기하기 위해서도 칭명염불이 필요했으리라 생각된다. 결국 겐신은 이십오삼매회 결성의 근거가 되었던 『왕생요집』에서는 주로 관상염불을 설하고 있지만, 다양한 계층의 민간 신도들이 다수 참여했던 결사의 현장인 강에서는 칭명염불을 권하고 함께 실천했던 것이다. 이는 이십오삼매회에 부속된 결연중의 형태로 여러 강을 만들고, 다양한 계층의 신도들에게 참여를 허락했기 때문에 이들의 다양한 수행역량에 맞추기 위해서는 관상염불보다는 칭명염불로 전환하는 것이 결사의 운영 면에서 더 적합했기 때문이었을 것으로 생각된다.[171]

이제 겐신의 이러한 칭명염불로의 전환의 배경을 이해하기 위해『정토진종7조전(淨土眞宗七祖傳)』에 보이는 그의 사상적 이력에 대해 살펴보기로 하겠다.

어느 해 이세신사에 참배하여 7일간 기도했는데 꿈에 용모가 수려한 한

---

170 藤本佳男, 앞의 논문, p. 84.

171 Allan A. Andrews, "Lay and Monastic Forms of Pure Land Devotionalism: Typology and History", Numen Vol. 40 (1993), p. 30.

귀한 여인이 전각문을 열고 나와 말하기를 말세의 중요한 법은 아미타불 염불만한 것이 없다고 하였다. 이후로 염불수행을 하여 정토왕생을 기약하였다. 일찍이 육바라밀사의 구야(空也 · 光勝)를 만나서 물었다. 나는 정토(수행)에 뜻을 두고 있는데 이 과업을 잘해낼 수 있을까요. 구야가 답하였다. 육바라밀행과 지관수행의 힘으로 비상(非想)의 선정에 이를 수 있는 것이니 정토왕생도 또한 그러하다. 염구(厭求)와 흔구(欣求)를 진정으로 다한다면 반드시 정토에 왕생하게 될 것이다. 겐신은 이를 지극히 옳은 말씀으로 여기고서 이에 영관 원년 9월 겐신의 나이 42세에 비로소 고향으로 돌아왔다.[172]

인용문에서 겐신의 나이 42세가 되어 고향으로 돌아온 해는 984년으로서 이십오삼매회를 열었던 986년의 직전에 해당된다. 따라서 『정토진종7조전』의 이 기록은 이십오삼매회에서 겐신이 염불을 중시했던 경향을 보여준 것에 대한 변증이라고 보아도 좋을 것이다. 겐신 자신은 『왕생요집』에서 보리심을 일으키고, 계를 지키면서 악을 멀리하고, 염불하는 것이 정토왕생의 길이며, 염불은 정토의 모습이나 아미타불의 상호를 관상(觀想)하는 관상염불이 중요하다고 주장하고 있지만, 이러한 관상염불을 감당할 수행의 근기가 없는 자들에게는 칭명염불을 권

---

172 某年詣伊勢神祠期七日祈. 示出要散夜夢一貴女容貌偉麗啓殿戶出告曰. 末世要法無如念阿彌陀. 此後精修念佛. 期生于安養. 嘗見六波羅蜜寺光勝(世稱空也). 問曰. 我有淨土之志. 當果尅否勝. 曰六行觀力能至非想定西歸亦爾厭所欣眞切必生彼國. 師已爲至言焉永觀元年九月. 師年四十二始還鄕. (『淨土眞宗七祖傳』「源信僧都傳」(永田調兵衛, 1812).

동아시아 염불결사의 연구

장했던 것이다. 다시 말해 히에이잔 요카와의 결사를 구성하고 있던 두 가지 형식의 인적 구성이 빚어낼 수 있는 수행론의 차이, 즉 근본결중과 결연중이 갖고 있는 수행역량의 차이를 관상염불과 칭명염불이라는 두 가지의 방식으로 해소했던 것으로 볼 수 있는 것이다.

아울러 대중에게 공개된 아미타내영의식[173], 즉 영강(迎講)은 구원의 대상을 모든 중생으로 확대했던 대승불교의 구원관, 나아가서는 천태교단의 일체중생성불론과 직결되어 있으며, 결사 구성원인 승려들의 대승보살도 구현의 장이라고 이해해도 좋으리라 생각된다. 겐신 역시 『왕생요집』 안에서 남녀귀천을 불문하고 정토에 왕생할 수 있음을 주장하고 있기 때문에 이십오삼매회가 벌이는 내영의식의 현장에 모든 계층의 신도가 참여할 수 있도록 결사를 확장할 수 있었던 것이다. 비록 이십오삼매회의 근본결중은 가입의 자격에 제한이 있었지만, 다른 신도나 승려들도 근본결중과 신앙의 연을 맺은 결연중의 일원으로서 각종 법회와 의식에 참여할 수 있는 문을 열어놓았던 것이 이십오삼매회의 한 특징이었다.

이처럼 그가 활짝 열어놓은 영강의 장(場)에 모여든 민간신도들, 특히 관상염불을 수용할 수 없었던 낮은 근기의 신도들에게 결사의 지도자 겐신은 적극적으로 칭명염불을 제시하게 된다. 겐신이 제시한 민간신도들의 수행법인 칭명염불이 실제 신앙의 현장에서는 타력적 수행의

---

173 이러한 아미타 내영의식을 직접 참관하는 것 외에도 승려로부터 임종 즈음에 영접만다라(迎接曼荼羅)를 증여받는 의식도 있었다.

한계를 넘지 못했겠지만, 신도들의 수행역량의 차이를 긍정하고 수용하려 했던 그의 교의는 민간신도와 엘리트귀족 양자 모두에게 환영을 받았던 것으로 보인다.[174] 아미타정토의 이상적 세계관은 현세의 복락과 명예를 그대로 사후에도 지니고 싶어 했던 귀족들의 취향에도 적합했으며, 현세의 고통을 접고 내세에는 안온한 삶을 원했던 민간계층에게는 결사에서 제시하는 칭명염불의 실천이 설득력을 갖고 있었던 것이다.

1-6. 구야(空也)의 거리포교와 겐신의 염불

겐신은 히에이잔의 요카와에서 수행과 포교에 진력했던 천태교단의 승려였지만 그의 저술인 『왕생요집』은 일본의 정토교가 헤이안시대 중기로부터 원정기에 걸쳐 꽃피우는 전기를 제공하게 된다. 이처럼 겐신이 원돈지관이나 일심삼관 등의 천태관법, 그리고 참회의식 외에도 염불이나 미륵신앙의 실천까지 다양하게 결사의 수행법으로 포섭할 수 있었던 원인은 무엇일까. 이 책에서는 그 첫 번째 이유로 겐신과 동시대에 활동했던 구야(空也, 903-972)와 쇼쿠(性空, 910-1007)와 같은 당대의 고승과의 적극적인 교섭이 있었다는 점에 주목해 보고자 한다.

---

174 Michele Marra, "The Development of Mappo Thought in Japan (Ⅰ)" Japanese Journal of Religious Studies, vol. 15 (1988), p. 49.

쇼쿠는 파주(播州) 서사산(書寫山)에
서 법화경신앙을 위주로 실천했던 승
려로서 당시 승속이 함께 참여하는 결
연(結緣)활동을 매우 활발하게 벌이
고 있었다. 이러한 쇼쿠를 겐신이 정
원(貞元) 3년(978)에 방문하고 나서 그
의 공덕을 찬탄하는 시를 지었던 기록
을 『금석물어(今昔物語)』나 『고사담(故
事談)』 등의 여러 고문헌을 통해 확인

• 쇼쿠

할 수 있다.[175] 아울러 당시 일본 사회
에서 승속이 함께 신앙의 약속을 맺어 정기적인 집회를 열고 강경이나
염불 등의 수행을 실천하는 결연(結緣)이 유행했는데, 이는 일종의 불교
신앙결사로서 요시시게노 야스타네와 겐신이 조직했던 이십오삼매회
와 유사한 성격의 결사로 볼 수 있을 것이다. 겐신이 살던 헤이안 시대
의 말기는 이처럼 승려들이 승속이 함께 참여하는 결연활동이 일반에
보급되었던 시기로서 겐신 역시 이러한 시대적 조류 안에서 결사활동
을 배우고 체감할 수 있었으리라 생각된다.

한편 조금 앞선 시대의 저명한 '거리의 히지리'(市聖)인 구야 역시
948년 히에이잔에 입산하여 좌주에게 수계를 했던 천태승려 출신으로
서 거리로 나아가 염불포교를 시작했던 인물이었다. 초기에 이십오삼

---

175 川崎庸之, 앞의 책, p. 16.

• 구야

매회를 이끌었던 요시시게노 야스타
네가 저술한『일본왕생극락기(日本往
生極樂記)』에 의하면 구야는 염불삼매
(念佛三昧) 수행에 뛰어났으며, 세상
사람들에게 두루 염불을 권하여 실천
하게 했다고 전한다.[176] 그가 14년간에
걸친 순회염불을 마친 후 서광사에서
『대반야경』서사공양을 시작했으며,
당시의 좌대신인 후지와라노 사네요
리(藤原實賴)를 비롯한 많은 다양한 계
층의 결연자가 모여들게 된다. 구야는 정기적으로 열리는 법회인 공화
회(供花會)에서 낮에는『법화경』을 강설하고 밤에는 염불삼매를 수행하
였는데, 결연자가 수만에 이를 정도로 성황을 이루었다고 한다.

강(講)을 통해 결연한 사람들이 함께 법회에 모여 염불을 실천하는
것은 구야가 앞장서서 길을 터 준 일반 민간불교결사의 한 모습이었으
며, 그가 활동했던 서광사, 즉 육바라밀사는 거리의 히지리(市聖)와 관
련된 신앙활동의 중심지였다.[177] 따라서 응화종론 당시에 22세의 청년
승이었던 겐신이 천태교단 출신의 구야가 주관했던 대형의 경전공양

---

176 구야가 '念佛聖' 혹은 '市聖' 등으로 불리게 된 것은 이 시기의 일이며, 이 당시 구야는 불상을 만들거
나, 사경을 하는 등의 공덕행을 부인하지 않았다. 應和 3년에 있었던 經典供養은 이러한 구야의 사상을 보여
주는 일례라 할 것이다. 山崎庸之, 앞의 책, p. 10.

177 山崎庸之 · 笠原一男, 장계환 옮김, 『일본불교사』(우리출판사, 2009), p. 138.

동아시아 염불결사의 연구

법회를 몰랐을 리는 없으며, 이러한 선배 승려의 행적에서 어떠한 식으로든 영향을 받았을 것으로 생각된다. 전술한 『정토진종7조전』의 인용문에서도 겐신이 구야에게 정토왕생에 대한 가르침을 구하는 장면이 등장하고 있는 것으로 보아도 두 사람 사이에 염불의 방법론을 두고 가르침 내지 의견의 교환이 있었으리라는 점을 짐작해 볼 수 있다.

또한 요시시게노 야스타네가 처음 조직했던 수행단체이자, 후일 이십오삼매회의 모체가 되는 권학회를 위해 구야가 경전공양을 위해 지은 당사, 즉 육바라밀사를 회당으로 제공했던 사실로 보아도 료겐, 요시시게노 야스타네, 겐신, 그리고 구야를 잇는 관계를 짐작할 수 있을 것이다. 요시시게노 야스타네와 겐신은 985년 겐신이 『왕생요집』을 찬술하기 이전부터 친밀한 관계를 맺고 있었던 것으로 알려져 있으며, 둘이서 함께 미륵신앙(値遇慈尊の業)을 실천했다는 기록도 존재한다.[178] 천태교단을 벗어나 거리로 나가 염불포교를 실천했던 구야, 사대부 문인들과 함께 귀족적 성격이 강한 권학회를 이끌었던 요시시게노 야스타네, 이십오삼매회의 실질적인 지도자로서 왕생의식을 통한 구원을 추구했던 겐신 등이 함께 교유관계를 유지하며 상호간에 영향을 주고받았던 점에서 당시 불교계를 관통했던 사상이나 실천을 세 사람이 공유했을 가능성도 적지 않으리라 생각된다.

두 번째 원인으로는 첫 번째 원인과도 결부되어 있는 것으로서 당

---

178 具平親王의 詩 안에는 야스타네와 겐신, 친왕이 함께 미륵신앙을 실천했다는 내용이 등장한다. 山崎庸之, 앞의 책, p. 13.

시 불교계에 팽배해 있었던 말법의식을 들 수 있을 것이다. 이십오삼매회 시기의 실천에는 사후세계, 특히 지옥에 대한 두려움이 새로이 생겨나게 되면서 자연스럽게 말법시대의 위기의식이 스며들어 있는 것으로 보인다. 겐신은 권소승도(權少僧都)의 직위에 오른 지 1년 만에 사직하고 요카와로 돌아와 은거하면서『왕생요집』을 저술하게 되는데 그의 이러한 행보의 이면에는 말법시대의 위기의식이 작용했던 것으로 생각된다.

또한 그의『왕생요집』안에 말법시대의 시간에 대한 언급이 보이지 않는 것도 이미 그가 살고 있는 당시를 말세로 인식하고 있었기 때문일 것이다.[179] 겐신이『왕생요집』의 서문에서 밝히고 있듯이 말세의 중생들은 수행의 근기가 부족하기 때문에 범부들에게 불교경전의 정수를 집약하여 보여주기 위해 염불 일문에 의지하여 한 권의 경전을 찬술했다는 데서도 그의 시대의식을 읽을 수 있다.[180]

겐신은 이십오삼매회에서도 오오에노 타메모토(大江爲基) 등과 같은 단월의 지원을 얻어 근본여법당(根本如法堂)을 복원하게 된다. 겐신이 여법당의 복원에 힘을 쏟았던 것은 말법의 시간이 가까이에 이르면 불법이 쇠멸하게 되므로 경전들을 여법당에 봉안하여 후세에까지 전달하려는 동기에서 기인한 것이었다. 겐신은 엔닌이 서사한 10종의 경전들

---

179 Michele Marra, 앞의 논문, p. 40.

180 夫往生極樂之敎行, 濁世末代之目足也. 道俗貴賤, 誰不歸者. 但顯密敎法, 其文非一, 事理業因, 其行惟多. 利智精進之人, 未爲難. 如予頑魯之者, 豈敢矣. 是故依念佛一門, 聊集經論要門, 披之修之. 花山信勝, 『往生要集』校訂竝譯註(東京: 小山書店, 1937), p. 1.

을 동으로 주조한 보탑에 넣고 여법당 중심에 굴을 파서 깊이 봉안하여 미륵이 세상에 나오는 그 시간까지 보관하려 했던 것이다. 이뿐만 아니라 겐신은 이십오삼매회의 결연자들과 함께 여법당 안에 동으로 만든 다보탑(多寶塔)과 경전을 봉안한 소탑을 나란히 세우고, 두 탑의 좌우에 석가 · 다보 · 보현 · 문수 · 관음 · 미륵 등의 불보살상을 안치했다. 겐신과 이십오삼매회 결연중의 이러한 실천들은 자신들의 본거지를 영산정토 내지 후일 미륵이 출세하게 될 미륵정토로 구현하려는 상징적 표현인 것으로 생각된다.

나아가 겐신은 말법시대의 구원의 해법으로서 정토신앙을 천태의 교의로 재해석하는 과정을 거쳐 정토왕생을 간구하는 실천인 염불을 제시하게 된다. 현명한 자들이나 신실하고 근기가 두터운 자들은 구원의 길을 찾는데 어려움이 없겠지만 자신처럼 몽매한 이들을 위해 염불의 교의와 실천을 제시한다는 것이다. 이처럼 말법시대의 의기의식과 함께 범부중생의 수행력까지 감안했던 겐신이 이십오삼매회에서 개설한 강을 승 · 속이 함께 참여하는 칭명염불의 장으로 전환시킨 것은 자연스러운 귀결이라 할 수 있을 것이다. 겐신이 이십오삼매회에서 보여주었던 실천이나 동시대 승려들 간의 교유관계에서 보듯이 말세를 살아가고 있는 절박한 위기감과 대승보살로서의 보편적 중생구원이라는 소명의식으로 인해 승려와 속인, 관상염불과 칭명염불이라는 경계까지 허물고 있었던 것이다.

정리해보면 천태 교단인 히에이잔 요카와의 승려 25인으로 이루어진 초기의 이십오삼매회는 동붕(同朋)과 동신동행(同信同行)의 연대감에 입각한 전문 수행자 결사였다고 말할 수 있을 것이다. 결사 초기의 근본결중의 구성은 요카와의 정주승 만으로 시작했지만 점차 결연중의 형태로 구성원의 숫자를 늘려가면서 약 20년이 지난 후에는 영강, 석가강이나 지장강 등의 부수적 법회 형식을 통해 다수의 속인신도까지 함께 참여할 수 있는 열린 결사로 바뀌어 가게 된다. 이러한 근본결중과 결연중이라는 이중구조의 결사 운영방식은 혜원의 여산 백련사보다는 속인 신도가 결사에 참여할 수 있는 길을 훨씬 넓혀 놓은 것으로 볼 수 있을 것이다.

이십오삼매회에서는 구성원 중의 민간 신도의 비율이 늘어감에 따라 이들을 위하여 칭명염불과 같은 간결한 수행을 실천하게 했으며, 사원 안에서 승려들이 직접 아미타 내영의식을 행함으로서 『왕생요집』의 교의를 구현시켜 보여주기도 했다. 동신동행을 표방하는 결사이지만 강이 열리는 장에서 근본결중은 아미타내영을 체현하는 보살성중의 대리자였으며, 석가강에서는 경론을 강의하는 지도자로서 엄연히 결연중과는 다른 위계를 고수하고 있는 점이 눈에 띈다.

또한 이십오삼매회에서 결사의 주된 실천으로서 고수하고 있었던 임종행의는 여산 백련사의 구성원들이 보여준 임종의식에서 몇 단계 나아간 형태를 보여주되, 죽음 직전에 임종인의 정토왕생을 돕기 위해 동지들이 치르는 의식이라는 그 기본적인 맥락에서는 연속성을 유지하고 있었다. 나아가 정토에 왕생하는 주체로서 여산 혜원이 제시했던 '법신(法身)'과 유사한 개념인 '존령(尊靈)'의 존재를 상정하고 있었던 점도 연관된 시각에서 바라볼 수 있을 것이다.

동아시아 염불결사의 연구

한편 일본에서 죽어가는 이를 위한 의식을 열심히 치르고 있는 사이, 1013년 중국 명주 연경사에서는 천태교단의 승려 사명지례가 생의 한 가운데에서 구원의 보증을 얻기 위해 보살계를 받는 법회의 결사를 시작하고 있었다. 임종행의를 위주로 실천했던 요카와의 이십오삼매회가 만들어진 때로부터 대략 30년 정도의 시간이 흐른 다음이었다.

2. 중국 : 북송대 천태교단의 정토결사들

북송대에는 전대에 비해 사회 전체적으로 염불결사가 크게 확산되었는데 그 과정에서 천태 교단의 승려들이 핵심적인 역할을 했던 모습을 볼 수 있다. 이 시기에는 다양한 염불결사가 만들어지고 운영되었으며, 여러 다른 종파들과 제휴하고 있는 경우도 있었지만 그 대다수는 천태 교단과 직·간접적으로 관계되어 있었다.[181] 주로 절강성과 강서성에서 활동했던 정토결사의 대부분 천태 교단에 의해 조직되었으며 이 시기에 민간사회에까지 널리 유행했던 정토신앙의 실천을 대표한다. 송대 이후 본격적으로 이루어졌던 정토신앙의 확산과 더불어 이루어진 죽음 이후의 세계에 대한 재조명은 민간사회에서 염불결사 활동에 대한 폭발적인 수요의 증가를 불러왔으며, 이에 대해 가장 기민하게 반응했던

---

181 Daniel A. Getz, Jr., "T'ien–t'ai Pure Land Societies and the Creation of the Pure Land Patriarchate," *Buddhism in the Sung*, ed. Peter N. Gregory and Daniel A. Getz Jr. (Honolulu: University of Hawai'i Press, 1999), p. 479.

동아시아 염불결사의 연구

이들이 바로 천태교단이었다.

또한 천태 교단에서 많은 염불결사들을 결성하고 지원할 수 있었던 배경 중에는 자운준식(慈雲遵式, 964-1032)과 사명지례(四明知禮, 960-1028)에 이르러 절정에 이르렀던 천태교단의 부흥이 있었다.[182] 당말과 오대(907-960) 시기에 많은 고난과 변동의 겪었던 천태교단은 절강성과 강서성 지역을 통치했던 오월국의 왕 전숙(錢俶, 948-978)의 후원에 힘입은 바가 컸다. 당말 오대의 혼란기에도 오월지방은 전란이 없었기 때문에 안정된 환경과 왕조의 지원 하에서 교단의 부흥을 이룰 수 있었던 것이다. 북송대 불교계에서는 염불을 위주로 실천하는 정토결사가 활발하게 결성되었으며, 정토신앙이 사원과 신도 단체들 간의 중요한 접점의 역할도 하고 있었다.[183]

이처럼 북송대 정토결사들이 결성되기 시작했던 초기부터 천태 교단의 승려들은 이들 결사들의 결성과 성장에 중요한 역할을 하고 있었던 점이 포착된다. 천태교단은 그 성립 초기부터 교학과 실천의 동일한 중요성을 강조했으며, 천태교단의 중흥을 이룬 준식과 지례에서도 이러한 경향이 잘 나타난다. 지례의 경우에는 『관무량수경묘종초(觀無量壽經妙宗抄)』와 같은 정토신앙과 천태교의를 접맥시킨 교학으로, 준식은 천태의 교의와 실천에 정토신앙을 융합한 각종 의식집의 정비로 유명

---

182 지례와 준식은 오월왕 전숙에게 천태의 교전을 부활시킬 것을 건의했던 螺溪義寂(919-987)의 법통에 속하며, 의적의 수제자는 明州(寧波)의 보운사에서 주석했던 寶雲義通(927-988)으로서 지례와 준식은 이 보운 의통의 동문제자이다.

183 Daniel A. Getz, 앞의 논문, p. 485.

하다.[184]

　이 장에서는 사명지례와 자운준식, 그리고 모자원과 같은 천태교단의 승려들이 그들 자신에 의해, 혹은 기존에 축적된 교의적 성과물을 잘 활용하여 다수의 신도들이 참여할 수 있는 구체적인 수행론으로서 결사의 실천에 적용시키는 모습들을 살펴보게 될 것이다. 결사를 끌어가는 이들 지도자 승려의 다양한 노력을 고찰하면서 그들 결사에서 실천했던 수행론 안에 왜 그러한 요소들을 끌어들이고, 융합시키고 있는지, 나아가서는 그 수행론들이 천태교단과 외부환경과의 긴장에서 어떠한 역할을 하고 있었는지에 대한 대답을 구하고자 한다. 아울러 이 둘보다 약간 늦은 시기의 모자원의 결사에 관해서는 천태 교단의 제도권 밖에서 자운준식의 영향을 받은 수행론을 채택하면서도 다른 한편으로는 독자적인 의식의 체계를 세워갔던 실천의 배경에 대해 추적해 보고자 한다.

2-1. 자운준식(慈雲遵式)의 채사(茱社) : 채식과 참법(懺法)

　자운준식(慈雲遵式, 964-1032)[185]은 북송시대(960-1126)에 사명지례(960-1028)와 함께 천태종을 중흥시킨 고승으로 잘 알려져 있다.[186] 동

184　사명지례의 교학적 공헌은 산가/산외파 논쟁에서 주로 이루어졌다. 지례와 그의 주변 인물들은 산가파로 불리며, 상대편을 이단이라는 의미로 산외파로 불렀다. 지례의 일문은 천태의 교의를 확고하게 한 것으로 칭송을 받았으며, 산외파가 쇠락하게 된 반면에 크게 흥성하게 된다. Daniel A. Getz, Jr., 앞의 논문, p. 481.

시대에 만여 명에 이르는 승·속 연합의 대형결사인 염불시계회를 결성했던 사명지례와는 보운의통(寶雲義通)의 문하생으로서 비슷한 연배의 동문이 된다. 사명지례의 결사가『사명존자교행록(四明尊者敎行錄)』등을 통해 비교적 그 자취가 선명한 반면 준식의 결사는 실전(失傳)한 저서가 많은 데다가 현존하는 자료에서도 극히 간략하게 다루고 있어서 그 자세한 모습

• 자운준식

을 서술하기는 쉽지 않다. 그러나 전체적으로 준식의 저서와 행적을 관통하는 중심적인 사상과 실천 등을 통해서 그 윤곽을 그려나갈 것이며, 아울러 동시대 이웃한 지역에 대형 결사를 이끌었던 사명지례와 실천 면에서 중첩되는 점이 있기 때문에 결사의 대강(大綱)을 그려보는 작업이 가능하리라 생각된다.[187]

---

185 자운준식은 台州寧海(절강성 영해현)출신으로서 동액산에 가서 義全에게 출가하였고, 이어서 옹희 원년(984) 사명 보운사에 이르러 의통에게 천태교학을 배웠으며, 의통이 입적한 후에는 천태산에 들어가 수행에 정진하였다. 이어서 杭州(절강성 항현)로 유람하면서 교화하였고, 대중 상부8년(1015)에는 천축사로 장소를 바꾸어 천희 원년(1017) 侍郞 馬亮을 위해서『왕생정토결의행원2문』및『왕생서방약전』을 찬술하였다. 이밖에도『대승지관석요』4권 ·『왕생정토참원의』 ·『금광명삼매의』 ·『청관음소복독해삼매의』각1권 및『금원집』 ·『천축별집』 각3권(이상 2부 慧觀 重編) 등이 있다. 그의 저서는 그다지 많지 않으며, 대부분 참회의식(懺儀)과 관계되는 저술들로서 후대 사원 내에서의 각종 예참 의식에 직접적인 영향을 주었기 때문에 그를 '慈雲懺主'라고도 부른다. 그 후에는 절의 동쪽 고개에 日觀菴을 짓고 정토수행에 전념하다가 명도 원년(1032) 10월에 세수 69세로 입적하였다.

186 불교사가들은 회창법난(842~845)과 당 제국의 멸망 이후 쇠락해진 천태종 일문의 전통을 되살린 주체가 이 두 사람이라는 것에 대해 이의를 제기하지 않는다.

(1) 자운준식의 첫 번째 결사

천태 교단의 교학은 이미 전시대 천태지의(天台智顗, 538-597)에 의해 전체적인 구도가 구축되어 있었지만, 10-11세기 북송대의 지례와 준식은 기존의 의례적 요소들을 재정비하거나 교단 밖의 실천들에 교의적 재해석을 가하여 이를 천태의 수행 의식(儀式)으로 탈바꿈시키는 작업들을 해냈다. 준식은 사명지례가 주축이 되어 벌였던 교의 논쟁인 산가/산외 논쟁에서 견고하게 지례를 지지하고 있었지만, 실질적인 그의 관심은 주로 교의의 구축보다는 실천 쪽에 집중되어 있었던 것으로 보인다. 천태지의의 『마하지관(摩訶止觀)』에 의해 구축된 천태 수행의 목표는 내면적 관조라 할 수 있는 지관(止觀)을 통한 궁극적 깨달음에 있으며, 이는 사종삼매(四種三昧)의 실천에 의해 달성된다. 사종삼매 중에는 삼제(空·假·中)의 교의에 근거하여 명상적인 기법에 치중하는 것도 있지만, 경전에 근거한 의식과 염불, 공양, 구체적인 관법 등을 병행하여 실천하는 요소도 존재한다. 상행·상좌·반행반좌삼매를 가리키는 후자의 경우 법화참법과 같은 각종 참회의식이 중요한 수행론의 요소로 등장하게 된다.

천태의 다양한 실천들 중에서도 참법, 즉 참회의식은 천태 수행론에서 불가결한 요소이며, 준식의 생애에서도 중심적인 실천으로 존재했

---

187 준식의 결사에 대한 자료들을 볼 수 있는 1차 자료는 그가 직접 저술한 수행론 관련 문헌을 다수 수록하고 있는 『樂邦文類』나 고승들의 전기를 집록한 『佛祖統紀』, 『釋門正統』, 그리고 그의 직접적 저술인 『往生淨土決疑行願二門』 외에 각종 의식집들을 들 수 있다.

다. 그는 참회를 정토에 왕생하기 위한 지상의 수행법으로 격상시켰으며, 정토결사 안에서도 중요한 실천으로 강조했다. 그는 참회와 염불의 두 가지 수행법이 공존하는 형태의 일상의 식인 『신조십념법(晨朝十念法)』을 만들어, 단 하루도 빠지지 않고 매일 새벽 반드시 온 마음으로 불타를 생각하며 하는 염불인 전심(專心)염불을 하도록 규정했다.

• 천태지의

또한 북송대에 불교의 맞은편에서 민간에 크게 유행하고 있던 조상과 신(神)에 대한 희생제의 등을 없애기 위해 노력한 결과, 그가 음사(淫祠)로 치부했던 각종 민간신앙의 의례들이 갖고 있던 공덕과 기복의 역할을 불교 신앙의례 안으로 끌어들이기도 했다.[188] 준식이 시도했던 이러한 다양한 노력들을 관통하는 핵심적인 문제는 천태의 의식(儀式)과 정토신앙의 실천을 어떤 식으로 연계시키느냐 하는 것이었다. 이러한 문제에 대한 준식의 노력은 시아귀(施餓鬼) · 방생(放生) · 우란분(盂蘭盆)의식 · 참법(懺法) · 금광명참(金光

---

188 천태종 조사와 정토 신앙자로서의 두 가지 모습이 중첩되는 자운준식은 불교 신앙의례를 재정비한 인물이기도 했으며, 이러한 점으로 인해 현대의 학자들에게도 자주 논의되는 인물이다. Daniel B. Stevenson, "Protocols of Power: Tz'u-yün Tsun-shih (964-1032) and T'ien-t'ai Lay Buddhist Ritual in the Sung," in Buddhism in the Sung, ed. Peter N. Gregory and Daniel A. Getz Jr. (Honolulu: University of Hawai'i Press, 1999), p. 340.

明懺)·아미타불과 관세음에 대한 공양법 등을 정비하는 것으로 나타났다.

한편 준식의 종교적 여정에서는 주술적 성격이 강한 보살신앙을 적극적으로 보급하고자 노력했던 모습이 나타나기도 한다. 988년에 스승인 의통이 입적한 이후 준식은 천태산으로 돌아가 그의 질병을 치료하기 위해 외부와 격리된 공간에서 49일간 관음참법의 기도를 했다. 시간이 지남에 따라 준식의 병증은 개선되어 갔으며, 마지막 날에는 불보살의 치유력으로 인해 그의 수명이 연장되었음과 그의 공덕이 더 커졌음을 선언하는 목소리를 듣는 신비한 종교체험을 하게 된다. 이 체험은 자운준식의 종교적 카리스마를 한층 더 강화시키는 전환점이 되었으며, 천태종의 신도들에게 천태 의례(특히 사종삼매)에 대한 종교적 확신을 심어주게 되는 계기가 되었다.[189] 아울러 관음보살의 위신력에 의지하여 죄업을 참회하고 업장을 소멸하는 청관음참법(請觀音懺法)의 실천이 이후 천태종의 포교에도 도움이 되었음은 물론이다. 준식 개인에게도 관음신앙의 위력에 대한 체험은 천태의례인 사종삼매의 치유력에 대한 믿음을 키워주었으며, 남은 생애 동안의 종교적 실천에 있어서 굳건한 지표가 되었다.

천태 지도자로서의 자운준식의 첫 등장은 순화 1년(990)년이었으며, 스승 의통이 입적한 후 그의 뒤를 이어 순화 2년(991) 28세 되던 해부터 12년간 보운사에서 주석했다. 그가 보운사에서 주석하는 동안에는

---

189 Daniel B. Stevenson, 앞의 논문, p. 344.

정기적으로 천태 교학을 강의하면서 그의 제자들에게 사종삼매를 실천할 것을 간곡하게 권유했다고 한다. 바로 이 기간 중 준식은 지도(至道) 2년(996)부터 함평(咸平) 5년(1002)까지 7년간 승속이 함께하는 결사를 조직하여 정토수행을 하게 된다. 명주에서 그가 조직한 결사는 1002년에 그가 동액산에서 다시 자리를 잡게 될 때까지 정기적으로 보운사에서 법회를 지속했다. 이 당시 준식은 결사의 원문(願文)이었을 것으로 짐작되는 「서생서방기(誓生西方記)」를 썼으며, 결사 안에서는 주로 염불삼매를 집중적으로 실천했던 것으로 보인다.[190]

결사 활동의 일환으로서 999년에는 항주의 장인인 심삼랑(沈三郎)에게 관음상 조성을 의뢰했으며, 그 자신이 관음신앙의 가피를 구현하고, 타인들에게도 보살신앙의 공덕을 널리 알리고자 했다. 준식이 조성한 관음상은 전례(典禮)에 따라 성화(聖化)되었으며, 도량과 목재, 장인 등도 장엄(莊嚴)의 절차를 거치고 다양한 금자(金字) 다라니 두루마리를 관음상 내부에 안치하는 이른바, 복장(腹藏)을 함으로써 더욱 큰 종교적 힘을 부여하는 모습을 보여준다.

준식은 그 관음상을 보운법당에 안치하고 명주지역에서 1백 명의 승려들을 점안식(點眼式)에 초빙했다. 무엇보다도 자신의 체험에 근거하여 관음보살에 대한 예경을 강조하는 그의 의식(儀式)의 구도는 보살신앙으로 얻어지는 주술적 힘, 즉 가피력과 감응(感應)을 중시하는 준식의

---

190 至道丙申之歲, 法師結乎黑白之衆信者, 按經翌夫淨土之業, 著書曰誓生西方記, 復擬普賢益爲念佛三昧. 契崇撰, 『鐔津文集』(大正藏 52: 2115, 0714a03~0714a06).

종교관을 보여준다. 그는 의례를 실행함으로써 얻어지는 종교적 힘에 의해 인간을 정화하고 정토를 장엄하는 것을 추구했던 것이다. 무엇보다도 보운 관음상에 대한 의례행위는 결사의 현장에서 천태 의례에 근거하여 만들어지는 종교적인 힘과 감응을 잘 이용했던 준식의 기본적인 태도를 잘 보여준다. 다시 말해, 준식은 중생교화와 정토왕생을 위한 방법론을 주로 천태 의례에서 구했던 것이다.

준식이 결사활동을 했던 장소인 명주 보운사는 준식과 지례의 스승인 보운의통에 의해 세워졌다. 그의 스승인 의통의 경우에는 결사 내에서의 구성원 간의 관계에서 의도적으로 평등한 위계설정을 위해 노력했던 것으로 보인다. 『불조통기』에는 승당에서 수업을 받는 이들을 모두 함께 정토에 왕생하게 될 이들이라 하여 '고향사람(鄕人)'으로 불렀다는 보운의통의 일화가 등장한다.[191] 보운의통이 이처럼 제자와 자신을 '고향사람'으로 관계설정을 했던 것은 정토왕생이라는 절대적 구원의 세계에서는 사제나 승속의 차이가 아무런 의미가 없음을 표현하기 위한 의도에서 기인한 것으로 생각되지만, 그의 실질적인 계승자로서 당연히 사상적 영향을 받았을 것이 분명한 준식에게서는 이러한 시도가 보이지 않는다.

성상의 정행사[192]가 시작된 지 몇 년 후인 996년에 명주지역에서 그와 유사한 결사를 조직한 준식은 결사의 구성원들에게 '손님'이라는 표

---

191 雍熙元年, 慈雲始從師學(師年五十八慈雲二十二)師敷揚教觀幾二十年. 升堂受業者不可勝紀, 常呼人爲鄕人. 有問其故, 日吾以淨土爲故鄕, 諸人皆當往生, 皆吾鄕中之人也. 『佛祖通紀』(大正藏 49: 2035, 191c02–191c06).

동아시아 염불결사의 연구

현을 사용하고 있다. 스승 의통의 교육을 받고, 그가 물려준 보운사에서 결사를 조직했으며, 결사의 구성원들 역시 함께 공부했다기보다는 준식에게 배우는 입장이었을 테지만 준식과 의통의 입장은 그 용어선택에서부터 차이를 보이고 있는 것이다. 고향사람이라는 용어에서 평등한 수행동지로서의 의식이 드러난다면, 손님이라는 용어에서는 개개의 구성원에 대한 존중과 함께 지도자와 구성원 간의 의도적인 '거리두기'의 의식도 보이고 있다. 이는 또한 준식의 결사 구성원들이 문하의 승려 제자나 민간계층의 신도가 아닌 항주 지역의 엘리트 관료계층에 속하는 사람들이었음을 짐작할 수 있게 해주는 대목이기도 하다. 이러한 준식의 결사에 대한 정보는 희미하게나마 「염불삼매시병서(念佛三昧詩幷序)」에 나타나 있다.

송대 병신(丙申)년에 사문 준식은 사명산에서 고상한 손님 백여 명과 모여 봄가을 하루 낮 하루 밤을 보운사 강당에서 정토수행(觀想)과 경학을 공부했다. 임인년이 되자 모임을 폐하고 태주의 동산으로 옮겼다. 홀연히 생각컨대 갑자기 이루어진 옛일 같다. 옛 현자들을 흉내 내서 시를 지어 제목을 붙여서 후세에 남기고자 한다.[193]

---

192 圓淨省常(959~1020)의 淨行社는 순화 2년(991)에 결성되었다. 재상인 王旦이 중심이 되어 參知政事인 蘇易簡 등 사대부 132인이 모두 정행사의 제자로 불리어 졌으며, 천 명의 비구대중이 참여했다고 전하고 있다. 성상은 정행사의 초기 결성 당시부터 여산 백련사의 유풍을 따르려 했으며, 결사의 명칭 역시 처음에는 '白蓮社'로 정했다가 나중에 淨行社로 고쳤다. 정행사에 입사했던 사대부들은 당대 최고의 엘리트들로서 스스로를 성상의 淨行제자로 표현하면서 『화엄경』 「정행품」을 집중적으로 사경하고, 반복하여 독송하는 실천을 통해 유교적 수신과 정토왕생을 이루고자 했다.

인용문에 따르면, 이 첫 번째 준식의 결사는 100명의 구성원을 가지고 있었으며, 혜원이나 성상의 결사처럼 가입자의 제한을 두고 있었다. 또한 인용문의 '고상지빈(高尚之賓)'이라는 표현은 구성원의 가입조건으로서 도덕적 엄정성을 제시하여 주로 지역의 저명한 문인관료들로 결사를 구성했음을 짐작케 한다.[194] 따라서 자운준식의 결사는 엘리트 결사로 특징지을 수 있으며, 소수의 선택된 승려들과 문인관료들로 구성되었던 혜원과 성상의 결사와 유사한 것이었음을 알 수 있다. 동문수학했던 사명지례의 결사가 다양한 계층을 결사의 구성원으로 모두 수용했던 데 반해 준식의 결사가 이처럼 제한된 가입자로 운영되었던 까닭은 무엇일까?

인용문에서는 준식의 결사에서 주로 관상(觀想), 즉 관불삼매 내지 염불삼매로 불리는 명상적 수행과 경학을 실천했음을 보여준다. 명상 수행과 경전 공부는 문자로부터 자유로운 민간계층이 수용하기 힘든 실천이었으므로 자연스럽게 구성원의 제한이 이루어졌을 것으로 보인다. 또한 엘리트 계층의 신도들과 신앙을 매개로 한 유대를 강화시키는 것은 유력층의 지원을 필요로 했던 준식과 지례 시대의 천태교단에서도 요구되었을 것으로 생각된다.

위의 『불조통기』에 실린 「염불삼매시병서」의 네 수의 시는 혜원의 결

---

193 宋皇丙申沙門遵式會四明高尚之賓百餘人. 春秋二仲一日一夜萃寶雲講堂. 想無量覺行漢魏經. 壬寅旣廢. 適之台之東山. 忽思俄成故事. 惜無述焉. 乃擬普賢作詩寄題于石. 垂於後世也. 『樂邦文類』(大正藏 47: 1969, 221b23~221b27).

194 Daniel A. Getz, Jr., 앞의 논문, p. 490.

사에 참여했던 왕교지(王喬之)의 시와 동일한 제목을 본떠 지어졌으며, 인용문의 내용으로 보아서 보운사에서 이루어진 결사는 7년 동안만 지속되었음을 알 수 있다. 또한 이 결사의 구성원은 모두 남성으로만 이루어졌는데, 이 당시에는 밤을 새워 집회를 하는 결사의 경우에 여성이 함께 참여하는 것은 관료들의 혹독한 비판의 대상이 되었기 때문으로 생각된다. 아울러 결사의 실천적 측면에서 살펴보면, 화엄경신앙을 위주로 실천했던 성상의 결사와는 달리 준식은 그의 결사가 염불삼매를 주로 실천했던 혜원의 백련사를 따르고 있음을 분명히 했다. 준식은 반년마다 열리는 법회에서 아미타불에 대한 상(想)에 대해 얘기하면서 혜원의 여산 백련사의 실천을 투영시켜 명상을 강조했다.

여산 혜원의 염불삼매는 반주삼매에 근거한 것으로서 현생에서의 아미타불의 견불을 토대로 하여 정토왕생을 보증 받는 것을 목표로 하는 실천이었다.[195] 천태지의는 이 반주삼매의 교의를 천태의 수행론인 상행삼매 안에 편입시켰다. 이 상행삼매는 90일간 아미타불상의 주위를 돌며 엄격한 수행을 하는 것으로 수행자는 아미타불의 공덕에 대한 집중적인 명상과 그의 주의가 흐트러질 때 간헐적으로 염불을 외게 된다. 준식은 이 상행삼매를 실천하는 과정에서 의식이 깨어있도록 하기 위해 자신의 손가락을 7개나 태웠다고 한다. 이러한 각종 신앙의례들은 준식에 의해 만들어진 새로운 천태 참법의 토대를 이루게 된다.

명상적 수행법인 관법(觀法)과 함께 고도의 집중을 필요로 하는 이러

---

195 Daniel A. Getz, Jr., 앞의 논문, p. 491.

한 의례들은 대체로 엘리트들의 수행역량을 필요로 하는 전문적인 경향을 띠긴 하지만 사원 내의 민간신도들에게 폐쇄적인 것은 아니었다. 준식의 경우에는 여성을 비롯한 민간신도들에게도 사원 안에서 7일 간의 의식을 함께 실천할 수 있는 기회를 허락했다. 또한 이러한 참법과 염불은 후일 다수의 민간신도들을 포섭하여 다시 결성된 준식의 정토결사에서 중요하게 강조되었던 실천들이기도 했다.

또한 준식이 전술한 보운사 시절의 엘리트 결사가 아닌 항주 시절에 결성했던 결사의 수행론을 들여다보면 정토왕생을 위한 실천으로서 염불에 중요성을 부여하고 있었음이 드러난다. 민간계층 구성원들의 대중적 수행을 위해 그가 직접 만든 각종 의식들에는 구칭염불이 중요한 요소로 자리 잡고 있었던 것이다. 이는 준식이 초기에 결성했던 결사의 수행론보다 동액산에 들어간 이후에 훨씬 신도들의 다양한 수행역량을 배려하고 있었음을 의미한다. 다시 말해 초기의 엘리트결사에서 동액산으로 옮겨간 이후에는 결사의 구성원을 이루는 계층이 더 확대되었으며, 준식은 이러한 상황에 맞추어 수행론에서도 미리 변화를 준비하고 있었던 것으로 생각해 볼 수 있을 것이다. 이제 준식이 동액산 이후 다양한 계층의 구성원을 받아들여 새로이 결성한 결사에서 실천했던 수행론들의 구체적인 모습과 그 설정의 배경을 들여다 볼 차례이다.

(2) 항주 동액산의 염불삼매회(念佛三昧會)

보운사에서의 첫 번째 결사가 7년 만에 끝난 후에 준식은 사명(四明)

에서부터 항주로 옮겨 천축사를 중심으로 활발한 교화활동을 폈다. 준식이 동액산(東掖山)에 도착하여 가장 처음으로 맡은 일 중의 하나가 경내에서 주기적으로 아미타 염불삼매를 실천할 수 있는 아미타불의 불상과 불당을 세우는 것이었다. 아미타불에 사념을 집중하는 아미타삼매는 천태의 사종삼매와 유사한 형태였다. 또한 준식은 그의 제자들을 지도하기 위해 정토신앙의 실천을 위한 의식을 만들기도 했다.

함풍(咸豊) 5년(1002)부터 동액산에서 염불삼매회(念佛三昧會)를 만들고 그 법회에 다수의 신도가 운집하자, 사원의 서쪽 모퉁이에 정사(精舍)를 증축하여 무량수불의 대불상을 세울 정도로 성황을 이루었다고 한다.[196] 바로 이 시점에서 초기의 엘리트결사보다 훨씬 규모나 구성원의 계층 면에서 확대된 결사가 만들어진 것이다. 결사의 구성원들은 집에서 정토신앙의 개인적인 수행을 실천하면서 염불과 예배의식을 행하는 집회에 정기적으로 참여했다. 이러한 집회들은 대부분 사원에서 열렸으며, 가끔 미타당이나 정토원에서 특별한 집회를 갖기도 했다.

준식의 염불결사 활동은 당시 송대에 유행하고 있었던 민간신앙을 불교로 대체하고, 각종 신들을 불교의 하위신으로 재배치하는 포교전략의 연장선상이기도 했다. 준식은 살아있는 동물을 죽여 제사의 희생물로 공양하는 민간의 유혈희생 습속이었던 '사생(捨生, praṇātipāta)'에 적극적으로 반대하며, 이러한 민간신앙 의례를 불교 의식으로 대체하

---

196   준식의 사후에 그를 이어 동액산 능인사의 주지가 된 神照本如(981–1050) 역시 준식의 정토결사활동을 계승하여 후에 동액산에서 염불결사인 백련사를 결성하게 된다. 佐藤成順, 『宋代佛教の研究』(東京: 山喜房佛書林, 2001), p. 169.

는 것을 그의 주요 목표로 삼았다. 그는 민간 신도들에게 희생제사를 통해 조상과 민간신앙의 신의 가호를 비는 대신에 불교적 개념의 도덕적 응보와 불보살에 대한 예배, 공덕행 등을 권장했다. 이러한 과정에서 만들어진 각종 천태 의례들은 기본적으로 불교의 자비의 교의를 바탕으로 하되, 기존의 민간신앙에 불교적 외피를 씌워 간결한 의식으로 만들어낸 것들이 많았다. 아귀나 민간 신들의 힘에 대한 '두려움'에 의거하여 행해지던 공경의식(offering)들은 살아있는 인간이 불보살의 대리자로서 그들에게 베푸는 '자비(mercy)'의 실천으로 재해석되었다. 또한 그동안 민간에서 받들어지던 각종 신들은 준식에 의해 개종당한 모습으로 불단의 하위신으로서 자리 잡게 되었다.

그 결과, 준식은 천태교단 뿐만 아니라 후세의 타 종파 교단까지 풍성한 의례로 채우게 만들었으며, 참회의식 등의 각종 천태 의식과 예배절차들을 수행론의 반열에까지 오르게 했다. 이러한 방식으로 준식이 제정하거나, 기존의 것을 재정비한 주요 의례는 시아귀회, 방생, 우란분절, 그리고 각종 참회의식 - 『금광명경』에 의거한 금광명참법과 공양, 아미타불과 관음에 대한 예참 - 등이다. 아울러 자운준식이 개인적으로 필생의 과제로 삼고 있었던 지방의 민간신앙을 교화하기 위해 시도했던 사상적 기초 작업은 염불, 즉 아미타신앙의 효용성과 기능을 교의 상으로 극대화시키는 것이었다.

한 번 불타의 이름을 부른 공덕이 오히려 그러할진대 하물며 열 번의 염불을 한 공덕임에랴. 하물며 하루, 한 달, 한 해, 한 평생 아미타불을 염한

동아시아 염불결사의 연구

자가 얻은 공덕임에랴. 또한 마땅히 알아야 할 것이니, 염불을 하는 사람은 현세가 편안하고, 성중이 수호하며, 모든 재난을 여의게 된다. 또한 근자에 헤아려 보건대 요즘의 풍속은 다투어 귀신에 제사지내고 복과 보살 핌을 구하며 편안함을 바란다. 삿된 것을 믿고 목숨(희생물)을 죽여서 죄를 짓고 원한을 맺으니 필히 복과 경사가 없을진대 어찌 사람에게 이롭겠는가. 헛되이 내생의 지옥의 죄보를 초래하는 일이다. 주역에 이르기를 불선을 쌓은 가문에 반드시 재앙이 있다고 하였다. 생명을 죽이고 해쳐서 조상을 받들고 제사지내는 법이 하루아침의 일이 아니니 어찌 불선을 쌓는 일이 아니겠는가. 재앙이 따르리라는 것을 어찌 의심하겠는가.[197]

인용문에서도 볼 수 있듯이 준식의 초기 결사가 명상적 실천을 주로 했던 반면에 동액산에서 민간신도들까지 포함하는 결사를 결성한 이후에는 왕생으로 이끄는 실천으로서 구칭염불을 지지하고 있음이 드러난다. 이러한 점은 준식이 정토왕생을 위한 방법론으로서 결의문(決疑門)과 행원문(行願門)의 두 가지를 제시한 저술인 『왕생결의행원이문(往生淨土決疑行願二門)』에 특히 잘 나타나 있다.

준식의 이러한 작업은 주로 신도대중의 일상적인 실천을 의식하여

197　一稱佛名功德尙爾, 況復十念佛者, 況復一日一月一年一生, 念阿彌陀佛者所得功德耶. 復次應知, 念佛之人, 現世安隱, 衆聖守護, 離諸災厄. 且近校量今時風俗, 競祭鬼神, 求其福祐, 望得安隱. 信邪殺命, 造罪結寃, 必無福慶而可利人. 虛招來生地獄罪報. 易曰, 積不善之家, 必有餘殃. 殺生害命, 祖承祭法, 非一朝一夕, 豈非積不善耶, 殃咎何疑也. 「往生西方略傳序」『樂邦文類』(大正藏 47: 1969, 168a02~168a10).

273

이루어졌으며, 참회의식, 명상, 다른 공덕의 실천의 중요성을 배제하지 않은 반면에 염불의 실천을 특별히 강조하고 있는데, 이는 염불이 준식에 의해 결사의 주요 실천으로 자리 잡았던 당시의 정황을 짐작케 해준다.[198] 또한 인용문에서 볼 수 있듯이 준식이 염불의 공덕으로서 "현세가 편안하고, 성중이 수호하며, 모든 재난을 여의게" 된다는 이른바 현세적 이익을 강조하고 있는 부분도 주목해 볼만하다. 이는 당시 민간의 신앙과 각종 희생의식 등을 불교의 영역 안으로 수용하고자 노력했던 준식이 민간신앙의 가장 큰 목표인 현세적 복락의 보증까지도 끌어안아야 했던 맥락에서 기인했을 것으로 생각된다.

아울러 준식의 『매일염불참회발원문』에서는 일상의 실천에서 염불과 참회를 결합시키려 했던 준식의 의지를 확인할 수 있다. 『매일염불참회발원문』에 나타난 형식은 매일 일상에서 쉽게 실천할 수 있는 것으로 이루어져 있으며, 정토왕생신앙의 배경 위에 천태의례의 필수적 요소인 참회와 보살에 대한 예경이 결합되어 있다. 이러한 형식은 모두 준식과 동시대의 정토결사에서 널리 보급되었던 것들이다. 송대 종교계에서는 사후세계와 인과응보에 대한 종교적 관심이 증대됨에 따라 명부와 시왕신앙이 확대되었으며, 그에 따른 여러 가지 종교적 실천들이 모색되고 있었다. 불교의 입장에서는 사후세계의 복락을 위해서는 생전에 지은 죄업을 소멸할 필요가 있었으며, 그에 대한 방법론으로서 천태교단에서 제시한 대표적인 수행법이 예참법, 즉 참회의식이었던

---

198 Daniel A. Getz, Jr., 앞의 논문, p. 492.

것이다.

자운준식은 교의상으로는 지례와 같이 산가파의 입장에 서서 본성미타(本性彌陀) · 유심정토(唯心淨土)설을 주장했지만 대부분 이론에 그쳤을 뿐 관법을 주로 실천하지는 않았다. 실제로 신도들과 만나는 포교의 현장에서 그가 줄곧 주장했던 것은 왕생에 대한 바른 믿음을 세워서 예참과 염불에 전념해야 한다는 것이었다. 다시 말해 준식이 활동했던 북송대 당시에 이미 본성미타와 유심정토의 교의가 구축되어 있었으며, 준식 역시 그러한 교의를 수용하고 있었지만 정작 결사의 구성원들에게 수행론을 지도하는 입장에서는 염불과 예참 내지 시식 등의 간결한 실천들을 제시했던 것으로 볼 수 있을 것이다.

준식은 왕생의 업행(業行)으로 네 가지 법[199]을 열거하였으나 그 중에서도 예참과 염불을 정토왕생의 중요한 실천적 수행론, 즉 인행(因行)으로 삼고 있다. 또한 무엇보다도 온 마음을 던져 전력으로 행하는 열 번의 염불인 십념법(十念法)은 반드시 행해야 하는 것으로 주장하고 있다. 그렇다면 준식이 결사의 구성원들에게 아침저녁으로 실천할 것을 요구했던 일상의 수행론인 신조십념법(晨朝十念法)이란 어떤 것이었을까.

---

199 준식은 『往生淨土決疑行願二門』에서 정토왕생에 이르는 방법론으로써, 決疑門과 行願門의 2문을 내세우고, 바른 믿음을 얻기 위한 결의문을 다시 疑師 · 疑法 · 疑自의 3과로 나누었다. 행원문은 다시 禮懺 · 十念 · 繫緣 · 衆福의 4문으로 나뉘는데, 각각 예불과 참회, 매일 새벽에 행하는 염불, 일상 속에서도 항상 불타를 잊지 않고 정토를 마음속에 생각하는 것, 모든 복업을 수행하는 것 등을 의미한다. 준식은 예참과 염불이 정토의 요인이며, 그 중에서도 십념법은 반드시 폐해서는 안 된다고 주장한다. (第二正修行願門者, 略開四門, 一者禮懺門, 二者十念門, 三者繫緣門, 四者衆福門……於日日中修十念法, 以十念是淨因要切必不可廢. 『往生淨土決疑行願二門』(大正藏 47: 1968, 146a21~146b04).

정토수행을 하는 자는 모름지기 매일 아침 의관을 차려입은 후에 서쪽을 향하여 똑바로 서서 합장하고, 연달아 소리 내서 아미타불을 염불해야 한다. 한 호흡을 다하여 한 번 염불하고 이와 같이 열 번의 호흡을 다하는 것을 십념이라 하는데, 단지 호흡의 장단을 따르거나 염불의 횟수에 제한을 두지 말고, 길고 오래도록 호흡의 궁극을 다하는 것이 법도에 맞는 것이다. 그 염불의 소리는 높지도, 낮지도 않고, 느리지도 급하지도 않게 조정하여 중도에 맞도록 한다. 이와 같이 열 번 호흡을 연속하여 끊이지 않고, 마음이 흩어지지 않게 하며, 오로지 정성을 들여야 공력이 되기 때문이다. 이것을 십념이라고 하는 것은 기를 모으고 마음을 묶어두는 것을 나타내는 것이다. 이렇게 일생동안 십념을 실천하고 하루도 빼지 않으며, 미래에도 그만두지 않는다면 그 스스로가 원하는 대로 반드시 정토에 왕생하게 될 것이다.[200]

위의 인용문에서 말하고 있는 것처럼 신조십념법은 아침저녁으로 열 번의 칭명염불을 지극한 마음으로 실천하는 것으로서, 궁극적으로 정토왕생을 지향하는 수행법임을 알 수 있다. 이 신조십념법은 매일 1천 번의 칭명염불이나, 팥알로 수를 세는 소두염불 등의 수량염불법에 비해 매우 간단한 수행법으로서 전문 수행자가 아닌 일반 신도의 생활 속

---

200 〈晨朝十念法〉修淨業者, 須每日清晨服飾已後, 面西正立合掌, 連聲稱阿彌陀佛, 盡氣爲一念, 如是十氣名爲十念, 但隨氣長短, 不限佛數, 惟長惟久氣極爲度. 其佛聲不高不低, 不緩不急, 調停得中. 如此十氣連屬不斷, 意在令心不散, 專精爲功故, 名此爲十念者, 顯是藉氣束心也, 盡此一生, 不得一日暫廢, 唯將不廢, 自要其心, 必生彼國. 『樂邦文類』(大正藏 47: 1969, 210b07~210b15).

일상수행법을 의식하고 만들어진 것으로 생각된다. 또한 그 간결한 형식 안에 정토왕생이라는 궁극적인 목표를 담고 있다는 점에서 짧고 간결하게, 그러나 장기간에 걸쳐 수행할 수 있는 수행론으로 천태의 의식들을 정비했던 자운준식의 성향이 잘 드러난다고 하겠다.

한편 자운준식은 이제까지 사후의 구원, 즉 정토왕생을 중심으로 하는 아미타신앙에 현세의 이익까지 포함하는 사상적 전환을 시도하게 된다. 아미타불을 염하는 염불이 줄 수 있는 이익 10가지에 각종 현세적 이익을 수용한 것이 그것이다. 이제 준식이 「왕생서방약전서」에서 서술하고 있는 염불의 공덕에 대해 살펴보기로 하겠다.

만약 잠시라도 삼보에 귀의하거나 불타의 이름을 수지할 수 있는 자는 현세에 10가지의 뛰어난 이익을 얻게 될 것이다. 첫째는 주야로 항상 모든 천신, 역사(力士), 신장 등 모래알 수만큼 많은 권속들이 모습을 드러내지 않고 지켜줄 것이다. 두 번째로 항상 25대보살, 관세음 등의 모든 보살들이 수호할 것이다. 세 번째로 모든 불타들이 주야로 호념하며, 아미타불이 항상 빛을 발하여 그대를 거두어 줄 것이다. 네 번째로 모든 악귀, 야차, 나찰 등과 같은 것들이 해를 입히지 못하고, 모든 독사, 독룡, 독약이 그대를 중독 시키지 못할 것이다…아홉 번째는 항상 모든 세상 사람들이 공경하고 공양하며, 기쁘게 예를 갖추는 모습이 마치 불타를 공경하듯 하게 될 것이다. 열 번째는 목숨이 다하는 때에 마음에 두려움이 없고, 바르고 기쁜 마음으로 아미타불과 성중이 눈앞에 나타나게 되어 황금 연화대에 올라 서방정토로 인도될 것이다.[201]

이 「왕생서방약전서」에 기록하고 있는 10종의 이익을 보면, 병마와 재난, 혹형, 횡사 등의 현실에서 조우할 수 있는 온갖 재난으로부터 지켜지리라는 것과 과거의 모든 죄업으로 자유로워지고, 마침내는 생의 마지막 순간에 아미타불의 내영을 받아 정토왕생하게 되리라는 종교적 목표까지 이룰 수 있음을 나타내고 있다. 전체적으로 준식이 말하고 있는 10종의 '이익'은 신앙자가 '보호받고 지켜지는' 형태의 수동적인 이익이 대부분이며, 부와 권력 등의 현세적 욕망에 적극적으로 부응하는 면은 나타나지 않는다. 이는 준식이 제시하는 대표적인 수행법인 참회의 교의적 성격과도 연관이 되는 부분으로 생각된다. 준식이 말하는 참회는 업장을 털어내고 소멸시킴으로써 구원의 길로 다가가는 수행법이다. 이처럼 기본적으로 사후의 세계를 염두에 두고 있는 참회수행의 성격으로 인해 현세의 적극적인 욕망에 대한 긍정과는 서로 양립하기 힘들었을 것이기 때문에 10종의 공덕에서 부귀영화 등의 이익이 배제되었을 것으로도 추정할 수 있으리라 생각된다.

(3) 민간신앙에 대한 포교와 채사(茶社)

전술한 바대로 준식이 동액산에서 거주했던 기간(1002-1014) 동안에

---

201 若能暫歸三寶, 受持一佛名者, 現世當獲十種勝利. 一者晝夜常得一切諸天大力神將, 河沙眷屬隱形守護. 二者常得二十五大菩薩, 如觀世音等, 及一切菩薩常隨守護. 三者常爲諸佛晝夜護念, 阿彌陀佛常放光明, 攝受此人. 四者一切惡鬼, 若夜叉若羅刹, 皆不能害, 一切毒蛇毒龍毒藥, 悉不能中.…九者常爲一切世間人民, 恭敬供養, 歡喜禮拜, 猶如敬佛. 十者命終之時, 心無怖畏, 正念歡喜, 現前得見阿彌陀佛, 及諸聖衆, 持金蓮臺, 接引往生西方淨土. 「往生西方略傳序」『樂邦文類』(大正藏 47: 1969, 168a21-168b07).

결사 활동을 위시하여 적극적인 사회참여적 전환이 이루어졌으며, '음사(淫祀, base cult)', 혹은 '사(邪)'과 같은 민간신앙적 요소들을 정통적(orthodox) 불교의 영역으로 개종시키기 위한 작업이 진행되었다. 1014년에 항주로 옮기게 되면서 준식은 이러한 포교전략에 더욱 열의를 담게 된다. 준식은 당시 민간인들이 장례식에서 망자에 대한 예의로 행하던 유혈희생과 각종 정령에 대한 의례를 주요 공격대상으로 삼았다. 이러한 노력의 결과 대부분의 민간인들이 준식의 권고를 받아들여 민간의례에 기존의 유혈희생물 대신에 채소를 공양하는 것으로 바꾸게 되었다.

준식이 항주 소경사에 이르렀을 때 법회가 대단히 성황을 이루었다. 항주에는 술과 고기안주를 차려놓고 모여서 장사를 지내는 풍속이 있었는데, 준식이 불교 장례의 뛰어난 점에 대해 설명하자 빠른 시일 안에 채식으로 재계하는 것으로 바뀌게 되었다. 이로 인해 『계주육자혜법문(戒酒肉慈慧法門)』을 저술하였다.[202]

인용문에서는 준식이 술과 고기로 대표되는 기존의 민간신앙의식을 불교의식으로 대체하려 노력했던 모습이 나타난다. 준식은 민간의 의식 중에서도 가장 교의에 민감하고, 신앙의 본질적인 요소를 드러낼 수

---

202   師至昭慶, 大揚講說. 杭俗好以酒肴會葬, 師爲說佛事之勝, 卒變葷爲齋, 因爲著戒酒肉慈慧法門. 『佛祖統紀』(大正藏 49: 2035, 207c10-207c12).

있는 의식 중의 하나인 장례의식을 바꾸려는 시도를 하고 있었다. '죽음'과 관련한 의식을 바꾸는 작업은 인간의 생사관 내지 신앙과도 연계되는 것으로서, 이는 포교의 다른 형태로도 볼 수 있을 것이다.

또한 준식은 동시대에 민간계층에서 호응을 얻고 있었던 신앙인 백학묘(白鶴廟)가 봄가을의 춘분과 추분에 전통적인 희생제의를 행했던 것을 불교의 참회의식과 채소공양으로 대체시켰으며, 민간의 축제를 불교적 장엄의식과 사원의 의식에 부합하게 변형시켰다. 백학묘신앙과 관련하여 일 년에 두 번 거행했던 공양 행사 대신에 참회의식과『금광명경』에 근거한 공양의식을 권장한 것이다.

5년 후에 다시 옛 고을에 돌아와서 경내의 음사(淫祠)를 모두 옛 법식에 맞추어 바로잡았으며 외람되이 제사지내는 자는 쫓아냈다. 백학묘라는 자가 있어 백성들이 그를 신으로 숭상하여 다투어 희생제사를 지내자 준식이 그를 밝게 깨우쳐 주어 제사(희생)가 아닌 재(齋)를 지내게 했다. 나룻배를 저어 그곳에 갔는데, 풍랑이 갑자기 일어나니 사람들이 신이 하는 일이라 말했다. 묘를 향해 불살생의 계를 설하자 이로 인해 풍랑이 곧 가라앉았다. 직접 찾아가서 신에게 불계를 주게 되자 그에 대한 희생제사가 끊기게 되었다.[203]

---

203   五年復歸故郡, 境内淫祠, 皆為考古正之. 濫享者撤去. 有白鶴廟者, 民尤神之, 競以牲祭. 師曉諭之, 使改祭為齊. 棹舟往彼, 風濤遽作, 意神所為, 因向廟說佛戒殺之緣, 其浪即平, 尋與神授佛戒, 絶其牲祭.『釋門正統』(卍續藏(CBETA) 75: 1513, p. 102).

동아시아 염불결사의 연구

인용문에서 보듯이 준식은 당시 유행하고 있었던 민간신앙의 대상을 불력으로 제압한다거나, 그 의례의 형식을 불교적인 것으로 대체하는 방식으로 점차 민간신앙을 불교의 영역 안으로 흡수하고 있었다.

또한 그는 민간에 대한 포교의 과정에서 불교의 불살계(不殺戒)와 자비의 교의에 근거한 채식을 민간신도들까지 함께 실천할 수 있는 일상의 수행법으로서 제시했다. 술과 고기에 대한 금제를 주창했던 준식의 신앙운동은 채식을 실천하는 신도들의 결사인 이른바, 채사(菜社)의 결성으로 발전하게 되었으며, 이후 송대 불교계의 일반적인 현상이 되었다.[204]

준식은 북송대 민간신앙의 영역 안에 있었던 의식인 희생제사를 불교 의식으로 대체하기 위해서 먼저 제사의 대상이 되는 신들을 불교의 판테온 안으로 귀속시키고 그 다음으로 불교 계율을 내세워 민간신앙 의식을 해체시켜버렸던 것이다. 준식이 이끌었던 결사는 이처럼 금주와 채식을 실천함으로써 민간신앙의 각종 유혈희생제사에 맞서게 된다. 대승불교의 자비와 불살생의 계율을 실천했던 준식의 결사는 민간신앙의 신과 의식들을 개종시키고 불교 정통의 것으로 바꾸는 일종의 전위부대였던 셈이다.

준식은 이처럼 실천적인 면에서뿐만 아니라 다양한 저술을 통해 교의적인 뒷받침을 위한 노력도 함께 진행시켰다. 준식은 민간인들에게 미래의 응보에 대한 두려움을 심어주기 위해 모범이 될 만한 구절을 찾

---

204 Daniel B. Stevenson, 앞의 논문, p. 356.

으려고 대승경전을 샅샅이 뒤져서『계주육자혜법문(戒酒肉慈慧法門)』을 편집하기도 했다.『석문정통』에 실린 아래의 일화는 준식이 이러한 포교작업을 진행하는 과정이 쉽지만은 않았음을 보여준다.

소주 지역의 사람들이 준식을 맞아들여 개원정사를 열고 법문 강의를 들었다. 승속이 모여들기를 낮에는 만여 명, 밤에는 천여 명이었다. 매운 채소와 술을 먹지 않는 자들이 도시를 위태롭게 하고 있으며, 술장수와 푸줏간이 장사가 되지 않는다고 관리가 월례 행사에서 준식에 대해 비방하는 말을 했다. 준식이 그 무리에게 말하기를, 지자(智者)가 진왕(晉王)에게 보낸 글 안에 여섯 가지의 통한에 대해 말한 것이 있는데 그 중 한 가지가 법으로써 대중을 선동하는 방자한 관리가 근심거리가 된다는 것이었다. 나는 지금 덕이 부족하니 어찌 이 모임(결사)에 오랫동안 머무를 수 있겠는가. 하고 곧 입장을 바꾸어 다시 항주로 갔다. (이에) 자사 설안이 영축산에 그를 거하게 했다.[205]

인용문을 통해서 결사의 구성원 중에 관리의 직에 있던 이가 준식의 포교활동으로 인해 주점과 푸줏간 등의 생업에 종사하는 이들이 곤란을 겪고 있음을 지적했던 상황을 짐작할 수 있다. 기존의 민간신앙을 불교 의식으로 대체하려는 준식의 의지가 저항에 부딪친 것은 비단 이

---

205 蘇人以郡符迎師就開元精舍講法. 緇素坌集, 日萬夕千. 其不茹葷飲酒者, 殆傾市邑, 沽坊屠肆不得其售. 監官有月課之戲語及於師師謂其徒曰, 智者遺晉王書中言六恨, 其一謂以法集動巫妨官為之患. 予今德薄, 安可久留此會, 即翻然復杭. 刺史薛顏以靈山命居之.『釋門正統』(卍續藏(CBETA) 75: 1513, p. 102).

동아시아 염불결사의 연구

인용문의 사례만은 아니었을 것으로 생각된다. 민간의 신앙의례는 신앙 문제뿐만 아니라 거기에 관련된 사회 안에서의 이해관계가 얽혀 있었을 것이고, 또한 준식의 결사 구성원들과도 연결되는 경우가 있었을 것이기 때문에 결사를 통한 포교 작업 역시 쉽지만은 않았을 것이다. 소주와 명주를 오갔던 준식의 행보 역시 이러한 사정에서 비롯되었을 가능성도 제기해 볼만한 대목이다.

준식 당시의 송대 민간에서는 각 가정마다 토착의 신들을 모시는 의식이 확대되었으며, 고정적인 사당에서 일 년에 서너 차례 치르는 형식으로 발전해 있었다. 자운준식은 이러한 세태에 대해 개탄하며, '야사(野祠)', '사(邪)' '음사(淫祀·淫祠)'라는 표현으로 이들의 종교적 실천을 정의했다. 하지만 무엇보다도 중요한 점은 그가 가지고 있었던 음사에 대한 혐오에도 불구하고, 준식은 민간신앙의 기본적인 개념과 상징체계를 의례 안에 유지시키는 포용성을 보여주었다는 것이다.

준식은 신, 신명(spirit), 조상의 영향력에 대해 부정한 적이 없었으며, 민간인들이 종교적 실천에 부여하는 현세적 의미와 가치를 폄하한 적도 없었다. 한걸음 더 나아가 준식은 이들 민간신앙의 신들을 대부분 존속시키거나, 선택적으로 유지시키는 모습을 보여준다.[206] 예를 들면 사명지례의 염불시계회 수계의식에서도 볼 수 있듯이 준식의 의례 역시 보살계를 수여하는 의식 안에서 오제(五帝)나, 성신(星辰), 풍백(風伯), 우사(雨師), 뇌공(雷公), 전모(電母) 등과 같이 송의 조정에서 지방의

---

206 Daniel B. Stevenson, 앞의 논문, p. 355.

사당과 제단에 수용했던 민간의 신들을 청하여 이름을 부르는 순서를 포함시켰음을 확인할 수 있다. 다시 말해 준식은 민간신앙의 실천에 대한 무조건적인 배제 대신에 그러한 의식들이 가지고 있었던 현세 이익과 같은 종교적 효용들을 대체해줄 수 있는 대안적 실천을 제시했던 것이다.

또한 준식은 『금광명경(金光明經)』 「공덕천품」에서 제시한 대로 『금광명경』의 사본을 가정 내의 제단인 감실에 모셔두고 매일 경전에 예배할 것을 권했다. 『금광명경』에 이러한 종교적 권위는 자연스럽게 경전 내용 안에 등장하는 불보살 내지 '불교적'인 신들에게까지 전이됨으로써 준식과 지례의 의례 안에 다양한 신들을 수용할 수 있는 교의적 근거를 제공했다. 이러한 두 지도자의 노력으로 인해 『금광명경』의 각종 이국적인 신들을 천태의 불단 안으로 수용하게 되면서 중국불교의 판테온을 더한층 확장시키는 계기가 되었으며, 더 나아가 『금광명경』을 공동체와 가정의 신앙의례에서 경전숭배의 중심으로 삼게 된다.[207] 준식에게 감화된 중국의 불교도들은 가정의 수호신에게 술과 고기를 공양하는 대신에 매일 삼보에 예경을 하고, 경전의 제목을 외고, 경전에 대한 공양을 하고, 그들의 지역 수호신을 교화하기 위한 공덕행에 전념

---

207 준식의 의식에 등장하는 주요 신들인 准提, 辯才天, 四天王, 그리고 『금광명경』의 다양한 신격들은 중요한 역할을 하기는 하지만 여타 불보살들에 비해 부차적인 존재로 비춰진다. 또한 민간신앙 차원에서 숭배되다가 천태 의례 안에 수용되었던 신들은 불교의 신중(天, 데바), 용왕, 그리고 세상을 수호하는 여타의 선신들, 명계의 yama(염라대왕)와 그의 부하들, 모든 다양한 산, 강, 그리고 국가적 영역의 신명들, 토지신, 각 가정을 지키는 수호신(호지신) 등의 이른바 선신들로서 세속에서 숭배되는 낮은 '鬼'들과는 구별되는 신격들이다. Daniel B. Stevenson, 앞의 논문, pp. 370-376.

동아시아 염불결사의 연구

해야 했다. 나아가 좀 더 많은 공덕을 축적하고 지난날의 살생을 속죄하기 위해서는『금광명경』에서 근거한 의식인 방생을 행할 수도 있었다.

이 방생회는 유혈희생의식에 반대하고 낮은 단계의 중생에 대한 자비를 베풀기 위해 준식이 주창한 또 다른 의식이다.[208] 이 방생의식은 살아있는 것들을 놓아주는 자비의 실천 그 자체가 공덕이 된다는 교의에 근거하고 있었다. 1020년에는 방생회를 행하고자 하는 자운준식의 건의가 받아들여져서 불탄일에 서호(西湖)에서 방생회를 열게 된다. 사명지례 역시 준식을 모방하여 1025년에 조정에 청원하여 명주의 연경사 근처에서 방생회를 열기도 했으며, 준식의 경우처럼 그 자신이 직접『방생문』을 지어서 방생 의식 안에 적용시켰다. 또한 이러한 방생 외에도 이름 없는 귀신들을 달래고 3악도에 빠져있는 것으로 의심되는 조상들을 천도하기 위해서 매일『구법염구아귀다라니경』의 글자를 이용하여 종교적 주력을 가하고 음식을 공양하는 간략한 시아귀의식을 실천하는 것이 권장되었다. 이러한 시아귀의식은 준식과 그의 동시대 사람들의 귀신이나 조상, 그리고 사후세계에 관한 사유가 기존과는 다른 방식으로 전환되었던 결과물이기도 했다. 아래의 인용문은 준식의 이름을 빌어 귀신에 대한 공양(offering)이 불교적 자비의 실천으로 해석되고 있었음을 명확히 보여준다.

---

[208] 방생은 인도불교에서는 보이지 않는 중국불교 특유의 의식이며, 천태지의를 그 시초로 보고 있다. 방생회에서는 통상적으로 거북과 물고기를 놓아주었으며, 당대에는 肅宗(756~762) 연간에 주현의 주요 호수나 강에 41개소에 이르는 공식적인 방생처가 만들어지기도 했다.

(준식이) 또한 매일 밤 물가에서 시식을 베풀었는데, 어부가 밤에 귀신무리들이 서로 얘기하는 것을 들었다. 오늘 밤은 눈이 많이 오니 대사께서 올 수 없을 터이니 어찌할까. 어느 귀신이 말하기를 대사께서는 자비로우니 반드시 나를 잊지 않을 것이라고 했다. 기다리고 또 기다리는데 오래 지나서 귀신무리들이 웃으면서 외치기를 대사께서 과연 오셨구나, 우리가 배불리 먹을 수 있겠다. 어부가 일어나 엿보니 과연 등불을 들고 눈을 밟으며 대사가 도착해 있었다.[209]

인용문에서는 귀신(ghost)에게 먹을 것을 베푸는 행위로 인해 귀신이 해악을 끼칠 가능성을 없애고자 했던 도교적 민간습속이 불교적 자비행으로 해석되고 있음을 명확히 보여준다. 이처럼 자운준식의 시아귀의식에서는 자비의 교의에 근거한 실천의 이면에 도교의 현세지향적 속성을 수용하고 있는 점도 나타난다. 죽은 친척의 망령이나 안주하지 못한 영혼(鬼)이 인간의 삶에 영향을 미치는 것으로 생각했던 중국적 사유에서는 시아귀의식이 미지의 불안과 두려움을 털어내는 동시에 자비행의 공덕이 만들어내는 에너지를 현세의 이익으로 전환하는 한 방법이기도 했던 것이다.[210]

---

209 又每夜施搏食於水邊, 漁者夜聞眾鬼相謂, 今夜雪甚, 師不可出, 奈何. 有曰, 師慈悲, 必不忘我. 且待且待, 良久, 眾鬼笑呼曰, 師果來, 我等飽矣. 漁者起伺之, 果見携燈蹈雪而至. 『釋門正統』(卍續藏(CBETA) 75: 1513, p. 102).

210 준식의 『金園集』이나 宗曉(1151-1214)의 『施食通覽』에는 준식에 의해 저술된 시아귀의식에 관한 짧은 논문 다섯 편이 실려 있다. 또한 이 시아귀의식에 관한 논문에는 우란분절 의식에 관한 장(『修盂蘭盆方法九門』)도 딸려 있다.

동아시아 염불결사의 연구

우란분과 시아귀는 가장 고통스러운 영들에게 시식을 한다는 점에서는 서로 연결되어 있지만 그 지향점은 다르다. 우란분의식은 사원 승려들의 3개월에 걸친 하안거를 통해 증진된 공덕으로 아귀가 천도될 수 있으리라고 믿고 공양하는 것이다. 시아귀의식은 사원 승려들의 공덕으로 천도하는 것이 아니라 밀교적 다라니의 공력에 의해서 성화(聖化)된 음식으로 아귀들을 족쇄로부터 구원한다는 것이다. 나아가 우란분절은 일 년에 한 번, 승려에 의해 주재되는 의식으로서 음력 7월 보름에 행해지는 축일(festival)의 성격을 가지고 있다. 하지만 시아귀의식의 경우, 준식이 모든 승려와 신도들에게 가정과 사원에서 시아귀법을 주기적으로 실천하도록 함으로써 일상의 의례로 자리 잡게 되었다. 귀신과 관련된 민간신앙의 요소에 불교적 자비의 교의를 덧입혀서 의식을 간략하게 만들고, 그 의미가 확대된 형태로 보급시킨 것이다.[211] 이처럼 준식은 『금광명경』에 대한 예배의식이나, 시아귀의식, 방생의식을 제정하고, 민간신앙의 신을 불교의식의 절차에 수용시키는 일련의 수행론 재정비작업들을 진행했다. 그는 민간신도들을 천태교단의 결사 안으로 수용하기 위해 관련 의식의 교의와 실천의 재해석까지 해냈던 것이다. 기본적으로 준식의 이러한 노력들은 민간신앙을 공식적 의례의 영역 안으로 흡수코자 했던 당시 송 조정의 국가적 정책과도 맞물려 있었다. 다시 말해 자운준식은 국가의 정책을 업고 결사활동을 이끌면서 교단의 부흥을 위해 적극적으로 민간인들을 천태교단의 영역으로 흡수하

---

211 Daniel B. Stevenson, 앞의 논문, p. 366.

는 포교전략을 구사하고 있었던 것이다. 나아가 적극적으로 민간계층의 신도들을 위한 수행론을 정비하고 제시하면서 결사의 문호를 확장하려고 노력했던 모습은 북송대 천태교단의 염불결사들에서 나타나는 보편적인 현상이기도 했다.

(4) 결사의 일상 수행론과 참법

준식이 민간신도들의 실천을 위해 선택한 의식들은 사원 안에서 치러지는 의식처럼 품격을 갖추지는 않았지만 실제로 민간에서 작동하는 불교신앙의 단편을 보여준다. 이들 대부분의 의식들은 최소한 당 중반기 혹은 그 이전에 성립된 불교신앙의 요소들이었으며, 준식과 지례에 이르러 천태지의의 교의를 기반으로 하여 실천적인 의식으로 재정비되었다고 볼 수 있을 것이다. 또한 준식의 결사에서는 이십오삼매회의 경우처럼 임종의식이 주요 수행론의 자리를 차지하지는 않았으며, 참법이 정토왕생을 위한 주요 실천으로서 자리 잡고 있었다. 준식이 재정비한 수행 의식들은 비록 현세이익의 기원이나 재난을 방지하는 등의 기능적 의미가 좀 더 부여되기는 했지만 어디까지나 정토왕생의 근본적인 목표에 중점을 두고 있었음을 발견하게 된다.

준식이 만든 새로운 의례 중에서 「왕생정토참원의(往生淨土懺願儀)」는 정토에 왕생하는 것을 목표로 하는 참회의식, 즉 참법이라고 볼 수 있다.[212] 이 「왕생정토참원의」는 홀로 7일에서 49일, 혹은 그 이상 지속하는 참회의식과 지관수행법을 기술하고 있다. 주야로 6회에 걸쳐 수행자는 아미타불 앞에서 참회의식과 왕생을 위한 신앙고백을 하게 되며 정토경전의 독송과 중앙의 제단을 순행해야 한다. 수행을 하는 기간 동안 수행자는 별도의 공간에 홀로 앉아 좌선을 하면서 아미타불과 정토의 형상을 관하거나, 이러한 관법 수행을 실천하기 힘든 경우에는 구칭염불을 하게 된다. 이 「왕생정토참원의서(往生淨土懺願儀序)」를 통해서 준식은 그가 결사의 구성원들, 신도, 제자들과 함께 실천했던 각종 수행의 궁극적인 지향점이 정토왕생에 있음을 명확히 드러내고 있으며, 이를 위한 필수불가결한 수행법으로서 참법을 권장하고 있다.

만약 사부대중과 선남자 선여인, 모든 수행역량이 부족한 자들이 무명을 하루빨리 부수고, 오역죄와 10악 중죄 및 나머지 작은 허물들을 영원히 여의려 한다면 마땅히 이 법을 수행해야 한다. 다시 청정한 대소승 계율을 회복하여 눈앞에서 염불삼매를 얻고, 모든 보살 바라밀을 구족하려 하는 자라면 마땅히 이 법을 배워야 한다. 임종 시의 모든 두려움을 여의고, 심신이 안락하고 유쾌하여 마치 빛이 비추는 집으로 돌아가는 듯하고, 특이한 향기와 음악이 울리고, 아미타불과 관음·세지보살이 눈앞에 나타나 자색의 금대를 보내고, 손을 이끌어 맞이하고, 오도(五道)를 가로

---

212 또 다른 그의 저서인 『往生淨土決疑行願二門』은 정토교적 맥락에서 신도대중들의 참회의식에의 참여를 확대시킬 목적으로 쓴 것이었다. 『왕생정토결의행원이문』은 매일의 신앙의식을 위한 두 가지 절차를 담고 있다. 그 중 하나는 예참법으로서 '소아미타참법'으로도 불린다. 두 번째는 '十念'으로 알려져 있는 것으로 기존의 의식을 과감하게 줄인 것이다. 둘 다 아침 예배를 위하여 만들어진 것으로 주로 불타의 이름을 외고 나서 종결 예불을 드리는 것으로 이루어져 있다. 이 십념은 최악의 죄인이라 할지라도 임종의 순간에 아미타불을 열 번 부르는 것에 의해서 구원을 얻게 된다는 교의에서 나온 것으로서 임종의 순간을 예습하는 의미도 갖고 있으며, 매일 정해진 양의 아미타 염불을 실천하는 간단한 형식으로 구성된 것이다.

지르고, 구품을 내달리며, 번뇌를 제거하여 편안하고 상쾌해지며, 초기부터 수고로움을 여의고, 경지에 이르면 퇴보함이 없으며, 기나긴 시간이 걸리지 않고 무생법인을 얻으려 한다면 마땅히 이 법을 공부해야 한다.[213]

준식의 참회의식과 정토왕생의식은 간결하게 정비한 새로운 형식에 전통적 형태의 천태 사종삼매를 융합시킨 대표적인 예라고 할 수 있을 것이다. 지의의 관음참법처럼 준식의 7일간의 수행의식도 짧은 기간에 죄업의 장애를 제거하고 불타에 대한 집중적인 명상을 통해 관불을 촉진시키는 것이었다. 그러나 준식이 만든 새로이 정비한 의식은 정토왕생을 궁극적으로 지향하되, 관불삼매 본유의 명상적인 성격은 많이 희석되었다고 볼 수 있다. 이는 고도의 집중을 요구하는 천태 관법에 의거한 관불삼매의 실천이 그가 지도했던 결사의 민간계층의 신도들과 맞지 않았기 때문이었으리라 생각된다.

한편 준식의 결사에서는 정토왕생신앙, 특히 아미타내영신앙에 의거한 의식이라 할 수 있는 임종의식에 대한 별도의 기록이 전하지는 않는다. 현재 남아있는 문헌상으로는 구체적으로 실천했던 임종의식의 내용을 확인하기는 힘들지만 『불조통기』 등에 나타난 준식의 임종에 대

---

213 若比丘四衆及善男女諸根缺具者, 欲得速破無明諸闇, 欲得永滅五逆十惡犯禁重罪及餘輕過, 當修此法. 欲得還復清淨大小戒律, 現前得念佛三昧, 及能具足一切菩薩諸波羅蜜門者, 當學此法. 欲得臨終離諸怖畏, 身心安快喜悅如歸, 光照室宅, 異香音樂, 阿彌陀佛觀音勢至, 現在其前, 送紫金臺, 授手接引, 五道橫截, 九品長驅, 謝去熱惱, 安息清涼, 初離塵勞, 便至不退, 不歷長劫, 即得無生者, 當學是法. 「往生淨土懺願儀序」『樂邦文類』(大正藏 47: 1969, 168b29~168c10).

동아시아 염불결사의 연구

한 기록에서 대강의 형태를 짐작해 볼 수는 있을 듯하다.

> 1032(명도원년) 10월 8일에 병증이 나타나니 의약이 소용이 없었다. 오직 설법으로써 무리들을 독려할 뿐이었다. 10일에는 아미타상을 청하여 그 임종을 증명토록 하고 제자들은 기도했다. 관음상이 이르자 준식은 향을 피우고 상을 바라보며 기도하여 말하기를, 내가 관세음상을 바라보니 과거에도 오지 않았고 미래에도 가지 않았다. 시방제불이 함께 실제(實際)에 동주하니 원컨대 이 실제에 머물러 한 오라기의 향을 받아들이리라 하였다. 혹 그 돌아가는 바를 물으니 적광정토라 대답하고서는 밤이 되자 문득 앉아서 입적했다.[214]

인용문에 나타난 임종의식의 기본적인 맥락은 여산 백련사나 이십오 삼매회의 의식과 유사한 구조를 보인다. 먼저 임종을 앞둔 이의 주변에 동료 내지 제자들이 모여 기도하고 염불하는 모습, 향을 피우는 것, 그리고 아미타상이나 관음상 등의 불보살상을 임종을 앞둔 이의 가까이에 두고서 바라보게 하는 것, 그리고 무엇보다도 죽어가는 이에게 심상에 나타나는 세계가 정토인지 아닌지를 묻는 등의 요소가 중첩되어 있음을 알 수 있다.

결사의 핵심적 실천을 임종의식에 두지 않았기 때문에 이십오삼매

---

214 明道元年十月八日示疾, 不用醫藥. 唯說法以勉徒衆. 十日令請彌陀像以證其終, 門人尙欲有禱. 以觀音至, 師炷香瞻像祝之曰, 我觀觀世音, 前際不來後際不去. 十方諸佛同住實際, 願住此實際, 受我一炷之香. 或扣其所歸, 對以寂光淨土, 至夜奄然坐逝. 『佛祖統紀』(大正藏 49: 2035, 208b21~208b27).

회의 경우처럼 세부적이고 상징적인 요소들로 채워지지는 않았지만, 정토왕생을 위해 기도하고, 필생의 수행의 결과를 확인하는 등의 본질적 요소는 그대로 간직하고 있는 것으로 보인다. 이러한 임종의식의 요소들은 일본 천태교단의 이십오삼매회와 마찬가지로 당의 도선(道宣, 596-667)이 저술한 『사분율행사초(四分律行事鈔)』(『四分律刪纂補闕行事鈔』) 권제40 「첨병송종(瞻病送終)」편에서 설명하는 임종의식에 부분적으로 근거하고 있는 것이기도 하다.[215] 도선이 제창한 간병과 임종의식은 그 후 중국과 일본의 임종의식에 널리 계승되었으며, 전 장에서 서술한 히에이잔 천태교단의 이십오삼매회에서 본격적으로 펼쳐졌던 임종행의의 근간을 이루는 것이기도 했다.

　전체적으로 보면 자운준식 개인은 관음참법이나 염불삼매와 같은 실천을 해왔던 모습이 보이지만 결사의 구성원, 특히 후기 결사의 구성원에게 제시하는 실천에 있어서는 상당히 다각적인 면모가 나타나는 것으로 볼 수 있다. 준식이 초기에 조직했던 결사는 염불삼매를 실천하고 교학을 참구하는 등 엘리트 결사적 성격을 보이는 데 비해 민간계층을 다수 포함하게 된 후기 결사의 수행법은 각종 참회의식과 방생, 금주, 채식, 염불 등으로 훨씬 다채롭고 간이(簡易)해지는 것을 확인할 수 있는 것이다. 또한 준식이 구성원들에게 제시했던 다양한 실천과 그 배경이 되는 교의 해석에 있어서도 정토왕생을 지향하되, 현세이익까지 강

215　이 밖에도 『사분율』권제41, 『摩訶僧祇律』권제28, 『十誦律』권제28 등에서 간병인을 선택하는 법, 간병의 방법 등에 대한 내용을 설하고 있다.

조하는 형태로 전환하는 모습을 보여준다. 이는 그가 비문자 계층(non-literacy)의 민간신도들은 물론 관료 등의 엘리트 구성원을 결사의 구성원으로 수용하려 노력했던 과정에서 구성원들의 종교적 요구와 천태교의 간의 간극을 조정하기 위해 새로운 해석을 적용한 것으로 생각해 볼 수 있을 것이다.

무엇보다도 준식의 노력이 돋보였던 부분은 민간신앙의 의례들까지 각종 천태의식 안으로 수용하여 재정비함으로써 송대 민간사회에서 유행하고 있던 각종 민간신앙의 신들을 불교의 하위 영역으로 복속시키고 민간신도들을 불교도로 개종시키는 작업을 진행했다는 점이다. 나아가 준식이 결사의 수행론으로 내세웠던 시식(施食)과 채식은 민간신앙의 유혈희생의례들을 불교의 자비의 실천으로 대체키 위한 고도의 포교전략이었던 것으로 볼 수 있을 것이다.

2-2. 사명지례의 염불시계회(念佛施戒會): 염불참(念佛懺)과 수계식

송대 천태교단은 정토결사의 유행의 중심이었을 뿐 아니라 결사의 조직구성과 실천의 측면에서도 결사활동의 기본적인 패러다임을 제공했다. 지례의 시대에는 결사 안에 많은 신도들을 수용하게 되면서 수행역량이 낮은 이들도 쉽게 실천이 가능한 염불과 참회, 보살신앙 등이 강조되었다. 무엇보다도 중요한 점은 송대 사람들 사이에서 타계지향적(出世的, otherwordly) 구원관이 점차 옅어지고, 현세지향적(入世

• 사명지례

的, thisworldly) 구원관이 힘을 얻어가고 있었다는 사실이다. 따라서 아미타 정토신앙에 있어서도 죽음 이후의 구원이라고 볼 수 있는 서방정토왕생신앙보다는 점차 현실 생활에서도 불타의 원력의 가피를 얻는 방향으로까지 나아가게 된다.[216] 나아가 이러한 구원관 하에서는 죽음 직전의 임종의식이나 장의(葬儀)보다는 삶의 한 가운데에서 치르는 귀의(歸依, conversion)의 식이 더 큰 의미를 갖게 될 수 있으리라는 점을 짐작해 볼 수 있을 것이다.

결사의 지도자 승려들은 구성원들이 현실 안에서 구원의 보증을 확보하려는 의식을 곧 수행론으로 체계화시켰고 각종 저술을 통해 이를 교의로 만들어 내는 작업 역시 병행해갔다. 이러한 결사들의 주요 수행 의식을 보면 사명지례가 이끌었던 결사의 경우는 보살수계회였으며, 자운준식의 경우는 각종 참법과 관련한 참회의식이었다. 두 가지의 의식 모두 염불이 필수적으로 실천되었으며, 비록 명칭은 다를지라도 각자의 의식을 이루는 내용에 있어서는 다른 수행법에 대해 배타적이지

---

216 曾其海,「略評遵式在天台宗中的地位」『台州學院學報』, 浙江(臨海): 台州學院人文學院, 권31, 2009, p. 6.

않았다. 다시 말해 보살수계회에서도 그 절차 안에 참법을 수용하고 있었으며, 참회의식 안에도 보살수계회의 내용과 중첩되는 절차들이 많았던 것이다.

또한 결사와 관련하여 송대 정토신앙의 확대는 천태교단에 있어서 사원 외부 조직의 문제뿐만 아니라 교단 내에서의 교의 및 수행론의 불일치의 문제도 만들어 내게 된다. 산가산외(山家山外)논쟁을 주도할 만큼 천태 교의에 있어서는 철저함을 보였던 사명지례도 정토결사를 조직한다든지, 결사의 실천에 대해서는 정토신앙을 채택하는 모습을 보이고 있는 것이 대표적인 경우라 할 수 있을 것이다.[217] 아울러 송대 종교계에서는 도교적인 사후세계관이라 할 수 있는 명부와 시왕신앙이 확대되었으며, 사후세계와 인과응보에 대한 종교적 관심이 증대됨에 따라 생전에 지은 죄업을 없앨 수 있는 수행법인 참회의 필요성도 중대하게 인식되었다. 다시 말해 사후세계에 대한 외경심이 생전에 지은 죄에 대한 두려움과 연결되면서 업장을 소멸할 수 있는 참회의식과 정토신앙 역시 유행할 수 있었던 것이다.[218] 바로 이러한 배경에서 정토신앙은 송대 종교계의 현세지향적인 성향과 만나게 되면서 자연스럽게 정토왕생과 더불어 공덕과 원력을 강조하는 방향으로 선회를 하게 되었으며, 그러한 작업의 선두에 섰던 이들이 바로 지례나 준식과 같은 천

---

217   Daniel A. Getz, Jr., Daniel A. Getz, Jr., "T'ien-t'ai Pure Land Societies and the Creation of the Pure Land Patriarchate" Buddhism in the Sung, ed. Peter N. Gregory and Daniel A. Getz Jr. (Honolulu: University of Hawai'i Press, 1999), p. 506.
218   Daniel A. Getz, Jr. 앞의 논문, p. 494.

태교단의 승려들이었던 것이다.

(1) 거대결사와 분사(分社)

천태교단과 관련된 송대의 주요 결사 중에서도 현재 그 구성과 운영 방식 등에 대해 가장 자세하게 확인할 수 있는 것은 사명지례의 염불시 계회(念佛施戒會)로서, 남송의 승려 종효(宗曉, 1151-1214)가 편찬한『사명존자교행록(四明尊者教行錄)』[219]에 비교적 상세하게 수록되어 있다. 이『사명존자교행록』은 준식이나 성상의 결사 기록이 거의 없는 것과 는 달리, 지례의 결사에 관해 구체적이고 상세한 내용을 담고 있어서, 조직 구성면에서 독특한 점이 많았던 지례의 결사를 파악하는 데 많은 도움을 주고 있다.[220] 먼저『사명존자교행록』에서 지례가 결사를 맺어 수행을 실천해야 하는 교의적 근거와 정토왕생의 긴박함을 강조하는 대목을 살펴보도록 하겠다.

중생으로 태어난 자는 모두 아비발치이다. 정토에 나고자 하는 자는 단 지 아미타불의 명호를 외기만 하면 그 부처의 자비를 입어서 반드시 아 미타불의 본원에 거두어짐을 입으리니 이 육신을 버리고 정토에 왕생할

---

219 종효가 嘉泰 2년(1202)에 편찬 완료한『사명존자교행록』은 결사 관련 문헌 외에도 특히 사명지례와 관 계를 맺었던 당시 승려와 속인들의 문학작품과 서간문을 다수 싣고 있어서 매우 가치가 높은 불교문헌이라 할 수 있다.
220 지례의 결사에 관한 1차 자료로는 단연 이『四明尊者教行錄』을 들 수 있을 것이다. 그 외에 다른 자료 는 동시대에 활동했던 준식의 결사와 중복된다.

것이 결정될 것이다. 이는 모든 경전에서 하는 말이지 내가 주관적으로 하는 말이 아니다. 지금 만 명의 구성원들이 하나의 결사를 이루었으니, 마음 마음을 모아서 날마다 기약을 해야 한다. 매해 중춘에 한 곳에 모여서 함께 수양하며, 함께 법문을 듣고, 모두의 마음을 모아서 한 가지 뜻으로 수행의 목표를 정하여 왕생의 서원을 이루게 해야 하는데, 하물며 받은 목숨의 빛이 바람 앞의 촛불 같음에랴. 한 번 그치면 이르지 않으니 삼악도가 눈앞에 나타난다 한들 어찌 스스로 느긋하게 미래의 보응을 생각지 않을 수 있겠는가. 마땅히 불타의 말씀에 의지하여, 인간의 욕망에 따르지 말 것이며, 반연을 순간에 멈추고, 오직 염불에 힘써야 한다.[221]

『사명존자교행록』에서 발췌한 본 인용문의 주제는 단연 결사의 구성원들에 대한 강력한 염불 실천의 권고이다. 만 명의 구성원들 모두의 구원을 위해서는 그들의 마음을 하나로 모아, 함께 수행하고, 함께 법문을 듣고 오직 염불에 힘써야 한다는 것이다. 단지 아미타불의 명호를 외는 수행만으로도 정토왕생이 결정된다는 지례의 발언은 수많은 사람들을 결사의 현장으로 모이게 만든 선언이었던 셈이다. 칭명염불수행을 천태사원 안에서 결성한 결사 안으로 수용한 지례는 곧 염불을 궁극적 수행론으로까지 격상시키기 위한 교의를 구축해 나가게 된다. 다음

---

221 衆生牛者, 皆是阿鞞跋致. 若欲生彼, 但當稱彼佛號修彼佛慈. 必爲彼佛本願攝取, 捨此報身定生彼國, 具如經說. 實匪臆談. 今結萬人, 以爲一社. 心心繫念, 日日要期. 每歲仲春, 同集一處, 同修供養, 同聽法音, 會彼萬心, 以爲一志. 俾成定業誓取往生, 況報得命光其猶風燭, 一息不至, 三塗現前, 何得自寬. 不思來報. 當依佛語無順人情, 頓息攀緣, 唯勤念佛,『四明尊者教行錄』(大正藏 46: 1937, 862b22–362c01).

의 문장을 보자.

대저 고명한 선비들이 말하기를 칭명염불을 하면 성불할 수 있다하니 어
찌 그리 쉽겠는가 한다. 이는 일찍이 그 소이를 고증하지 못한 까닭에,
정토수행이 이루어지면 다만 그 불국토에 왕생하는 것일 뿐 아니라 악
한 경계가 없으며, 나아감이 있고 물러섬이 없으며, 곧바로 성불에 이르
게 됨을 알지 못하는 것이다. 어찌 불국토에 나는 것만이 곧 성불이겠는
가. (염불수행이) 적은 선근으로써 더할 것이 없다고 하는 자들이 말하기
를 칭명염불은 왕생할 수 있음을 결정하는 것이며, 궁극에 이르는 것은
아니라고 한다. 이른바 念이라는 것은 정성의 극치이니 어찌 그것에 뜻
을 두지 말라 하는가. 어찌 입과 혀로써 말하는 것이겠는가.[222]

인용문에서는 칭명염불이 단지 입과 혀를 움직여 소리를 내는 행위
만이 아닌 정성의 극치인 념(念)의 수행임을 강조하고 있다. 정토수행
이 이루어지면 정토왕생뿐만 아니라 궁극적인 성불에까지 이를 수 있
다는 것이 지례의 주장이었다. 이러한 교의적 근거에 의해 지례와 준식
의 결사 수행에서 공히 나타나는 염불의 실천은 사실 천태지의의 『마하
지관』에서부터 그 싹이 나타났음을 볼 수 있다.
천태의 수행과 교의의 전범이라고 할 수 있는 『마하지관』에서 제시

---

222 大抵高明之士則曰, 口稱佛名, 便能成佛, 一何易哉. 是未嘗稽其所以, 不知淨土業成但生彼國, 無惡境
界, 有進無退, 直至成佛, 豈才生彼國便成佛也. 以少善根爲無以加者則曰, 口稱佛名, 定可往生, 是亦未爲至
論. 所謂念者致精誠, 焉勿志之謂也. 豈口舌云乎哉. 『四明尊者敎行錄』(大正藏 46: 1937, 862c04~862c10).

하는 염불은 지관(止觀)의 보조적 수행, 즉 조업(助業)으로서 구칭염불을 병행하는 것을 말한다. 지의가 제시한 사종삼매 중 하나인 상행삼매도 90일이라는 제한된 기간 동안 탑을 돌거나 하는 등의 행도(行道)를 하면서 입으로는 아미타불의 명호를 외고, 마음으로는 아미타불을 명상하는 관법을 통한 견불(見佛)을 목표로 하는 수행법이다. 따라서 천태 지의의 후예인 지례와 준식이 다수의 구성원이 모인 결사의 실천으로서 염불을 적극적으로 권장했던 것도 천태교의 상으로 수용할 수 있는 근거를 이미 확보하고 있었기 때문이었을 것이다.

지례의 결사는 드물게 여산혜원의 백련사에 그 연원을 대지 않고 있으며, 성상이나 준식처럼 엘리트들로 이루어진 소규모의 결사와는 다른 새로운 모델을 제시하고 있는 것으로 보인다. 지례가 제기하는 결사의 규모는 모든 사회경제적 계층을 포괄하는 대규모의 결사로서 혜원의 백련사나, 준식의 초기 결사, 성상의 정행사(淨行社)의 경우처럼 엘리트들만으로 이루어진 소규모의 결사와는 대조적이다. 당대 이전의 돈황지역의 민간불교결사인 읍사(邑社)들이 평균 30-50인으로 조직되었던 데 비해 송대의 불교결사들은 수천 명은 물론 수만 명에 이르는 거대결사들도 있었다. 나아가 혜원과 준식, 성상의 결사는 남성에 한해 결사에 가입할 수 있었지만, 지례의 염불시계회는 그 서문에서 명확하게 여성까지 포함하고 있음을 밝히고 있다.[223] 지례의 결사에서 여성을

---

223   當知此戒不問男子女人, 凡聖普會, 幽顯同沾, 乃至畜生, 但解法師語者, 皆得受之. 「結念佛會疏」『四明尊者教行錄』(大正藏 46: 1937, 860a15—860a16).

비롯한 민간신도들을 결사의 구성원으로 모두 포용할 수 있었던 배경은 일본의 이십오삼매회와 마찬가지로 모든 중생은 다 불성을 가진 존재이므로 평등한 구원의 기회를 가져야 한다는 천태교의에서 기인하고 있는 것으로 생각된다.

한편 『사명존자교행록』 권4에 의하면, 지례가 44세가 되던 해인 함평(咸平) 6년(1003)에 겐신의 제자인 적조(寂照)가 스승의 명을 받아 27조의 질의문을 가지고 사명지례에게 건너갔다고 한다.[224] 중국과 일본 양국의 천태 교단 간의 왕래로 미루어 볼 때 동시대의 중국 천태교단에서 이끌었던 결사의 모습과 겐신의 이십오삼매회의 모습이 중첩되었을 가능성도 적지 않을 것이다. 먼저 겐신이 보낸 첫 번째 질문에 대해 지례가 보낸 답을 보기로 하겠다.

> 또한 모두 말하기를 무수한 겁을 지나도록 사물(중생)과 더불어 결연(結緣)을 하여 불국정토의 인연(因)을 짓는다 하니, 만약 많은 중생이 감화를 받을 기회가 없다면 어찌 몸을 나투어 설법을 하겠습니까.[225]

인용문의 내용으로 보건대, '불국정토의 인연을 짓는 결연(結緣)'이 사명지례의 결사와 관련한 종교적 실천의 배경을 이루는 핵심 개념으

---

224 六年癸卯. 是歲日本國師遣僧問難. 本序曰. 咸平六年癸卯歲, 日本國僧寂照等, 齎本國天台山源信禪師於天台敎門致相違問目二十七條. 四明(知禮)憑敎略答. 隨問書之. 「四明尊者敎行錄」(大正藏 46: 1937, 857b21~857b24).

225 又皆云經無數劫者, 與物結緣, 作淨佛國土因也, 若無衆多受化之機, 如何現身說法耶. 「日本國天台山楞嚴院法橋上士位」 「四明尊者敎行錄」(大正藏 46: 1937, 885c15~885c17).

동아시아 염불결사의 연구

로 생각된다. 결연은 산천국토까지 아우르는 모든 유·무정 중생이 구원을 이룰 수 있는 기회이기도 하지만, 지례와 같은 대승보살도로서의 소명의식을 가진 이들이 자신의 종교적 의무를 발현할 수 있는 기회이기도 한 것이다. 모든 존재가 불성을 가지고 있음을 인정했던 천태교단에서 승·속, 남녀, 귀천을 묻지 않고 결사의 구성원으로 수용하고 평등한 구원의 기회를 제공하려 했던 것은 교단의 부흥과 관련한 현실적 문제 이전에 그들의 교의적 정체성과도 연관된 문제였으리라 생각된다.

이제 사명지례가 염불시계회를 만들어가는 과정을 살펴보도록 하겠다. 지례는 대중상부(大中祥符) 2년(1009) 4월에 보은원을 건축하고, 다음 해 10월에는 연경사(延慶寺)라는 절의 현판을 하사받았다. 지례가 지도했던 염불결사는 대중상부 6년(1013)에 최초로 결성되었으며, 이 해 2월 연경사에서 처음으로 염불시계회(念佛施戒會)를 만들어 매년 정기적으로 법회를 갖게 된다. 『사명존자교행록』에 실린 그의 연보(年譜)에 의하면, 그가 소문(疏文)을 지어 결사의 대중들을 모으기 시작한 것은 상부 5년(1012) 10월부터이며, 이후로 수개월간 결사를 위한 준비에 힘을 쏟았다고 한다. 따라서 사명지례의 결사는 『사명존자교행록』의 연보가 종효(宗曉)에 의해 편찬된 해인 1202년까지 무려 190년간이나 지속되었음을 알 수 있다.[226] 편찬자인 종효는 지례의 결사에서 감화를 입은 사람들의 수를 이루 헤아릴 수가 없었다고 기록하고 있으며, 지례 이후

226 　六年癸丑. 是年二月十五日, 創建念佛施戒會. 師於祥符五年十月, 親製疏文, 至今誘化. 此會抵今凡一百九十載不廢, 往古來今其被化者, 不知幾何人哉. 『四明尊者教行錄』(大正藏 46: 1937, 857c25–857c28).

로도 다른 승려들에 의해 계속적으로 결사의 활동이 이루어지고 있었다.[227] 지례는 1012년 10월에 결사를 위한 기안(起案)이라고 볼 수 있는 『결염불회소(結念佛會疏)』를 저술했는데, 바로 다음 해 그의 결사가 처음으로 집회를 가지기 네 달 전인 2월 15일 불타열반일에 해당하는 날이었다.

사명지례의 결사의 명칭은 『사명존자교행록』 『결염불회소』의 서두에서 '명주연경원염불정사(明州延慶院念佛淨社)'로 되어있기 때문에 '염불정사(念佛淨社)'로 불렸으며, 2월 15일에 열리는 정기총회를 특별히 '염불시계회(念佛施戒會)'라고 불렀다. 이 염불정사의 구성원의 규모를 살펴보면 만 명 결사라는 표현이 단지 과장만은 아니었다. 이전의 준식의 결사의 구성원이거나 연경사의 후원자들로 이루어진 210개의 결사 분회의 지도자들은 각자 48명의 조원들을 책임지고 있었다. 따라서 지례의 결사의 총 구성원은 만여 명으로 이루어졌던 것으로 보인다. 이 두 단계의 체계는 일 년에 한 번 혹은 두 번 사원에서 집회를 하는 거대 조직을 다시 소규모 결사로 나누어 개별 결사들만의 친밀한 회합을 가졌던 수당(隋唐)시대의 각종 민간결사(社·邑·邑會·邑社)를 모방한 것으로 생각된다.

이러한 형식은 또한 앞 장에서 서술한 일본의 천태 교단의 결사인 이십오삼매회에서 보여준 근본결중과 결연중이라는 형식보다도 한 걸음 확대된 형태로 보인다. 다시 말해 이십오삼매회가 모(母)조직과 그에

---

227 鈴木中正, 「宋代佛教結社の研究」 『史學雜誌』 52(1), 東京大史學會, 1941, p. 81.

연계하여 확대된 부속 조직의 결합 형태였다면, 지례의 염불시계회는 평시에는 210여 개의 소규모 분회들로 나뉘어 활동하다가 특정 기일에 만여 명의 구성원이 함께 모여 법회를 거행하는 거대 결사였다. 이러한 거대 결사에서는 수행의 밀도와 구성원 간의 연대성은 소규모 분회를 통해 충족시키되, 일 년에 한 번 정기적으로 거행되는 법회에서는 참여 그 자체로 인한 공덕의 충전이나 지도자 승려와의 교감이 이루어졌을 것으로 생각된다.

이 염불시계회의 원주(願主) 지례는 『사명존자교행록』에 실린 『결염불회소』에서 결사의 조직 구성과 실천에 대해 다음과 같이 설명하고 있다.

명주연경원염불정사(明州延慶院念佛淨社) 이 결사는 승속 남녀 일만 인이 함께 생을 다하여 아미타불 염불을 외고 보리심을 발하여 정토왕생을 구하는 결사이다. 매년 2월 15일에 사원에서 도량을 세우고 齋를 설하여 공덕의 밭으로 삼고 황제의 만수무강과 만백성의 복리를 축원한다. 법회를 세우는 법은 결사의 지도자(會首) 210인이 각자 48인을 모집하고 염불참을 청하는 것이다. 원컨대 달력에 한가지로 하여 매일 칭명염불 일천 성을 하기 바란다. 도를 이루는데 장애가 되는 중죄를 참회하고 깨달음의 서원을 발하고, 중생들이 정토에 왕생할 수 있도록 제도하라. 청컨대 달력 위에 염불의 숫자를 그려서, 법회일이 되면 달력과 시주금 48문을 가지고 와서 원찬록에 적고 때가 이르면 발표히도록 하라. 혹시 입사한 제자 중에 사망한 이가 있으면 사주에게 청하여 그의 이름을 계승하고 달력을 사원으로 보내 보고하라. 결사의 구성원 999명에게 사망 소식을 알리고 각자 염불 일천성을 하여 망자를 위해 죄를 참회하고 정토에 왕생하도록 발원한다. 또한 법회가 열리는 날에 결사의 대중들로 하여금 염불하고 그 왕생을 빌게 하며 회주에게 청하여 그의 자리를 메울 사람을 모집한다. 바라는 바는 항상 결사의 만인이 함께 정토업을 수행했으면 하는 것이다.[228]

먼저 사명지례는 『결염불회소』를 통해 그의 염불결사가 일만여 명의 회원으로 구성되어 있음을 밝히고 있다. 인용문의 999인은 아마도 일만 명 중 망자 1인을 제외한 9999명으로 표기해야 할 것을 오기한 듯하다.[229] 이 염불시계회는 이른바 만인회(萬人會)로도 불리는 법회형식으로 운영되었는데 회수(會首)로 불리는 210인의 지도자가 각자 48명을 모집하여 만 명의 숫자를 채우는 방식이었다.

결사의 구체적인 실천을 보면 회수들은 각 구성원들에게 염불참회를 하고, 염불수를 달력에 기입할 것을 요청했다. 각 구성원이 매일 천 번의 염불을 하고, 그 수를 각자 나눠준 달력에 기입했으며, 매년 2월 15

---

228 〈明州延慶院念佛淨社〉當社普結僧俗男女一萬人. 畢世稱念阿彌陀佛. 發菩提心求生淨土. 每年二月十五日於院啓建道場. 齋設僧田功德祝延. 帝壽福利萬民.其建會之法勸請會首二百一十一人. 各募四十八人. 遂人請念佛懺. 願曆子一道. 每日稱念佛名一千聲. 懺障道重罪發菩提願. 爲度衆生取於淨土. 請畵佛數於曆子上. 至建會日預齋曆子并淨財四十八文到院償錄上疏. 至日表宣. 或入社弟子傾逝者請勸主繼承姓名并其人曆子到院相報. 卽當告示在社九百九十九人. 各念佛一千聲. 爲彼懺罪資其願行令生淨土. 又至建會之日. 令其社衆念佛薦其往生. 乃請勸首卽募人塡補. 所冀常結萬人同修淨業者. 「結念佛會疏(并青山樓居士跋)」『四明尊者教行錄』(大正藏 46: 1937, 862a27–862b13).

229 鈴木中正. 앞의 글, p. 217.

일에는 그 달력을 가지고 사원에 모여 대형 집회를 했다. 회원 중에 사망자가 생기는 경우에는 회의 대표인 회수(會首)는 그 이름과 달력을 사원에 보내고, 사원에서는 곧 모든 결사구성원들에게 알려서 망자의 죄업소멸과 정토왕생을 위하여 천 번의 염불을 하게 했다. 또한 망자로 인해 생긴 결원은 회주가 다시 모집하도록 하고 있어서 일만 명이라는 결사의 구성원 수를 항상 유지하려 했음을 알 수 있다.

결사 구성원들이 각자 자신의 거주지에서 실천했던 수행법인 염불참은 인용문 안에서 '염불참원(念佛懺願)'으로 표기하고 있는 것으로 보아 칭명염불과 참회, 그리고 발원(發願)을 병행하여 실천하는 형식이었을 것으로 생각된다. 하루 1천 회에 달하는 칭명염불과 도를 이루는데 장애가 되는 중죄에 대한 참회, 보리심을 발하도록 기도하는 발원 등이 결사의 각 구성원들에게 중생을 제도하고 정토왕생을 이룰 수 있는 수행론으로서 제시되고 있었던 것이다. 이 염불참은 지례가 결사의 구성원들에게 개인적인 수행법으로 제시한 것으로서, 결사의 대법회일에는 각자에게 부과된 수행의 목표를 채웠는지의 여부를 확인하게 된다. 대법회가 열리는 날이 다가오면 결사 구성원들은 각자 자신이 행한 염불의 횟수를 기록한 달력과 48문의 회비를 모아 사원에 제출했으며, 법회가 열리는 날에 그 성적이 공개 발표되었다.

종교적 실천에 대한 이러한 계량적인 접근은 매일 선행일과표를 작성한다든지 하는 방식으로 강화되었는데 이는 인과응보와 사후세계에 열중하고 있었던 송대 종교계의 또 다른 양상을 보여준다고 하겠다.[230] 공덕을 얻기 위한 수단으로서의 신앙일과표의 적용은 중국과 일본의 민간 신도들 사이에서 일상적인 요소가 되었으며 오늘날까지도 전해 내려오고 있다.

송대 불교에서는 이러한 실천에 의하여 만들어진 공덕으로 결사의 구성원들이 정토에 왕생하여 과거 자신이 저지른 죄업을 소멸하는데 도움을 얻을 수 있으리라고 믿었던 것으로 생각된다. 나아가 지례가 『결염불회소』 서문에서 법회로부터 얻어진 공력으로 황제의 장수, 대중들의 안녕과 복리의 증진이 이루어진다고 이야기하고 있는 것은 명확히 그 수행론 안에 현세적 성격이 개입되어 있음을 보여준다. 이는 정토신앙의 본질인 내세의 정토왕생을 위한 기원에서 현세적 이익으로까지 그 기능이 확대된 것으로 볼 수 있으며, 아울러 교단과 사원의 기반 확충을 위한 필요에 의해서 권력층과의 결연을 확대시켰던 천태교단의 사정을 짐작해 볼 수도 있을 것이다.

정리해보면, 사명지례의 염불결사는 210인의 회주를 중심으로 48명의 부분결사(分社)가 모여 이루어진 결사였으며, 결사 전체의 법회가 열리는 경우 각 분사(分社) 별로 구성원들이 협심하여 준비하는 형태로 운영되고 있었다. 매년 2월 15일을 정해서 전 결사원이 연경원에 모여 공양염불을 행하기 위해 일체가 되어 협력했으며, 이러한 전체 대법회를 통해 각 소결사들끼리 일체감을 다지기도 했으리라 생각된다. 결국 지례는 소결사들을 연합하여 만 명에 이르는 대형결사를 운영하는 방식을 통해 항주지역의 불교도들을 천태교단 안으로 수용하는 포교전략

---

230 Daniel A. Getz, Jr., 앞의 논문, p. 499.

을 구사하고 있었던 것이다.

(2) 수계식(受戒式)과 염불참(念佛懺)

염불시계회의 주요 수행법과 관련하여 특기할만한 점은 지례 자신이 일생 동안 실천했던 수행법인 참법이 아닌 다른 요소로 채워져 있다는 것이다. 『사명존자교행록』에 보면 지례는 천희(天禧) 원년(1019)에는 이문(異聞) 등의 10인과 함께 3년을 기약하여 법화참을 수행하고 기한이 되면 몸을 불살라 『법화경』에 소신공양하려는 서원을 세우기도 했다. 이 소식을 들은 양공억 등의 지인들이 수차례 그만두기를 간청하자 그 계획을 접었다고 한다.[231] 지례가 3년에 걸친 법화참의 수행을 끝내고 자신의 몸을 불사르는 소신공양(燒身供養)을 하고자 했던 목적은 바로 정토왕생에 있었다.[232] 다시 말해 법화참법과 소신공양은 지례 자신의 개인적인 구원의 완성을 위한 수행이었던 것이다.

이뿐만 아니라 눕지도 않고, 바깥출입도 않는 상태에서 참법을 강의하는 데만 전심을 쏟거나,[233] 가뭄이 들자 준식과 함께 기우제의식으로

---

231 年至五十七, 位同志一十人, 誓願要期, 修法華懺, 三年期滿日共焚身, 供養妙經, 求生淨土, 行法將圓無何. 名達朝彦, 翰林學士楊公億, 連書請住世. 又郡守直史館李夷庚, 同倅衆官僚, 曲加敦請, 咸乞住世說法利生, 以是志願, 不得而施, 復偕十僧, 修大悲佛事三年, 以堅志行, 師自三十二, 出世住持, 一心講懺, 共三十八年. 『四明尊者教行錄』(大正藏 46: 1937, 919c24−920a02).|

232 제임스 벤(James A. Benn)은 지례의 경우와 같은 소신공양이 『수능엄경』과 『범망경』에 근거한 것으로서, 약사왕(medicine king)의 분신공양을 모방한 것으로 보고 있다. James A. Benn, "Where Text Meets Flesh: Burning the Body as an Apocryphal Practice in Chinese Buddhism," History of Religions 37 (1998), p. 317.

233 實錄云. 師自咸平二年已後, 專務講懺, 當坐不臥, 足無外涉, 修謁都遣. 『四明尊者教行錄』(大正藏 46: 1937, 857b11−857b13).

써 광명참법을 행한다든지[234] 하는 방식으로 참법에 열정을 쏟고 있는 점이 발견된다. 또한 의식과 수행 등의 실천에 대해 다루고 있는 그의 저서 중에서도 단연 참법에 관한 것이 많은 것으로 보아도 그의 개인적인 수행론에서 참법이 차지하는 비중을 짐작할 수 있을 것이다.[235]

하지만 결사에 모여든 승속 귀천의 남녀들에게 지례가 권했던 실천은 그가 그토록 치열하게 수행했던 종류의 참법이 아닌 칭명염불에 참법의 의식적 요소를 융합한 염불참과 염불시계회의 수계의식이었음을 알 수 있다. 보살수계식의 절차에도 부분적으로 참법의 요소를 도입하고는 있지만 결사의 주요 실천은 단연 염불참과 수계식으로 볼 수 있을 것이다. 사명지례 역시 개인적인 수행과 결사의 구성원들이 공유하는 실천으로서의 수행을 분리하는 경우가 많았던 여느 결사 지도자들과 유사한 태도를 보이고 있는 것이다.

지례의 결사는 본디 항주라는 도시적 배경 안에 있었으므로 그 상주 인구수로 인해 성상이나 준식의 초기 엘리트결사보다는 결사의 규모가 커질 가능성이 많았다. 계층을 가리지 않고 결사의 구성원을 크게 확대

---

234 行業記云. 歲大旱, 師與遵式同修光明懺. 祈雨約三日, 不降當然一手以供佛, 佛事未竟, 雨已大洙. 慈雲行業記云. 咸平三年, 四明大旱, 師入懺摩, 祈雨約三日, 不雨當自焚, 如期果應, 太守蘇爲異之. 題石紀其事四年辛丑　五年壬寅『四明尊者教行錄』(大正藏 46: 1937, 857b15~857b20).

235 『開幃試問四十二章金光明三昧儀』1권, 『千手眼大悲心咒行法』1권, 『授菩薩戒儀』1권, 『放生文』1권, 『爲兪殿頭作修懺要旨』1권, 『爲司法祝坦作發願文』1권, 『修法華懺法三十晝夜五遍』『金光明懺法一十晝夜二十遍』『彌陀懺法一七晝夜五十遍』『請觀音懺法四十九晝夜八遍』『大悲懺法三七晝夜一十遍』 등이 실천에 관한 저서들이다. 이 밖에 천태 교의를 다룬 저서로는 『光明玄續遺記』3권, 『金光明文句記』6권, 『觀經妙宗鈔』3권, 『觀音玄疏記』共4권, 『十不二門指要鈔』2권, 『觀經融心解』1권, 『輔行傳弘決題下注文』1권, 『義例境觀互照』1권, 『天台教與起信論融會章』1권, 『別理隨緣二十問』1권, 『釋請觀音疏消伏三用』1권, 『對闡義鈔辨三用一十九問』1권, 『光明玄當體章問答偈』1권, 『釋難扶宗記』2권, 『觀心二百問』1권, 『十義書』3권, 『解謗書』3권, 『答日本國源信禪師二十七問』1권, 『答楊文公三問并書一卷絳幃三十問答』1권 등이 있다.

시키고자 했던 지례의 목표는 염불참이나 보살수계식과 같은 간이한 수행법을 통해서 더욱 쉽게 달성될 수 있었으리라 생각된다. 결사의 지도자 승려들의 개인적인 수행론과 결사의 수행론 간의 괴리는 이처럼 대규모 구성원들이 보편적으로 수용할 수 있는 수행법을 제시해야만 했던 지도자로서의 입장에서 기인한 것임을 지례의 경우에서 다시 한 번 확인할 수 있는 것이다.

한편 염불시계회에서 실천했던 보살계 수계는 천태지의의 시대로 소급될 수 있으며, 지례는 이 의식에서 불보살과 신도 공동체 간의 중간자 역할을 실천했던 것으로 생각된다. 다시 말해 지례는 수계의식 안에서 불보살을 대리하여 구성원들에게 보살계를 주는 스승이었던 것이다. 지례는 천태교단에서의 오랜 전통에 따라 보살계 의식을 위한 의식집인 『수보살계의(受菩薩戒儀)』를 직접 정비했다. 이 『수보살계의』는 매년 2월에 정기적으로 연경사에 모여, 적어도 5천명 이상의 사람들이 수계를 했던 보살계회의 절차를 위한 안내서였다. 대규모의 구성원들이 참여했던 이 보살계의식, 즉 염불시계회는 명확히 정토왕생을 지향하고 있었으며, 정토결사의 대법회와 관련되어 같은 달에 치러진 것으로 보인다.[236]

그렇다면 염불시계회의 구체적인 절차는 어떠한 방식으로 진행되었을까. 먼저 『사명존자교행록』에 나타난 보살계 의식의 열두 단계(十二科)를 간략하게 살펴보기로 하겠다.

---

236 Daniel A. Getz, Jr., 앞의 논문, p. 498.

1. 보살계를 받으려 하는 자는 필히 계사(戒師)를 구해서 법을 받는다.

2. 수계하는 결사의 대중들은 먼저 신심을 발하여 계정혜 삼학을 구족해야 한다.

3. 불보살과 성중에게 도량에 강림하여 수계를 증명하고 호념해 줄 것을 청한다.

4. 삼귀의계를 받는다.

5. 석가세존을 비롯한 다섯 분의 성중을 청한다. : 석가세존은 계화상, 문수사리는 갈마아사리, 미륵보살은 교수아사리, 시방제불은 존증사(尊證師), 제보살은 동학려(同學呂)를 대표한다.

6. 전 단계에서 초청한 다섯 분의 스승에게 아뢰어 계를 청한다.

7. 죄업을 참회한다.

8. 수계에 저촉되는 것(遮難)이 없는지를 묻는다.

9. 갈마 수계를 한다.

10. 계상(『범망경』의 10重 48輕戒에 의거)에 대해 간단하게 설명한다.

11. 사홍서원을 발한다.

12. 의식을 마감하고 회향한다.[237]

위의 인용문에 근거하면 지례가 이끌었던 염불시계회는 『범망경』의

---

237 菩薩戒儀(十二科). 第一求師授法. 第二策導勸信. 第三請聖證明. 第四授三歸依. 第五召請聖師. 第六白佛乞戒. 第七懺悔罪愆. 第八問無遮難. 第九羯磨授戒. 第十略說戒相. 第十一發弘誓願. 第十二結攝迴向. (『四明尊者教行錄』大正藏 46: 1937, 858c14-858c19). 인용문은 「보살계의」 원문을 간단하게 정리한 약문(略門)이다.

대승보살계에 근거하여 이루어졌음을 알 수 있다.[238] 이는 초기 천태교단을 이끌었던 지의(智顗)가 제정한 「입제법(立制法)」에서 소승계율인 『사분율』과 대승계율인 『범망경(梵網經)』을 두루 적용했던 것에서 기인한다.[239] 이 『입제법』에 근거하여 출가자에게 구족계를 줄 때는 『사분율』에 의거하고, 재가신도에게 수계할 때는 『범망경』에 의거하여 10중(重) 8경(輕)계를 주는 것이 천태교단의 전통이었다. 특히 7번 항목의 참회와 관련된 대목은 지례가 필생의 수행으로 실천했던 참법을 수계의식 안에 수용한 것으로 한 번 자세히 살펴볼 필요가 있을 것이다. 『사명존자교행록』 안에서 7번 항목과 연계된 세부조항을 아래에 발췌해 보기로 하겠다.

그대들은 먼 옛날부터 번뇌가 두텁고 무거워 악을 행하지 않음이 없으니 몸과 마음이 청정하지 못하다. 그러나 이 계법(보살계법)은 청정한 법이니 몸을 청정하게 해야 받아들일 수 있기 때문에 마땅히 처절하게 참회를 구해야 할 것이다. 이는 마치 옷감을 세탁해야 물을 들일 수 있는 것과 같다. 하물며 여래가 입멸하고 2천여 년이 지나 정법이 은몰하여 삿된 바람이 널리 생겨났음에랴. 이 시대에 비록 불법을 보고 듣는다 하나 믿음이 생겨나지 않는 자가 있는 것은 진실로 무명과 전도된 견해가 그물처럼 서로 얽혀 있기 때문이다. 만약 과거를 개선하여 미래를 닦지 않

---

238 我今依梵網經, 十重四十八輕戒相, 一一宣說, 汝當諦聽, 『四明尊者敎行錄』(大正藏 46: 1937, 861b14–861b16).

239 최기표, 「초기천태교단의 계율」, 『한국불교학』 제45집, 한국불교학회, 2006, p. 147.

는다면 어떻게 본성을 회복하겠는가. 이 인연으로써 오늘 도량의 불전에 함께 했으니, 죄의 뿌리를 드러내어 각자 일심 지성으로 참회할지니라.[240]

인용문의 내용은 지례가 염불시계회에 모인 신도들에게 참회를 요구하는 '선언'이자 '요구'로 읽을 수 있을 것이다. 이는 지례가 그들을 지도하는 승려로서 불보살을 대리하여, 그들에게 보살계를 '베푸는'(施戒會) 입장에 있었음을 보여주는 대목이다.

일반적인 경우의 동아시아 불교결사에서는 표면적으로는 구성원들 간의 평등한 관계, 즉 신앙적 동지의 입장을 강조하지만 그 이면에서는 상대적으로 우월한 지도자 승려의 위계를 부각시키는 모습을 많이 볼 수 있다. 하지만 사명지례의 경우에는 처음부터 보살계를 주는 '스승'이자 의식을 주재하는 '사제(ritual master)'의 입장에 서있다는 점에서 차이가 드러난다고 하겠다. 이는 보살계 의식 안에서는 보살계를 주는 스승이 불보살의 대리자로 인식되기 때문에 신앙적 동지 내지 평등한 수행자의 입장에서는 보살계를 수여하는 의식(儀式)을 주재하기가 힘들었기 때문일 것으로 생각된다. 이러한 지례와 결사 구성원들 간의 의도적 위계설정은 보살계의(菩薩戒儀)의 첫 번째 항목에서도 잘 드러난다.

240　汝等自從無始已來煩惱厚重, 無惡不爲, 身心不淨, 然此戒法乃是白淨之法, 身器淸淨方堪求受, 是故應當求哀懺悔, 如洗故衣方堪受色, 矧乎如來滅度二千餘年, 正法隱沒, 邪風廣扇生. 當此時, 雖見佛聞法, 不生信樂者有之, 良由無明所覆見網交纏. 若不改往修來, 何由還源復本. 以是因緣, 今日道場同於佛前, 發露罪根, 各須一心志誠懺悔. 『四明尊者敎行錄』(大正藏 46: 1937, 860c15~860c23).

동아시아 염불결사의 연구

이 보살계를 받고자 하는 자는 반드시 먼저 이끌어 주고 가르쳐 주며, 모든 경계에서 자비심을 일으킬 스승을 청하여야 한다. 만약 이 스승이 아니라면 수계가 이루어질 수 없으니 지금 눈앞의 대중을 위하여 공손히 모(某) 스승을 청하여 대승보살계를 주는 스승으로 삼아야 한다. 각자 일심으로 나를 따라서 소청할 것이니, 모처에 이르게 되면 자신의 이름을 대덕에게 외치고 일심으로 염하라. "나 모모(某某)는 대덕이 계신 곳에서 보살계를 줄 것을 간청할 것이니, 오직 원컨대 수고로움을 무릅쓰고 가련히 여겨 들어 주십시오."[241]

인용문에서는 보살수계의식의 증인과 불보살의 상징적 대리자 역할을 하는 5인의 '스승(계화상 · 갈마아사리 · 교수아사리 · 증사 · 동료수행자)을 청하는 모습과 의식의 순서를 진행하는 지례의 역할이 나타나 있다. 또한 지례는 『범망경』을 인용하며 보살수계의식이 가져다주는 공덕을 설명하면서 이승에서 보살계를 지키는 계행(戒行)과 염불을 통해 현세의 이익은 물론 내세의 정토왕생을 약속받을 수 있음을 선언한다.

범망경에 이르기를 중생이 불계를 받게 되면 곧 불타의 위계에 들어가게 된다. 만약 이 계를 받지 않는다면 (이단의 교설을 믿는) 외도사견을 가진 사람이며, 짐승이나 나무토막과 다를 바가 없다. 그러므로 보살계를 받

---

241 第一求師授法 : 夫欲受此菩薩戒者, 必先請師策導開解, 於一切境起慈悲心. 若非此人, 戒無由發, 今爲現前大衆, 恭請某人, 作授大乘菩薩戒師, 各須一心隨我陳請. 若至某甲處, 當稱自己名大德一心念, 我某甲今於大德所, 乞授一切菩薩淨戒, 惟願不辭勞倦哀憫聽受.『四明尊者敎行錄』(大正藏 46: 1937, 858c15~858c27).

지 않은 자는 불법을 배우고, 힘써 수행하기를 천만 겁을 지나더라도 다만 중생이라 할 뿐이니, 생사를 벗어나고, 업장을 부수고, 보리를 이루고, 궁극의 깨달음을 얻고자 하여도 종내 그 이치를 알지 못한다. 이 때문에 인도의 국왕이 즉위하거나 백관이 임용되면 먼저 이 보살계를 받는 것은 모두 국가의 백성들에게 이익을 주고자 하는 까닭이다. …지금 함께 기뻐하고 경축하며, 선악을 알고, 받아들일 계법을 알고, 왕생할 정토를 알게 되니, 가히 만겁에 만나기 힘든 천조일우의 기회인 것이다.[242]

여산 백련사와 히에이잔 이십오삼매회에서는 정토왕생을 위해서 염불과 임종의식이 강조되는 모습을 보였지만 이제 중국 천태교단의 결사에서는 보살계 수계의식을 통한 계율적 삶이 정토왕생을 위한 수행론으로서 실천되고 있는 것이다. 뿐만 아니라 보살계 수계의식은 내세의 구원 외에도 국가와 개인 모두에게 현세적 복락을 가져다 줄 수 있는 공덕의 근원으로 부각되는 모습을 볼 수 있다.

여기서 우리는 두 가지의 중요한 대목을 포착할 수 있을 것이다. 원래 사원 안에서 신도들의 신앙선언이자 귀의의식의 의미를 가지고 있는 보살수계식이 아미타신앙결사의 주요한 수행론으로 등장하고 있으며, 초기에 죽음 이후의 세계에서의 복락을 지향했던 아미타신앙이 이

---

242 梵網經云, 衆生受佛戒, 卽入諸佛位. 若不受此戒, 外道邪見人, 畜生與木頭, 平等無有異. 故知不受菩薩戒者, 縱學佛法勤苦修行經千萬劫, 秪名衆生, 欲脫生死, 欲破業障, 欲成菩提, 欲證佛果, 終無得理. 是故西天國王登位, 百官上任, 並先受此菩薩戒, 蓋欲饒益境邑人民故也.…… 今共喜慶, 識知善惡, 知有戒法可受, 知有淨土可生, 可謂萬劫難逢千生一遇. 『四明尊者教行錄』(大正藏 46: 1937, 859a25~859b11).

제는 현세적 기능까지 담지하게 된 것이다. 수계의식의 마지막 단계인 12번째 항목의 회향(廻向)에서 이러한 부분을 좀 더 확인해 보도록 하겠다.

앞의 수계의 공덕이 허공과 같은 법계처럼 일체 중생에게 두루 미치어, 실제를 장엄하고 윤회의 사슬을 벗어나며, 영원토록 무생의 이치를 깨달아 항상 즐거움에 머무르게 할 것이다. 연후에 이 뛰어난 인연으로써 호법신장과 모든 천신이 복을 도울 것이다. 삼계의 상벌과 위엄 있는 대덕들의 영기가 밝으니 여기 있는 신도들은 머무르는 곳에 향을 밝히고 자신이 태어난 별자리와 조상, 부모, 원혼, 불행하게 죽은 이들, 법계의 유정중생 등에게 함께 두루 이익이 미치기를 기원한다. 다음으로 하늘과 땅이 서로 소통하고, 맑은 것과 탁한 것의 기운이 서로 구분되며, 사해가 편안하고, 만민이 자신의 생업을 즐거워하고, 풍우가 순조로우며, 오곡백과가 풍성하기를 빈다. 여기에 있는 남녀가 계행을 잘하여 항상 길하고 경사스러운 일이 이르고, 재앙은 없어지고 흩어지며 복과 지혜가 구름처럼 내려와 세상의 공함을 깨닫게 되기를, 여러 수행을 두루 닦아서 우러러 삼보의 골짜기가 밝아지고, 모든 천신이 거울처럼 비추어 성중과 좋은 인연을 맺게 되기를 기원한다. (산회)[243]

---

243 第十二結撮迴向：上來施戒功德如虛空等法界, 普爲一切衆生, 莊嚴實際, 超脫輪迴, 永證無生常住快樂, 然後以此勝因, 奉福護法諸天. 三界賞罰, 威德靈聰, 現前衆信, 住居香火, 本命星辰, 上代家先, 生身父母, 冤家債主, 欠命負財, 法界有情, 俱霑利益所冀. 地天交泰, 淸濁殊分, 四海晏安, 萬民樂業, 風祥雨順, 穀果豐成. 次乞, 現前男女戒善所資, 常臻吉慶, 災衰蕩散, 福智雲臨, 覺世虛幻, 多修白業, 仰惟三寶洞明. 諸天昭鑒, 爲上因緣和南聖衆. (會散)『四明尊者教行錄』(大正藏 46: 1937, 862a15~862a25).

인용문에서는 좀 더 명확하게 현세적 이익이 강조되고 있으며, 망자의 천도는 물론 자연현상과 개인과 국가의 안녕까지 공덕의 자장(磁場) 안에 포섭하려는 의도를 읽을 수 있다. 또한 인용문 전체에서 호법신장과 천신(護法諸天), 본명성신(本命星辰) 등의 도교적 요소 내지 민간신앙의 요소가 많이 나타나고 있는데, 이는 불교의 의식 안에 민간 신도들의 종교생활에서 익숙한 요소들을 수용하려 했던 지례의 노력들을 확인할 수 있는 부분이다. 이는 또한 민간신앙의 신들을 불교 판테온 안에 수용하고자 노력했던 북송대 불교 교단의 전체적인 흐름과 중첩되는 현상이기도 하다. 아울러 이 부분은 전 장에서 다룬 자운준식의 경우와 상통하는 맥락이기도 하며, 사회의 모든 계층이 자신과 가문, 거주하는 지역, 전 국가의 안녕을 기원할 신을 필요로 하고 있었던 송대 사회 전체의 분위기와도 연관되어 있는 것으로 보인다.[244]

보살수계의식이 아미타신앙결사의 주요 수행론으로 등장하게 된 것은 본디 수계의식을 기점으로 한 신도들의 존재론적 전환, 즉 중생에서 보살로서의 삶을 살게 된다는 교의적 배경에서 출발하게 된 것으로 생각된다. 다시 말해 수계의식 이후에 신도들이 자신이 받은 보살계를 철저하게 지키고자 노력하는 삶, 즉 계행(戒行)이 한 개인의 궁극적 구원과도 직결된다는 점에서 수계의식이 수행론으로서의 의미를 지니게 된다는 것이다.

---

244 Valerie Hansen, Changing Gods in Medieval China, 1127–1276 (Princeton: Princeton University Press, 1990), p. 14.

하지만 동아시아 불교에서는 수계의식 그 자체에도 커다란 의미를 부여하고 있는데, 이는 다름 아닌 의식 자체가 만들어내는 공덕의 회향이라는 측면에서 발견된다. 인용문에서도 볼 수 있듯이, 계를 베푼 시계(施戒)의식의 공덕이 일체법계와 중생, 천지자연, 국가, 농사를 비롯한 모든 일에 두루 베풀어지리라는 믿음이 나타난다. 보살계를 수계하는 의식의 공덕이 '회향(廻向)', 즉 종교적 에너지의 무차별적, 무한급수적 확산을 통해서 모든 중생계가 두루 그 공덕을 공유할 수 있게 되리라는 교의이다. 이러한 공덕 회향의 교의는 보살계 수계 당사자뿐만 아니라 의식에 함께 참여한 신도들 모두의 종교적 충만감을 겨냥한 것으로 보인다. 아무리 나누어도 줄지 않으며, 온 법계 중생이 모두 누릴 수 있는 공덕의 에너지에 대한 믿음은 결사 당시의 불교 신도들은 물론 국가권력층에게도 상당히 매력적인 요소였으리라 생각된다. 이는 또한 사명지례의 염불시계회가 보여준 연대의 힘, 190여 년 가까이 지속될 수 있었으며, 만여 명에 이르는 구성원들을 보유했던 결속력의 근원이 바로 이러한 교의적 재해석에서 기인한 것이었음을 짐작케 하는 부분이다.

(3) 결사의 수행과 공덕의 회향

한편 지례의 결사활동은 염불시계회의 보살계의식 외에도 사원 주변에서의 방생의식으로도 나타난다. 진종(眞宗)대 천희(天禧) 연간에 방생지(放生池)를 만들라는 황제의 조칙이 내려지자 지례는 이 방생지를 널리 보급하려는 생각을 품게 된다. 매년 불탄일 아침에는 신도들을 모아 방생회를 열었으므로 이를 기리기 위한 방생비(放生碑)가 세워지기도 했다.[245] 아래 인용문은 사명지례가 쓴 「방생문」의 일부이다.

지금 비구의 대승설법을 듣고, 끝없는 죄를 마치 불세존께서 보고 듣는 것처럼 모두 참회하여 죄가 없어지기를 원하노라. 죄가 소멸되길 원하는 것은 방생 이후에 너희 (물고기·짐승) 무리들이 그물에 잡히지 않고 천년을 살며, 목숨이 다한 후에 뛰어난 불타의 본원력을 입어서 도리천에 태어나 하늘의 복락을 누리기를 바라는 것이다. 모든 불타가 세상에 나와서 설한 방등경을 저 (방생)법회에서 다시 듣게 되면, 마음에 무생의 이치를 깨닫고, 면전에서 불타의 수기를 받게 되어 마치 위덕치왕과 다를 바 없게 된다. 또한 방생제자 모모는 오늘부터 보리 행원을 실천하고 마음이 더욱 지혜롭게 되어 고통 받는 중생을 구하는 것을 항상 자기 몸처럼 생각하여, 이로써 정토에 왕생하는 인연을 지어서 아미타불과 모든 성중을 뵙고 무생법인을 일찍이 깨달아서 세속과 사원의 두 영역에서 널리 유정중생을 제도하고 함께 정각을 바라노라.[246]

이 방생법회에서 사명지례의 위치는 중생에게 구제의 법문을 베푸는

---

245 三年乙丑. 眞宗天禧初, 有詔天下立放生池. 師欲廣聖化, 每遇佛生朝, 募衆行放生業. 於是立放生碑, 樞密劉筠撰文, 太守殿撰曾會立石. 『四明尊者敎行錄』(大正藏 46: 1937, 858b07-858b10).

246 今遇比丘說大乘法, 無邊重罪如佛世尊所見所知. 今皆懺悔, 願罪消除, 願罪消滅惟願放生已後, 汝等不逢網捕, 盡其天年. 命終之後, 承寶勝佛本願力故生忉利天, 受天快樂. 諸佛出世說方等經, 於彼法會再聞此法, 心悟無生, 面承佛記, 如威德熾王, 等無有異. 亦冀放生弟子(某甲), 從今日去, 菩提行願念念增明, 救苦衆生常如己想, 以是因緣得生安養, 見彌陀佛及諸聖衆, 早證無生, 分身塵刹, 廣度有情, 同成正覺. 『四明尊者敎行錄』(大正藏 46: 1937, 864a17-864a27).

대승보살이자, 참회의 현장에서 중생의 죄 고백을 들어주는 불타의 대리자이다. 방생의식의 객체가 되는 짐승(물고기·조류)들은 비구의 법문과 자신의 죄를 참회하는 의식을 거쳐 죽음으로부터 해방되며, 동시에 죽음 이후에 천상의 복락까지 보장받게 된다. 또한 방생의식에 참가한 개인 신도들 역시 방생법회에서 설해지는 법문을 통해 지혜와 실천력을 갖게 되어 정토왕생의 동기를 확보하게 된다. 보살계의식과 마찬가지로 이 방생의식 역시 법회에 참가한 인연으로 인해 정토왕생의 구원을 보증 받을 수 있는 지혜와 공덕을 얻게 되는 것을 목표로 하고 있는 것이다.

수계의식에서도 그러하듯이 법회에 참가한 모든 신도들이 의식 안에서 방생 절차를 실천할 기회를 얻지는 못했겠지만, 의식의 현장에 함께 하면서 법회에서 설해지는 법문을 듣는 것으로도 깨달음과 공덕의 에너지를 함께 공유할 수 있다는 교의가 그들을 결사의 장으로 끌어들이는 중요한 요소가 될 수 있었으리라 생각된다. 이처럼 의식의 현장에 함께 하는 것이 곧 수행의 공덕을 쌓을 수 있는 길이라는 지례의 교의는 구원의 기회를 극대화시키고자 했던 대승보살도가 투영되어 있는 결사의 모습을 잘 보여준다고 하겠다.

이제 전체적으로 정리해보면 사명지례는 개인적으로는 참법을 치열하게 실천했던 수행자였지만 결사의 수행론으로는 수행역량이 낮은 이들도 실천이 가능한 염불과 다수의 신도들이 함께 참여할 수 있는 의식 수행법인 염불시계회를 제시하게 된다. 지례는 결사의 현장에서는 신도들에게 보살계를 베푸는 불보살의 대리자이면서 의식을 주재하는 사제이기도 했으며, 방생의식 안에서는 대승 보살로서 자신의 목소리를 내기도 한다. 보살계나 방생의 의식은 계율에 충실한 삶으로 전환하는 의미 외에도 의식 그 자체가 뿜어내는 공덕으로 인해 정토왕생은 물론 법계중생의 제도와 현세의 이익까지 담지하는 기능을 수반하게 된다. 이는 더 많은 사람들을 교단의 결사로 수용하고자 했던 지도자 승려들의 노력이 아미타신앙의 재해석과 함께 새롭게 의미가 강화된 수행론을 가져오게 된 것으로 볼 수 있을 것이다. 결국 지례의 염불시계회는 정토왕생을 지향하며 염불과 임종의식에 에너지를 쏟았던 여산 백련사와 이십오삼매회보다 그 수행론의 재해석이나 구성원의 숫자, 그리고 결사조직의 구성과 운영 면에서도 한결 확대된 모습을 보여준다고 하겠다.

2-3. 모자원(茅子元)의 백련채(白蓮菜)-채식과 참회염불

이 장에서는 사명지례와 자운준식보다 수십 년 정도 늦은 시기에 항주지역에서 민간신도를 중심으로 하는 결사를 지도했던 모자원(茅子元, 1086-1166)[247]과 그의 결사인 백련채(白蓮菜)[248]에 대해 살펴보고자 한

---

247 모자원은 소주의 平江 崑山(강소성 송강현 서북쪽) 사람으로, 속성은 茅씨이며, 법명은 慈照, 호는 萬事休라고 했다. 어려서 부모를 여의고 오군의 연상사 志通에게 『법화경』을 배웠으며, 19세에 출가하여 止觀 수행을 했다. 姑蘇(강소성 오현)의 淨梵에게 천태교학을 배웠다. 그는 거의 40이 되는 나이에 깨달음을 얻었으며, 남은 생애를 중생의 제도에 바치겠다는 결심을 했다고 한다.

다. 모자원은 백련채를 지도하는 과정에서 천태와 정토의 교리와 실천을 접목시킨 수행론을 적용하는 모습을 보여주었으며, 후세에 의해 정토법맥의 조사로 자리매김 되기도 했다. 그는 불교의식을 간소화하고, 동시대의 여타 불교 교단에 비해 신도들의 지원과 재가지도자의 중요성을 강조하여 중국불교를 대중화시킨 인물이기도 했다. 아울러 대승불교의 교의 안에서 열반과 윤회, 승려와 신도, 남자와 여자 간에 차별이 없음을 가르치고 실천했던 인물로 전한다.[249]

본 장에서 모자원이 조직했던 이 불교결사를 그들 스스로가 명명한 이름인 '백련채(白蓮菜)'로 서술하는 것은 모자원의 사망 이후 그를 추종했던 신도와 여타의 결사 구성원들의 통합적인 명칭인 '백련교(白蓮敎)'와 모자원 당시의 결사를 차별화시키기 위함이다. 백련채와 백련교 간에는 명칭의 연속성에 못지않게 그 구성원들이나, 교의 내지 실천에 있어서 불연속적인 측면 역시 많이 나타나고 있기 때문에 용어상으로도 구별해 줄 필요가 있으리라 생각된다.

백련채에 관한 구체적인 내용은 『석문정통』이나 『불조통기』, 『여산연종보감』 등의 승려들의 개인적인 전기를 집록해 놓은 문헌에서 주로 단

---

248 남송대 모자원의 백련채와 원대 이후에 활동했던 백련교는 연속과 불연속의 두 가지 측면을 다 가지고 있다. B.J. ter Haar는 The White Lotus Teachings in Chinese Religious History (Leiden: Brill, 1999)에서 이 부분에 대한 자세한 분석을 하고 있다. 이 책에서는 모자원의 계승을 표방한 후대의 백련교 혹은 백련종이 아닌 모자원 당시의 백련채에 대해서만 집중하게 될 것이며, 따라서 모자원의 결사에 대한 명칭도 아직 교단화 작업이 되지 않은 상태인 '백련채'로 서술할 것이다.

249 모자원의 백련채에서부터 여성들도 동등하게 종교결사에 참여할 수 있었기 때문에 이로 인해 정통 불교교단이나 유학자들의 많은 불만을 사게 되었다. 여성들은 단지 결사의 일원일 뿐만 아니라 명·청대에는 많은 수의 여성들이 교파나 결사의 지도자가 되었으며, 심지어 교조가 되기도 했다. Daniel L. Overmyer, "Alternatives: Popular Religious Sects in Chinese Society" Modern China 7, No. 2 (1981), p. 165.

편적인 정보를 얻을 수 있으며, 백련채의 「원문」 내지 「규약」 등이 별도의 문헌으로 전해지지는 않는다. 따라서 사명지례의 경우처럼 결사의 활동과 수행론에 관한 상세한 분석을 하기는 힘들지만, 본 장에서는 지계(持戒), 채식, 그리고 참법 등 자운준식의 영향이 많이 드러나는 부분과 백련채가 천태교단 밖의 민간중심의 결사였기 때문에 가능했던 수행의식의 특징을 집중적으로 부각시키고자 한다. 이 책을 서술해가는 시각의 중심은 역시 결사의 지도자가 왜, 그리고 어떻게, 그러한 수행론을 만들어 내고 구성원들에게 제시했는지에 대한 답변을 찾아가는 데에 있기 때문이다.

(1) 백련채의 수행론과 그 차별성

모자원이 활동했던 11-12세기 남송에서는 많은 민간신도들이 참여하는 염불결사가 각지에서 유행하고 있었는데, 백련사(白蓮社), 정토사(淨土社), 서귀사(西歸社) 등의 이름을 붙인 이들 염불결사들은 하루에 천 번의 염불을 욀 것을 약속하고 그 횟수를 월력에 적어서 자신의 결사가 속해있는 사원에 제출하는 것이 일반적인 모습이었다. 또한 일 년에 한두 차례 정기적인 회합을 가지는 결사들이 대부분이었으며, 거의가 교단의 승려들이 결사의 지도자 역할을 맡고 있었다. 송대의 염불결사는 이처럼 대부분이 천태교단에 의해 그 교의와 실천이 정비되었으며, 여산혜원의 백련사를 모범적 원형으로 삼고 있었던 경우가 많았다.
하지만 여산의 백련사가 소수 인텔리들을 중심으로 하여 지도자인 혜원이 이끌어 가는 결사인 것에 반해, 북송대 이후의 대부분의 염불 결사들은 민간신도들을 대거 구성원으로 수용하게 되면서 그 조직 구성은 물론 수행론에 있어서도 다양한 변용들을 보여준다. 모자원의 백련채 역시 여산 백련사를 표방하면서 백련(白蓮)이라는 이름과 이상(理想) 아래 결사를 구성하긴 했지만 구성과 운영의 측면에서 살펴보면 남녀와 승려, 속인을 가리지 않는 거대 결사라는 점에서 명백하게 달랐다. 그는 이전에 활동했던 정토결사들의 구성원 간의 결속의식이나 수행의 긴장감이 느슨하던 것을 변화시켜서 스승과 제자 간, 그리고 동료들 간의 연대감을 강화시키는 등 조직을 강하게 결속시키는 모습을 보여준다.

또한 송대에 크게 유행했던 염불결사들 중에는 다른 종파와 관계된 경우도 있었지만 거의 대부분은 천태교단에 의해 지지되고 있었던 데 반해 모자원의 백련채는-비록 모자원 자신이 천태 교단 소속의 승려에게서 배운 승려이긴 했지만-교단이나 특정 거대 사원과 연계되지 않고 그야말로 민간인들과 함께 결사를 조직하고 활동했던 민간결사였다. 이러한 모자원이나 백련채를 바라보는 당대의 교학자들, 특히 천태교단이나 정부 측의 시각은 어떠했을까? 먼저 송대의 종감(宗鑑, ?-1206)이 찬술한 『석문정통』에서 모자원의 백련채의 결성에 대해 서술하고 있는 대목을 살펴보자.

이른바 '백련'이라는 것은 소흥 초기에 오군(吳郡) 연상사(延祥寺)의 승려 모자원이 북선정범의 문하에서 배우다가 천태를 모방하여 원융사토도,

신조예참문, 게송4구, 오성염불을 내세워 모든 남녀에게 함께 정토수행을 할 것을 권한 (결사)를 말한다. (모자원을) 백련도사라 칭했으며, 그 무리들은 백련채인 혹은 여모도려채(茹茅闍黎菜)라고 불렀다.[250]

인용문에서 말하듯이 모자원은 소주(蘇州) 오군(嗚郡)에 있는 연상사(延祥寺)의 북선정범(北禪淨梵)에게서 천태의 교학을 배웠으며, 지관 수행을 통해 깨달음을 구했던 천태 교단의 승려였다. 또한 자신이 시작한 결사인 백련채 안에서도 천태교의의 배경 위에서 구성원들을 지도했다. 모자원은 사람들에게 널리 염불행과 함께 오계를 지키도록 권하였으며, 스스로 법계 중생들을 대신하여 예참함으로써 그들이 서방정토에 나기를 기원했다.

이 밖에도 불타의 가르침에 대한 바른 믿음(正信), 미타정토에 왕생하리라는 바른 서원(正願), 오계를 엄수하는 바른 행동(正行)을 하여 선업을 실천할 것을 강조했다. 아울러 수행역량이 부족한 신도의 경우에는 아미타불의 타력에 의지하여 왕생할 수 있음도 강조했다. 상근기의 신도는 공관(空觀), 중근기는 불타와 마음을 관하는 관상(觀想), 하근기는 아미타불의 명호를 외는 염불을 실천하도록 했다. 이처럼 12세기 모자원의 백련채(白蓮菜)에서는 신도들의 수행역량을 상·중·하 세 단계의 근기로 구분하여 각기 다른 수행법을 제시하는 방식으로 결사가 운영

---

250 所謂白蓮者, 紹興初, 吳郡延祥院沙門茅子元, 曾學于北禪梵法主會下, 依倣天台, 出圓融四土圖晨朝禮懺文偈歌四句佛念五聲, 勸諸男女同修淨業. 稱白蓮導師, 其徒號白蓮菜人亦曰茹茅闍黎菜. 『釋門正統』(卍續藏(CBETA) 75: 1513, p. 94.).

동아시아 염불결사의 연구

되고 있었다.

또한 백련채의 구체적인 수행론을 들여다보면 천태의 영향으로 인해 아미타불의 명호를 외는 염불과 참회의식의 두 가지 수행법을 병행하여 실천하고 있었으며, 초기에는 신도들 모두 오계를 지키면서 염불행을 실천했다. 자운준식의 채사의 영향을 강하게 받은 까닭에 특히 불살계를 중시했으며, 다른 교파나 신앙결사들이 주기적으로 채식에 참여했던 반면에 백련채에서는 일상적으로 채식주의를 실천했다. 백련채의 지계 수행론은 주로 민간계층에서 많이 호응을 얻었으며, 백련채(白蓮茱)(茱는 齋와 통합)라는 결사의 명칭도 술과 육식을 금하고 재계(齋戒)에 전념했기 때문에 명명되어진 것이었다. 이러한 백련채의 채식의 실천은 평소에 육식을 거의 할 수 없었던 하층 평민들의 경제상황과도 친화성이 있었기 때문에 서민계층의 신도들을 결사의 구성원으로 끌어들이는 데 유리하게 작용했던 것으로 생각된다.

백련채는 결사의 구성면에 있어서 남녀노소를 불문하고 모두에게 가입의 문이 열려 있었다. 심지어는 굳이 심지어는 굳이 전문수행자의 길을 걷기 위해 머리를 깎고 출가하지 않아도 된다고 할 만큼 개방적이었기 때문에 머지않아 기존 불교교단들의 반발을 사게 되었다. 또한 본래 재가신도들 간의 결사로 시작했기 때문에 자연히 가정을 이룬 이들도 많아서 남녀가 함께 모이는 형태를 취하고 있었던 까닭에 음란하다는 비판을 받았다. 여기에는 그들 대부분이 농사 등의 생업 때문에 주간이 아닌 야간에 집회를 했던 것도 한 원인이 되었으리라 생각된다.

『불조통기』를 찬술한 지반(志磐, 13세기)은 백련채를 '사교(邪教)'로 칭하면서 비판하고 있다. 이러한 비판의 주요 원인은 이러한 지반의 비판의 주요 원인은 당시 모자원 결사 내의 종교지도자라 할 수 있는 백련도인(白蓮道人)들이 승려의 결혼을 금지하는 불가의 계율을 어기고 반승반속 즉, 결혼을 한 승려들이었기 때문이었던 데다가, 남녀가 밤중에 함께 모여 집회를 하는 등 당시의 불교나 사회적 기준에서 차이가 나는 모습을 보였기 때문이었다. 또한 머리를 깎지 않고 물들인 옷을 입지 않았던 백련도인들은 국가에 대한 조세와 부역의 의무를 지지 않는 대신에 전력으로 포교에 집중할 수 있었으며, 이는 또한 모자원의 백련교도들이 다른 염불결사를 앞지를 수 있는 계기가 되기도 했다.[251] 덧붙여 백련채와 연속성을 갖는 것으로 보이는 이른바 백련교(白蓮敎) 일파들이 방중술이나 내단과 같은 도교의 수행법을 수용했던 것으로 인해 다른 불교 교단들의 공격을 받는 한 요인이 되기도 했다.[252]

모자원의 백련채에서는 염불이 서방극락과 정토에의 왕생을 보증한다는 믿음에 근거하여 끊임없이 아미타불의 명호를 부르는 염불을 실천했는데, 이는 아미타불의 구제력에 대한 절대적인 믿음과 순수하고도 간결한 염불을 강조했던 데서 기인한다. 백련채의 수행론 중에서도 특기할 만한 것이 바로 매일 다섯 차례 염불을 실천하는 오회염불(五悔念佛)이다. 이 오회염불은 참회의식인 오회법문(五悔法門)[253]과 염불을 융합한 수행론인 것으로 생각된다. 모자원은 오회염불을 매일 실천

---

251 嚴耀中, 『江南佛敎史』(上海: 上海人民出版社, 2000), pp. 321-322.

252 望月信亨, 이태원 옮김, 『中國淨土敎理史』(운주사, 2001), p. 430.

하면 오계를 증득할 수 있으며, 지극한 믿음으로 오회염불을 하는 것이 계율을 구족한 모든 선업보다 낫다고 가르쳤다. 이는 참회를 실천함으로써 축적되는 공덕과 함께 아미타불에 대한 믿음으로 인한 구원을 강조한 것이라 할 수 있다.[254]

이처럼 그는 아미타불의 구제력, 즉 원력에 절대적으로 의존하는 것이 근본적으로 중요하다는 것과 순수함과 경건함을 지니고 염불을 실천할 것을 요구했지만, 단지 아미타불의 구원력에 대한 믿음과 염불만을 강조한 것만은 아니었다. 모자원이 염불의 실천 외에 제시했던 또 다른 수행론은 바로 선행(善行)이었으며, 제자들에게 바른 행동이 없이 염불만을 행하는 것은 "황무지에 씨앗을 뿌려 좋은 수확을 얻기를 바라는 것"과 같은 것임을 설명하기도 했다. 모자원이 결사의 구성원들에게 송경과 염불을 행하고, 다리와 길을 만들고, 지나는 이들에게 물과 차를 대접하거나, 무덤을 돌보고, 공공을 위한 의식을 실천하도록 지도했던 것은 모두 이러한 맥락에 있는 것으로 생각된다.

또한 모자원은 윤회의 굴레에서 벗어나기 위한 것이 아닌, 병이나 가족, 기타 다른 이유들로 인해 자비행을 실천하는 것이나 복을 빌기 위해 의식(儀式)을 하는 행위 또한 어리석은 짓임을 주장하기도 한다. 그는 더 나은 내생이나 현세의 이익을 위해 자비행을 실천하는 것에 대

---

253 五悔란 懺悔, 勸請, 隨喜, 迴向, 發願의 다섯 가지를 말한다. 과거의 잘못을 감추어 둠이 없이 드러내어 새로이 짓지 않는 것을 懺悔, 시방의 제불에 대해 구원의 앎을 청하는 것을 勸請, 모든 善根을 마음속으로 기뻐하고 칭찬하는 것을 수희, 자신이 가진 善根을 다해 보리로 돌려 가는 것을 迴向, 발심하여 앞의 네 가지를 이끌어 가는 것이 發願이다.

254 Daniel L. Overmyer, 앞의 논문, p. 171.

해서도 경계심을 가지고 있었던 것이다. 그가 결사의 구성원들에게 제시한 간결한 교의와 실천은 '현실의 복이 아닌 정토왕생을 하기 위해서 자비행을 실천하고 염불을 행하라'는 것이었으며, 자비행이나 염불 등의 종교적 실천은 정토왕생이라는 궁극적 구원을 지향하는 것이지, 현세나 다음 생의 더 나은 윤회를 준비하기 위한 것이 아니기 때문이다.

이밖에도 모자원은 천태종의 교리를 활용하여 「원융사토삼관선불도 (圓融四土三觀選佛圖)」라는 그림을 그린 다음 불상과 도형, 비유를 통해 대중들에게 불국토에 대해 설명했다. 도상을 이용하여 교의를 해설하는 이러한 방식은 신도 대중들에게 커다란 호응을 불러 일으켰다. 모자원의 가장 큰 공적은 이처럼 불교의 교의와 실천을 지방의 민간신도들에게 좀 더 접근하기 쉬운 방향으로 재구성해서 제시했다는 점을 들 수 있을 것이다.[255] 모자원은 민간신도들이 이전부터 지속되어 온 자신들의 전통적인 방식을 불교의 교의와 실천에 접목할 수 있도록 가르쳤으며, 바로 이러한 점으로 인해 그가 당시의 불교계나 다른 엘리트들에게 공격을 받는 요인이 되기도 했다.

또한 준식의 결사에서 나타난 참회수행이 백련채에서도 실천되었던 것이 확인되는데, 이른바 참회의식을 실천했던 참당(懺堂)의 존재가 바로 그것이다. 모자원은 평강(平江)의 전산호(澱山湖: 강소성 청포현 서쪽)에 백련참당(白蓮懺堂)을 세워 대중들과 함께 정토수행을 했다. 이 참당

---

255 Barend J. ter Haar, "Whose Norm, Whose Heresy? The Case of The Chinese White Lotus Movement" Häresien, ed. Irene Pieper et al. (München: Wilhelm Fink Verlag, 20030, p. 69.

동아시아 염불결사의 연구

은 비슷한 시기에 세워진 보광왕원(普光王院)의 내부 혹은 근처에 자리하고 있었으며, 백련채의 구성원들은 바로 이 참당에서 정기적으로 공동 집회를 개최했다. 이 참당은 이른바 사원의 규모와 기능을 갖고 있는 공간으로서, 결사의 의식과 실천을 행하는 중심적인 장소이기도 했다. 참회의식을 실천하는 장소인 참당은 이전의 천태교단에도 이미 존재했으므로 그러한 형식을 빌려 결사의 수행공간으로 삼았던 것으로 생각된다.

이러한 모자원의 참당은 그의 가족들의 관할 하에 남자 후손에게 물려주는 방식으로 지속되었으며, 14세기 초까지도 존속되고 있었다고 한다. 백련채에서는 매일 신도들의 일상생활을 점검하는 교의적 훈련으로서 이 백련참당에서의 참법(懺法)을 강조했다. 이러한 참법은 그의 스승이 속해 있던 초과사(超果寺)를 비롯한 여타 다른 천태 사원에서도 널리 행해지던 수행의식이기도 했다.

모자원이 천태교단의 수행론의 영향을 받았던 것은 위의 참당 외에도 백련채에서 실천했던 각종 참법에서도 잘 드러난다. 모자원은 천태의 자운준식(慈雲遵式)이 저술한 『금광명참의(金光明懺儀)』나 『왕생정토참원의(往生淨土懺願儀)』등 7참법의 형식과 교의를 좀 더 간략화한 『연종신조참의(蓮宗晨朝懺儀)』를 지어 백련채의 신도들에게 참법을 지도했다.[256] 그가 결사의 대중들을 지도하면서 제시했던 참회 의식집은 거의

---

256 자운준식은 『晨朝十念法』을 만들어, 매일 새벽 반드시 전심염불을 하도록 규정했으며, 단 하루도 빠지지 않도록 했다. 후일 준식은 천태종의 가장 중요한 사찰인 연경사 내에 정토종의 '十元觀堂'을 설립했는데, 모자원이 '참당'을 만든 것도 이와 비슷한 맥락일 것이다.

천태종의 자운준식이 정비한 것에서 빌려왔으며, 교의 역시 천태의 교전에 근거하고 있었다.[257] 천태의 교의를 그림으로 형상화한 「원융사토삼관선불도」 역시 동일한 맥락에서 제작되었을 것으로 생각된다. 『여산연종보감』 권7에 기록된 「자조종주시염불인발원게병서(慈照宗主示念佛人發願偈并序)」에서는 참회의식에서도 염불에의 전념을 요구하는 모자원의 교의가 잘 드러난다.

대저 염불을 할 때는 먼저 발심을 해야 한다. 생사를 초월하고, 정토왕생을 하기 위해서는 대 서원으로써 스스로 뜻을 집중해야 한다. 항상 염불을 할 때에는 조석으로 전심하여 아미타불에 예배하기를 마치 황제에게 조회를 하듯 그 때를 놓치지 말고, 날이 갈수록 가까이 하며 마음과 입이 불타와 상응하여 멀어지지 않도록 해야 한다. 입으로는 염불을 외고 마음으로는 생각하니, 마음속으로 견불을 원하기를 깊고 두텁게 하여 굳건한 믿음에 의심이 없어야 한다. 날이 가고 해가 지날수록 공부가 익어 가면 자연히 삼매를 성취하고 임종 시에 아미타불이 영접하게 되리니 정토가 눈앞에 펼쳐질 것이다.[258]

인용문에서도 알 수 있듯이 모자원의 참회의식은 간결하고, 오로지

257 Barend J, ter Haar, 앞의 논문, p. 69.

258 大凡念佛, 先要發心. 欲超生死往生淨土, 須以大願自爲主意. 常須念佛, 早晚專心禮拜彌陀, 如朝帝主兩不失時, 日近日親, 心口與佛相應, 去佛不遠, 口念心想心願見佛, 發深重願決信無疑. 日久歲深, 工夫純熟, 自然三昧成就, 臨命終時彌陀接引, 淨土現前. 「慈照宗主示念佛人發願偈并序」『廬山蓮宗寶鑑』(大正藏 47: 1973, 336c07-336c13).

염불에 집중할 것을 요구하고 있다. 자운준식의 참법처럼 사종문(예참문·십념문·계연문·중복문)을 복잡하게 요구하는 것이 아니라, 입으로는 염불을 외고 마음으로는 아미타불을 생각하는 것으로 일관하는 것이 백련채 참법의 특징이라고 할 수 있는 것이다. 마음을 집중하여 아미타불을 생각하고, 아침저녁으로 두 차례 때를 놓치지 않고 전심으로 염불을 하기만 하면 자연스럽게 수행이 깊어져서 죽음의 순간에 정토왕생의 구원을 얻게 되리라는 것이 백련채 참법의 요체이다. 이처럼 간결한 의식과 구원론은 남녀노소를 가리지 않고 민간인들을 백련채의 신도로 수용했던 모자원의 결사에서 취해야 했던 필연적인 선택이었을 것으로 생각된다.

그렇다면 천태 교의와 실천의 바탕을 빌리되, 반승반속의 지도자라든지, 야간집회와 같은 백련채 만의 독특한 운영방식을 구축했던모자원의 결사 내 위상은 과연 어떠한 것이었을까? 백련채의 모자원은 백련참당 시절부터 자리에 앉은 상태에서 백련채 구성원들의 절을 받았으며, 스스로를 백련의 지도자라는 의미로 백련도사(白蓮導師)라고 불렀다. 또한 모자원의 신도들은 그를 '모상사(茅上師)'라 칭하고 스스로를 '백련채인(白蓮菜人)'으로 불렀다. 바로 이 '상사(上師)'와 '백련도사'라는 용어의 설정에서 모자원의 백련채에서는 지도자와 구성원 간의 평등한 위계관계 대신에 스승과 제자의 관계로 설정되고 있었던 모습을 볼 수 있다. 일본의 이십오삼매회의 경우처럼 동붕이나 동지의 개념 대신에 이처럼 처음부터 사제관계로 형식을 성해두고 있었던 것은 결사의 시작이 모자원 대 민간신도 내지 반승반속의 지도자들로 이루어진 민간중심의 결사였기 때문일 것으로 생각된다. 다시 말해 모자원이 교단 밖에서 결성한 결사였기 때문에 여타 천태교단의 결사 지도자들처럼 교단의 질서 안에서 확보된 권위를 갖기 힘든 상황에서 결사 내에서의 자신의 위치 매김 내지 정체성을 구축하고자 했던 것으로도 볼 수 있으리라 생각된다.

모자원은 또한 결사에 가입하는 신도들에게 종교적 교의를 상징하는 보·각·묘·도(普覺妙道)의 네 가지 글자를 이름에 사용할 것을 지시하기도 했다. 이 네 글자는 "불가사의한 도에 대한 우주적 깨달음"을 의미하며, 모든 이가 불성을 내재하고 있어서 깨달음을 얻을 수 있다는 것을 함축하고 있다. 이 글자들은 항렬을 나타내는 문자들처럼 보통 개인의 이름에서 첫 번째 문자에 해당되었으며, 부자간에 같은 글자를 쓸 수도 있었다.[259] 또한 그가 죽기 바로 전에 그의 제자들에게 그들의 이름을 보·각·묘·도(普覺妙道)'라는 네 글자로 명명을 할 것을 유언하기도 했다. 일반적으로 백련채의 신자들이 사용했던 글자는 보와 각이었으며, 그들이 이름 안에 이 글자를 받아들이는 것은 5계를 지키겠다는 서약을 수반하는 의미가 있었다.

이처럼 백련채에 입회하는 신도들에게 다른 교단과 차별화 되는 이름을 사용하게 한다는 것은 모자원이 천태나 정토교와는 다른 백련채

---

259 여성들의 경우에는 보통 妙라는 글자를 자주 사용했으며, 별개의 집단을 이루고 있었다. 여성들이 妙를 이름에 사용했던 현상은 특정 불교집단이나, 宗에 국한되지 않았으며, 이는 여성성을 지닌 천수천안대비관음의 이름인 妙善과 그녀의 두 언니인 妙顏·妙音에서 기인한 것으로 보인다. 묘선전설에서 보듯 전반적인 여성들, 특히 종교집단의 여성들 사이에서 관음보살의 인기는 대단했다. B. J. ter. Haar, 앞의 책, p. 40.

동아시아 염불결사의 연구

만의 정체성을 구축하려는 시도를 했음을 보여준다. 초기에 백련채를 결성하고 확대시키는 과정에서는 천태의 교의와 체계, 그리고 정토의 실천적 요소들로 기반을 구축했지만 어느 정도 교단화 작업이 진행되어 가자, 백련채 만의 차별성을 드러내고자 했던 것으로 생각된다. 후일 '백련'이라는 이름을 걸고 모자원의 계승자임을 표방하면서 활동했던 백련교는 사실 이 '이름 짓기'에서부터 그 정체성을 표방하고 있었던 것이다.

아울러 이름 중의 한 글자를 결사의 회원들이 공유한다는 것은 결사 구성원 간의 연대성과 동지의식을 제고시키는 데 있어 중요한 의미가 있었으리라 생각된다. 결사 안에서 이름 한 글자를 공유하는 것에서 파생되는 신앙적 유대감이나 평등의식은 그들이 스스로를 일컫는 명칭이었던 '도우(道友)'라는 용어에서도 잘 드러난다. 도우(道友)는 그야말로 결사 구성원 간의 연대성을 강조한 용어로서, 천태교단 밖에서 남녀와 귀천을 가리지 않고 구원의 보편성을 주창하며 결사 활동을 했던 백련채의 정체성이 잘 드러난다고 볼 수 있을 것이다.

(2) 끽채사마(喫菜事魔) 혐의와 교단 밖의 수행론

모자원은 45세가 되던 해(1131)에 경쟁교파의 승려들과 관료들에 의해 그의 교의가 이단이라는 고발을 당하여 46세에 강주(江州: 강서성 구강현)로 유배뇌었다. 정통 불교의 의식이 아닌 사교(邪敎)의 신(魔)을 모시는 의식을 실천하고, 남녀가 함께 모여 습속을 어지럽히게 했다는 것이 그 주된 이유였다.[260] 그러나 이후에도 그는 소신을 굽히지 않고 유배지인 강서성에서도 계속 교화를 지속했으며,『서행집』을 찬술하는 등의 활동을 지속했다. 이러한 외부로부터의 압박은 당시 송대 사회에서 점차 확대되고 있던 명교(明敎, 마니교)나 도교 관련 결사들에 대한 관헌들의 의혹의 눈길이 백련채로까지 미치게 되면서 결사의 규모가 점차 확대되는 것을 견제하려는 의도에서 기인한 것으로 보인다.

1133년에 모자원이 풀려난 이후, 건도(乾道)2년(1166)에는 황제인 고종이 항주에 있는 별궁인 덕수전(德壽殿)으로 그를 소환하여 정토교의 교의에 대해 강의를 듣게 된다. 모자원이 고종에게 강의하게 된 이후 금란가사와 함께 「권수정업연종도사자조종주(勸修淨業蓮宗導師慈照宗主)」라는 칭호까지 받게 되자 불교계 안에서의 모자원의 위치는 격상하게 된다.[261] 이러한 일련의 사건에서 짐작할 수 있듯이 모자원과 그를 따르는 결사인 백련채(白蓮茶)에 대한 당시 불교교단의 공격은 신랄했다.『불조통기(佛祖統記)』에서는『석문정통(釋門正統)』의 원문을 빌려와서 모자원의 백련채를 사교집단으로 비난하고 있음을 볼 수 있다.

그 삿된 가르침(邪敎)을 받아들이는 것을 전도(傳道)라고 했으며, 그와 더불어 통음하는 것을 불법(佛法)이라고 했다. 오만방자한 승려와 속인들이 서로 만나서 이르지 않는 곳이 없었다. 어리석은 사람들은 서로를 꾀

---

260 이때의 유배형으로 인해 당시 보광왕원에 세워진 수많은 묘비명에 그의 이름을 올리지 못했던 것으로 보인다. B. J. ter Haar, 앞의 책, p. 67.

261 Daniel L. Overmyer, 앞의 논문, p. 170.

어서 마을에서 함께 망녕된 행위를 즐겼다. 관청에서 이에 대해 논하여 마(魔)를 받든 죄를 바로잡고자 강주에 유형을 보냈으나 그 잔당들이 아직껏 활발하게 활동하고 있다.[262]

본문에서 보듯 기성 불교교단에서 모자원을 고발한 죄목은 승려와 신도 간의 음행, 남녀 신도들 간의 망녕된 행위, 마(魔)를 받든 것 등이다. 모자원의 이러한 죄목에 관해서는 아직도 학자들 간에 논의가 많이 오가고 있다. 근대에 들어서는 모자원을 따르는 신도들이 많아짐에 따라 기성교단의 승려와 관리들이 그 세력을 견제하기 위해 과도한 공격을 가한 것으로 보는 시각이 많다.

이 책에서는 모자원에 대한 이러한 비난에 대해 중립적인 시각을 유지하고자 한다. 유배당한 이후 얼마 되지 않아 고종의 부름을 받고, 금란가사까지 하사받았던 사실로 미루어 그에 대한 공격이 말 그대로 기성 교단의 텃세일수도 있고, 당 중기 이후 일행(一行, 683-727)이나 선무외(善無畏, 637-735), 금강지(金剛智, 671-741) 등을 통해 들어온 밀교의 의식이나 작법 등이 이미 불교계에 두루 보급되어 있었던 상황에서 밀교적 색채가 강한 수행이 백련채의 회합에서 실천되었을 가능성도 배제할 수 없기 때문이다.[263]

모자원보다 약간 이른 시기에 활동했던 북송의 찬녕(贊寧, 919-1002)

---

262 受其邪敎者, 謂之傳道, 與之通姪者, 謂之佛法. 相見傲僧慢人無所不至. 愚夫愚婦轉相誑誘, 聚落田里皆樂其妄. 有論於有司者, 正以事魔之罪, 流於江州, 然其餘黨效習至今爲盛. 『佛祖統記』(大正藏 50: 2035, 425a11-425a15).

역시 『대송승사략(大宋僧史略)』「결사법집」편에서 당시에 무지한 자들이 작복(作福)을 목적으로 불교결사에 입회하여 수경신(守庚申) 등을 실천했으나 이는 실제로 도교의 습속임을 들어 불교결사를 비판하고 있음을 볼 수 있다.[264] 또한 백련채에서 마(魔)를 받들었다는 비판으로 미루어, 인도의 힌두이즘적 신과 불보살이 결합된 형태의 신을 받드는 밀교작법과 유사한 의식을 실천했을 가능성도 짐작하게 한다. 하지만 모자원의 백련채가 보여주는 강력한 금욕주의적 성격을 볼 때 좌도밀교적인 의식을 실천했을 가능성은 낮아 보인다.[265]

따라서 도교와 불교의 수행법이 서로 동행하며 융합하는 모습을 보여주었던 당·송 이후의 중국종교의 상황으로 미루어 볼 때 어느 쪽으로도 확실하게 판단하기는 힘들다는 것이 이 책의 시각이다. 위의 인용문에서도 볼 수 있듯이 모자원은 채식을 하고(喫菜), 정통 교단의 의식이 아닌 다른 형태의 불보살 도상을 숭배했다는(事魔) 이유로 '끽채사마(喫菜事魔)의 혐의를 받았다. 송대에 정통 교단 종교가 아닌 신앙집단

---

263 실제로 모자원이 활동했던 시대와 가까운 원대(1271-1368)부터는 도교의 운기양생술이 불교결사의 의식과 수행법에 보충되기 시작했다. 도교의 명상법은 건강을 가져다줌과 동시에 영적 해탈을 준비하는 것으로 받아들여졌으며, 정통 불교, 도교, 유교 모두에서 엘리트 수행자와 그들의 신자들에 의해 폭넓게 실천되었다. (Daniel L. Overmyer, 앞의 논문, pp. 157-158.) 따라서 모자원의 백련채는 이러한 현상을 선도했던 종교 단체라고 볼 수도 있을 것이다. 아울러 이와 같은 수행법의 융합은 유·불·도 모두 각자의 전통 안에 모두 명상 수행의 요소를 가지고 있었기 때문에 더욱 빠르게 진행되었을 것으로 생각된다.

264 近聞周鄭之地邑社多結守庚申會, 初集鳴鐃鈸, 唱佛歌讚, 衆人念佛行道. 或動絲竹, 一夕不睡, 以避三彭奏上帝, 免注罪奪算也. 然此實道家之法, 往往有無知釋子, 入會圖謀小利, 會不尋其根本, 誤行邪法. 深可痛哉. 『大宋僧史略』(大正藏 54: 2126, 250c28-251a04).

265 於是利他心切發廣度願, 乃慕廬山遠公蓮社遺風, 勸人歸依三寶受持五戒, 一不殺二不盜三不婬四不妄五不酒. 念阿彌陀佛五聲以證五戒普結淨緣欲令世人, 淨五根, 得五力, 出五濁也. 『廬山蓮宗寶鑑』(大正藏 47: 1973, 326a18-326a22).

동아시아 염불결사의 연구

에 대해 주로 관헌이나 기성교단 측에서 공격적인 뉘앙스로 사용했던 끽채사마는 특정한 비밀종교를 지칭하는 용어가 아니라 널리 사교(邪敎) 일반을 포함하는 용어였음을 알 수 있다.

물론 끽채사마로 불렸던 대부분의 대상이 명교, 즉 마니교로서, 이들의 주된 종교적 실천이 채식을 하고, 이질적인 신들의 도상을 숭배한다는 의미에서 붙여진 명칭이긴 하지만 끽채사마로 불린 모든 신앙집단을 마니교로 단정할 수는 없다. 또한 남송시대에 이르면 곧이 종교가 아니더라도 사회에 해악을 끼치는 인간이나 집단에 대한 비방의 의미로도 적용 범주가 확대되기도 했다.[266] 버렌드 터 하(B. J. Ter. Haar.)와 같은 경우는 '채식을 하고 마(魔)를 모셨다'라는 백련채에 대한 비난이 여타의 다른 이단 종파를 배격하는 데에도 쓰였던 일종의 상투적인 표지(label)같은 것이었다고 주장하기도 한다.[267]

아울러 모자원이 활동했던 12세기는 황제를 대리하여 지방민들을 통치하는 입장에 있었던 관료들에 의해 적극적으로 지방의 신들을 공인된 사당 내지 사원의 판테온으로 편입하려고 시도했던 시기이기도 했다. 12-13세기는 관료들이 자신이 통치하는 지방의 심리적인 안정감과 복지에 대한 책임 때문에 기우나 기청(祈晴), 메뚜기 떼의 습격, 도망

---

266 끽채사마라고 하는 송대 특유의 명사는 그 시기에 있어서 다른 의미를 갖게 된 것으로 보인다. 또한 위정자 입장에서는 요망한 반사회적 종교결사와 그 활동을 이르는 것으로서, 도교와 불교, 민간신앙을 가리지 않고 적용되는 용어이기도 했다. 백련종, 백운종은 물론 大慧宗杲까지 事魔의 죄를 뒤집어씌웠으며, 朱憙 등도 끽채사마의 동류로 공격을 받기도 했다. 竺沙雅章, 「中國佛敎社會史硏究」(京都; 同朋舍, 1982), pp. 219~222.
267 한편 버렌드 터 하는 '事魔'의 魔가 음가 상으로 비슷한 마니교를 가리키는 것이라는 일반적인 주장에 대해서는 별로 비중을 두지 않고 있다. B. J. Ter. Haar, 앞의 책, pp. 44~46.

친 범죄자를 체포하는 문제에 이르기까지 사원의 승려와 상의했으며, 나아가 불교신도의 대다수를 구성했던 민간인들은 개인과 가문의 모든 문제를 사원의 승려에게 의존했던 시기이기도 했다.[268]

모자원은 이처럼 민간의 신들이 종교교단이나 국가 의례체계 안으로 편입되기 시작했던 시기의 초입에 활동했던 종교지도자였다. 또한 그는 자운준식의 경우처럼 교단의 보호권 안에서 자신의 교의체계를 확립했던 인물이 아니라, 사원 밖에서 민간신도 중심의 결사운동을 했기 때문에 외부의 공격에 취약할 수밖에 없었으리라 생각된다. 또한 불교교단과 관료들이 모자원을 공격했던 이유는 사원 내지 지방정부 조직을 중심으로 민간 신들을 제도권 안으로 편입시키는 작업을 해나가는 과정에서 백련채의 활발한 활동이 걸림돌이 되었기 때문이었을 것이다.

하지만 이 책에서 이 대목과 관련하여 중요하게 포착해야 될 점이 있다면 끽채사마의 사실 여부보다는 모자원이 당시의 정통 불교교단과는 다른 방식으로 백련채를 이끌어가고, 다른 형태의 의식을 실천했다는 것이다. 또한 그를 따르는 민간신도들을 포교의 장으로 끌어들이고, 그들의 종교적 요구에 답하기 위해 선택했던 방식이 그가 본래 뿌리를 두고 있었던 천태교단의 사원 안에서는 수용될 수 없었던 것임은 분명하다는 점이다.

『불조통기』에서는 모자원이 제시한 교의와 실천에 나타나는 여타 교

---

268   Valerie Hansen, 앞의 책, pp. 11–13.

단, 특히 천태종의 잔영(殘影)을 들어 모자원과 백련채를 신랄하게 비난하고 있다. 그 비판의 정당성은 논외로 하더라도, 백련채의 실천의 대강(大綱)을 확인해 보는 것은 의미가 있을 것이다.

이른바 '사토도(四土圖)'라는 것은 천태종의 격언을 베껴서 게송으로 갖다 붙인 것이니, 모조리 비루하고 부박한 언사들이다. 신조참(晨朝懺)이라는 것은 자운준식의 7가지 참법을 간단하게 줄여서 따로 하나의 본으로 만든 것이니 어느 행법에 의거하는지를 알 수가 없다. 게송 4구를 읊는 것은 거의 나무꾼 노래 수준이다. 오성염불을 한다하는데 십념과 무슨 관련이 있겠는가. 백련이라는 이름을 붙여 망녕되이 조사에 계탁하고, 도사(導師)라고 부르며 불타와 동격으로 참칭한다. 정토수행의 이름을 빌려 삿된 음행에 전념하니 외설스럽고 불량하여 어찌 온전한 도일 수 있겠는가. 한탄스럽구나.[269]

이는 기존에 천태사원 소속이었던 모자원이 교단을 나와 독자적인 형태로 종교집단을 이끌어 가는 모습에 대해 현 천태교단 소속의 승려인 지반이 가하는 비판일 것이다. 지반의 이러한 비판은 천태교단 밖에서 이단의 실천이 섞인 형태의 신앙결사를 이끌어가면서 세력이 커가는 백련채를 견제하려는 교단 내부의 입장을 대변하는 것일 수도 있으

---

269 所謂四土圖者, 則竊取台宗格言附以雜偈, 率皆鄙薄言辭. 晨朝懺者, 則撮略慈雲七懺, 別爲一本, 不識依何行法. 偈吟四句, 則有類於樵歌. 佛念五聲, 則何關於十念. 號白蓮妄託於祖, 稱導師僭同於佛. 假名淨業而專爲姦穢之行, 猥褻不良, 何能具道. 嗟夫. 『佛祖統紀』(大正藏 54: 2035, 425a20–425a26).

리라 생각된다.

전술했듯이 모자원이 결사의 신도들에게 제시했던 기본적인 교의는 대부분 자신의 사상적 기반인 천태의 것을 수용하고 있었다. 아미타정토 왕생을 궁극의 구원으로 인정하고, 이를 위해 염불수행을 하되, 이는 어디까지나 그의 신도들의 대부분을 차지하는 하근기의 사람들을 인도하기 위한 방편이었다. 아미타정토의 실상은 마음(唯心)의 밖에 있는 것이 아니고, 아미타는 자성(自性) 그 자체이며, 따라서 임종 시에 아미타불을 친견하는 것과 정토왕생이 다 자신의 마음에서 발현된 것이지 달리 외재하는 것이 아니라는 것이다. 이러한 그의 사상은 『여산연종보감』 제7에 수록된 「자조종주시염불인발원게배서(慈照宗主示念佛人發願偈拜序)」에 잘 나타나 있다.

임종 시 불타를 친견하는 것은 밖에서 온 것이 아니고 모두 다 유심에서 나타난 것이다. 마치 씨앗이 연못 속에 있으면서 봄을 만나 발아하는 것과 같다. 어찌 밖에서 온 것이겠는가! 다 땅으로부터 나온 것이다. 지금 수행하는 것도 이와 같다. 염불과 신원(信願)으로 거두어들이는 것도 팔식심지(八識心地)에 있다. 임종 시 나타난 정토와 미타는 밖에서 온 것이 아니고 다 자기 마음으로부터 나온 것이다.[270]

---

270 臨終見佛, 卽非從外來, 盡是唯心顯現. 猶如種子, 在地逢春發生. 豈是外來皆從地出也, 今之修行亦爾. 念佛信願納在八識心地. 臨終發現淨土彌陀, 卽非外來皆從自心出也. 『廬山蓮宗寶鑑』(大正藏 47: 1973, 336c15-336c19).

인용문에서 보이는 "임종 시 불타를 친견하는 것은 밖에서 온 것이 아니고 모두 다 유심"이라는 구절은 명확히 유심정토적 시각을 드러내고 있다. 이처럼 유심정토(唯心淨土)의 교의를 설파했던 자원이 '마(魔)를 모시는' 의식을 실천했던 것은 어떻게 설명해야 할까?

관련된 문헌상으로는 모자원이 실천했던 의식이 어떤 것인지는 명확치 않다. 수·당 이후 불교계 안에 서서히 뿌리를 내리고 성행해 온 '시아귀(施餓鬼)'회[271]와 같은 것일 수도 있고 밀교적인 작법일 수도 있으며, 당시 당대 이후부터 서서히 중국 사회에 뿌리내리기 시작한 명교(明教), 즉 마니교의 도상일 수도 있다. 먼저 모자원 역시 시아귀회를 실천했을 가능성은 많지만, 이미 전대(前代)의 천태 조사인 자운준식의 경우에도 시아귀의식 등을 실천했으며, 수대부터 수륙재 등의 유사한 형식으로 존재해왔기 때문에 이를 두고 천태교단에서 비판했을 가능성은 거의 없으리라 생각된다. 문제는 회(會)나 재(齋) 등의 의식과 관련된

---

271 『佛說盂蘭盆經』에서는 7월 15일의 僧自恣日에 盂蘭盆會를 거행하여 백 가지 음식으로 시방의 승려들을 공양함으로써 현생의 부모와 일곱 생의 부모가 모두 구제받을 수 있다고 설하고 있다. 이러한 施食의 사상은 『佛說盂蘭盆經』에 등장하는 목련존자의 救母설화가 조상의 천도로, 나아가서는 천지를 떠도는 아귀들의 천도로까지 해석이 확대된다. 일반적으로 우란분재를 가장 먼저 실시한 것으로 알려진 梁 武帝는 同泰寺에서 우란분재를 거행했으며, 唐代에 이르러서는 매년 7월 15일에 황실에서 각 官寺에 盆을 보내어 각종 물품을 헌납하고 민간에서도 盆을 헌납했다. 한편 宋代에는 부처와 승려에 대한 공양의 의미가 대폭 약화되고, 의식의 화려함도 줄어든 반면에 망자의 구제를 위한 '荐亡'이 행해졌다. 盆을 바치는 대상이 승려가 아닌 餓鬼가 되었으며 餓鬼에게 공덕을 베풀어 망자의 천도를 기원하는 '施餓鬼'로 법회의 성격이 변한 것이다. 불교 측에서는 도교의 삼원절 중의 하나인 7월 15일 中元節을 수용하여 망자의 영혼을 천도하고, 떠도는 망혼과 승려에게 음식을 보시하는 우란분절과 합치게 된다. 다시 말해, 도교의 중원절과 불교의 '目連救母'설화에서 연원한 우란분절이 합쳐졌다가 귀신에게 베푼 공덕으로 전·현생의 부모를 구제하는 '施餓鬼節'로 나아갔다고 볼 수 있을 것이다. 결국 중국의 우란분절은 불교의 공덕사상, 도교의 三元, 중국의 전통적인 조상숭배사상이 어우러져 발전한 명절인 것이다. 김성순, 「중국종교의 수행론에 나타난 도·불 교섭: 당·송대를 중심으로」, 서울대 석사학위논문, 2007, pp. 93-95.

각종 신과 불보살의 도상과 위격이었을 것이다.

위의 사항과 관련하여 『석문정통』에서는 마니교와 모자원의 백련채를 바로 연이어 서술하고 있는 것을 볼 수 있다. 실제로 마니교는 7세기 후반에 실크로드를 따라 중국에 들어 온 이후 9세기부터 본격적으로 중국 내에 신도가 생기기 시작했으나 회창(會昌)3년에 황제의 칙령으로 축출 당하게 된다. 모자원 이전인 후당·석진(石晉)시대에도 마니교가 유행하다가 정부에 의해 축출되긴 했지만 그 남은 일부의 무리들이 여전히 활동하고 있었기 때문에 불교 교단과 정부 측에서는 경계심을 늦추지 않고 있었던 것이다.[272]

송대에 이르러 진종(眞宗)시기에 도장(道藏) 편찬에 즈음하여 복주(福州) 등에서 진상된 도교 경전인 『명사마니경(明使摩尼經)』 등이 도장에 편입되기도 했다. 또한 복주의 부호 임세장(林世長)이 편찬관에게 뇌물을 주어 마니교 경전인 『이종삼제경(二宗三際經)』을 도장 안에 편입시켰다고 전하기도 한다. 이어서 휘종(徽宗)이 『만수도장(萬壽道藏)』을 간행하기 위해서 정화(政和) 7년(1117)과 선화(宣和) 2년(1120)의 두 차례에 걸쳐 온주(溫州, 절강)에 명하여 마니교 경전을 바치게 해서 편입시키게 하기도 했다.[273] 이는 북송 후기에는 마니교가 온주에 전해져서 그 경전

---

272 後唐石晉時, 復潛興, 推一人為主, 百事稟從. 或畵魔王踞座, 佛為其洗足云. 佛止大乘, 此乃上上乘, 蓋影傍佛教, 所謂相似道也. 有比丘為飢凍故, 往往隨之效利, 識者當遠離之. 此法誘人, 直到地獄, 戒哉. 今之魔黨, 仍會昌配流之後, 故不名火祆, 仍貞明誅斬之餘, 故不稱末尼. 其教法則猶爾也. 故法令禁之. 『釋門正統』(卍續藏(CBETA) 75: 1513, p. 94). 唐代의 마니교는 무종의 회창 3년(842)에 있었던 회창폐불 당시에 철저하게 탄압을 받았지만 그 후에도 비밀리에 전승되어 오다가 오대 後梁의 貞明 6년(920)에 陳州의 마니교도가 母乙을 옹립하여 반란을 일으키게 된다.

273 竺沙雅章, 『中國佛教社會史研究』(京都: 同朋舍, 1982), p. 201.

동아시아 염불결사의 연구

이 보급되어 있었음을 명확하게 보여주는 사례로 볼 수 있을 것이다.

조정에서는 이러한 절동(浙東; 절강, 강동)지방의 마니교 전파에 대해서 선화 2년 (1120) 11월 4일에 신료들의 주청을 받아들여 금지령을 내리게 된다. 명교도들은 매년 정월 중에 하루를 택하여 모여서 도량을 열고 농민을 끌어들였으며, 남녀가 밤에 모였다가 새벽이면 흩어지는(夜聚曉散) 야회(夜會)를 했다고 전한다. 또한 명교도를 고발했던 상주문에 의하면 명교도가 암송하는 『흘사경(訖思經)』, 『증명경(證明經)』, 『태자하생경(太子下生經)』 등등의 경전과 회화, 불상류는 모두 도장과 불장에 수록되지 않은 망령되고 요사스러운 것이며, 거기에 많은 「이시명존(爾時明尊)」, 즉 명교의 숭배대상들도 도교와 불교와는 다른 것이라고 했다.[274] 이러한 신료들의 상주에 의해 휘종은 마침내 명교의 활동을 금할 것을 명하게 된다.

하지만 명교의 전통은 남송대까지도 계속 이어져서 복주의 경우에는 일반인들은 물론 명문귀족 사대부들에게까지 명교신앙이 침투했다. 따라서 교단의 밖에 나와 있었기 때문에 민간의 신앙을 수용하는 데에 있어서 융통성을 발휘할 수 있는 입장에 있었던 모자원이 마니교에서 모시는 도상이나 유사한 상징을 의식에 사용했을 가능성을 온전히 배제할 수는 없으리라 생각된다. 또한 『석문정통』에서 표현하는 마니교의 특징들-"매운 채소를 먹지 않고, 어리석은 백성을 꾀고, (남녀가) 섞여 음행을 하며, 밤에 모였다 낮에 흩어지는"[275]-이 모자원의 백련채에 대한 비

---

274 竺沙雅章, 앞의 책, p. 202.

난과 거의 유사함을 볼 수 있다.

이러한 일련의 논의들에서 파악할 수 있는 점이 있다면 모자원의 백련채가 특정 교단 혹은 사원에 소속되거나 연계된 결사가 아닌 교단 밖의 결사였기 때문에 기존의 천태 교의에 근거한 수행을 위주로 하되 충분히 여타 신앙의 요소를 수용할 여지가 있었다는 것이다. 다른 또 하나는 백련채에서 실천했던 수행의 실제적인 내용과 상관없이 이른바 정통 교단에 속하는 이들이 교단 밖의 결사인 백련채에 대해 이단의 외래종교에 대한 시선을 그대로 투사시키고 있었을 가능성도 있다는 것이다. 모자원의 백련채는 정통교단의 영역 밖에서 기존의 의식을 간략하게 줄인 참법이나 선행 등을 실천했던 결사였지만, 여타 신앙의 요소까지 흡수할 수 있었던 개방성과 수용성으로 인해 천태교단과 관료들의 공격을 받았던 것으로 볼 수 있는 것이다.

모자원의 백련채에 대해 교단 안팎과 관료들의 탄압이 가해졌던 전후 인과의 과정을 명확히 알 수는 없지만, 백련채에서 실천했던 의식 안에 정통 교단에서는 볼 수 없었던 새로운 숭배대상이 편입되었다는 점은 분명한 것으로 보인다. 또한 이는 모자원이 강하게 영향을 받고 있었던 자운준식의 결사의 경우와 마찬가지로 민간신앙의 신격들을 불교의 의식체계나 기타 국가적 의식 안에 흡수함으로써 제국 내의 전체적인 종교의식(儀式)을 통제하고자 했던 12-13세기 남송대의 정책에 선행하는 것으로서 민간신앙이 크게 유행했던 송대 사회의 종교적 분

---

275 不食葷茹, 誘化庸民, 糅雜淫穢, 宵集晝散. 『釋門正統』(卍續藏(CBETA) 75: 1513, p. 94).

위기와도 무관하지 않은 현상으로 생각된다.

본문에 인용한 내용에서도 확인할 수 있듯이, 모자원 자신은 유심정토사상을 이미 수용하고 있었기 때문에 임종 시의 아미타내영이나 정토의 외재개념도 부정하고 있었다. 하지만 민간신앙에 빠져 있던 일반인들을 백련채 안으로 끌어들이기 위해서는 불교적 재해석을 통해 민간 신앙의 핵심적인 요소를 수용해야 했으며, 이러한 요소가 끽채사마의 의식으로 발현되었던 것으로 생각해 볼 수 있다. 다시 말해 민간 신도들을 결사 안에 수용하기 위해서는 내부의 수행론 역시 구성원들의 종교적 수준이나 요구에 걸맞은 요소를 받아들일 수밖에 없었던 결사 지도자들의 고민을 들여다 볼 수 있는 사례가 바로 백련채를 둘러싼 '끽채사마' 논란의 본질일 것이다.

(3) 북송대 천태교단의 결사와 모자원의 위치

모자원을 '우리의 조사(我祖)'라 부르는 승려 보도(普度, 1255-1330)[276]가 자신이 지은 저서의 제목을 『여산연종보감(廬山蓮宗寶鑑)』이라고 했던 것은 여러 가지를 시사해준다. 이 장에서 여러 번 밝혔듯이 모자원

276　원대의 승려 보도(1255-1330)는 백련교라는 이름이 붙은 전통들에 대한 기록인 『여산연종보감』을 편찬했다. 보도와 그의 가족들은 1270년에 백련결사에 입회하여 결사가 유지·확대되는 데에 지대한 공헌을 했다. 후일 그는 여산의 동림사에서 정식으로 출가했으며, 다시 고향인 단양으로 돌아온 이후 백련결사의 전통을 백련교라는 하나의 전통 교단으로 구축하는 작업에 힘을 기울이게 된다. 『여산연종보감』 안에 여산 혜원뿐만 아니라 모자원의 저술과 그의 행적들을 기록하여 백련교단, 즉 백련종의 조사로 내세우는 시도를 했던 것도 이러한 맥락으로 볼 수 있을 것이다. B. J. ter Haar, The White Lotus Teachings in Chinese Religious History, (Honolulu: University of Hawai'i Press, 1999), pp. 72–73.

은 천태의 교의와 실천을 익힌 승려였으며, 실제로 그가 백련채의 신도들에게 지도했던 교의의 내용에서도 천태의 사상이 주로 발견된다. 하지만 보도는 여산(廬山), 즉 백련사를 이끌었던 혜원을 모자원 이후 백련교의 정신적 물줄기의 근원으로 대고 있으며, '연종(蓮宗, 정토종)'이라는 이름에서는 백련채의 교단적 정체성을 정토교에 귀속시키고자 하는 의도를 보여준다.

비록 송대 이후 수많은 염불결사들을 지원했으며, 염불 실천에 천태 관법의 사상적 깊이를 더한 주체 역시 천태 교단이긴 했지만 모자원을 정통의 법맥으로 내세우기 위해서는 역시 정토교 쪽으로 방향을 선회해야 했을 것으로 생각된다. 모자원이 천태교단의 승려들에게 고발을 당한 전력이 있는데다가 내부적으로 이미 사승관계의 맥이 자리 잡힌 천태교단 안으로 모자원을 들이밀기는 힘들었을 것이기 때문이다. 따라서 아직 특별하게 교단의 정체성을 드러내지 않았던 시기의 여산 혜원의 백련사를 정토종의 비조로 삼고, 이후로도 뚜렷한 교단의 실체나 법맥이 존재하지 않았던 연종의 법맥에 모자원을 귀속시키면서 조사라는 정통성을 확보하게 했던 것이다. 모자원의 정통성은 그의 계승을 표방하는 백련교의 정통성과도 직결되는 문제였기 때문에 모자원의 사후에 그의 의지와는 상관없이 보도의 사상적 작업이 진행되었을 것으로 생각된다. 이는 보도 자신이 공공연하게 사상적 지주로 표방하고 있는 모자원의 '자리 잡기'가 사실상 보도 자신의 자리 잡기와도 직결되는 문제이기 때문이다.

이제 전체적으로 이 장의 내용을 정리해보면, 북송대 이후에 아미타신앙과 관련한 대부분의 교의와 의식의 발전은 천태교단의 결사활동을 기반으로 이루어졌음을 확인하게 된다. 아울러 송대에 강서성과 절강성 주변에서 급증한 정토결사에 대한 자운준식의 영향력은 천태 교단 밖에 있었던 모자원의 백련교에서 실천되었던 참회와 염불의례에서 자운준식이 만든 의례의 표준적 원형을 사용했던 점에서도 잘 드러난다.

자운준식은 후일 천태 의례의 표준이 된 여러 권의 참회 의식집을 만들어 냈으며, 이를 이용하여 당시 민간에서 받들어지고 있던 여러 신들을 천태교의의 질서 안에 배속하고 개종시키는 역할을 해냈다. 참회의식은 물론 기존의 여러 의례적 요소들인 방생, 경전신앙, 시식 등에 자비와 공덕의 교의를 입혀서 결사의 구성원 모두가 수행 역량에 상관없이 쉽게 실천할 수 있는 수행법으로 만든 것도 준식의 공헌이었다. 이는 사명지례의 경우도 마찬가지이며, 결국 결사와 관련한 두 지도자 승려의 교의정비에 의해 아미타신앙의 스펙트럼이 한층 확대되는 결과를 낳은 것으로 해석할 수 있을 것이다.

전체적으로 이들 준식과 지례로 대표되는 천태교단의 결사들, 그리고 천태의 영향을 강하게 받은 모자원의 결사는 동아시아 대승불교에서 나타나는 보살도의 사상과 관련되어 있으며, 지례, 준식과 같은 지도자 승려들에 의해 선도된 아미타신앙의 재해석과도 유기적인 연관성을 맺고 있다. 특히 모자원의 경우는 당시 송대 사회에서 유행하기 시작했던 명교의 이질적인 도상들을 결사의 수행의식에서 사용했을 가능성도 짐작해 볼 수 있다. 이는 천태 교단의 밖에서 결성되고 활동했던 모자원의 백련채가 가질 수 있었던 수행론의 다양성과 포용성을 보여주는 사례로서 지도자 승려가 결사의 수행론을 결정하는 문제에서 정통의 수행론 보다는 구성원들의 종교적 요구를 먼저 고려하는 일반적인 경향을 잘 보여준다고 하겠다.

　나아가 천태 계열의 결사에서는 준식과 지례와 같은 지도자들의 교의 재해석 작업에 의해서 정토왕생을 위한 염불 내지 임종의식이 주를 이루던 정토신앙이 마침내 개인은 물론 국가적 안녕을 수호하는 현세적 이익까지 담지하게 된다. 정토신앙의 실천이 생산하는 공덕은 정토왕생이라는 본연의 목표는 물론 현세적 이익까지 수반하는 것으로 재해석이 이루어졌으며, 민간신앙의 신들까지 불교로 개종시키기에 이르게 된 것이다. 이처럼 내세의 복락은 물론 국가와 개인의 안녕까지 보증하는 정토신앙으로 인해 다수의 민간신도와 권력층이 불교의 영역 안으로 수용될 수 있었으며, 나아가 천태교단이 부흥하는 데도 한 몫 거들 수 있었다는 점도 무시할 수는 없으리라 생각된다.

3. 한국 : 백련사의 법화참법과 경전신앙

원묘요세(1163-1245)[277]는 고려 중후기 백련사(白蓮社)를 이끌었던 천태교단의 승려로서, 그의 백련사는 보조지눌(普照知訥, 1158-1210)의 수선사(修禪社)와 함께 고려 말의 대표적인 불교결사로 꼽힌다. 국도인 개경에서 남쪽으로 가장 먼 지역이라 할 수 있는 강진의 만덕산에 자리를 잡았던 초기 백련사는 그 위치만큼이나 중앙 불교계와 거리를 두고 있었던 결사였다.[278]

---

277 원묘국사 요세의 행적을 알 수 있는 자료는 그리 많지 않지만 최자(崔滋)가 찬술한 「萬德山白蓮寺碑銘 幷書」를 중심으로 고찰해보면 다음과 같다. 그는 18대 毅宗 17년(1163)에 新繁縣(지금의 경남 의령지역)에서 부친인 徐必中과 같은 성씨의 모친 사이에서 태어났다. 그의 字는 安貧이며, 了世는 諱이다. 요세의 부친이 호장이었던 것으로 미루어 합천지역의 토호출신일 것으로 생각된다. 12세(1174)에 江陽(지금의 합천지역)에 있는 天樂寺에서 均定의 문하에 출가하여 처음에는 천태교관을 배웠다. 23세(1185)에 승과에 합격하고 난 뒤부터 13년간 천태교학에 더욱 정진하여 일가견을 이루게 되었다고 한다.

278 요세의 백련사에 관한 1차 자료는 다음의 문헌들을 들 수 있다. 崔滋 撰 「萬德山白蓮寺碑銘幷序」; 閔仁鈞「萬德山白蓮寺主了世贈諡圓妙國師教書」·「官誥」; 天因 撰 「祭仙師圓妙國師文」·「立浮圖安骨祭文」·「圓妙國師立碑後諱旦祭文」(『동문선』 권109.); 天頙 撰 「壬辰年普賢道場起始疏」(『萬德寺志』 권1.)·「湖山錄」; 趙文拔 「萬德社請說禪文」 2편『동문선』 권114 및 『만덕사지』 권3.

• 원묘요세

이 장에서 다루는 만덕산 백련사의 논의는 주로 1216년에서 1232년을 전후하여 약 20년에 걸쳐 집중적으로 민간신도들에 대한 교화를 실천했던 모습에 집중되어 있다. 따라서 백련사 계열에서 파생되어 나간 동백련사나 묘련사에 대한 논의는 제외되며, 대몽항전과 관련하여 최씨정권과 유대관계를 갖기 이전의 상황이 주로 서술될 것이다.[279] 사실 백련사가 보현도량을 설치한 이후에 보여주는 모습은 몽고의 침략이라는 특수한 외부적 상황에서 기인한 것도 있겠지만 결사조직이라기보다는 하나의 사원으로서의 경향이 점점 더 커졌다고 생각되기 때문이다. 따라서 본 장에서는 1216년 백련사의 결성을 전후한 요세의 사상과 행적, 그리고 그가 백련사에서 제시했던 수행론과 그 실천에 대해 집중적으로 서술하게 될 것이며, 요세 사후에 백련사의 외연이 확장되고 적극적으로 정부와의 교

---

[279] 보현도량이 개설된 시기는 최씨정권에 의해 강화도 천도가 단행된 1232년이었으며, 이 이후에 최씨 정권에 의해 75세의 요세에게 선사의 칭호를 내리는 등의 여러 조처로 미루어보건대 보현도량의 설치는 최씨정권과 연결되는 계기가 된 사건인 동시에 대몽항전과 관련된 조처였을 가능성이 높다. 이밖에 백련사와 최씨정권이 연관된 사례를 보자면 강종의 서녀이며 최충헌의 부인인 정화택주가 백련사에 무량수불을 조성하여 봉안케 하고, 금자 법화경을 사경케 하였으며, 1240년에는 보현도량에서 채택하여 인쇄한 법화경에 崔怡가 직접 발문을 작성한다든가, 요세 입적 후 2세 주법이 된 천책이 강화도 정부에 올린 소에 崔怡를 축원하고 있는 점 역시 보현도량과 최씨정권과의 연계성을 짐작케 한다. 특히 최씨 정권 하의 무인이었던 李世在의 경우에는 1236년에 백련사에 입사하여 법화경 천여 부를 인쇄하여 보시하기도 했다. 채상식, 「고려후기 불교사연구—白蓮結社 · 一然 · 體元의 불교사적 성격—」, 서울대 박사논문, 1987, p. 34.

동아시아 염불결사의 연구

섭이 추진되었던 상황은 논의의 대상에서 제외시켰다. 이 장에서는 백련사에 나타나는 요세의 수행론과 중국 천태교단의 정토결사와의 영향 관계, 그리고 그러한 영향관계를 넘어서는 백련사 수행론의 차별성을 핵심적으로 논의하고자 했기 때문이다.

결사의 지도자 승려들에 의한 교의의 재해석과 적용의 차이는 자연스럽게 결사마다 실천의 차이를 만들어 내게 된다. 따라서 역으로 실천의 차이를 세심히 살피다보면 각 결사의 수행론의 차별성을 만들어 내는 배경 역시 포착할 수 있게 된다. 원묘요세의 백련사는 중국 천태교단의 영향 하에서 그 교의적 틀을 만들고 운영했지만 죽음과 구원에 대한 해석과 실천에서 독특한 차별성을 만들어내고 있다는 점에서 그 의미가 크다고 하겠다. 백련사와 동일한 천태교단의 결사인 2백여 년 전의 이십오삼매회, 북송대 천태결사와 공유하는 보편성과 백련사만의 차별성을 아울러 확인해보는 작업이 이 장의 중요한 의미를 차지하게 될 것이다.

3-1. 북송대 천태교단의 영향과 고려의 상황

백련사를 결성하기 전에 요세는 천태종의 승려이면서도 지눌의 수선사에 약 2년 동안 참여한 이력이 있었다. 요세는 33세(1198) 되던 해의 봄에 개경의 고봉사(高峯寺)에서 열린 법회에 참석하였으나 당시 불교계의 모습에 크게 실망감을 느끼고 그 해 가을에 동지 10여명과 함께

• 영명연수

명산을 유랑하다가 영동산 장연사(靈洞山 長淵寺)에 머물면서 법회를 열어 법문을 강의하는 이른바, 개당연법(開堂演法)을 처음으로 하게 되었다. 장연사에서 천태학을 강의하게 되면서 그의 이름이 널리 알려지기 시작했으며, 바로 이 시기에 보조지눌로부터 수선사의 정혜결사에 동참할 것을 권유하는 편지를 받게 된다. 요세는 지눌의 편지를 받고 나서 그를 방문한 후 약 2년간 정혜결사에 참여했으며, 수선사로 옮길 때에도 지눌과 함께 했다. 그러나 요세는 도중에 지눌의 정혜결사를 떠나서 수선사의 돈오점수적 수행론과는 다른 천태 수행론과 염불신앙을 실천하는 독자적인 결사체를 꿈꾸게 된다.

수선사를 떠난 이후 요세는 남원 귀정사(歸正寺)의 주지인 현각(玄恪)의 요청에 의해 그곳에 머물면서『묘종(妙宗)』[280]을 강의하면서 선 수행을 했다고 한다. 그 후 46세(熙宗4년) 되던 해인 1208년에는 영암의 월생산 약사난야(藥師蘭若)에 머무르면서 자신의 수행관을 조계선에서 천태교관으로 전환하는 결심을 하게 된다. "만일 천태묘해를 발하지 못하

---

280 요세가 천착했던『묘종』은 사명지례가 1021년에 천태지의의『관무량수경소』에 주석을 붙인『묘종초』6권을 가리키는데, 지의의 천태지관의 기반 위에서 정토사상을 해석한 책이라고 볼 수 있다.

면 영명연수의 120병을 어떻게 벗어날 수가 있겠느냐"[281]는 요세의 선언은 그가 수선사의 조계선에서 천태교단의 수행론으로 복귀하는 전환점을 나타내는 것으로 이는 곧 백련사를 결성하게 되는 근본적 입장이기도 하다.[282]

요세가 가지고 있던 또 하나의 주요한 수행론인 참법은 이러한 사상적 행보와 관련되어 백련사 결성 이전에 영암 월출산 약사난야(藥師蘭若) 시절부터 줄곧 실천했던 것으로 보인다.[283] 요세가 강한 영향을 받고 있었던 법안종 선사인 영명연수 역시 참회행을 실천했다는 사실과 원래 참법을 주요 수행론 중의 하나로 실천하고 있었던 천태교단의 정체성, 이 두 가지가 요세가 개인적으로 참회수행을 선택했던 중요한 동기였으리라 생각된다. 영명연수는 법안종의 선사이면서도 천태종의 사찰인 국청사(國淸寺)에서 법화참을 닦았으며, 서방왕생을 기원하며 날마다 10만 번의 미타염불을 실천했다고 한다. 결국 영명연수의 『선종유심결』과 사명지례의 『묘종초』로 이어지는 사상적 유전을 통해 천태종안에 흐르고 있는 정토신앙적 실천의 성향이 고려의 요세에까지 영향을 미친 것으로 볼 수 있을 것이다.[284]

---

281 若不發天台妙解, 永明延壽百二十病, 何由逃出, 因自警悟. 崔滋 撰 「萬德山百蓮寺碑銘幷書」, 『東文選』 권117).

282 영명연수가 말하는 120가지 병은 『선종유심결』에서 나열한 120가지의 삿된 견해들을 말한다. 이들 삿된 견해는 한 마디로 覺(一眞本心)을 가로막는 여러 가지 분별취사들을 가리킨다. 요세는 천태묘해가 아니고서는 (다시 말해 보조선으로도) 120가지의 병을 치유할 수가 없다고 말하고 있는 것이다. 고익진, 「원묘요세의 백련결사와 그 사상적 동기」, 『한국사상논문선집』(불함문화사, 1998), p. 2.

283 이 당시 요세는 날마다 53佛을 12번씩 돌면서 참법을 실천했으며, 이로 인해 다른 승려들로부터 '徐懺悔'로 불리기도 했다. 요세가 이 시기부터 실천했던 참법은 법화삼매참법으로서 영명연수 역시 국청사에서 이 법화삼매참을 수행했다고 한다.

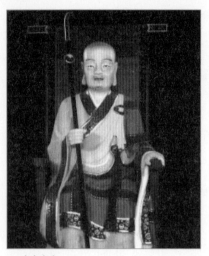

• 진정천책

약사난야를 떠난 요세는 강진 만덕산(萬德山)으로 옮겨서 고종(高宗) 3년(1216)에 마침내 백련사 결사를 조직하게 된다. 요세의 명성이 전국에 떨치게 되자 개성 등지의 유학자들이 내려와서 그의 제자가 되기도 했는데, 이들 중에서 백련사의 2조가 되는 정명천인(靜明天因, 1205-1248)과 4대 주법인 진정천책(眞淨天頙, 1206-?) 등이 배출되었다. 49세 되던 해인 희종 7년 (1211)부터 요세는 최표(崔彪), 최홍(崔弘), 이인천(李仁闡) 등의 청에 의하여 탐진현(현재의 강진) 남해산 옆의 옛 만덕사지에 80여 간의 가람의 건립을 시작하여 54세 되던 해(高宗3년, 1216)에 이를 완공하게 된다. 그 후 59세(고종8년, 1221)에는 대방(帶方, 현재의 남원)의 태수였던 복장한 (卜章漢)의 청에 의하여 남원 관내의 백련산에 제2백련사의 도량을 개창하여 수년간 주석하게 된다. 이후 요세가 61세(고종10년, 1223)가 되자 최표 등의 간청에 의해 다시 만덕사로 돌아와서 도량을 중흥시켰다.

요세는 고종 19년(1232) 4월 8일에 공식적으로 보현도량을 설치했으며, 1236년에 제자 천책으로 하여금 「백련결사문」을 짓게 하고 이를 공표함으로써 백련사 결사를 명확하게 외부에 표명했다. 이 「백련결사문」

---

284 고익진, 위의 글, p. 32.

동아시아 염불결사의 연구

은 현재 전하지는 않지만 후일 만덕산 백련사에 출가했던 승려인 무기(無寄)[285]의 『석가여래행적송(釋迦如來行蹟頌)』에 그 일부가 전한다. 무기는 말법사상을 설명하는 내용에서 「백련결사문」의 원문 중 일부를 인용하고 있으며, 그에 따르면 백련사 역시 말법의식에 근거한 정토왕생의 기원이 중요한 결성동기로 작용했음을 짐작할 수 있다. 아래에 극히 일부분 전하는 「백련결사문」을 들여다보기로 하겠다.

> 또 〈백련결사문(白蓮結社文)〉에서는 "부처님 당시의 무리들도 구원(久遠)한 수명에 대해서는 말씀을 듣지 못했거늘 우리들은 이 마지막 5백세에 태어나서 부처님께서 말씀하신 근본 경지의 수명을 듣고서 수승한 인연을 맺게 되었으니, 그 어찌 경하로운 일이 아니겠는가?"라고 하였다.[286]

인용문의 내용은 불타 재세시의 제자들도 정토왕생의 교의는 듣지 못했는데, 이제 말법시대의 교의를 이해한 이들이 결사를 맺음으로써 왕생을 위한 수행을 하게 된 것을 기쁘게 생각한다는 것이다. 이는 백련결사의 궁극적 목표가 정토왕생에 있음을 명확히 드러내는 구절이라 하겠다. 말법사상을 배경으로 하여 정토왕생을 목표로 결성된 정토결사는 북송대 천태결사들의 한 전형으로서, 대부분 말법시대적 대승

---

285 浮菴長老 無寄는 백련사 제4세 주법인 眞淨天頙의 맞상좌인 釋敎都僧統 覺海圓明 佛印靜照선사에게 귀의하여 구족계를 받았으며, 법명은 雲黙이다.

286 白蓮結社文中云, 佛世當機, 尚未早聞久遠之壽, 我等當此後五百歲, 聞佛開顯本地壽量, 以結勝緣, 豈不慶快乎. 『釋迦如來行蹟頌』(韓佛全 권6, p. 505.)

보살도에 입각하여 모든 중생들을 구원해야 한다는 소명의식을 내세우며, 교단 부흥이라는 현실적 필요에 의해서 다양한 계층의 많은 신도들을 결사의 구성원으로 수용하게 된다. 따라서 다수의 구성원들과 다양한 수행역량의 층차를 배려하여 간이한 수행론(易行道)이 결사의 주요 실천으로 제시되는 것이 북송대 천태결사의 보편적 모습이기도 했다.

선 수행을 중심으로 하는 지눌의 정혜결사와 결별하면서 요세는 그의 사상적 근간인 천태교관에 입각한 수행공동체를 구상했을 것이며, 천태종의 결사 중 가장 대표적인 사명지례(四明知禮, 960-1028)의 염불결사가 백련결사의 한 전범이 되었으리라는 점 또한 생각해 볼 수 있을 것이다.[287] 실제로 요세는 사명지례가 조직한 염불결사의 '청규'를 모범으로 삼아 백련결사의 수행생활을 이끌어나가기도 했다.[288]

백련결사의 청규는 지금은 전하지 않아 그 내용을 자세히 알 수는 없지만 사명지례의 염불결사가 보여준 실천을 볼 때 염불과 계율을 매우 중시했으리라는 점을 짐작해 볼 수 있다. 사명지례의 결사의 명칭은 『사명존자교행록』「결염불회소(結念佛會疏)」의 서두에서 '명주연경원염불정사(明州延慶院念佛淨社)'로 되어있기 때문에 '염불정사(念佛淨社)'로 불렸으며, 2월 15일에 열리는 정기법회를 특별히 '염불시계회(念佛施戒

---

287 교단형성의 성격상 의천의 경우 관권에 의한 정치적인 차원에서 국제적으로는 류송(留宋)을 통해, 국내적으로는 원효의 계승을 표방함으로써 교·선을 통합하려 하였으나, 백련사는 민간종교운동의 차원에서 관권과는 거리를 둔 채 당시의 지식인과 민간인을 중심으로 개창되었다는 것이 차이점이라 하겠다. 이러한 차이는 실제 백련사에서 그들의 정통성을 그들보다 100여 년 앞서는 의천의 천태종에서 찾으려하지 않고 천태 지의와 사명지례에게서 찾으려 한 점에서 알 수 있다. 채상식, 「고려후기 천태종의 백련사 결사」, 『한국사상 논문선집』(불함문화사, 1998), p. 355.

288 有萬德尊宿, 慕四明淸規, 引退德則是精進之幢, 天頙, 「壬辰年普賢道場起始疏」(『萬德寺志』 권1.)

會)'라고 불렀다. 사명지례의 영향을 받았던 북송대 자운준식의 채사(茶社) 역시 술과 육식을 금하는 엄격한 지계를 보이고 있으며, 다수의 문인귀족들과 재가신도들이 결사에 동참했음을 볼 수 있다.[289] 따라서 문인사대부와 재가신도들이 결사에 동참하여 염불과 참회, 그리고 철저한 지계수행으로 꾸려나갔던 고려 말의 백련결사의 모습은 북송대 천태교단의 이러한 현상과도 무관하지 않음을 추측해 볼 수 있으리라 생각된다. 요세의 제자이자 백련사의 4대 주법인 진정 천책의 『호산록(湖山錄)』에 실린 시에서도 계율을 중시했던 만덕산 백련사의 기풍을 짐작할 수 있는 내용이 등장하고 있다.

〈문하시중 이장용의 입사시의 운에 따라 답시를 받들어 보냅니다.〉…처음 법화경을 읽고 자비의 방에 오르고, 범망경을 지키며 승려로서의 길을 걸었네. 「율회에 나간 때로부터 지금까지 30년 동안 매달 초하루 보름에 범망경을 읽었다.」[290]

인용문에 등장하는 '율회'는 사명지례가 이끌었던 염불결사에서 매년 2월 15일에 『범망경』의 대승보살계에 근거한 수계회를 열었던 것과 유사한 맥락의 법회였을 가능성도 있다. 아울러 천책이 요세를 만나게 된 계기는 그가 『법화경』을 읽은 이후 요세의 『법화경』 강의를 듣기 위

289 Daniel Stevenson, 앞의 논문, pp. 354-357.

290 「次韻奉答李侍中藏用入社詩」…初開秘鑰登慈室, 兼把浮囊度戒律, 「自赴律會至今三十年每當黑白半月餘梵網經…」 허흥식, 『眞靜國師와 湖山錄』(민족사, 1995), pp. 158-159.

해 찾아간 것에서 비롯되었으며, 요세의 제자가 된 이후로『범망경』의 계율에 충실한 수행자로서의 삶을 살았다는 고백으로 미루어『범망경』이 백련사의 수행기풍의 근거가 되었음을 짐작할 수 있다.

또한 요세가 1232년 백련사 내에 보현도량(普賢道場)을 열게 되었다는 것은 백련사의 정체성을 천태법화신앙에 두고 있음을 표명한 것으로 볼 수 있을 것이다. 비문의 기록을 보면, 요세가 1232년 4월 8일에 보현도량을 설치했다고 되어 있으며, 천책의『보현도량기시소(普賢道場起始疏)』가 이 해에 작성된 것으로 보아 이때에 공식적으로 시작한 것으로 볼 수 있을 것이다.[291] 마침 이 시기는 몽고의 침입으로 인해 강화천도가 이루어지고 나라 전체가 큰 혼란에 휩싸였던 시절이었다. 상대적으로 병란의 피해가 적었던 남부해안지방에 세워진 보현도량은 피난민들의 안주처를 제공함과 동시에 전쟁에서 사망한 이의 정토왕생을 기원하고[292] 나아가 전란으로부터 국가의 안녕을 기원하는 기원도량으로서의 역할도 가능했으리라고 생각된다. 따라서 실천을 중시하는 보현보살이라는 신앙적 배경과 참회와 염불이라는 정토신앙의 실천을 강조했다는 점에서 민간신도들의 호응을 얻을 수 있었으리라는 점을 짐작해볼 수 있을 것이다. 아래 인용문은 백련사의 개창 당시 정화택주가 요세에게 시주한 내용을 기록한 것이다.

---

[291] 요세가 66세(1228) 되던 무렵에 학문적인 근기를 갖춘 유학자 출신의 제자들이 모여든 것 또한 요세의 결사 구성에 중요한 원인을 제공했을 것이다. 만덕사 중창이라는 물적 조건과 제자들의 규합이라는 인적 조건이 완비된 70세(1232)에 그는 마침내 결사체 구성의 핵심적 요소인 수행방법과 청규를 제정하고, 1236년에는 대내외적 선포문인 白蓮結社文을 발표하게 된다.

[292] 허흥식, 앞의 책, p. 28.

〈천제가 경을 맞아서 장(藏)에 모심. 정화택주〉 다행히 원묘스님이 백련
사를 개창하려 한다는 말을 듣고, 또 무량수여래의 상을 조성하여 주전
으로 봉안하였다. 또 금자법화경을 만들고자 발원하고 온갖 장엄물을 하
나도 빠짐없이 원묘스님께 바쳤다.[293]

무량수여래의 상을 조성하여 주전으로 봉안하고 금자로 사경한 『법
화경』을 발원했다는 것은 천태법화신앙의 교의와 실천, 그리고 정토신
앙이 융합되어 있었던 백련사의 성격을 잘 보여준다. 아울러 정화택주
와 같은 왕족과 귀족, 관료, 그리고 민간계층의 신도들에 이르기까지 백
련사의 구성원은 다양했으며, 그들 중에는 회원으로서 이름을 내걸고,
직접 법회에 참여하며 수행을 함께 하는 제명(題名) 구성원 외에도 타
지역 구성원들 간의 전법의 인연, 즉 원결(遠結)로 결사의 일원이 된 회
원들도 있었음을 짐작할 수 있다.

백련사의 실천의 측면에서는 그가 『묘종초』 등을 통해 사상적 영향
을 받고 있었던 사명지례를 중심으로 한 북송대 천태결사의 영향을 무
시할 수 없으리라 생각된다. 송대의 염불결사는 대부분 보운의통(寶雲
義通, 927-988)[294]의 문하인 사명지례와 자운준식(慈雲遵式, 964-1032) 등

293　〈天帝邀經而入藏 靜和宅主〉幸聞圓妙始開白蓮社, 同願勠成力爲外護, 又塑成無量壽如來下安于主
殿. 又願成金字蓮經凡百粧嚴, 無一不備寄獻于圓妙. (『海東傳弘錄拾遺』) 허흥식, 앞의 책, p. 324.

294　고려인인 의통은 화엄학과 기신론 등을 배운 후 중국에 유학했던 천태종의 승려였다. 처음에는 天台德
韶의 문하에 들어갔지만 후에 螺溪義寂(919-986)의 문하에서 천태학을 배웠으며, 그의 뒤를 이어 천태종 제
13조가 되었다. 수학이 끝난 후 고려로 다시 귀국하려 했으나, 신도 대중들의 간청으로 明州의 寶雲寺에서
주석하면서 『觀無量壽經疏記』를 찬술하였다. 양은용, 「寶雲義通祖師와 高麗佛敎」, 『한국철학종교사상사』(원
광대출판국, 1990), pp. 13-17.

의 천태교단의 승려가 중심이 되어 크게 일어났다.[295] 당시의 중국불교
는 중당 이래 송 초에 이르러 선교일치(禪敎一致)적 경향이 강하게 드러
난다. 특히 법안종(法眼宗) 계통이 이러한 경향이 두드러졌는데, 그 대
표적인 선사로서 영명연수(永明延壽, 904-975)를 들 수 있을 것이다. 영
명연수는 선교일치(禪敎一致)와 선정일치(禪淨一致)를 주장함으로써 천
태선·화엄선·염불선 등이 유행하는 계기를 제공했는데, 이 중에서
도 염불선이 가장 성행하게 되면서 천태종에도 많은 영향을 끼치게 된
다.[296]

특히 영명연수 이후 천태교단의 사명지례가 저술한『관무량수경소묘
종초(觀無量壽經疏妙宗鈔)』(약칭『묘종초』)는 천태와 정토를 융합한 논서
로서, 정토신앙을 깊숙이 수용했던 천태 수행론에 많은 영향을 주게 된
다. 지례는 그의 은사인 보운의통의 영향을 받아서 일찍부터 정토신앙
과 함께『관무량수경』에 대한 깊은 관심을 가졌을 것으로 추정된다.[297]
또한 사명지례는 법화참(法華懺)을 닦거나『마하지관(摩訶止觀)』의 수행

---

295 자운준식이 설립한 염불결사는 7년 정도 밖에 지속되지 않았지만 염불신앙의 파급력이 대단했으며, 준
식과 동문인 사명지례가 1013년에 조직한 염불결사는 神照本如(982-1051) 등의 제자들에 의해 190년간이나
지속되었다고 한다. 茅子元(1086-1166)의 白蓮菜社, 반승반속의 수행결사였던 淸賢(1043-1121)의 白雲宗 등도
염불결사에 속하며, 그 외에도 많은 염불신행결사들이 존재했다. 장계환,「중국의 불교결사」,『한국불교학』제
17집, 한국불교학회, 1992, p. 305.

296 이러한 영향에 의하여 천태종은 山家派와 山外派로 분립하게 되는데, 산가파는 사명지례, 산외파는
孤山智圓(976-1022)에 의해 주도되었다. 산가파는 荊溪湛然 이후 기신론을 바탕으로 하여 세운 천태학의 이
론체계를 고수했으며, 특히 지례는 천태사상과 정토신앙의 결합을 이론적으로 성립시켰다. 이에 비해 산외파
는 화엄학 및 禪과 밀접하게 결합하는 모습을 보였다.

297 사명지례는 그의『묘종초』에서 선도의 염불을 소승의 염불로 폄훼하면서 卽心觀佛을 주장한다. 대승원
교의 염불자는 자기의 심성 안에 아미타불이 본래 구족해 있으므로 觀佛이 곧 觀心이라는 것이다. 그는 선도
와 도작 등이 아미타불이 외재해 있다고 믿는 것에 대하여 천태학의 止觀의 전통 안에서 내재적 관불 즉, 約
心을 강조함으로써 천태의 정체성을 확보하고 있다. 한보광, 앞의 책, p. 417.

동아시아 염불결사의 연구

을 겸하는 동시에 그가 저술한 『연경모중염불소(延慶募衆念佛疏)』에서
는 칭명염불을 권하기도 했다.[298] 결사를 조직하여 한 마음으로 한 곳에
서 모여 수행하고, 칭명염불을 주로 수행하면 왕생극락할 수 있다는 것
이 그의 주장이었다.

요세가 이러한 사명지례의 『묘종초』에 관심을 가지게 된 것이 최초
로 나타난 기사는 38세인 1200년이나 39세인 1201년의 일로 나타난다.
지눌을 따라서 수선사로 가던 도중에 귀정사에서 머물면서 꿈에 지자
대사를 친견하고 『묘종초』도 강의했다는 내용이 그것이다.[299] 결국 요
세가 『묘종초』를 통해 정토왕생을 위한 수행론으로써 염불의 실천을
긍정적으로 수용했던 사명지례에게서 강한 사상적 영향을 받고 있었다
는 점은 명확하다고 볼 수 있을 것이다. 또한 백련사 수행론의 기초를
이루고 있는 법화삼매참의와 염불은 천태법화신앙과 정토신앙이 융합
된 천태교단의 보편적인 경향이기도 하다. 북송대 천태교단의 수행론
의 중요한 특징인 선과 정토, 그리고 법화사상 간의 융합이 고려불교의
백련결사에서도 포착되고 있는 것이다.

전체적으로 백련사에서 실천했던 천태삼매의, 법화참법, 정토왕생신
앙, 그리고 『묘법연화경』 독송의 네 가지 요소는 백련사가 결성되기 두
세기 이전에 중국 천태교단에서 조직한 염불결사들의 중심적 수행론과

---

298 今結萬人已爲一社, 心心繫念, 日日要期. 每歲仲春, 同集一處, 同修供養, 同聽法音, 會彼萬心, 已爲一
志, 俾成定業, 誓取往生. 況報得命光, 其猶風燭, 一息不志, 三途現前, 何得自寬不思來報. 當依佛語無順人
情, 頓息攀緣, 唯勤念佛, 「延慶募衆念佛疏」『樂方文類』(大正藏 47: 1969, 203c21~203c26).
299 師乘晩果至, 玄格具說所夢, 又師屢夢智者衆講妙宗. 崔滋, 「萬德山白蓮社圓妙國師碑銘幷序」『동문선』,
권117).

일치한다. 따라서 요세는 백련사의 모범적 전형(典型)을 중국 천태교단의 결사에서 구하고 있다는 점을 알 수 있으며, 참법이나 주송(呪誦), 경전신앙, 염불 등과 같은 백련사의 세부적 실천에서도 이러한 점이 확인된다.

3-2. 백련사의 주요 구성원과 수행론

한편 현재 남아있는 문헌상으로 살펴볼 수 있는 백련사의 수행론과 수행풍토는 그다지 자세하지는 않으며, 그마저도 「비명(碑銘)」 등의 형식으로 되어있어서 요세에 대한 찬사(讚辭)가 주를 이루기 때문에 객관적인 시각을 제공하고 있는 것으로 보이지는 않는다. 이들 제한된 자료 중에서 백련사 수행론의 흔적이 드러나는 문장을 골라 요세의 결사를 파악해 보기로 하겠다.

11년 계미년에 최표 등이 글월을 보내, "우리 절의 도량을 오래 폐하였으니 대사께서 구름처럼 멀리 여기저기 다닐 수 없습니다."고 두세 번 성심껏 청해 왔으므로 곧 돌아와서 도량을 열었다. 무자년 여름 5월에 유생 수명이 서울에서 내려와 뵈니 대사가 제자로 받아들여 머리를 깎고 『묘법연화경』을 가르쳐서 통달하게 하였다. 이로부터 주위에서 높은 소문을 듣고 신행(信行)이 있는 자가 자주 와서 점점 큰 모임이 되었다. 임진년 여름 4월 8일에 처음 보현도량(普賢道場)을 결성하고 법화삼매(法華

三昧)를 수행하여, 극락정토(極樂淨土)에 왕생하기를 구하되, 천태삼매의 (天台三昧儀) 그대로 하였다. 오랫동안 법화참(法華懺)을 수행하고 전후에 권하여 발심(發心)시켜 이 경을 외우도록 하여 외운 자가 천여 명이나 되었다. 사부대중(四衆)의 청을 받아 교화시켜 인연을 지어준 지 30년에 뛰어난 가르침으로 제자를 만든 것이 38명이나 되었으며, 절을 지은 것이 다섯 곳이며, 왕족과 귀족, 중앙과 지방의 관료들, 높고 낮은 사부대중들이 결사에 입회한 자들이 3백여 명이나 되어, 이 사람 저 사람에게 서로 가르침을 전하여, 한 구(句) 한 게(偈)를 듣고 멀리서도 결사의 인연을 맺은 자들을 이루 다 셀 수가 없었다.[300]

인용문 안에서 수행론과 관련하여 가장 눈에 띄는 대목은 "법화삼매를 수행하여, 극락정토에 왕생하기를 구하되, 천태삼매의 그대로 하였다"는 부분이다. 여기서 백련사의 궁극적 지향이 정토왕생에 있으며, 그 주된 수행론은 『천태삼매의』에서 제시하는 법화삼매, 즉 법화참법임을 명확히 표명하고 있음을 알 수 있다. 또한 3백여 명에 이르는 백련사의 회원들은 동주(同住)수행하는 형태가 아닌, '서로 가르침을 전하는' 결사의 인연, 즉 일본 천태교단의 이십오삼매회에서 보이는 결연(結緣)

300   十一年癸未, 崔彪等奉書請云, 本社法筵久廢, 不可雲遊, 誠請再三, 故幡然取道而還, 大闢道場. 至戊子夏五月, 有業儒者數人, 自京師來參, 師許以剃度, 授與蓮經, 勸令通利. 自是遠近嚮風, 有信行者, 源源而來, 寢爲盛集. 以壬辰夏四月八日, 始結普賢道場, 修法華三昧, 求生淨土, 一依天台三昧儀. 長年修法華懺, 前後勸發, 誦是經者千餘指. 受四衆之請遊化, 然緣僅三十. 妙手度弟子三十有八人, 凡創伽藍幷蘭若五所, 王公大人牧伯縣宰, 尊卑四衆, 題名入社者三百餘人, 至於展轉相敎, 聞一句一偈, 遠結妙因者, 不可勝數. 崔滋, 「萬德山白蓮社圓妙國師碑銘幷序」(『東文選』권 117.)

형식의 구성원이었음을 짐작할 수 있다.

백련사 결성의 대략의 전개과정을 살펴보면 1211년 최표 등이 요세를 초빙하여 도량을 세우기 시작했으며, 정식으로 백련사를 결성한 것은 1216년의 일이었다. 도량을 연 지 5년 만에 서울(개경)에서 유생들이 찾아와 제자가 되었으며, 그 후 4년 만에 보현도량을 개설했음을 알 수 있다. 인용문에서도 볼 수 있듯이 백련사의 결성은 요세의 백련사는 주로 지방의 중간계층과 독서층의 참여와 후원으로 이루어졌으며, 주로 신앙적 동기에서 출발하여 자발적이고 개인적인 차원에서 참여했던 것으로 보인다.[301] 다시 말해 유학자 출신의 제자들이 요세의 문하에 모여들게 되면서 주변의 불교 신도들도 차츰 모여들어 수행과 교학을 함께 배우는 결사 형식의 신앙조직이 되었던 것이다.

고려 말의 대표적인 두 결사의 경우를 보더라도 수선사의 2세 주법인 혜심(慧諶, 1178-1234), 백련사의 2세 주법인 천인(天因, 1205-1248), 4세 주법인 천책(天頙, 1206-?) 등은 모두 지방사회의 토호층에 해당하는 당시의 지식인층이었다.[302] 이러한 현상은 무신체제 하에서 자신의 학문적 역량을 발휘할 기회를 얻기가 힘들어진 사대부 계층들의 다른 출구 찾기일 수도 있으리라 생각된다. 유학을 통해 사회적 발언을 하기 힘들어진 지식인들이 불교라는 또 다른 통로를 선택한 것으로 볼 수 있

---

301 채상식, 「高麗後期 佛敎史 硏究 : 白蓮結社. 一然. 體元의 불교사적 성격」, 서울대 박사논문, 1987, p. 19.

302 천인은 진사과에 합격하여 성균관에 들어갔다가 그 후 禮部試를 포기하고 동사생인 許竾, 申克貞 등과 더불어 요세의 문하로 입문했다. 천책은 성균관 출신으로서 禮部試에 합격하여 진사가 되었다가 1228년에 요세의 제자가 된 신극정과 동일인이다.

동아시아 염불결사의 연구

는 것이다.

한편 요세와 지눌이 활동했던 13세기 고려의 불교계는 기존에 문벌 귀족이나 왕족에 의해 주도되었던 상황에서 전환되어 지방의 향리층이나 독서층의 자제들이 중추세력으로 등장하게 된다.[303] 이러한 전환은 불교계 내에서 대규모의 법회나 국가적 의식보다는 개인적인 수행으로 눈을 돌리게 되는 것과 맥락을 같이한다. 특히 유교적 소양을 갖추고 있는 독서층이 불교의 수행론을 개인적인 신앙 혹은 수양법을 위해 수용했을 경우에는 단연 선이나 염불, 참회 등의 실천을 선택하는 것이 자연스러웠을 것이기 때문이다.

또한 유학자들의 결사참여는 결사 자체가 가지고 있는 사회적 성격과도 무관하지 않은 것으로 해석될 수 있다. 유학 역시 사회에 대한 '교화'라는 실천적 이념을 항상 염두에 두고 있으며, 이는 대승불교의 보살도적 실천, 즉 '구생(求生)'의 이념과 결코 충돌하지 않았을 것이라는 점이다.[304] 결국 이들 유학자들에 있어서 정토왕생이라는 궁극적 구원의 목표 외에도 불교 결사가 사회의식과 현실개선의 의지를 가지고 있었으며, 개인 혹은 연대적인 수행을 할 수 있고, 아울러 무신정권의 부정적인 시선으로부터도 자유로울 수 있는 곳이라는 점이 이들이 요세의 결사를 선택하게 했던 주요한 원인들이었던 것으로 볼 수 있을 것이다.

---

303 채상식, 앞의 논문, p. 23.
304 한기두는 "결사가 주는 의미는 자기 혼자 佛地에 이르려는 노력을 도반들과 함께 결속함으로써 그 사회현실을 정화하려는 소수의 사회정화운동으로 다량의 힘을 발휘할 수 있는 노력"이라고 정의하고 있다. 한기두, 「고려불교의 결사운동」 『한국불교학연구총서』(불함문화사, 2004), p. 1.

다음으로 백련사의 구성원에 대해 좀 더 자세히 알아보기로 하겠다. 대부분의 불교결사에서는 결사 지도자 승려의 개인적인 수행관내지 소속 교단의 정통 수행론보다는 당시의 시대적 갈등, 즉, 결사 구성원들의 종교적 요구에 따라 수행론이 결정되어지는 경우가 많기 때문에 구성원의 면면을 확인해보는 작업은 중요한 의미가 있을 것이다. 백련사와 주로 관련된 인물들과 그 사회적 배경을 하나하나 명확하게 규명하기는 힘들겠지만, 대체로 보현도량 개창 전후로 나누어 볼 때 전자는 지방토호 및 지방수령, 후자는 최씨 무신정권 내지 이들과 밀착된 중앙관료 및 지식인계층으로 대별할 수 있을 것이다. 아울러 요세 비문의 내용이나 백련사에서 주로 실천했던 수행론의 성격상 엘리트계층이 아닌 일반 신도들로부터도 호응을 받고 있었으리라 생각된다.[305]

백련사에는 수행의 역량이 낮은 이른바 하품(下品)의 수행자들 외에도 엘리트 수행자들 역시 다수 포함되어 다양한 구성원 계층을 이루고 있었던 것으로 보인다. 『동문선』에는 이장용(李藏用, 1201-1272), 임계일(林桂一), 김구(金坵), 김녹연(金祿延) 등 백련사에 참여하고픈 열망을 표현하는 문인들의 시가 수록되어 있음을 볼 수 있다. 아울러 사부대중은 물론 백련사가 성립되었던 당시의 고려사회에서는 유교 지식인들 역시 사찰 내의 독서당에서 수학하는 것이 결코 낮설지 않은 풍경이기도 했다. 고려 중엽 이후의 여러 문집에서는 이인로(李仁老, 1152-1220) 등의 사찰독서에 대한 기록이 등장한다. 이 같은 현상의 가장 큰 원인 중

---

305 채상식, 「고려후기 원묘요세의 백련결사」, 『염불신앙결사의 역사적 조명』, 한국정토학회, 2000, p. 69.

의 하나는 무신난으로 인해 유학자들의 관로가 막혀 있었던 것을 들 수 있을 것이다. 실제로 고려 말의 이제현(李齊賢, 1287-1367)은 의종대 말년에 많은 유학자들이 무신난의 화를 피해 산중의 사찰로 피해 가사를 입고 승려가 되었다고 말한다. 이로 인해 다른 유생들 역시 스승을 찾아 산중의 승려가 된 이들을 찾아갈 수밖에 없었고, 이 과정에서 유학과 불교를 동시에 배운 이들이 많았다는 것이다.[306] 백련사의 4세 주법이었던 요세의 제자 진정천책 역시 이러한 유학자 출신이었다. 결국 백련사 구성원의 특징은 유학자 출신의 엘리트 수행자들과 지방의 토호세력인 단월들, 그리고 강진 주변 지역의 민간 신도들에 이르기까지 다양한 구성원들로 이루어졌다는 점이라고 할 수 있을 것이다.

백련사 개창을 지원한 지방 토호는 탐진(耽津)의 최표(崔彪), 최홍(崔弘), 이인천(李仁闡) 등으로 이들은 요세를 월출산 약사암에서 만덕산으로 옮기도록 청하여 백련결사를 조직하는 데 결정적인 역할을 한 단월(檀越)들이다. 대방(帶方) 태수인 복장한(卜章漢)이나, 나주목사로 부임한 최린(崔璘, ?-1256), 강진 인근의 지방관이었던 조문발(趙文拔, ?-1227) 등도 요세와 깊은 유대관계를 가졌던 지방 수령들이었다. 또한 요세의 백련결사가 지눌의 정혜결사의 영향 하에서 출발했지만, 지눌의 수행론이 최소한 지해(知解) 정도의 역량을 확보하고 있는 구성원들

---

306 문집류에 나타나는 사찰독서의 기록들을 보면 이인로, 황빈연, 임춘, 이곡, 홍언박, 이달중, 이달존, 이담지, 이색 등의 다수 유생들이 사찰독서를 행했음을 알 수 있다. 특히 이곡은 요향회(曜香會)라는 香徒 결사체를 맺어 사찰독서를 행했다고 한다. 황인규, 「고려후기 儒生의 寺刹讀書」, 『한국불교학』, 한국불교학회 제45집, 2006, pp. 233-238.

을 대상으로 하여 선 수행을 강조했던 것에 비해 요세의 수행론은 기본적으로 범부중생들을 대상으로 하여 천태의 참회의식과 정토의 염불신앙을 수용했다는 점에 근본적인 차이가 있음을 볼 수 있다. 이처럼 구성원의 성격은 결사 안에서 제시되고 실천되는 주요 수행론의 성격까지 좌우하게 되며, 나아가 지도자 승려의 개인적인 수행론과 괴리되는 경우도 자주 발생하는 것을 볼 수 있다.

지눌과 결별하고 백련사를 결성한 이후 요세는 결사 구성원들을 위한 수행론으로서 염불과 경전신앙, 그리고 법화참회의식, 즉 참법을 중점적으로 제시하는 모습을 볼 수 있다. 천태종의 교의 안에도 분명 천태선법인 지관수행법이 존재하고, 그 자신 역시 지눌의 정혜결사에 참여한 이력이 있음에도 불구하고 요세가 염불과 경전독송, 경전배포, 그리고 참회의식을 백련사의 주된 수행론으로 설정한 배경은 무엇일까. 이 문제에 대한 답을 찾기 위해 다음 장에서는 요세 자신의 수행과 그가 백련사의 구성원들에게 제시하고 지도했던 실천들에 대해 집중적으로 고찰해 보도록 하겠다.

3-3. 경전 독송과 배포의 공덕신앙

현재 남아있는 만덕산 백련사 관련 자료 안에서 확인해 볼 수 있는 백련사 수행론의 특징이 있다면 염불과 법화삼매참법 외에 바로 경전 독송과 배포의 실천이라고 말할 수 있을 것이다. 비문 종류에 국한되는 요세 관련 자료 외에도 요세와 거의 동시대에 활동을 함께 했던 천책이나 천인 관련 자료 등에서 이러한 경전독송과 배포에 관한 언급이 자주 발견된다. 물론 이러한 경전신앙과 관련한 실천은 만덕산 백련사만의 특화된 수행론은 아니며 일정 부분 중국의 천태교단의 영향과 함께 일본 천태교단인 히에이잔의 전통과도 중첩되는 부분이 나타난다.

특히 요세의 실천 중에서 "소초(疏鈔)를 지어서 대중들에게 나눠 주고, 보시(布施)를 나누어서 빈궁한 사람을 구제하였다[307]"는 대목은 『금광명경』의 사본을 가정 내의 불단에 모셔두고 조석으로 경전에 공양하는 것으로 공덕이 생겨난다고 권했던 자운준식의 사례와도 중첩되는 부분이다. 또한 앞서 지적했듯이 요세의 만덕산 백련사의 사상적 기반은 중국 천태지의(天台智顗, 538-597)의 천태교학에 두고 있다고 말할 수 있으며,[308] 이 점은 『비문』의 글에서도 명확히 드러나고 있다.

삼관(三觀)의 현묘(玄妙)한 문을 연 것은 혜문(惠文) · 혜사(惠思)가 조술하여 이어왔고, 지자(智者) 대사는…(중략)…고려에서는 현광(玄光) · 의통(義通) · 체관(諦觀) · 덕선(德善) · 지종(智宗) · 의천(義天)의 무리들이 바다를 건너가서 교리를 물어, 천태종(天台宗)의 삼관(三觀)의 뜻을 배워서 국내에 전도하여 우리나라를 복되게 한 것은 그 내력이 오래되었으나, 보현도량(普賢道場)을 열고 널리 불경을 읽도록 권하기까지는 한 일이 없

---

307 撰疏要以頒徒衆, 散檀施以濟貧窮 (崔滋,「萬德山白蓮社圓妙國師碑銘并序」,『東文選』권117.)

308 始結普賢道場, 修法華三昧, 求生淨土. 一依天台三昧儀, 長年修法華懺. (崔滋,「萬德山白蓮社圓妙國師碑銘并序」,『東文選』권117.)

었다. 오직 대사가 종교가 쇠해 가려던 때를 당하여 크게 법당(法幢)을 세워, 법을 듣지 못하던 세속을 놀라게 하여 뿌리 없던 신심(信心)을 서게 하여, 조사(祖師)의 교리가 다시 일어나 천하에 선포되게 하니, 본원력(本願力)으로 말세에 태어나서 여래(如來)의 시킨 바 되어 여래의 일을 행하기를 어찌 이렇게 했겠는가.[309]

인용문 중의 "보현도량을 열어 실제로 경을 읽도록 권한 이는 없었다."라고 하는 대목에서는 백련결사가 현광, 체관, 의천 등의 사상적 전달자들과는 달리 천태신앙을 신앙대중들에게 실제로 전파하고 실천케 한 신앙결사라는 점을 강조하고 있음을 볼 수 있다. 이는 전문수행자들로 이루어진 교단을 중심으로 활동을 했던 의천 등과는 달리 결사 조직 내에서 신도들과 함께 부대끼며 직접 염불과 참회, 경전독송이라는 실천의 모범을 보였던 요세의 차별성을 부각시키려는 것으로 생각된다. 이어서 요세의 뒤를 이어 백련사의 2세 주법(主法)이 된 천인이 저술한 것으로 전해지는 「법화경찬(法華經讚)」의 미타찬게(彌陀讚偈) 중의 다음 구절을 한 번 살펴보자.

믿어 알지니 마음이 깨끗하면 불토도 깨끗하고 생각을 움직이면 곧 정

---

309 開三觀妙門, 惠文, 惠思, 祖述相繼, 而智者大師, 天縱妙悟, 再敷木鐸, 至於章安結集之. 二威傳授之, 尤溪述之, 毗陵記之,憲章大備, 可擧而行. 本朝有玄光, 義通, 諦觀, 德善, 智宗, 義天之徒, 航海問道, 得天台三觀之旨. 流傳此土, 奉福我國家, 其來尙矣. 至如開普賢道場, 廣勸禪誦, 蓋闕如也. 惟師當宗敎寢夷之日, 立大法幢, 駭未聞之俗, 生無根之信, 使祖道中興. 施及無垠, 非承本願力, 應生季末, 爲如來所使, 行如來事者. 崔滋, 「萬德山白蓮社圓妙國師碑銘幷序」(『東文選』 권117.)

동아시아 염불결사의 연구

토가 생겨난다. 마음이 오염되었으면서도 연화계에 태어나기를 바라는 것은 네모진 나무를 둥근 구멍에 넣으려는 것과 같다. 아미타불이 전에 왕자였을 때 거듭『법화경』을 공부하여 빨리 성불하였으니 지금 세상에 『법화경』과 인연을 맺는 이는 저곳에 나서 가장 오묘한 가르침을 펴는 것을 직접 들을 것이다.[310]

게송에서 보듯, "법화경을 공부하여 빨리 성불"했다거나, "법화경과 인연을 맺는 이는 저곳에 나서 가장 오묘한 가르침을 직접 듣게 된다" 는 구절에서 법화신앙과 정토신앙의 구원관을 직접적으로 연결시키고 있음을 알 수 있다. 이는 백련사의 종교적 실천이 미타정토신앙과 법화 신앙이 통합된 형태의 신앙에 기반하고 있음을 보여준다. 요세의 직후 계승자인 천인의 사상은 곧 백련사와 요세의 입장을 대변한다고 보아 도 무방할 것이기 때문이다. 백련사의 구성원들이 실천했던 경전신앙, 즉『법화경』등을 수지하고 독송하며, 경전을 인쇄하여 타인에게 배포 하는 등의 행위는 공덕을 축적함으로 인해서 정토왕생의 한 방법론이 되는 것으로 해석되고 있었다.

최자의 비문이나 민인균의「관고」등을 보면, 요세는 법화경 독송 외 에도 항상 선 수행과 일과(日課)로서 염불과 독송을 실천했음이 드러난 다.

---

310 信知心淨佛土淨, 動念卽是生淨土 心染欲生蓮華界, 如將方木逗圓孔, 彌陀昔爲王子時, 覆講法華疾成 佛 今世結緣法華者, 生彼親聞轉最妙.「萬德山白蓮社第二代靜明國師後集」(韓佛全 권6, p. 195b~c).

매양 참선하는 여가에는 일과(日課)를 잊지 않았다. 준제(準提) 1천 번은 몹시 추운 때도 공부를 폐하지 않았고, 미타(彌陀) 1만 소리는 심히 더운 때도 오히려 부지런히 염송하였다. 혹 안양(安養)에 나기를 구하고, 항상 『법화경』을 외웠으며, 높고 낮은 사람에게 두루 권하여 항상 강습하게 하였다.[311]

　인용문에 따르면 백련사 내에서의 요세는 수행의 실천에 있어서 무척 치열했음을 알 수 있다. 매일 선 수행과 呪誦을 하는 것을 일과로 삼았으며, 법화경 독송 일편, 준제주(準提呪) 일천 편, 아미타불 명호 일만 편을 하였다고 한다. 이러한 일과 수행을 "몹시 추운 때도 폐하지 않았고…심히 더운 때도 오히려 부지런히 염송하였다"는 부분은 결사의 지도자 승려로서의 요세가 성실한 수행태도로 수행자로서의 이상적인 모범을 보였다는 것으로, 이는 구성원 중 어느 누구와도 비교할 수 없는 치열한 수행으로 스스로를 차별화시키는 종교지도자로서의 모습일 것이다. 결국 수행론으로 다른 구성원과 차별을 두거나, 또는 그러한 상황이 허락되지 않을 때는 누구보다도 치열하게 수행에 임하는 태도로 '지도자다움' 내지 '대승보살다움'을 드러내야 했던 것이 일반적인 결사의 지도자 승려가 부담하고 있었던 몫이지 않았을까 생각된다.

　또한 경전독송이나 주송, 염불, 참법 등의 다양한 수행법은 요세에게

311　每趁禪餘, 無忘日課. 准提一千編, 功不廢於祈寒. 彌陁一萬聲. 念猶勤於酷熱. 或求生於安養. 常了誦於法華. 普勸尊卑. 常令講習. 閔仁鈞,「官誥」(『東文選』 권27).

강력한 영향을 준 두 승려- 중국 법안종의 영명연수와 천태종의 사명 지례-중의 한 명인 영명연수의 결사에서 108불사라는 이름으로 행해 졌던 수행법 중의 일부이다. 『악방문류(樂邦文類)』의 기록을 보면 영명 연수는 충의왕의 명에 의해 영명사에서 주석했던 기간에 결사를 조직 하고 그의 신도들과 함께 2천 일 동안 108사를 행했다고 한다.[312] 현재 남아있는 요세에 관한 기록에서 확인되지는 않지만 영명연수와 사명지 례가 정비한 교의에 천착했던 요세가 그들의 결사에 관한 기록을 접하 는 것은 무척 자연스러웠으리라 생각된다. 요세 자신이 결사활동을 시 작하는 시점에서 결사의 구성과 운영, 그리고 수행론에 대한 여러 고민 을 했을 것이고, 그 과정에서 두 승려들의 결사활동의 선례를 참고하는 작업 역시 수반되었으리라고 추정해 볼 수도 있을 것이다.

영명연수의 결사에서 밀교를 비롯한 거의 모든 대승불교의 수행법들 을 망라하고 있는 것은 구성원 간의 다양한 수행역량의 층차를 수렴할 수 있는 한 방법이기도 했으며, 결사의 모든 구성원들에게 구원의 보편 성을 보증할 수 있는 길이기도 했다.[313] 영명연수가 이 108불사를 매일 빠짐없이 일과로 실천했듯이 요세 역시 정해진 시간과 횟수를 엄수하 며 치열하게 실천했던 것을 볼 수 있다. 요세의 백련사의 경우 현재의

---

312 初住雪竇山, 晚詔住永明寺, 徒衆常二千日課一百八事. 『樂邦文類』(大正藏 47: 1969, 195a27-195a28).
313 영명연수나 요세의 결사에서 준제주(准提呪)를 지송한 부분은 당·송대의 법화천태의 신앙에서 밀교 다 라니를 염송했던 영향을 받은 것으로 보인다. 당·요·송대에는 법화신앙과 밀교신앙 간에 이른바 현밀쌍 수(顯密修雙)로서 실천적 융합이 많이 이루어졌는데, 그 대표적인 수행법이 다라니의 염송이었으며, 그 중에 서도 준제주가 가장 널리 염송되었다. 서윤길, 「요세의 수행과 준제송주」, 『한국불교학연구총서』(불함문화사, 2004), p. 10.

남아있는 문헌상으로 이러한 다양한 일과들을 결사의 구성원이 모두 함께 실천했는지의 여부는 확인되지 않으며, 다만 요세가 『법화경』 내지 『금광명경』 등의 사본을 수지하고, 매일 염불할 것을 권했다는 것은 명확하다.

또한 앞의 인용문에서 말하는 『삼대부절요』는 천태의 3대 전적(典籍)인 『법화문구(法華文句)』와 『법화현의(法華玄義)』와 『마하지관(摩訶止觀)』의 대강을 추려 찬술한 책을 말한다. 이는 원묘요세가 천태종이라는 자신의 종파적 정체성을 중국의 천태교단에서 찾고 있었음을 짐작케 한다.[314] 또한 왕이 요세에게 선사(禪師)의 칭호를 하사했던 것에서는 법안종의 선법을 계승한 고려의 천태종이 선종과 사상적 친연성을 갖고 있었음을 확인할 수 있을 것이다.[315] 다시 말해 결사의 지도자인 요세는 '배우는 자들이 쉽게 이해할 수 없어서' 그들에게 잘 전달해주기 위해 핵심만을 가려 『삼대부절요』를 저술하고, 매일 선 수행을 주로 하되, 염불과 독송을 일과로 겸수(兼修)했으며, 이를 결사 내의 신도들에게도 두루 권하여 익히게 하였다는 점이 백련사의 수행론의 요지인 것이다.

---

314 채상식, 앞의 논문, p. 31.

315 고려 초에 천태학에 깊은 이해를 갖고 있던 계열은 선종 일파인 법안종에 유학했던 智宗 등이었고, 이들이 귀국한 이후 고려 천태학을 유지하고 있었다. 또한 智谷寺의 진관眞觀선사 釋超와 靈巖寺의 寂然국사 英俊 역시 광종 후반기에 법안종과 교류하면서 천태학의 명맥을 잇고 있었다. 이들 사후에 이들의 비문이 서 있던 사원, 다시 말해 이들의 사상의 영향권 안에 있던 사원들의 법안종풍이 의천의 천태종 형성에 중요한 요소로 수용되었다. 이처럼 법안종과 천태학은 지근거리에 있었고 이들의 영향을 받은 선종세력이 중심이 되어 천태종이 형성됨으로써, 고려의 천태종은 제도상으로 선종의 특징을 많은 부분 지속시켰다. 선종에 속했던 사원의 일부를 천태종에서 관할했을 뿐만 아니라, 승계 역시 선종의 것을 답습했던 것을 볼 수 있다. 허흥식, 「고려전기 불교계와 천태종의 형성과정」, 『한국학보』 제4집, 1978, p. 109.

이처럼 요세가 염불과 주문, 독송 등을 일과수행으로 실천하면서 백련사의 구성원들에게 경전의 독송을 권했던 모습은 최자의 「비명」에서 잘 나타난다.

매일 선정(禪定)하고 경을 가르치는 여가에 『법화경』 한 부를 외우고, 준제신주(準提神呪)를 천 번, 나미아미타불을 만 번 부르는 것을 일과로 하였다. 일찍이 스스로 생각하기를, "불교의 경론(經論)들이 너무 많아 배우는 자들이 들어갈 바를 종잡지 못한다."하고, 강요(綱要)를 뽑아 『삼대부 절요(三大部節要)』를 만들어 판각하여 배포하여 후진들에게 도움이 많았다. 왕이 듣고 가상히 여겨 몇 해 뒤인 정유년 여름에 선사(禪師)라는 호를 주고, 그 뒤에도 여러 번 교서를 보내고 세찬(歲饌)을 보냈다.[316]

인용문에서는 요세가 준제주와 미타염불을 일과로 수행하는 모습과 함께 정토왕생신앙을 추구하고 있었음을 보여준다. 아울러 '높고 낮은 사람'이라는 표현은 백련사의 다양한 구성원들을 보여주는 것이라 하겠다. 또한 이들에게 법화경을 두루 권하여 항상 익히게 했다는 것은 경전의 독송과 배포의 공덕을 백련사 수행론의 하나로 수용했음을 말해준다.

결사 내의 다양한 구성원은 곧 다양한 수행역량의 공존을 의미하며,

---

316 "每禪觀誦授之餘, 誦法華一部, 念准提神呪一千遍, 彌陀佛號一萬聲, 以爲日課. 嘗自謂一門敎海浩汗, 學者迷津, 乃撮綱要, 出三大部節要, 鏤板流行, 後進多賴焉. 上聞而嘉之, 越丁酉夏賜號禪師, 厥後屢降綸旨, 歲時錫賜. 「萬德山白蓮社圓妙國師碑銘幷序」(『동문선』 권117.)

이는 결사의 지도자 입장에서 수행 역량간의 층차를 보완할 수 있는 수행법들을 모색해야 한다는 것을 의미할 것이다. 따라서 요세나 그의 제자들처럼 정주 수행자로서 백련사 내에서 수행을 할 수 없는 일반 신자들의 경우에는 『법화경』의 독송과 경전 배포의 공덕으로도 정토에 왕생할 수 있다는 교의를 제시했음을 짐작할 수 있다. 재물을 보시하여 경전을 인쇄하고, 타인에게 배포하여 수지·독송케 하는 것 역시 백련사 내에서는 하나의 수행론이었던 셈이다. 요세의 제자인 천책과 관련된 결사의 자료에서는 이러한 정황이 좀 더 자세히 드러남을 볼 수 있다.

〈영암군수 호부낭중 김서에게 회답하는 글〉 뜻을 받들고 갑에 든 법화경 한 질을 보냈는데 연과 견 두 분 스님이 드렸으리라 믿습니다. 매일 틈틈이 읽으시고, 읽기를 마치면 외울 수 있고, 외우기를 마치면 실행하시기를 바랄 뿐입니다.…지난 병신년(1236, 고종23년) 겨울철에 평장사 이세재가 남방을 시찰하다가 몸소 백련사를 찾아서 결사에 이름을 걸고 참여하여 산승에게 28품을 짓도록 요청하고 순서를 바르게 유통시켰습니다. … 여러 번 추위와 더위가 바뀌어 마침내 7권을 모두 마치고 지금은 벼슬을 그만두고 자연에 묻혀 매일 외우기를 그치지 않으니 진실로 재가의 보살이십니다. 하물며 새기고 인쇄하여 천여 부를 베풀면서 널리 좋은 인연을 맺었습니다.[317]

인용문은 백련사의 구성원이기도 했던 평장사 이세재가 천책이 지은

동아시아 염불결사의 연구

『법화수품찬』을 사경하고, 나아가 그것을 인쇄하여 천여 부를 타인에게 배포한 공덕에 대해 칭송하면서 영암군수 김서에게도『법화경』을 독송하고 실천할 것을 권하는 내용이 주를 이루고 있다. 이러한 서간문의 내용을 통해 외지에 있는 백련사의 구성원들에게는『법화경』등의 경전을 독송하고, 인쇄한 경전을 배포하는 것이 하나의 수행론으로써 제시되었던 상황을 짐작해 볼 수 있을 것이다. 한편 요세와 천책 등 백련사의 지도자들이 독송과 배포를 권장한 경전은『법화경』뿐만 아니라『미타경』으로까지 범위가 확대되고 있음을 볼 수 있다.

비록 일곱 권의 글이 모두 정토를 예찬하고 있지만 오직 미타경 한 권이 가장 요체가 되는 것이어서 내용은 간단하지만 이치가 분명하고 문장은 간단하지만 사실이 갖추어져 있으므로 미욱한 무리들을 극락에 오를 수 있도록 인도합니다. 아무개가 간절한 마음으로 발원해서 널리 외우고 지니도록 권장합니다. 매달 대재일에 모두 한 곳으로 모여서 팔계를 함께 수계하고 함께 경전을 읽으면서 정토를 찾아 갑시다. 참으로 날마다 이와 같이 하면서 마음에 쉬지 않는다면 필연코 정토에 왕생하게 마련입니다. 그러면 미타불이 극락으로 인도하여 극락이 가까울 것이니 여러 도속들은 마음 깊이 의지를 가지시기 바랍니다.[318]

---

317 〈答靈岩守金郞中惰書〉承諭具匣蓮經一部付囑, 然堅二上人呈似, 惟冀日常讀, 已能通, 已能持.…去丙申冬節, 李平章世材, 行按南方 躬造白蓮, 投名入社, 請山野鎭二十八品, 序正流通.…屢經寒暑便終七軸, 至今縣車綠野, 日誦不輟, 眞在家菩薩也. 況雕板印施千餘部, 廣結妙因, (『海東傳弘錄』, 리영자 역주, 『호산록』(해조음, 2009), pp. 294-297).

이 인용문에서는 『아미타경』의 수지와 독송, 배포를 권장하는 것 외에도 매월 대재일에 특정한 곳에 모여서 수계와 함께 송경(誦經)을 실천하는 법회를 했던 결사의 모습을 짐작해 볼 수 있다. 이러한 방식으로 재력과 학식을 겸비한 엘리트 구성원들에게 경전 독송의 수행과 경전 사경의 재원을 마련하기 위한 시주를 권하는 모습은 다른 시에서도 많이 나타나고 있다.

> 다시 평장사 유경에게 보냄: (서문도 곁들임) 근래 계절이 심히 빨리 가서 겨우 겨울을 보냈는데 어느 사이에 이른 봄이지만 춥습니다. 점점 빨리 늙으므로 전에 보낸 운에 따라 한 수를 보냅니다. 저에게 부탁하신 법화경 일천 부의 인쇄가 끝났으므로 드리오며, 다시 일천 부를 완성하여 널리 권하고 유통시켰으면 합니다.[319]

또한 천책은 백련사의 엘리트 구성원들에게 경전 독송의 실천과 타인에 대한 경전 배포가 곧 출가 승려의 수행과 맞먹는 재가 수행자의 수행론임을 강조하면서 그들의 공덕을 칭송하고 있다.

---

318 〈勸誦彌陀經願文〉雖藏中七軸, 偏讚淨土, 唯小本彌陀經, 寂爲綱要, 辭簡而理明, 文約而事備, 足可直使迷徒, 徃登極樂. 某切發願心, 廣勸信持, 約每月大齋日, 俱會一處, 同受八戒, 同誦雄詮, 迴向淨土, 苟能一如是, 心不休則 必不得已生淨土矣. 彌陀來迎, 極樂伊爾, 冀諸道俗載意. 허흥식, 『眞靜國師와 湖山錄』(민족사, 1995), p. 279.

319 「又寄柳平章 幷序」近來歲月甚促, 才錢季冬, 依然孟春猶寒, 暗催老相, 復吹前韻, 寄呈一首旣已, 同我願海印成,蓮經一千部, 更欲成千部, 普勸流通也. (『湖山錄』) 허흥식, 앞의 책, p. 152.

동아시아 염불결사의 연구

어찌 벼슬을 그만두고 관복을 벗어야 하나요. 세속에 있어도 출가의 도를 닦을 수 있지요 「많은 경전을 간행하여」 몇 번이고 불경으로서 다른 이들을 믿게 하셨습니다.[320]

인용문에서 볼 수 있듯이, 백련사의 수행론에 있어서 경전 독송은 곧 사경 내지 경전 인쇄를 통한 경전 배포로 연결되는 실천이었으며, 수행과 포교가 분리되지 않는 전략적인 수행론이기도 했던 것이다. 한편 만덕산 백련사의 경전 독송과 경전 배포는 단순히 서적의 형태에만 제한되지 않았으며 부채와 같은 당시 엘리트들의 필수적인 소지품에까지 확산되는 형태로 발전했음을 볼 수 있다. 백련사에서 경전 대신 부채를 배포한 것은 『법화경』의 원문을 적은 종이부채를 부칠 적마다 생겨나는 진리의 바람이 밖에서 불어오는 것이 아닌 자신의 손 안, 즉 내면의 자성에서 생겨나는 것임을 깨닫도록 하겠다는 아이디어에서 출발한 것이었다.

〈법화경을 쓰고 아울러 종이부채 일천 개를 만들도록 발원하는 글〉 실상의 오묘한 이치는 어떻게 감추어지고 나타나는가. 마치 하늘에 뜬 달과 쉬지 않고 불어오는 긴 바람과도 같지만 이 늙은이는 아직 수양이 미숙하고 미욱한 생각을 버리지 못하여 잘못된 생각으로 달이 보이지 않고

---

320 〈次韻答柳平章璥〉何必鶩行謝紫靑, 在家能養水雲情, 幾將竺典令他信.「印諸經」 허흥식, 앞의 책, p. 163.

바람이 없다고 하였습니다. 이에 간절히 발원해서 묘법연화경 1부를 사경하여 유통시키고자 하고 아울러 수많은 법문을 나타내기 위하여 종이 부채 일천 자루를 만들어 널리 나누어 주어서 청량의 오묘함을 맛보게 하렵니다. 들고 부칠 때마다 실상의 바람이 모두 자신의 손바닥에 있으며, 밖에서 오지 않음을 깨닫게 하고자 합니다. 인연이 있는 단월은 원문에 따라 발원합시다.[321]

이러한 부채의 경전화(經典化)는 두 세기 이전 중국과 일본의 천태교단의 교류 과정에서도 그 흔적이 발견된다. 10세기 말 일본 히에이잔의 천태교단과 북송대 천태교단 간의 교류 과정에서 전해진 불교 문물 가운데 부채에 경전의 구절을 적는 풍습도 들어 있었던 것으로 보인다. 교토에 소재하는 청량사(淸凉寺) 석가상은 10세기말의 일본에서는 이례적인 것으로 송에 들어온 승려 조연(奝然)이 옹희(雍熙) 2년(985)에 태주(台州)에서 만들어 가지고 돌아온 것으로서 그 내부에 비단으로 만든 오장육부, 보석, 거울, 은팔찌, 유리그릇, 경전류, 불화류와 함께 결연자 명단이 들어 있었다. 이 청량사 부장물은 동시대 중국의 사리탑 부장물과 공통점을 보이고 있는데다가 경전과 함께 여러 성물을 매장하는 경총(經塚)의 부장물과도 유사성을 가지고 있어서 중국의 부장물 납

---

321 〈倩人書法華經兼紙扇一千願文〉夫實相妙理, 何隱何現. 如空月常縣, 長風不息, 但末年鈍根, 抱迷未遣, 念念差過, 謂月隱風停. 是用發虔誠, 書妙法蓮華經一部, 用助流通. 又表千如法門, 切欲成紙扇一千柄, 廣施一切, 庶得淸凉妙益. 凡一擧一搖, 知所謂實相風月, 俱在自己掌中, 非是外來也. 有緣檀那同斯願文. 허흥식, 『眞靜國師와 湖山錄』, 민족사, 1995, p. 280.

동아시아 염불결사의 연구

입 풍속이 일본으로 유입되었을 가능성도 추정되고 있다.[322]

이 청량사(淸凉寺) 석가상 안에 복장(腹藏)된 납입품 중에는 부채가 들어 있는데 겐신이 썼을 것으로 추정되는 부채의 명문 안에서 "내가 만일 열지옥을 향하게 되면 해탈풍을 얻어 청량성에 들겠다(我若向熱地獄, 得解脫風, 入淸凉城)"라고 하는 구절이 보인다. 따라서 이러한 부채의 공양은 부채가 일으키는 바람으로 인해 열지옥으로부터 서원자를 구하리라는 것을 기대하는 아이디어에서 비롯된 실천이었음을 짐작할 수 있다.[323] 또한 겐신이 제정한 「영산원석가당매일작법(靈山院釋迦堂每日作法)」 기청의 제1조에는 추위와 더위에 맞추어 석가상본존에 화로나 부채를 봉공하는 내용이 기술되어 있는데, 5조에는 이 '화로와 부채의 업(火扇之業)'으로써 영원히 지옥의 추위와 열탕의 과보를 여읠 수 있다고 읊고 있어서 석가상의 부장물인 부채와 의미 면에서 연관된 유사성을 갖는 것으로 볼 수 있을 것이다.[324]

이러한 일본 청량사 석가탑의 부장물과 만덕산 백련사의 사례를 비교해 보자면 부채를 상징물로서 이용했다는 점은 유사하지만 그 구체적 맥락에서는 차이점이 드러난다. 일본 천태교단의 경우에는 부채가 열지옥을 여읠 수 있는 상징적 공양물로 이용되었던 데 반해, 만덕산 백련사의 경우에는 법문을 기록한 경전의 대체물로서 신도 개개인에게 경전을 배포한 것과 유사한 의미를 갖고 있었던 것으로 생각된다. 만덕

---

322   奧健夫, 「源信造立の地藏菩薩像に關する新資料」『佛教藝術』(大阪: 每日新聞社), 1948, p. 60.

323   奧健夫, 앞의 논문, p. 61.

324   奧健夫, 앞의 논문, p. 61.

산 백련사의 구성원들은 『법화경』의 구절을 기록한 부채를 지님으로써 '경전 수지'라는 한 수행론을 실천하고 있었으며, 부채의 바람을 일으킴으로써 내면의 자성을 체득하는 깨달음의 행위를 구현하고 있었던 것이다.

이처럼 백련사의 구성원 중 재력과 학식을 갖추고 관직에 있던 이들이 틈틈이 경전을 독송하고, 자비(自費)로 경전을 인쇄하여 다른 이들에게 배포하고, 그 경전을 받은 이들은 그것을 항상 지니고(受持) 외움으로써 정토왕생으로 가는 길을 닦았던 것이 백련사 수행론의 한 모습이었다. 결국 지식인과 지방의 민간신도 등 다양한 계층으로 이루어졌던 구성원들이 고루 수용할 수 있는 수행론의 하나로서 경전 독송과 경전 배포가 결사 안에서 제시되었던 모습을 만덕산 백련사에서 확인할 수 있는 것이다.

이는 또한 엘리트에서부터 남도의 토호, 그리고 경전을 읽을 역량이 안 되는 신도들까지 다양한 계층을 결사의 구성원으로 받아들였던 지도자 요세가 선택했던 백련사의 수행론이기도 했다. 경제적 여력이 있는 계층에 시주를 권하여 보시의 공덕을 쌓게 하고, 그 재물로 경전과 부채를 만들어서 신도들에게 보급했으며, 경전 독송이 힘든 신도들에게는 『법화경』의 구절을 적어 넣은 부채를 나눠주어 경전의 의미를 대체케 했던 것으로 볼 수 있는 것이다. 이처럼 모든 구성원들이 자신의 역량에 맞는 방법으로 정토왕생을 향한 길을 공유할 수 있도록 했던 수행론이 바로 백련사의 경전 배포와 독송이었다고 볼 수 있으며, 나아가 이는 2세기 전 북송의 천태결사 내지 히에이잔의 이십오삼매회와 차별화되는 고려 만덕산 백련사의 수행론으로 보아도 좋으리라 생각된다.

3-4. 법화삼매참법과 정토왕생의 염불

원묘요세가 제시하고 실천했던 수행론에서는 이론보다는 염불과 참회의 실천을 강조한 흔적이 더 강하게 남아있음을 볼 수 있다. 그는 천태종에 속하는 승려이긴 하지만 고려 천태종의 창시자인 의천의 사상적 계보를 이은 족적은 보이지 않으며, 초기에 선봉산문에 의해 주도권에서 밀려난 5산문에서 배출된 고승으로 추측된다.[325]

그의 제자인 4대 주법 천책에게서도 법화경신앙과 관련된 실천들인 독송과 사경(寫經)을 중시하거나, 혹은 인경(印經)의 공덕에 따른 응보의 이적을 확신했던 측면이 드러난다. 천책이 「법화수품찬」을 두 차례 남긴 것이나, 우리 역사에서 법화경의 유포와 신앙의 결과로 생긴 이적을 모아 『해동법화전홍록(海東法華傳弘錄)』을 4권으로 편집한데서도 이러한 면을 확인할 수 있다. 천책의 「법화수품찬」은 요세에서 천인으로 이어진 백련사의 천태사상이 남송 연경사와의 유대관계에서도 적지 않은 영향을 받았음을 보여준다.[326]

기록상으로는 요세가 백련사를 결성하기 전에 그의 신앙관에 전환을

---

325 허흥식, 『眞靜國師와 湖山錄』(민족사, 1995), p. 85.
326 허흥식, 앞의 책, p. 89.

가져올만한 사건이 두 가지 등장하는데 그 중 하나는 개경을 중심으로 한 당시 불교계의 상황을 비판적으로 바라보는 계기가 되었던 사건이었다. 요세는 33세(1198) 되던 해의 봄에 개경의 고봉사(高峯寺)에서 열린 법회에 참석하였으나 당시 불교계의 모습에 크게 실망감을 느끼고 그 해 가을에 동지 10여명과 함께 명산을 유랑하다가 영동산 장연사(靈洞山 長淵寺)에 머물면서 처음으로 개당연법(開堂演法)을 하게 된다. 그가 장연사에서 천태학을 강의하는 과정에서 그의 이름이 널리 알려지기 시작했는데 이러한 체험들은 요세가 자신의 발언과 입지에 자신감을 갖게 되었음을 의미한다.

또 하나의 사건은 바로 이 장연사 강법의 시기에 보조지눌로부터 수선사의 정혜결사에 동참할 것을 권유하는 편지를 받았다는 것이다. 요세의 비문에 의하면 이 편지를 받은 요세는 대단히 흡족해 했음을 알 수 있다.[327] 지눌이 편지 안에서 당시 불교계의 타락상은 물론 요세의 천태선에 대해서까지 비판을 확대시키고 있었음에도 불구하고 요세가 흔쾌히 수락한 것은 당시 불교계에 대한 문제의식과 변화의 의지를 요세 역시 공유하고 있었기 때문이리라 생각된다.[328]

요세는 지눌의 편지를 받고 나서 그를 방문한 후 약 2년간 정혜결사에 참여했으며, 수선사(修禪社)로 옮길 때에도 지눌과 함께 했다. 그러

---

327 師見而心愜 崔滋 撰「了世碑銘」(『동문선』 권117).

328 당시 지눌이 요세에게 보낸 글의 내용은 다음의 시에 집약되어 있다. 波亂月難顯, 室保燈更光, 勸君整心器, 勿傾甘露水. (파도가 어지러우니 달이 드러나기 어렵고, 방이 깊으니 등불이 더욱 밝다. 권하노니, 그대는 마음그릇을 바로 하여 감로수를 쏟지 않도록 하라.)

동아시아 염불결사의 연구

나 요세는 도중에 지눌의 결사체를 떠나서 수선사의 돈오점수적 수행
론과는 다른 천태 수행론과 염불신앙을 실천하는 독자적인 결사를 꿈
꾸게 된다. 요세가 지눌의 수행론과 다른 길을 걷게 된 근본적 원인은
수행 주체로서의 근기에 대한 자각이 달랐기 때문이라고 보는 것이 일
반적인 학자들의 해석이다.[329]

거기에는 먼저 당시 선을 수행하는 이들의 태도에 대한 요세의 비판
적인 시각이 있었던 것으로 생각된다. 요세의 비판의식은 기존 불교계
의 화려함뿐만 아니라, 미약한 인간의 근기로 인한 고식적인 선이나, 교
학에 대한 집착에까지 미치고 있었던 것이다.『관고(官誥)』의 다음 구절
을 보자.

> 말라죽은 나무처럼 앉아만 있는 것을 선이라 이르며, 삼관(空觀 · 假觀 ·
> 中觀)을 질곡(桎梏)처럼 여기고, 구멍만큼이나 작은 지식을 지혜로 삼으
> 며, 팔계(八戒)를 쭉정이나 겨와 똑같이 취급하였다. 스님께서는 이와 같
> 은 시기에 그러한 폐단을 힘써 구제하고자 하였다.[330]

인용문에서는 교리연구에만 매달리던 당시의 교종이나, 고목처럼
참선만 하고 있으면서 수행자 본연의 계율준수를 하찮게 여기고 천태

---

329 고익진의 경우가 그 대표적인 입장으로서, 지눌은 知解가 가능할 정도의 수승한 근기를 지닌 수행자들
에게 적합한 돈오점수의 방식을 내세웠던 반면에 요세는 말법시대적 상황을 배경으로 범부들의 근기에 알맞
은 참회의식과 염불을 주요 수행론으로 제시했다는 것이다.

330 謂枯坐是禪 等三觀於桎梏 以窺號爲慧 齊八戒於粃糠 師於是時 力救此弊…閔仁鈞, 「萬德山白蓮社主
了世贈諡圓妙國師官誥」(『東文選』 권27).

의 교관을 무시하던 선종의 수행태도에 대한 비판의식을 보여주고 있다.[331] 본문 안에서 보듯이 요세가 고식적인 선 수행이나, 천태의 삼관을 족쇄로 여기고, 작은 지식을 지혜로 삼으며, 계율을 무시하는 당시 불교계의 행태를 폐단이라고 지적했다면, 요세가 지향하는 수행론은 당연히 이들 폐단을 극복하는 형태여야 할 것이다. 따라서 이 문장을 토대로 추론해보면 요세의 수행론은 천태 교학에 근거하고 있으며, 작은 지식에 매달리지 않고, 지계(持戒)를 중시하는 세 가지 요소를 충족시키고 있었으리라 생각된다.

하지만 전술한 바 있듯이, 요세는 개인적으로 선 수행을 놓지 않고 있었으며, 오히려 각종 기록을 보면 치열하게 선을 실천했음을 알 수 있다. 이는 당시의 문인관료였던 조문발이 요세의 제자로서 스승에게 보내는 서간문의 형식을 띠고 있는 「만덕사청설선문(萬德社請說禪文)」에서도 잘 드러난다.

제자가 오랫동안 정성껏 귀의하여 약간 이끌어줌을 입었으므로 몇 차례나 찾아뵈옵고 아는 것을 드러내 보였으나, 점두(點頭)하시어 인가함을 얻지 못하였습니다. 백련당(白蓮堂) 아래에서 다만 십승(十乘)의 묘한 법

---

331 하지만 결사의 의미와 수행론이 다르다고 해서 백련사와 수선사가 적대적으로 대립했던 것은 아니었다. 요세가 수선사의 정혜결사에서 수년간 참여했던 것은 물론, 요세의 계승자인 靜明國師 天因(1205-1248)이 지눌의 계승자인 眞覺國師 慧諶(1178-1234)에게서 '曹溪要領'을 체득하였으며, 혜심 역시 백련결사도량인 만덕사에 가서 설법을 하기도 하고, 백련사의 4世 주법인 眞靜國師 天頙(1206-?)은 수선사의 卓然 및 圓悟國師 天英(1215-1286) 등과 교류하며 지냈다. 변동명, 「원묘국사 요세의 정혜결사 참여와 결별」, 『한국불교학연구총서』(불함문화사, 2004), pp. 57-58.

문을 의지할 뿐이요, 뜰 앞의 잣나무[庭前栢樹子]의 소식은 아직도 한 가닥의 삶의 길이 어둡습니다.[332]

인용문에 의하면 조문발이 요세의 문하에서 선 수행을 배우고 있었으며, 이 글을 쓰는 시점에까지 깨달음을 인가받지 못했음을 탄식하는 내용임을 알 수 있다. 따라서 당대의 문인관료들이 승려들에게 선을 지도받았던 사실의 확인과 함께 요세가 문인관료들을 제자로 둘 만큼 선수행에 있어서도 당시에 명망을 떨치고 있었던 배경을 보여준다.

하지만 이처럼 한 수행자이자, 승려로서 선 수행에 매진했던 요세가 정작 결사의 구성원들에게 강력하게 권했던 수행법은 바로 염불이었다. 백련사 안에서 염불과 선, 참회수행법, 경전신앙 등이 충돌하지 않고 공존할 수 있었던 것은 요세가 속했던 천태교단의 한 특성이기도 했으며, 아울러 요세가 강하게 영향을 받고 있던 영명연수가 제시한 수행론의 경향이기도 했다. 결국 요세가 참회, 경전신앙, 선 수행 등의 다양한 수행론 외에도 백련사 구성원들의 주요 수행법으로서 염불을 선택했던 계기는 천태교단 안에 다양한 수행론이 공존하고 있었던 중국 천태 교단의 영향과 함께 동시대 고려 불교 교단의 수행 방식에 대한 문제의식에서 기인한 것으로 보인다.[333]

중국의 천태종에서는 지의의 천태 교학 구축 작업 이래로 법화신앙

---

332 弟子久傾欽挹, 粗荷提撕, 幾迴覿面相呈, 未肯點頭自許, 白蓮堂下, 但憑十乘妙門, 古栢庭前, 尙昧一條活路. 趙文拔「萬德社請說禪文」(『東文選』권114.)

과 정토왕생의 염불, 지관수행 등이 서로 충돌하지 않고 내부의 수행론 안에 융합되어 있었다. 고려 광종시대부터 법안종을 수용했던 선승들은 정토사상과 함께 염불을 강조했고,[334] 이들이 중기에 고려 천태종 형성의 기반이 되었으므로 천태종과 염불이 밀접한 관계를 갖고 있었던 것은 자연스러운 일이었다.[335] 요세 또한 천태교단에서 사상적 뿌리가 굵은 선승이었으므로 유심정토의 교의를 내세웠음에도 불구하고 정토왕생신앙과 염불을 별다른 충돌 없이 실천할 수 있었던 것으로 생각된다.

다음으로 요세의 개인적인 수행론에서 커다란 비중을 차지하고 있었으며, 보현도량 개설 이후 결사의 주요 수행론으로 설정되었던 법화삼매참법에 대해 서술해 보고자 한다. 백련사 내에서 요세 자신은 매일 선 수행과 주송(呪誦)을 하는 것을 일과로 삼았으며, 법화경 독송 일편, 준제주(準提呪) 일천 편, 아미타불 명호 일만 편을 하였다고 한다.[336] 요세는 그 중에서도 특히 참회행[337]을 강조하여 고종 19년(1232) 4월 8일에 백련사에 보현도량을 개설하여 전통적인 법화삼매참의에 의해 법화

---

333 김정희는 요세가 영명연수의 120가지 병을 언급한 이후 정혜결사와 결별했다는 점에서 요세가 염불을 선택했던 계기가 지눌의 선정절대주의에 대한 비판과 수행자가 직면한 병에 따른 수행방법의 다양성에 있었음을 말해준다고 주장한다. 김정희, 「원묘국사 요세의 천태정토사상에 대한 소고」, 『철학연구』 69집, 철학연구회, 2005, p. 18.

334 천태학 수입과정에서 중국천태종에 입문했던 고려 승려들이 귀국하지는 않았지만 선정쌍수를 주장했던 영명연수 계통에서 수학한 법안종의 유학승들이 귀국하여 법안종의 전통이 유입되고, 이 법안종이 의천이 개창한 고려 천태종의 성립에도 지대한 역할을 하게 된다. 채상식, 「고려후기 천태종의 백련사 결사」, 『한국사상논문선집』(불함문화사, 1998), p. 271.

335 허흥식, 「몽산덕이의 염불화두」, 『한국불교학연구총서』(불함문화사, 2004), p. 88.

336 每禪觀誦授之餘, 誦法華一部, 念准提神呪一千遍, 彌陀佛號一萬聲, 以爲一課. 崔滋, 「萬德山白蓮社圓妙國師碑銘 幷序」,(『동문선』 권117.)

삼매참을 수행하였다.[338] 특별히 그의 행적 중에 인상 깊은 대목은 바로 이 참회의식으로서, 대중들과 함께 치열하게 참회를 하였으며, 매일 53 佛을 12회 돌아가면서 예배하기를 쉬지 않았다는 부분이다. 물론 이 일화는 백련사 결사 이전의 영암 약사난야 시절의 이야기이지만 백련사가 결성되고 나서 1232년 보현도량의 개설과 함께 법화삼매참은 결사의 주요 수행론 중의 하나로 부상하게 된다.

이 법화삼매참의는 예참 혹은 참법[339]으로도 불리는 중국 천태종의 참회의식 중의 하나이며, 줄여서 법화참(法華懺)이라고도 부른다. 중국 천태교단에서 사종삼매와 참회의식을 결합하여 예불과 참회를 함께 행하는 예참법을 창시한 이는 천태지의[340]이다. 중국불교에서의 참회의

---

337 불교의 懺悔의 문제는 붓다 당시부터 현재에 이르기까지 인간의 과오를 해결하기 위한 매우 중요한 수행론이다. 특히 중국불교에 이르러서는 인도불교의 懺(kṣama)과 유교의 悔가 참회라고 하는 하나의 개념으로 합쳐져서 보다 일상적인 용어로 발전했음을 알 수 있다. 『마하지관』 권7에서는 "'懺悔'의 '懺'이란 이미 지은 악을 털어놓는 것이고, '悔'란 지난 일을 고쳐 미래를 닦는 것"이라고 말하고 있다. 참회의 공덕은 罪障을 소멸할 수 있다는 데에 있다. 참회하지 않으면 무량겁 동안의 죄업이 수행에 장애가 되므로 참회를 통해 마음을 청정하게 하는 것이다.

338 특별히 그의 행적 중에 인상 깊은 대목은 참회의식으로서, 대중들과 함께 치열하게 참회를 하였으며, 매일 53佛을 12회 돌아가면서 예배하기를 쉬지 않았다고 한다. 이 때문에 당시의 禪宗 계열의 승려들이 그를 '徐참회'라고 부르기도 하였다.

339 중국 천태종의 참회수행법은 '懺悔滅罪'와 '求生淨土'를 지향하는 것으로, 영명연수가 중시했던 수행 실천 가운데서도 참회와 정토에 대한 지향성을 포착할 수 있다. 영명연수는 선사이면서도 천태종의 사찰인 國淸寺에서 법화참을 닦았으며, 서방왕생을 기원하며 날마다 10만 번의 미타염불을 실천했다.

340 天台智顗(538-597)는 중국 남북조 말기와 수나라 시대에 걸쳐 활약한 고승으로서, 속성은 陳씨이고 字는 德安이다. 출가한 후에는 智顗라고 하였으며, 또 수양제가 하사한 시호에 따라 智者大師라고도 불렸다. 양나라 대동4년(AD538)에 태어난 천태지의는 18세에 湘州(호남성 장사현)에 있는 果願寺의 法緒화상에게 출가하였다. 진나라 天嘉 원년(AD560)에는 광주에 있는 大蘇山(하남성 상성현)에 올라가서 慧思를 만나고 보현도량에 들어가 법화삼매를 수행했다. 그 후 金陵을 나와 『법화경』 및 『대지도론』을 강의하였고, 태건7년(AD575)에는 천태산(절강성 태주)에 들어가 修禪寺를 세워서 그곳에 머무르다가, 지덕3년(AD585) 왕의 명을 받고 금릉으로 다시 와 『대지도론』과 『인왕반야경』 등을 강의했다. 그 후 여산 등을 다니면서 유람하다가 수나라 개황13년(AD593)에는 當陽縣 玉泉寺에서 『법화현의』를 강의하였고, 다음해에는 『마하지관』을 강의했다. 그 후 다시 천태산에 돌아와서 개황17년(AD597)11월에 산동 石城山에서 나이 60세로 입적했다.

식에 대한 기록은 치초(郗超, 336-377)가 저술한『봉법요(奉法要)』에서도 보일 정도로 그 역사가 오래되었음을 짐작할 수 있다.[341] 심지어 4세기의 중국불교에서도 이미 삼보에 귀의하는 의미로 매번의 예불에서 참회를 행했던 것이다. 고려 선종 9년(1092) 왕태후가 백주(白州) 견불사에서 1만 일을 기약하고 천태종예참법을 설행했다는『고려사』의 기사[342] 역시 이 법화삼매참의식을 말하는 것으로 생각된다. 도량의 이름을 보현(普賢)도량으로 정한 것 역시 법화삼매참회의식의 주존이 보현보살인 것에 말미암은 것으로서, 요세가 법화삼매참법을 실천하는 보현도량을 개설한 것은 법화삼매참법이 결사 내에서도 주요 수행론으로 실천되고 있었음을 보여준다고 하겠다.[343]

요세의 사상에 강력한 영향을 준 영명연수 역시 특별히 법화신앙을 중시했는데 이는『자행록』을 관철하고 있는『법화경』의 교의나, 108사 중에서 가장 첫 번째 불사가 "일생 동안 곳곳에 법화당을 세워 정토를 장엄하는 것(一生隨處常建法華堂, 莊嚴淨土)"이라는 것, 그리고 두 번째

341　過去見在當來三世十方佛, 三世十方經法, 三世十方僧, 每禮拜懺悔, 皆當至心歸命.(郗超,『奉法要』,『弘明集』(『大正藏』52: 2102, 0086a25-0086a26) 중국에서 행해진 참법은 양무제의 慈悲道場懺과 북위의 태조가 태자를 위해 만들었다고 하는 金光明懺儀를 효시로 보는 것이 일반적인 견해이다. 중국 초기불교의 의식에서 연유한 참법은 단순한 참회만이 아니라 讀誦이나 禮佛, 說法, 唱誦 등의 다양한 의식을 포함하고 있는 수행법이다. 우리나라의 경우,『三國遺事』「進表傳簡條」에서 '經懺法'에 대해 논의하는 과정에서 塔懺法·撲懺法 등의 경우도 제시되고 있는 것으로 보아 다양한 참법이 행해지고 있었음을 짐작할 수 있다. 津億의 水精社에서도『점찰경』에 근거한 선·악 판별법으로서 간자를 던져 '악'이 나오면 代懺 등의 참회의식을 통해 죄업을 소멸했던 참법을 실천했음을 볼 수 있다. 따라서 백련사 이전의 결사인 수정사에서 지장신앙에 속하는『占察經』을 소의로 하는 참법이 존재했으며, 고려 충숙왕대(14세기)에 생존했던 鄭樞의 圓齋文藁에도 華嚴三昧懺法席疏가 등장하는 것으로 보아 다양한 종파에서 참법이 중요하게 실천되었음을 알 수 있다.

342　壬申, 王太后設天台宗禮懺法, 于白州見佛寺, 約一萬日.(『고려사』 권10 宣宗壬申條)

343　고익진,「원묘요세의 백련결사와 그 사상적 동기」,『한국사상논문집』, 불함문화사, 1998, p. 6.

불사가 "항상 주야로 여섯 차례에 걸쳐 모든 법계중생을 위해 대신 법화참법을 수행하는 것(常晝夜六時, 普爲一切法界衆生, 代修法花懺)"이라는 점에서도 잘 드러난다.[344] 그는 스스로 증득한 법화삼매를 다른 일반 신도들도 함께 체험할 수 있기를 희망했으며, 적극적으로 권장하는 모습을 보여준다.

영명연수가 법화신앙을 가장 중시했던 것은 어린 시절에 법화신앙이 인연이 되어 불가에 귀의했으며, 출가 이후에도 천태산에서 오랜 시간 법화삼매를 수행한 전력이 있기 때문으로 생각된다. 영명연수가 결사를 통해 보여 준 실천에서도 법화참이나 관세음보살신앙, 108불사의 상행(常行), 『법화경』의 독송과 같은 천태종의 요소가 많이 나타난다. 이는 영명연수가 천태지의의 수행론이 여전히 활발하게 작동하고 있었던 천태산에서 오랜 시간을 보냈기 때문에 충분히 가능한 일이었다. 정토결사를 지도한 중국 고승들의 전기를 싣고 있는 『여산연종보감(廬山蓮宗寶鑑)』 안에서 영명연수에 관한 대목 중 일부를 발췌해 보았다.

『지도론(智度論)』에서 이르기를 불타가 세상에 계실 때에 한 노인이 출가를 하려하자 사리불이 허락지 않았다. 불타가 관하니 이 노인은 지난 겁에 나무를 하다가 호랑이에게 쫓겨 나무 위로 올라갔다가 실성하여 나무불(南無佛)을 염(念)했는데, 이 조그만 공덕으로 인해 불타를 만나고 득도

---

344 영명연수는 천태종의 2조인 천태덕소에게서 사사했던 까닭에 당연히 천태교학에도 밝았을 것이므로 천태종의 수행관을 수용하는 것도 무리가 없었으리라 생각된다. 이지관, 「延壽의 선정겸수관」, 『불교학보』 제22집, 동국대 불교문화연구원, 1992, p. 112.

하여 아라한과를 얻게 되었다고 한다. (이 글을 읽은) 연수선사는 세간업에 매인 중생이 해탈을 할 수가 없으니 오직 염불로써 교화를 할 수 있을 것이라 생각하여 미타탑 40만본을 인쇄해서 나눠주고 사람들에게 예배하고 염불하면서 1일간 참당을 도는 예참을 권했다.[345]

인용문에서는 영명연수의 결사에서 선 수행 대신에 염불과 만선(萬善)을 실천했던 배경을 『지도론』에 실린 일화를 인용하여 설명하고 있다. 생명이 경각에 놓인 상황에서 정신을 놓고 부른 염불 한 마디로 인해 후세에 해탈 득도할 수 있었다는 이야기는 염불의 공력을 극대화시키고자 했던 연수의 의도에 잘 맞아떨어지는 것처럼 보인다. 세간업에 매어 있는 중생이 구원을 얻을 수 있는 방법론은 선정이 아닌 염불이며, 비단 염불뿐만 아니라 여러 가지 수행에 도움이 되는 일(萬善)을 실천하는 것 역시 정토에 왕생할 수 있게 해준다는 것이 연수가 제시했던 교의의 요체였다.[346]

또한 참당을 도는 선요(旋遶) 행법은 초기 불교에서 불타의 주위를 도는 것으로 예경을 표시하던 의식(儀式)이 예참법 안으로 수용된 것

345　因覽智度論云. 佛世一老人求出家, 舍利弗不許. 佛觀此人曩劫採樵, 爲虎所逼上樹失聲念南無佛, 有此微善遇佛得度獲羅漢果. 師念世間業繫衆生不能解脫, 惟念佛可以誘化, 乃印彌陀塔四十萬本,勸人禮念一日懺堂遠旋次.『廬山蓮宗寶鑑』(大正藏 47: 1973, 325a14–325a19).

346　여기서 연수가 결사의 구성원들에게 권했던 수행들을 보면 미타탑을 인쇄한 종이를 지니고, 예불을 하며, 참당을 도는 예참 등이 보이고 있다. 미타탑을 인쇄한 종이는 일반적으로 탑과 사리, 경전, 다라니, 불상 등이 법신을 상징하는 매체로 동일시되었음을 미루어 볼 때, 문자를 읽을 수 없는 무지한 신도들을 위해 경전을 대체할 수 있는 상징물로서 배포되었으리라는 점을 짐작할 수 있다. 이러한 예탑 염불은 영명연수와 그 결사의 구성원들이 실천했던 중요한 수행법의 하나였으며, 아울러 불단을 꾸미기 힘든 빈민층 신도들의 경우에는 집에 불상 대신에 미타탑 인쇄지를 모셔두고 조석으로 예불을 행했으리라는 점도 추정해 볼 수 있다.

으로 생각된다. 영명연수 역시 천태산 국청사(國淸寺)에서 법화참법을 배운 전력이 있어 예참법을 결사의 수행론으로 수용할 수 있었던 것이다.[347] 인용문에서 연수가 보현보살상 앞에서 사념하는 내용이 등장하는데 자운준식의 경우에도 보현보살상 앞에서 손가락을 태우는 연지(燃指)공양을 하며 교학을 익혔다는 『여산연종보감』의 기록으로 보아 당시에 천태교단에서는 보살신앙이 보편적으로 행해졌던 것으로 보인다.[348]

이러한 중국 천태 결사들의 수행론은 대부분 요세의 만덕산 백련사에도 그대로 투영되고 있음이 드러나는데, 염불을 중시했던 점이나 법화삼매참 등이 그것이다. 최자(崔滋)의 「결사비명」에서는 백련사의 법화참회수행에 대해 다음과 같이 기록하고 있다.

임진년 여름 4월 8일에 처음 보현도량(普賢道場)을 결성하고 법화삼매(法華三昧)를 수행하여, 극락정토(極樂淨土)에 왕생하기를 구하되, 천태삼매의(天台三昧儀) 그대로 하였다. 오랫동안 법화참(法華懺)을 수행하고 전후에 권하여 발심(發心)시켜 이 경을 외우도록 하여 외운 자가 천여 명이나 되었다.[349]

---

347 初往天台智者岩, 九旬習定有鳥巢於衣裓, 後於國淸行法華懺. 『佛祖統紀』(大正藏 49: 2035, 264c06-264c07).

348 繼入國淸普賢像前, 燃指誓習台敎. 『廬山蓮宗寶鑑』(大正藏 47: 1973, 325b09).

349 以壬辰夏四月八日, 始結普賢道場, 修法華三昧, 求生淨土. 一依天台三昧儀, 長年修法華懺, 前後勸發, 誦是經者千餘指. 「萬德山白蓮社圓妙國師碑銘 并序」(『동문선』 권117).

인용문에서는 요세가 보현도량인 백련사에서 결사의 신도들과 함께 실천했던 법화삼매참의의 궁극적 목표가 정토왕생에 이르는 것임을 알 수 있다. 또한 백련결사에서 실천했던 법화삼매참법은 법화경에 입각해서 일심으로 예참(禮懺) · 송경(誦經) · 좌선(坐禪)하여 보현보살 · 석가모니불 · 다보불(多寶佛) · 시방불(十方佛) · 여러 보살 등의 현전(現前)을 보고자 하는 삼매로서, 지의가 찬술한 『법화삼매참의(法華三昧懺儀)』[350]에서 많은 부분을 응용하고 있었다.

한편 요세가 결사의 모범으로 삼고 있었던 사명지례의 염불결사에서도 참법을 실천하고 있었던 것으로 보아 백련사의 참회법 역시 이와 유사한 형태를 취하고 있었을 가능성이 있기 때문에 일별해 볼 필요가 있을 것이다. 사명지례의 결사[351]는 보살계 수계의식인 '염불시계회'로 대표되지만 구성원 각각이 개인적으로 실천했던 수행법은 염불참이었다. 여기서 말하는 '염불참(念佛懺)'은 염불과 참회의식이 융합된 형태의 수행법을 말한다. 자운준식 역시 각종 참법의식과 관련한 저술을 남기는 한편 사원과 같은 공동체나 수행자 개인들이 조석으로 실천할 수 있는 참회의식을 제정했음은 이미 서술한 바와 같다. 이러한 천태교단의 수

---

350   天台智顗는 惠思의 법화참을 받아들여 『법화삼매참의』를 저술하였으며, 예불과 참회의식인 懺法을 지관수행과 융합시켰다. 지의는 이 법화참을 발전시켜 『마하지관』에서 상좌삼매, 상행삼매, 반행반좌삼매, 비행비좌삼매 등의 4종삼매로 정립하였다.

351   사명지례의 결사는 그 구성원의 수가 만 명에 이르는 거대결사였으며, 그 존속된 기간도 『사명교행록』의 연보가 宗曉에 의해 편찬된 해인 1202년까지 무려 190년간에 이르렀다. 따라서 사명지례는 이 거대결사 내의 구성원들—비록 이들이 하나의 단일한 결사가 아닌 48개로 분기된 소결사에서 활동했다 할지라도— 한꺼번에 모이는 대법회에서는 염불시계회를 열었으되, 평상시에 실천할 수 있는 개인적인 수행법으로서 염불참을 제시했을 것으로 생각된다. 또한 전장에서도 서술했듯이 사명지례 개인적으로도 참법을 치열하게 실천했던 기록이 다수 남아있음을 볼 수 있다.

동아시아 염불결사의 연구

행관을 사상적으로 계승하고 있는 요세 역시 참회행을 강조하며 보현도량을 개설하여 천태지의의『법화삼매참의』에 의거한 법화삼매참을 수행하고 있는 것이다.

이제 다시 요세의 입장에서 정리해 보자면, 백련사의 궁극적 목표는 정토왕생에 두고 있었음은 여러 자료에서 명확히 나타나고 있으며, 따라서 요세는 수행역량이 다층적인 구성원들로 이루어진 왕생지향의 수행론을 설정하는 문제에 대해 고민해야 했을 것이다. 천태종이라는 종파적 정체성과 상·중·하근기의 수행자가 두루 모인 백련결사의 성격을 두루 감안했을 때, 참회와 염불 등을 삼매에 상응하는 수준으로 끌어올린『법화삼매참의』가 요세에게 절실하게 와 닿았으리라 생각된다.『법화삼매참의』의 수행론은 일반신도들을 위한 의식 중심의 수행은 물론 엘리트들의 종교적 욕구까지 모두 끌어안을 수 있도록 다양한 층위의 수행법을 제시하고 있기 때문이다. 이처럼 명상의 요소를 도입하여 수행의식으로 정비된 '참회'와 '염불'은 13세기 고려불교라는 시대적 배경 하에서, 기존의 불교계와는 다른 수행론을 제시해야 했던 고민을 안고 있었던 70대의 노승이 내린 최선의 결론이었는지도 모른다.

3-5. 탈 개경(開京)과 유심정토

이제 다른 결사들에 대해서도 그러했듯이 백련사의 임종의식에 대해서도 서술해 볼 필요가 있을 것이다. 관련 자료의 실전(失傳)으로 말미암아 백련사에서 행한 임종의식에 관한 내용은 명확히 드러나지 않으며, 요세의 마지막에 대한 기록에서도 백련사의 임종의식과 관련된 자세한 정보는 읽어내기가 힘들다. 하지만 결사의 지도자이자 구성원이기도 했던 요세의 임종 기록에서 백련사의 임종의식의 대강을 추론해 보는 작업은 가능하리라 생각된다. 다음 최자의 「만덕산백련사원묘국사비명」 안에서 요세의 임종을 얘기하고 있는 부분을 발췌해 보기로 하겠다.

대사는 을사년 여름 4월에 원문(院門)의 일을 우두머리 상좌 천인(天因)에게 부탁하고, 별원(別院)에 물러 나와 고요히 앉아 오로지 서방정토(西方淨土)에 왕생하기를 구하였다. 이 해 6월 그믐날 재(齋)를 올릴 때 감원(監院)을 불러 말하기를, "늙은 몸이 오늘 더위에 시달려 입맛이 틀려 먼데로 갈 것 같은 기별이 있으니, 빨리 나에게 죽선상(竹禪床)을 만들어 오너라." 하였다. …중략…또 원효의 〈증성가〉를 부르기를, "법계에 있는 몸의 모양은 알기 어렵다. 적막하여 하는 것도 없고 안 하는 것도 없다. 저 부처님의 몸과 마음을 순종할 뿐이므로 어쩔 수 없이 그 나라에 태어나리라" 하였다. 매일 앉으나 누우나 거듭거듭 창하면서 염불하기를 그치지 않았다. 7일 축시에 이르러 시자(侍者)를 시켜 경쇠를 쳐서, 여러 사람을 모으게 하고, 물을 찾아 세수를 하고 법복을 입고 상에 올라 가부좌로 서향으로 앉아 … 대사가 말하기를, "이 생각만을 동요하지 않으면 바로 이 자리에서 도가 나타나나니 나는 가지 않아도 가는 것이며, 저들은 오지 않아도 오는 것이니, 서로 감응(感應)으로 되는 것이고 실상은 마음

밖의 것이 아니다."하고, 말을 마치자 즉시 염불을 거둔 후에 마치 선정 (禪定)에 든 것 같았는데 바라보니 이미 입적하였다.[352]

인용문에서 임종의식의 요소로 볼 수 있는 것은 죽선상(竹禪床), 증성가, 주야의 염불, 서향 가부좌 등이다. 죽선상은 대나무로 만든 좌선용 좌상(座床)으로서, 인용문의 내용에서 추론해 보건대, 임종 시기가 음력 7월 7일이었기 때문에 서늘한 소재인 대나무상이 필요했으며, 사망할 때에 별도로 마련된 선상에 가부좌의 자세로 앉아서 선정에 든 형태로 죽음을 맞이하기 위한 용도로 쓰였던 것으로 생각된다.

그리고 요세가 임종 직전에 불렀다는 원효의 「증성가」는 현재 전문 (全文)은 전하지 않으며, 그것이 요세 개인이나 백련사의 독자적인 임종의식인지, 아니면 당시 불교계의 보편적인 형식인지는 확인되지 않는다. 하지만 여기서 중요한 점은 이러한 요소들이 설령 요세의 개인적인 임종양상이라 할지라도, 백련사의 지도자였던 요세가 결사 안에서 보편적으로 행해졌던 임종의식과 판이하게 다른 양태로 행하지는 않았을 것이며, 유심정토관이라는 궁극적인 구원관을 공유하는 이상, 임종의식 역시 결사의 구성원들 역시 유사한 구조를 가지고 있었으리라는 점을 추론해 볼 수 있을 것이다.

---

352   是年六月晦日齋時,呼監院告言, 老僧今日, 困暑口爽, 小有遠行信, 速爲我造竹禪床來, 又唱元曉証性歌云, 法界身相難思議, 寂然無爲無不爲, 至以順彼佛身心, 故必不獲已生彼國, 每坐臥衮衮唱念不輟.…至七日丑時, 命侍者擊磬集衆, 索水盥漱, 着法服升坐跏趺, 面西而坐, …師云不動此念, 當處現前, 我不去而去, 彼不來而來, 感應道交, 實非心外. 言訖卽斂念, 然卬如入禪定, 就視之已化矣.「萬德山白蓮社圓妙國師碑銘并序」(『東文選』권 117).

또한 임종을 앞두고 당사자를 비롯하여 주변의 동료나 제자들이 밤낮을 가리지 않고 염불하는 것은 거의 모든 염불결사에서 확인된다. 그밖에 임종을 앞두고 아미타 정토의 방향인 서쪽을 향하는 것도 다른 정토수행자나 결사 구성원들의 임종의식과 유사하지만 가부좌를 하는 것은 이전의 결사에서는 보이지 않는 요소라고 할 수 있다. 가부좌의 자세로 죽음을 맞이하는 것은 선종교단의 선사들의 임종에서 자주 발견되는 형태이며, 평생 참선을 실천해 왔던 선 수행자로서의 요세의 정체성을 드러내는 모습이라 하겠다.

특히 "나는 가지 않아도 가는 것이며, 저들은 오지 않아도 오는 것"이라는 요세의 말은 유심정토(唯心淨土)의 교의에 입각한 것으로서, 정토왕생의 희구와 아미타성중의 내영을 가시적 사건이 아닌 아미타불과 수행자의 교감, 즉 감응(感應)으로 해석하고자 했던 원묘요세의 구원관을 드러낸 것이다. 따라서 이러한 구원관 하에서는 일본 천태교단의 이십오삼매회의 경우처럼 아미타상을 병자의 주변에 두고 실로 아미타상과 병자의 손을 연결하거나, 향의 연기로 정토와 병자를 이어주는 실의 상징적 의미를 대체하거나, 무덤의 조성에 쓰일 토사를 가지(加持)한다던가 하는 절차가 필요 없었으리라 생각된다.

정토왕생의 동기(因)가 되는 구원자와 피구원자 간의 감응은 피구원자의 생전의 수행을 통해서 축적되는 것이기 때문에 임종 현장에서 타 구성원들이 모여 천 번의 염불을 하는 등의 외부의 조력이 의미가 없어지기 때문이다. 요세의 백련사에서는 이처럼 임종한 자의 구원이 아미타불과 당사자의 감응을 통해 이루어지는 사건으로 해석되었기 때문

동아시아 염불결사의 연구

에, 교의가 달라지면 그에 따른 의식이 달라지듯 동일한 천태교단의 결사인 이십오삼매회나 사명지례, 자운준식의 결사에서 보이는 임종의식과 분명한 차별성을 드러내고 있는 것이다.

이제 마지막으로 이미 전국적으로 명성을 얻고 있었던 요세가 얼마든지 중앙교단에서 활약할 수도 있었는데 굳이 머나먼 남도 강진의 만덕산으로 내려가 백련사를 결성하게 되었는지에 대한 답과 그에 따른 수행론의 차별성을 찾기 위해 「원묘국사비명병서(圓妙國師碑銘幷序)」에 전하는 요세의 행적을 살펴보기로 하겠다.

대사가 산 속에 자취를 감춘 지 50년 동안, 서울 땅에 발을 붙이지 않았고, 몸소 시골에 있는 친척들의 일을 간섭한 일이 없었다. 천성은 겉으로 꾸밈이 적었고, 순후하고 정직하여 눈으로 사특한 것을 보지 않았고, 말을 함부로 하지 않았으며, 밤에는 등촉을 켜지 않았고 잠잘 때는 요가 없었다. 시주(施主)들이 바친 것은 거의 다 가난한 자에게 나눠주고, 방장(方丈) 가운데는 삼의(三衣)와 바릿대 하나 밖에 없었다.[353]

인용문의 내용으로 살펴보건대, 여느 종교결사의 지도자와 마찬가지로 검소, 절약, 청빈, 절제, 금욕, 신실함 등의 보편적인 수행의 원칙을 고수하고 있었음을 알 수 있다. 또한 향당과 친척의 일에 간섭하지 않

---

353   師自遁影山林五十年, 未嘗踏京華塵土. 未嘗親導, 鄕黨親戚事. 性少緣飾, 純厚正直. 目不邪視, 言不妄發, 夜不炳燈燭, 寢無茵褥, 所爲檀襯. 悉頒施貧乏, 方丈中唯三衣一鉢而已. 「萬德山白蓮社圓妙國師碑銘幷序」(『東文選』권 117).

았다는 것은 결사 주변과 자신의 친지, 즉 세속의 일과는 온전히 절연한 수행자 본연의 자세에 철저했다는 말로 해석할 수 있을 것이다. 아울러 이러한 문장은 고승들의 비명(碑銘)에서 일반적으로 나타나는 상투적 표현(cliché)일 가능성도 많지만 여기서 주목해야 될 부분은 인용문의 첫 번째 단락인 것으로 보인다. 인용문에서 말하는 '왕경(王京)의 땅'을 밟지 않았다'는 것은 개경의 화려한 불교계와 일체 교류하지 않았다는 것을 표현하는 말로 생각된다.

12세기 개경의 불교계는 권력과 밀착하여 병란의 중심이 되기도 했으며, 권력과 밀착한 사원 역시 또 하나의 거대 권력이 되어가고 있었다. 『고려사』 안에서 요세로 하여금 결사를 조직하여 개경의 불교계를 등지게 했던 12세기 말의 상황을 들여다보기로 하겠다.

1171년 : 2차례 소재(消災) 도량, 백고좌(百高座), 중 3만 명 반승(飯僧)

1172년 : 불정 도량(佛頂道場)1173년 : 제석도량, 존승법회, 나한재, 왕륜사 반승, 마리지천도량, 낙빈정 반승, 보제사(普濟寺) 기우(祈雨), 신중원(神衆院) 기우, 설재(設齋)기우, 소재(消災)도량, 팔관회.

1174년 : 연등회, 백고좌 도량.1175년 : 연등회, 인왕(仁王)도량, 1만명 반승.

1176년 : 천제석도량, 나한재, 오백나한재, 마리지천도량, 제석재. 불정(佛頂) 도량, 팔관회.

1177년 : 연등회, 신중원 재(齋), 제석도량, 마리지천도량, 나한재 차례, 불정도량, 팔관회.

동아시아 염불결사의 연구

1178년 : 연등회, 신중원 재, 제석도량, 불정도량, 오백나한재, 나한재, 소
재도량, 장경도량, 백고좌도량, 3만 명 반승, 인왕도량.

1179년 : 연등회, 인왕도량, 백좌회, 소재도량.

1180년 : 연등회, 법화회(法華會), 소재도량 2차례, 불정도량, 팔관회, 소
재도량.

인용문은 무신난을 일으켰던 정중부(鄭仲夫, 1106-1179) 등이 내세운
왕인 19대 명종(明宗) 즉위 후 10년간의 공식적인 불교 의식에 관한 기
록을 발췌해 본 것이다. 이 외에도 27년간 재위했던 명종은 수시로 사
원을 들렀으며, 수차례 보살계를 수계했다. 실권이 없었던 왕은 재난이
나 병란이 있을 적마다 종교에 의지하는 모습을 보였으며, 이 과정에서
불교계가 자신의 몸집을 불릴 수 있었으리라 생각된다. 이뿐만 아니라
혼란한 정국 안에서 사원의 승려들은 마치 사병처럼 권력자의 의지를
따라 각종 병란에 가담하기도 했으며, 그 과정에서 많은 승려들이 죽임
을 당하기도 했다.[354]

무신난 이전인 인종대에도 법상종인 현화사(玄化寺) 승려들이 이자
겸(李資謙, ?-1126)의 난 때에 집단적으로 참여한 적이 있었지만 무신의
난 이후에 특히 승려들의 무신에 대한 항쟁이 끈질기게 이어졌다. 1170

---

[354] 요세가 활동했던 시기(12~13세기)의 고려 불교계는 선·교간의 파벌싸움과 개경을 중심으로 하여 사찰
들이 정치적 사건에 개입되면서 폭력사태로까지 확대되는 일이 잦았다. 또한 明宗 년간에는 농민과 노비들
에 의한 민란인 金沙彌의 난과 孝心의 난이 발생했으며, 공주 명학소에서는 망이·망소이의 난 등이 일어나
기도 했다.

년(예종 24년)에 있었던 무신의 난과 1196년에 일어난 최충헌의 반란의 틈바구니에서 불교사원은 또 다른 상황을 맞이하게 된다. 고려 초기부터 왕권의 비호를 받아오던 화엄종과 법상종 등 교종 중심의 불교계가 무신정권에 대항하는 집단항쟁을 벌인 것이다.[355] 고종(高宗)대에도 1217년(고종 4년)에 거란의 침입을 계기로 흥왕사·홍원사·경복사·왕륜사·수리사 등의 승려들이 최충헌의 사원에 대한 경제적 침해에 반항하여 시해를 모반하였으나 오히려 최충헌의 사병들에게 승려 800여 명이 참살을 당했던 사건이 있었다.

또한 고려시대의 불교사원은 국교로서의 혜택을 누리면서 광대한 토지와 노비를 소유한 권력집단이기도 했다. 사원의 부와 권력은 승려들의 부패와 타락은 물론 정치지향성까지도 불러오게 된다. 왕실과 귀족들은 원찰을 세우고 지원했으며, 이들 사찰의 승려들은 후원자들을 위한 법회나 의식에 치중했다. 각종 반승(飯僧)과 재회(齋會) 등으로 인해 국가적 손실도 만만치 않았다.[356] 이처럼 개경을 중심으로 왕실과 귀족의 후원 아래 번창하는 동시에 권력자의 의지에 휘둘리고 있었던 기존 불교계와의 단절의지는 동시대에 정혜결사를 주도했던 보조지눌에게서도 확인된다.

---

355 1174년(명종4)에는 개경의 귀법사 승려 100여명이 집권자인 이의방을 치기 위해 난을 일으켰으나 실패하여 수십 명이 희생되었으며, 이에 대한 항의의 의미로 궐기했던 중흥사, 홍호사, 귀법사, 홍화사의 승려 이천여 명이 이의방의 형제를 죽이니, 무신정권은 이들 사찰들을 불태우고 승려들을 살해했다. 이러한 교종 중심의 불교계의 저항은 명종4년(1174년)부터 고종7년(1217년)까지 40여 년간 지속되었다.

356 『고려사』에는 3만 명의 승려에게 반승, 즉 승려들에게 음식을 공양하는 의식을 행했다는 내용이 자주 등장한다. 이러한 규모의 반승을 睿宗 때는 15회, 仁宗 때는 17회, 의종毅宗 때는 20회, 명종 때는 10회에 걸쳐 치렀다는 사실로 미루어 보아 국고의 지출이 지대했으리라는 점을 짐작할 수 있다.

동아시아 염불결사의 연구

1188년 무렵부터 정혜결사를 추진했던 보조지눌은 명리를 거부하고 산림에 은둔하여 수행하자는 제안을 하게 된다. 여기에는 각종 재(齋)와 법회, 도량 등의 의식을 주로 행하던 당시 불교계의 공덕신앙에 대한 강한 비판이 담겨져 있었다. 지눌의 '은둔'은 지배층과 더불어 아무런 갈등 없이 현세적 특권을 공유하던 불교계의 행태를 자발적으로 청산하고 수행자 본연의 자세를 회복하려는 강렬한 의지의 표현이었던 것이다.[357]

　　이와 동일한 맥락에서 개경 이남에서는 도성으로부터 가장 먼 지역에 속하는 전라도 강진의 만덕산은 개경의 불교계와 그만큼 거리를 두고 싶었던 요세의 의지가 내포되어 있다는 추론이 가능하리라 생각된다. 이는 물론 지방의 토호들이나 지식인 계층의 지원이 있었기에 가능한 일이었겠지만 다른 한 편으로는 기존 교단의 행태를 비판적으로 바라보는 승려들이 교단 밖의 영역에서 자신을 따르는 이들과 함께 결사를 구성하는 한 일례로도 볼 수 있을 것이다.

　　문제의 핵심은 이러한 요세와 은둔과 단절, 그리고 초세간의 의지가 백련사의 수행론에 투영되면서 두 세기 전 중국 천태교단의 결사에서 보여주었던 현세이익적 성격과는 차별성을 보인다는 것에 있다. 개혁의 의지를 품은 승려들의 결사는 교단 밖에서 기득권과 거리를 둔 채로, 변형과 방일(放逸) 이전의 원형적 수행을 추구하는 형태로 발현되었으며, 이러한 결사의 수행론에서 현세적 이익을 보증하는 내용을 발견

357　길희성, 『지눌의 선사상』(소나무, 2006), pp. 39~40.

하기는 힘들 것이라 생각된다. 다시 말해 원묘요세가 중국 천태교단의 영향을 받았다 하더라도, 발복과 공덕을 위한 각종 의식을 위주로 설행했던 개경의 불교계를 떠나 남도 외진 곳에 자리 잡았던 백련사의 성격상 중국의 천태교단에서 나타나는 현세이익적 성격은 아예 배제되거나 강조되지 않는 쪽으로 나타났던 것이다. 물론 몽고의 침입이 본격화되자 불력에 기대어 국난을 잠재우고자 했던 1236년 이후의 백련사는 이전의 성격과 달리 최씨 무신정권과 적극적으로 손을 잡는 면이 드러나기도 하지만 적어도 백련사 결성 초기의 성격에서는 중국 천태교단의 결사와는 달리 현세이익을 강조하지 않는 초월지향적 성향이 강했다고 볼 수 있을 것이다.

요세는 그 자신이 밝혔듯이 중국 법안종의 영명연수와 천태종의 사명지례의 영향을 강하게 받은 승려였다. 영명연수는 비록 법안종 계열에 속하는 승려이기는 하지만 북송대까지는 특정 종파별로 따로 사원을 정하지 않고 스승을 따라 거주 사원을 옮겨 다녔던 중국 불교계의 상황으로 인해 천태교단의 수행론을 자주 접했던 인물이었다. 따라서 요세의 교의와 실천은 거의 중국 천태교단에서 이루어진 것을 수용했다고 볼 수 있으며, 백련사에서 제시하고 실천했던 각종 수행법 안에서도 이러한 점이 확인된다.

중국 천태교단의 결사를 이끌었던 승려들이 그러했듯이 요세 역시 자신은 천태 선과 참법, 주문수행 등을 일과로 실천하면서도 결사 안에서는 낮은 수행역량을 가진 이들도 실천할 수 있는 염불과 경전 독송, 그리고 경전수지 신앙을 권하는 모습을 볼 수 있다. 백련사의 궁극적 목표 역시 정토왕생에 두고 있었으며 이를 위해 다수의 신도 구성원들이 수행역량의 차이에 상관없이 보편적으로 실천할 수 있는 수행법들을 제시하고 있는 것이다.

하지만 이러한 중국 천태교단 소속의 정토결사와의 연계성 외에도 만덕산 백련사만의 차별성도 분명히 존재함을 볼 수 있다. 먼저 만덕산 백련사에서는 지역사회의 엘리트들을 중심으로 경전신앙을 강조하면서 경전독송과 함께 경전 배포의 공덕을 적극적으로 권장하는 점이 눈에 띈다. 이들은 사경과 인쇄를 통해 확보한 경전을 주변에게 적극적으로 배포하는 실천을 정토왕생을 위한 선업으로서의 의미를 부여하면서 경전뿐만이 아니라 『법화경』의 구절을 적은 부채를 나누어주기도 했다.

또 하나 기존의 다른 동아시아 염불결사와 차별화되는 점이 있다면 여산 백련사와 이십오삼매회, 그리고 사명지례와 자운준식의 결사들이 보여주었던 임종의식이 거의 보이지 않고 있다는 점이다. 요세는 정토왕생을 이끄는 소인(所因)을 임종인과 아미타불과의 감응(感應)으로 이해하고 있으며, 이러한 유심정토적 해석 안에서는 임종인의 왕생을 돕는 동료들의 의식이 의미를 잃게 되는 것이다.

또 하나의 차이는 중국 천태교단의 지례와 준식이 보여주었던 아미타신앙의 확장, 즉 현세이익적 성격까지 추가적으로 제시했던 전환적 측면이 요세에게서는 잘 보이지 않는다는 점이다. 이는 공덕신앙이 빚어낸 고려 불교계의 의식중심주의에 실망하여 먼 남도로 내려가 결사를 조직했던 요세이기에 아미타신앙의 이익을 정토왕생 외의 영역으로까지 확대시키지는 않았던 것으로 생각되는 대목이다. 결국 13세기 고려의 승려인 원묘요세는 천태교단의 결사라는 점에서는 사명지례와 영명연수의 교의와 형식을 계승하되, 정토결사의 가장 핵심적인 요소인 죽음과 구원의 측면에서는 만덕산 백련사만의 독자적 실천을 구축해낸 것으로 볼 수 있을 것이다.

IV

동아시아 염불결사의 수행론과
그 교의적 배경

대승불교의 근본사상은 만물의 본성을 실상 그대로 바라볼 수 있는 지혜와 모든 중생의 구원을 위해 노력하는 자비라고 볼 수 있을 것이다. 대승불교 안에서 지혜와 자비를 대표하는 존재가 바로 후일 아미타불로 성불한 법장비구와 같은 보살이다. 대승불교에서는 궁극적인 깨달음을 증득하기 위한 수행의 길고 힘든 여정에 엄두를 내지 못하는 이들을 위해 아미타불의 원력에 대한 절대적인 믿음으로 구원을 얻을 수 있다는 정토왕생신앙을 제시하게 된다. 정토왕생신앙은 계층에 상관없이 모든 불교도들에게 죽음과 지옥, 정토에 관한 새로운 인식의 전환을 불러일으키는 동시에, 궁극적 구원을 지향하는 믿음과 실천을 촉발시켰다. 또한 정토왕생신앙을 공유하는 이들 간의 연대는 곧 염불결사라는 수행공동체의 결성으로 나타나게 되었다.

이 장에서는 이처럼 정토왕생신앙이 보급된 이후 사원의 안팎에서 활발하게 결성되었던 염불결사들의 각종 수행론의 배경이 되는 교의에 대해 다음의 두 가지 관점에서 고찰하게 될 것이다. 첫 번째로는 먼저 혜원의 백련사에서부터 고려 요세의 백련사에 이르기까지 각 수행론들을 관통하는 정토신앙의 근본 교의를 들여다보고자 한다. 다음으로는 정토왕생이라는 동일한 구원을 지향했던 동아시아의 염불결사들이 각기 다른 실천의 양태를 보이는 원인은 무엇인지, 다시 말해 수행론의 변화를 가져오게 된 교의적 재해석의 요소들에 관해 생각해보고자 한다.

1. 동아시아 염불결사의 실천과 교의

이 장에서는 이러한 정토왕생신앙의 배경 위에 결성되었던 동아시아 불교의 염불결사들이 주요 실천으로 선택했던 수행론들과, 결사의 지도자들이 그러한 수행론을 제시했던 배경, 그리고 그 수행론들이 결사 안에서 실천되었던 맥락에 대해 서술해 보고자 한다. 이는 결국 본문의 Ⅱ, Ⅲ장 안에서 서술된 각 개별 결사들의 활동 중에서 수행론 부분을 공시적으로 정리하고 평가해보는 작업이 될 것이다. 각 결사들이 정토왕생을 위해 실천했던 수행론들을 들여다보면서 승려지도자들이 결사의 규모와 성격에 맞는 실천을 제시하는 과정에서 일구어 낸 교의적 재해석 작업들이 동아시아 불교결사의 수행론에 어떠한 영향을 주고, 어떠한 방식으로 전개되어 가는 지에 대해서 고찰할 수 있으리라 생각한다.

1-1. 아미타내영신앙과 임종의식

방편사상과 보살도의 자비 등의 교의가 아미타불의 구제사상으로 발전하기 시작한 단초는 용수(龍樹, Nāgārjuna, 150경-250경)의 저술로 전해지는 『대지도론(大智度論)』에서 찾아볼 수 있다. 또한 여기에는 대중구제의 구체적인 모습으로서 염불수행자의 임종 시에 아미타불이 대중들을 이끌고 내영(來迎)한다는 내용이 등장하고 있다.

한 나라에 어떤 비구가 있었는데 아미타불경과 마하반야바라밀을 독송했다. 이 사람이 죽으려 할 때에 제자에게 아미타불과 저 대중들이 함께 오는구나 하고 말하더니 즉시 움직여 집으로 돌아가서 곧 운명했다. 죽은 후에 제자가 장작을 쌓아 시신을 태웠는데, 다음날 재 속에서 혀가 타지 않은 것을 발견했다. 아미타불경을 독송했기 때문에 아미타불이 내영하는 것을 보았고, 반야바라밀을 독송했기 때문에 혀가 타지 않을 수 있었던 것이다.[358]

인용문에서 보이는 것처럼 이제 막 죽음을 앞둔 수행자에게 아미타불이 보살성중을 이끌고 나타나 아미타정토로 맞아들인다는 아미타 내영사상은 불교결사 안에서도 정토왕생과 관련한 다양한 의식들을 만들

---

358 復有一國有一比丘, 誦阿彌陀佛經及摩訶般若波羅蜜. 是人欲死時語弟子言, 阿彌陀佛與彼大衆俱來, 卽時動身自歸, 須臾命終. 命終之後弟子積薪燒之, 明日, 灰中見舌不燒, 誦阿彌陀佛經故, 見佛自來, 誦般若波羅蜜故, 舌不可燒. 『大智度論』「大智度初品」(大正藏 25: 1509, 127a09-127a14).

어 냈다. 이러한 임종의식으로서 가장 대표적인 것이 바로 경전 독송과 염불이며, 염불의 주요 대상은 역시 서방정토의 주불(主佛)인 아미타불인 경우가 많았다.

반드시 방등경전을 수지·독송하지는 못하더라도 그 뜻을 잘 이해하고, 대승제일의에 마음이 놀라고 동요하지 않으며, 인과를 깊이 믿고, 대승을 비방하지 않으면 이 공덕으로써 정토왕생의 발원에 회향할 수 있다. 이렇게 행하는 수행자는 임종하는 때에 아미타불과 관세음, 대세지, 무량한 권속들이 둘러싸고 자색의 금대를 임종인 앞에 가져와서 찬탄하여 말할 것이다. 불자여, 그대가 대승 제일의 진리를 행하므로 내가 지금 그대를 영접하러 왔다.[359]

위의 인용문은 『관무량수경』에서 아미타내영신앙의 초기적 형태가 나타나는 대목을 발췌해 본 것이다. 『관무량수경』의 이 대목에서 말하는 아미타내영의 소인은 상품(上品)의 중(中)에 해당하는 근기를 지닌 자에 해당하는 것으로서 전술한 『대지도론』이 아미타불경의 독송을 제시했던 것과 약간 차이를 보이고 있다.

동아시아 염불결사의 경우에도 아미타불이 보살성중을 이끌고 임종인을 정토로 맞이하기 위해 오는 이른바, 아미타내영을 기원하는 의식

---

359 不必受持讀誦方等經典, 善解義趣, 於第一義心不驚動, 深信因果不謗大乘, 以此功德, 迴向願求生極樂國. 行此行者命欲終時, 阿彌陀佛與觀世音及大勢至, 無量大衆眷屬圍繞, 持紫金臺至行者前讚言. 法子, 汝行大乘解第一義, 是故我今來迎接汝.『觀無量壽經』(大正藏 12: 0365, 345a06–345a13)

을 실천했던 것을 확인할 수 있는데, 그 대표적인 사례가 바로 일본 히에이잔 요카와의 이십오삼매회이다. 겐신이 이끌었던 이십오삼매회에서는 정토왕생신앙을 구현하는 법회의 일종인 영강(迎講)도 열었는데, 이는 결사의 구성원들이 강(講)의 현장에 모인 신도대중들에게 아미타내영의 모습을 시연했던 일종의 퍼포먼스라고 볼 수 있다.

일본불교 안에서는 정토왕생의 징험이자 구원의 증거로 생각했던 아미타내영을 위한 각종 수행 의식들이 임종행의라는 이름으로 실천되었다. 물론 중국불교에서도 『십송률』 등의 소승계열의 율장에 입각하여 임종의식을 정비하긴 했지만 일본의 이십오삼매회의 경우는 임종행의와 관련된 실천들을 일상의 수행론으로 정비했다는 차이점이 나타난다. 이는 헤이안 시대에 본격적으로 일본 사회에 보급되기 시작한 정토신앙과 더불어 죽음과 지옥, 그리고 정토의 교의를 선명하게 각인시킨 겐신의 『왕생요집』과 같은 저술로 인해 정토왕생에 대한 요구가 일본 종교계에 확장되고 있었던 것이 그 중요한 배경으로 작용했던 것으로 볼 수 있다.

무엇보다도 중요한 점은 정토신앙의 도입으로 인해 죽음 이후의 세계에 대해 재인식하게 된 민간신도들이 정토왕생을 발원하기 위해 결사의 현장으로 모이기 시작했다는 점이다. 결사의 구성원인 25인의 승려들이 아미타성중의 대리자로서 내영의식을 시연하는 영강을 통해 신도들은 구원의 확신을, 이십오삼매회의 천태교단에서는 대승보살도의 실천과 함께 포교의 효과를 얻고 있었던 것이다.

중국불교의 경우에는 당의 도선(道宣, 596-667)이 저술한 『사분율행사초(四分律行事鈔)』의 권제 40·하4의 1의 「첨병송종(瞻病送終)」편에서 간병인과 병자의 마음가짐, 임종을 맞이하는 자세 등과 함께 임종 이후의 장송의 의례에 대해 설명하고 있다. 아울러 간병인을 선택하는 법, 간병의 방법 등에 대한 내용은 『사분율』, 『마하승기율(摩訶僧祇律)』, 『십송률(十誦律)』 등에서도 서술되고 있다. 이러한 율장의 성격이 강한 중국불교의 임종의식에 정토신앙의 성격을 더한 것은 당의 현운(玄惲, 7세기)이었다. 『법원주림(法苑珠林)』의 찬술자이기도 한 현운은 당시 선도(善導)로 인해 정토신앙이 고조되어 있던 시기에 장안의 청룡사(靑龍寺), 자은사(慈恩寺), 서명사(西明寺)에서 주로 활동했기 때문에 시대적인 영향을 받을 수밖에 없었던 것이다. 도선에 의해 제창되었던 율종계의 임종의식과 현운에 의한 정토교적 요소의 결합은 북송시대에 이르러서 계정일치(戒淨一致), 즉 계율과 정토신앙의 일치를 도모하는 원조(元照)에 의해 한층 강화될 수 있었다.[360]

하지만 이러한 임종의식들은 북송대 이후 선적인 유심(唯心)의 교의와 정토관이 결합한 유심정토사상이 등장하게 되면서 점차 그 의미나 형식들이 희미해지게 되는 것을 볼 수 있다. 이 유심정토의 교의에 대해 이해하려면 먼저 정토사상의 전개부터 알아볼 필요가 있을 것이다. 경전 번역사에서 살펴보면 정토신앙에 대해 주요 내용으로 설하고 있는 경전은 위진시대 이후에 체계적으로 소개되기 시작했으며, 삼국시대 오(嗚)의 지겸(支謙, 3세기)이 번역한 『아미타경』류, 서진(西晉)의 축

---

360 佐藤成順, 『宋代佛敎の研究-元照の淨土敎-』(東京; 山喜房佛書林, 2001), p. 446.

법호(竺法護, 3-4세기)가 처음으로 번역한 『미륵성불경』류, 남조시대 송(宋)의 저거경성(沮渠京聲, ?-464?)이 『관미륵보살상생도솔천경(미륵상생경)』을 번역함으로써 중국적 정토신앙의 길을 열었으며, 미타와 미륵 양대 신앙의 흐름을 형성했다.[361]

그들은 대체적으로 불토의 실재성의 문제에 대한 논쟁을 진행했으며, 보살의 원력과 불타의 신력이 중생의 염원을 담은 실천과 결합하여 하나로 되는 것, 다시 말해 중생의 '자력(自力)'과 외재적인 초자연적인 절대자의 힘인 '외력(外力)'이 하나로 결합되어 미래에 정토를 세우게 된다는 것 등을 주요 골자로 하는 교의를 주장하게 된다. 이러한 외재적 의미, 즉 초세간적 구원론의 의미를 가진 정토는 중국불교에서 '타방정토(他方淨土)'로 불린다. 이 타방정토설은 아미타불과 극락세계가 마음 밖에 실재한다고 보고, 아미타불의 명호를 칭념함으로써 아미타불의 내영에 힘입어 극락에 왕생할 수 있다는 실재론적 정토관이다. 이러한 정토관은 외재하는 아미타불에 대한 절대적인 의존과 귀의를 신앙적인 차원에서 요구하게 된다.[362]

하지만 중당(中唐) 이후의 중국불교에서는 이러한 외재적 정토의 개념에 변화가 발생하게 되는데, 선불교의 내적 관조의 수행론과 타방정

---

361 미타정토와 미륵정토의 양자의 개념상의 차이를 보자면 서방미타정토는 내세의 행복과 안락함에 치중하고, 도솔미륵정토는 현세에서의 극락을 완성시키는 데 편중되어 있기 때문에 이에 따라 주요 신앙계층에 있어서도 차이가 나타나게 된다. 후에 서방정토신앙 쪽이 발전하여 영향력이 커진 배경에는 백련종이나 백운종과 같은 미륵교단의 징지직 반란의 성격을 띤 종교운동 때문에 국가에서 적극적으로 미륵정토신앙을 압박했던 데에도 원인이 있을 것이다.

362 김호성, 『대승경전과 선』(민족사, 2002), p. 145.

토관의 외재성이 충돌하게 된 것이다. 그러나 이는 곧 유심론에 바탕을
둔 유심정토관으로 극복되는데, '마음이 청정하면 불토도 청정하다(心
淨則佛土淨)'는 개념 안에 선적(禪的)인 세계관을 주입시켜 유심정토사
상으로 재해석해낸 것은 선불교의 큰 공헌이라고 할 수 있을 것이다.[363]
또한 이러한 유심정토(唯心淨土), 즉 '정토는 오직 마음에 따른 것'이라
는 사상의 발아는 구마라집(鳩摩羅什, 344-413)이 번역한 『유마경』에서
이미 나타났던 것이기도 하다.

『유마경』의 불국토 사상은 마음이 청정하면 국토도 청정해지고, 불타
의 눈으로 보면 현실의 사바세계도 정토가 된다고 보고 있으며, 보살이
정토를 얻고자 한다면 마땅히 그 마음을 청정하게 하여야 하며, 그 마
음이 청정함에 따라 불토가 청정하다고 설하고 있다. 『유마경』 안에서
유심정토적인 불국토사상이 나타나는 구절을 찾아보기로 하겠다.

보적아, 마땅히 알아야 한다. 곧은 마음이 바로 보살정토이니 보살이 성
불할 때에 사특하지 않은 중생이 그 국토에 나게 된다. 깊은 마음이 보살
정토이니 보살이 성불할 때에 공덕을 갖춘 중생이 그 국토에 나게 된다.
보리심이 보살정토이니, 보살이 성불할 때에 대승중생이 그 국토에 나게
된다. 보시가 보살정토이니, 보살이 성불할 때에 모든 것을 희사할 수 있
는 중생이 그 국토에 나게 된다. 지계가 보살정토이니 보살이 성불할 때
에 십선도를 행한 원만중생이 그 국토에 나게 된다. 인욕이 보살정토이

---

[363] 김호성, 위의 책, p. 148.

니, 보살이 성불할 때에 32상을 장엄한 중생이 그 국토에 나게 된다.···[364]

인용문에서는 곧은 마음이나 깊은 마음, 그리고 육바라밀이 곧 보살정토임을 말하고 있다. 물론 곧은 마음이나 육바라밀이 불국토에 날 수 있는 직접적인 조건이라는 의미로 해석할 수도 있고, 그러한 마음 자체가 보살정토라는 의미로도 해석할 수 있겠지만 분명한 것은 마음이나 육바라밀을 보살정토와 바로 연결시키고 있다는 점이다.

『유마경』안에서 마음의 정화(淨心)와 정토의 구현을 연결시키는 교의는 두 가지로 형태로 서술되고 있다. 첫 번째는 단지 중생이 현실세계에 대한 관념과 생각을 바꾸는 것만으로 현실세계 자체를 바꿀 수 있다는 것이다. 예를 들어 동일한 대상에 대해서도 다른 느낌이나 생각이 있을 수 있는데, 현실세계의 청정함(淨)과 탁함(濁)에 대한 것은 전적으로 의식(意識)에 말미암아 결정된다는 것이다.

두 번째는 각 개인의 '청정한 마음'(淨心)의 실현, 즉 종교적 내지 도덕적 완성을 거쳐서 전 세계의 청정화를 실현시키는 것이다. 전자의 해석은 심리적인 것에 중점을 두어서 현실생활에 활용하는데, 후자는 개인에서 전체로 종교적 교화를 확산시키는 것에 중점을 두고 현실세계를 적극적으로 개선하려는 의지가 드러난다. 이로 인해 『유마경』의 정

---

364 寶積, 當知直心是菩薩淨土, 菩薩成佛時不諂衆生來生其國. 深心是菩薩淨土, 菩薩成佛時具足功德衆生來生其國. 菩提心是菩薩淨土, 菩薩成佛時大乘衆生來生其國. 布施是菩薩淨土, 菩薩成佛時一切能捨衆生來生其國. 持戒是菩薩淨土, 菩薩成佛時行十善道滿願衆生來生其國. 忍辱是菩薩淨土, 菩薩成佛時三十二相莊嚴衆生來生其國.···(「維摩詰所說經」「佛國品」(大正藏 15: 0475, 538a29–538b05).

토관은 반야공관의 소극적이고 개인적인 구원의 완성에 치중하는 면을 보완하는데 매우 큰 역할을 하게 되었으며, 이후 중국불교의 정토관에도 매우 큰 영향력을 갖게 된다.[365]

또한 각종 대승경전에서는 정토의 개념과 유사한 궁극적인 이상의 세계를 설정하고 있는데 이를테면 『화엄경』의 연화장세계나, 『법화경』의 영산정토, 『대승밀엄경』의 밀엄정토 등이다. 이들 궁극적 세계들은 각 경전마다 약간씩 개념과 명칭에 차이를 보이긴 하지만 모두 현실 안에서 정토를 구현한다고 하는 의미적 맥락은 동일하다. 오탁악세로 물든 삼계에 깃들어 사는 중생들의 마음이 청정하게 정화되면 예토가 정토로 전환한다고 하는 유심정토사상의 소산인 것이다.

이러한 유심정토사상은 송대 이후 불교결사 안에서도 '죽음'을 대하는 실천에 많은 변화를 가져오는 요인으로 작용하게 됨을 볼 수 있다. 유심정토사상의 내재적 정토관으로 인해서 임종의 순간에 아미타불과 보살성중이 임종인을 맞이하러 온다는 아미타내영신앙에 기초한 임종의식 대신에 후술할 바와 같이 아미타불과 임종인의 감응(感應)을 기원하는 염불이 주요 실천으로 등장하게 된 것이다. 이러한 경향은 북송대 천태결사에서는 드러나지 않지만 남송 이후 선종 교단의 선사들이 정토신앙을 융합하여 선·정겸수적 수행론을 제시하게 되면서 불교결사의 실천에서도 유심정토사상이 흡수되는 과정을 통해 서서히 자리 잡기 시작함을 관찰할 수 있다.

---

365 杜繼文, 『中國佛教與中國文化』(北京: 宗教文化出版社, 2003), p. 84.

고려 후기 13세기에 결성되었던 원
묘요세의 백련사에서도 이러한 유심
정토적 수행관을 볼 수 있는데 이는
요세가 강력하게 영향을 받았던 북송
대 천태교단의 사명지례, 자운준식의
결사의 경우와도 차별화되는 사례라
서 더욱 주목해 볼만하다. 백련사의
수행론에서는 영명연수 외 북송대 천
태 교단의 영향을 명확히 나타나고 있
지만, 요세가 수용했던 유심정토의 교
의로 인해 결사 안에서의 임종의식 등

• 운서주굉

에 변화를 가져오게 된 것이다. 혜원의 백련사나 일본 천태교단의 이십
오삼매회에서 볼 수 있는 임종의식은 결사의 구성원들 모두가 함께 모
여 임종인의 정토왕생을 돕는 연대성이 강했으며, 정토왕생의 여부를
확인하려는 의지를 강하게 보여준다.

하지만 유심정토의 교의가 자리 잡은 이후에는 임종의 현장에서도
염불은 지속적으로 실천하되 구원의 개인성이 명확하게 나타나는 것을
볼 수 있다. 임종인이 결사의 일원이라 할지라도 여타 구성원들이 함께
모여 공동체적 임종의식을 행하는 모습이 더 이상 나타나지 않으며, 각
자가 임종을 맞이하는 방식이 조금씩 다르게 나타난다. 한국의 만덕산
백련사를 이끌었던 원묘요세나, 운서주굉의 결사에서 활동했던 거사들
의 임종 사례에서도 이러한 모습을 잘 확인할 수 있을 것이다. 운서주

굉의 결사는 함께 기거하면서 수행을 하는 동주(同住)수행공동체가 아닌 주기적으로 열리는 방생법회의 형식으로 이루어지고 있었기 때문에 이십오삼매회의 경우처럼 임종의식이 선명하게 드러나지는 않는다. 팽제청의 『거사전』에 운서주굉의 결사에 속했던 거사들의 임종에 관한 서술이 남아 있기 때문에, 이 기록들의 사실성 여부와는 별개로 그들이 이상화시켰던 죽음의 형식에 대한 전체적인 밑그림을 볼 수 있다.

『거사전』은 말 그대로 승려와 유학자의 정체성이 공존하고 있었던 거사들에 대한 기록이며, 나아가 이 거사들이 궁극적으로 지향하고 있었던 정토왕생에 초점을 두고 서술된 책이다. 따라서 이 책의 서술의 의도 상, 거사들의 임종의 순간에 대한 기록이 중요할 수밖에 없는데 문제는 운서주굉의 결사의 구성원이었던 거사들의 임종의식이 전 장에서 서술했던 다른 결사들에서 나타난 임종의식과는 차이를 보인다는 것이다.

이들 거사들은 결사에서 보여주는 수행의 연대성과는 별개로 개인적인 수행을 병행하고 있었으며, 임종의 순간에도 개인적인 구원을 지향하는 성향을 보인다. 이처럼 별다른 임종의식이 보이지 않는다는 것은 원묘요세의 결사에서 나타났던 유심정토의 교의와도 맥락이 중첩되는 부분으로 생각된다. 주굉의 결사와 같은 경우, 수행의 방법론에서는 정토신앙의 형식을 빌리되, 정토의 교의에 있어서는 선종의 유심론(唯心論)에 바탕을 두고 있었던 것으로 보인다. 따라서 임종의 순간에 거사들 자신을 정토로 이끄는 것은 의식(儀式)의 조력이 아니라 아미타불과의 감응(感應)여부로 인식하고 있었던 것이다. 다음 한 거사의 임종에 대해 기록한 인용문을 보자.

> 혹자가 묻기를, (아미타불이 임종하는 이의) 손을 이끌고 가는 것이 아니라 오직 사람이 스스로 긍정하는 바에 상응한다고 하는데 어찌 불타에게 거두어주기를 기도하겠습니까. 답하기를, 첫째는 아미타불의 본원력 때문이며, 둘째는 불타에게 기도하면 거두어 주리라는 것을 스스로 긍정하기 때문이며, 셋째는 (아미타불과 임종하는 자가) 서로 감응하여 믿음과 이끌어줌이 바르게 상응하기 때문이다.[366]

인용문에서는 임종인을 정토왕생으로 이끄는 것은 아미타불의 본원력과 임종인의 믿음, 그리고 임종인과 아미타불 간의 교감임을 말하고 있다. 이처럼 정토와 천당, 지옥과 환생 등은 오직 마음 안에 있는 것이지 또 다른 외적 요인이 개입할 수 없다는 교의 하에서는 타인들의 조력으로 실천되는 임종의식의 의미가 희석된다. 간혹 법사가 초청되어 염불을 함께 하거나, 불상을 가져다 놓고 마주 보며 염불하는 식의 보조적 의식이 병행되는 모습도 볼 수 있지만 아미타불과 임종인의 감응은 주로 임종인에 의한 염불의 실천을 통해서 이루어졌던 것이다. 이로 인해 주굉의 결사의 구성원들에게서는 별다른 임종의식이 발견되지 않으며, 임종을 맞이하는 모습이 개인별로 다른 것을 볼 수 있다. 주굉

---

366 或問古云, 把手牽他行不得, 惟人自肯乃相應, 何乃求佛攝受耶. 答一者彌陀本願力故, 二者佛攝受正自肯故, 三者感應道交正相應故. 『西方願文解』(卍續藏(CBETA)61: 1160, p. 2).

의 시대에는 선과 정토신앙의 만남인 유심정토사상이 자리 잡은 까닭에 초기 불교결사에서 나타나는 구원의 연대성에 입각한 의식이 의미를 잃게 되면서 각자 아미타불과의 감응을 위해 노력하는 개인성이 나타나고 있는 것이다.

따라서 외재적 의미의 아미타정토 개념이 선종의 영향으로 인해 유심의 내재적 정토 개념으로 변화하게 되면서 신앙관이나 수행관에 점차 개인성이 나타나게 되었으며, 임종의 순간에서도 동료들의 조력에 의한 임종의식들이 거의 보이지 않게 된 것으로 해석해 볼 수 있으리라 생각된다. 이는 다시 말해, 죽음과 왕생이 결사의 연대성에 의지하지 않고, 임종인의 수행의 역량에 따른 개인의 문제가 된 것을 의미한다. 또한 유심정토개념으로 인해 아미타내영의식의 의미가 희석되면서 승려들의 역할 역시 과거 이십오삼매회의 경우처럼 보살성중의 대리자가 아닌 염불을 대신하거나 도와주는 법사 역할로 변해갔던 것도 주목해 볼만한 부분이라 하겠다.

1-2. 죄업 소멸을 위한 참회의식

붓다 시절의 초기불교 교단에서는 매달 보름날을 참회의 날로 정해 대중이 함께 모인 자리에서 한 달 동안 지은 죄를 참회하는 포살(布薩)을 행했으며, 안거 해제일에는 안거 동안의 과오를 참회하는 자자(自恣)를 행했다. 포살이 스스로의 고백으로 이루어지는 참회라면, 자자는 타

인으로부터 지적을 받아 참회하는 것이다. 또한 초기불교 교단에서 포
살을 행할 때는 붓다나 대비구를 모시고 계본을 읽었다는 점에서 참회
의식이 계율과 밀접한 관련을 가지고 있음을 알 수 있다. 소승교단에서
도 사중죄인 도둑질·살인·음행·망어(盜·殺·淫·大妄語)를 범한 비
구는 참회가 허락되지 않을 뿐만 아니라 교단에서 추방되었으며, 이 외
의 죄일 때는 중죄는 대중 앞에서 참회함으로써, 가벼운 죄는 한 사람
앞에 참회함으로써 용서를 받았다.

　이러한 포살과 자자라는 초기불교의 참회법은 비구 자신의 수행이나
교단 통제의 체계화를 꾀하는 데 중요한 역할을 했으며, 대승불교에 와
서 더욱 크게 확대되고 의미를 더하게 된다.[367] 일반적으로 대승불교의
참회는 수행자가 자신의 과거 죄업을 인정하고 시방삼세의 제불에게
귀의(歸依)함을 고백하고, 죄를 참회함으로써 죄의 공포로부터 해탈되
는 형태를 취하고 있다. 대승불교의 논사들 중 참회의 의미를 가장 크
게 강조한 것은 용수였다. 또한 용수의 영향을 받아 중국불교에서 예배
와 참회의 작법[368]을 처음으로 지은 사람은 담란(曇鸞, 476~542)이다.

　중국에서 행해진 참법은 양무제의 자비도량참(慈悲道場懺)과 북위의
태조가 태자를 위해 만들었다고 하는 금광명참의(金光明懺儀)를 효시
로 보는 것이 일반적인 견해이다.[369] 중국불교의 초기 형태의 참법은 단

367　김현준, 「원효의 참회사상」, 『불교연구』 제2집, 1986, p. 58.
368　담란의 참회작법이라 할 수 있는 『讚阿彌陀佛偈』는 예배와 찬탄, 참회의 의식을 다룬 의식집으로서,
『무량수경』을 근거로 하여 찬탄 195게, 예배 59배로 이루어져 있다.
369　이영자, 「천인의 법화참법의 전개」, 『한국불교학연구총서』(불함문화사, 2004), p. 86.

순한 참회만이 아니라 독송이나 예불, 설법, 창송(唱誦) 등의 다양한 의식을 포함하고 있는 수행법이다. 중국불교의 참법은 진대에서부터 기원하며, 남북조시대에 점차 유행하다가 수당에 이르러 크게 성행했다. 진대의 도안(道安)과 혜원이 참법을 봉행한 이래로, 남제(南齊)의 경릉왕 소자량(蕭子良)이 『정주자정행법문(淨住子淨行法門)』20권을 찬술했다.(『광홍명집』1권 수록) 양(梁) 무제(武帝)는 참법과 관련된 저술인 『육근대참(六根大懺)』과 『육도자참(六道慈懺)』의 두 권을 남겼는데, 전자는 지금 전하지 않으며, 후자는 이른바, 지금의 『자비도량참법(慈悲道場懺法)』으로 『양황참(梁皇懺)』이라고도 한다. 이는 현재 중국에서 가장 오래된 참법으로 알려져 있으며, 양무제는 이 두 참법을 찬술하면서 당시의 승려들의 육식이 교의에 맞지 않는 것으로 생각하여 육식을 금지시키고, 승려들로 하여금 7일간 참회하게 하였다고 한다. 중국불교에서는 단순한 참회의식 뿐만이 아니라 죄와 재앙을 소멸하고, 망자의 영혼을 천도하기 위해 승려들에게 청하여 이러한 참법을 수행하기도 했다.[370]

이후 천태교단에서는 이러한 참회의식을 하나의 수행론으로 볼 수 있는 참법(懺法)으로 정비해 갔던 것을 볼 수 있다. 천태의 참법은 불경을 염송하고 불상에 예배하는 과정을 거쳐 자신이 저질렀던 과오에 대한 뉘우침에서 더 나아가 이후의 적극적인 수행, 불퇴전의 믿음을 발원

---

370 남북조시대에 각종 참법이 유행하기 시작하면서 梁武帝, 陳宣帝, 陳文帝 등도 참법의 懺文을 저술했다. 불교종파가 형성되었던 隋唐代에는 각파가 모두 소의경전에 의거하여 각종 참회수행법을 저술했는데, 정토종 같은 경우에는 善導가 『淨土法事贊』을, 화엄종은 宗密이 『圓覺經道場修證議』18권을, 唐末의 知玄(悟達國師)가 宗密의 저술에 의거하여 『慈悲水懺法』3권을 지어서 현재까지 전한다.

하는 수행론이 된 것이다. 일반적으로 행해지는 천태참법에는 두 종류로 대별할 수 있는데, 하나는 죄과(罪過)에 대한 참회의 의례이며, 또 하나는 오회법문(五悔法門)에 의거한 지관수행(止觀修行)의 의미를 지닌 참법이다.[371] 지의가 참법을 제정한 목적은 예경(禮敬)과 찬송(讚頌), 참회로써 마음을 안정시키고 나서, 송경(誦經)과 좌선을 통하여 실상을 바르게 봄으로써 깨달음에 이르게 하자는 데에 있었다. 다시 말해 송경과 좌선이 지의의 참법 수행론의 양대 축이었던 것이다.

지의 참법의 구체적인 내용과 조직체계를 보면, ① 도량을 정결하게 장엄(莊嚴)하는 것, ② 몸을 정결하게 하는 정신(淨身), ③ 신구의삼업(身口意三業)공양, ④ 삼보(三寶)를 모시고 청하는 것, ⑤ 삼보에 대한 찬탄, ⑥ 예불, ⑦ 참회, ⑧ 불상과 탑 등을 중심으로 돌면서 기도하는 행도선요(行道旋繞), ⑨ 『법화경』 염송, ⑩ 일체의 경계(境界)에 대한 사유(좌선하여 실상을 바르게 관조하는 것) 등의 열 가지 법이다. 이 열 가지 법은 수행법이면서 또한 그 자체가 참회의 의식(儀式)으로서 지의는 참법 안에서 삼매를 체현하는 것에 중점을 두고 있다. 후대의 천태교가들은 지의의 수행론을 계승하여 예참(禮懺)을 지관수행(止觀修行)의 중요한 방법론으로 수용하게 된다.[372]

지의의 『마하지관』 권7에서는 "참회의 '참(懺)'이란 이미 지은 악을

---

371 천태지의는 기존의 오회법(五悔法)과 각종 예찬문(禮讚文), 참회문을 참조하여 자신만의 독창적인 참법을 만들었는데, 이것이 바로 『마하지관(摩訶止觀)』 권2에서 말하는 4종삼매이다. 方立天, 『中國佛敎與傳統文化』(上海: 上海人民出版社 1993), p. 160.

372 一嚴淨道場, 二淨身, 三三業供養, 四請佛, 五禮佛, 六六根懺悔, 七遶旋, 八誦經, 九坐禪, 十證相. 『摩訶止觀』(大正藏 46: 1911, 014a06~014a09).

털어놓는 것이고, '회(悔)'란 지난 일을 고쳐 미래를 닦는 것"이라고 말하고 있다.[373] 천태교의에서 보는 참회의 주된 공덕은 이처럼 이미 지은 죄업을 고백하고 이를 시정함으로써 죄업의 장애를 소멸하고 왕생의 기초를 닦을 수 있다는 데에 있다. 수행을 통해서라야만 궁극의 구원을 얻을 수 있는데, 참회하지 않으면 과거 무량겁 동안의 죄업이 수행에 장애가 되므로 참회를 통해 마음을 청정하게 하자는 것이다. 따라서 참회는 구원의 간접인(間接因)으로 자리매김 되는 수행론이라 할 수 있을 것이다.

지의로부터 약 4세기 이후 북송대의 천태교가들은 이러한 지의 참법의 조직과 형식을 원용하여 재차 새로운 참법을 만들어 내게 된다. 자운참주(慈雲懺主)'로 불리기도 했던 자운준식은 『왕생정토참원문(往生淨土懺願文)』을 찬술하여, 당시 결사운동과 함께 정토신앙이 유행하게 되면서 이 참법도 그에 따라 크게 유행하게 되었다. 사명지례의 경우는 『대비참법(大悲懺法)』(원제목:『천수천안대비심주행법(千手千眼大悲心呪行法)』)을 찬술했는데, 당시 천태교단 내에서 관음신앙이 널리 유행함에 따라 이 참법 역시 점차 민간에 유입되어 전국적으로 가장 널리 행해지게 된다.[374]

고려 만덕산 백련사의 지도자였던 원묘요세 역시 천태지의의 예참법

---

373 懺名陳露先惡, 悔名改往修來. 『摩訶止觀』(大正藏 46: 1911, 098a17-18).

374 明의 智旭 역시 『地藏懺法』을 찬술하여 부모에 대한 보은과 명복을 비는 儀式에서 널리 사용되었다. 청대에 이르러서는 각종 참법들이 많이 등장했는데, 『藥師懺』 같은 경우는 재앙을 소멸하고 장수를 비는 儀式에 많이 사용되었다. 하지만 후대의 이러한 懺法儀式들은 단지 예배와 懺悔에만 치중해서 誦經과 坐禪을 폐지함으로써 형식만 중시하고 내용은 경시하는 본말이 전도되는 현상이 생겨났다. 方立天, 앞의 책, p. 160.

인 법화삼매참을 수행했던 것을 볼 수 있다. 법화삼매참의는 천태종의 참회의식으로서, 영명연수도 국청사에서 이 법화삼매참을 수행했다고 한다. 요세가 결사 도량의 이름을 보현(普賢)도량으로 정했던 것도 법화참의에 나타나는 참회주존이 보현보살인 것에 말미암은 것으로서, 법화삼매참법을 실천하는 전수(專修)도량을 개설하는 데까지 나아갔음을 볼 수 있다.[375]

천태교단의 승려였던 요세가 법화삼매참법의 근거로 삼았던 소의경전은 천태지의가 찬술한 『법화삼매참의』로서, 여기에서 제시하는 구체적인 참법을 간략히 정리하면 아래의 다섯 부분으로 구성된다.[376]

1) 삼칠일에 법화참법을 닦을 것을 밝힘

2) 삼칠일 행법 전에 방편을 밝힘

3) 도량에 들어가 삼칠일 일심 정진할 수행법을 밝힘

4) 도량에서의 바른 수행법을 밝힘

　　① 도량장엄

　　② 정신(淨身)

　　③ 삼업공양(三業供養)

　　④ 봉청삼보(奉請三寶)

375　고익진, 「원묘요세의 백련결사와 그 사상적 동기」, 『한국사상논문집』, 불함문화사, 1998, p. 6.
376　지의는 법화삼매참의를 수행하는 자들의 수행 역량에 따라 초심자인 初行과 좀 더 이력이 오래된 久行의 두 부류로 나누어 각기 久行의 경우에는 「安樂行品」에 근거하여 지도하도록 정하고 있다. 따라서 인용문의 행법은 初行을 위한 수행법에 해당된다. 修行有二種, 一者初行, 二者久行. 教初行者當用此法, 教久修者依安樂行品. 「法華三昧懺儀」(大正藏(CBETA) 46: 1941, p. 2).

⑤ 찬탄삼보(讚嘆三寶)

⑥ 예불

⑦ 육근참회 · 권청 · 수희 · 회향 · 발원

⑧ 행도선요(行道旋遶)

⑨ 송법화경(誦法華經)

⑩ 사유일실경계(思惟一實境界)

　5) 수증상(修證相)을 간략히 밝힘

　위의 과정을 살펴보면 법화삼매참의가 본격적으로 도량에 들어가 의식을 실천하기 이전 삼칠일(21일)부터 수행의 자세를 가다듬어야 하는 집중적인 의식수행임을 알 수 있다.[377] 또한 지의의 참법은 형식에서도 상당히 구체적인 종교의례로서의 성격을 띠고 있으며, 3·7일의 날짜 수를 정한다든지, 참가하는 구성원들이 동시에 함께하는 동작을 지정하고, 각 수행자들의 역할을 지정한다든지 하는 방식으로 참법을 개인적인 수행이 아닌 대중이 함께 참여하는 수행으로 의식 안에 대중성과 보편성을 부여하고 있다.[378] 다시 말해 기존에는 유교의 사사(祠祀)나 도교의 재참(齋懺)과 유사한 의미의 도량의식으로 행해지거나, 아니면 다라니 등을 독송하는 개인적인 수행법이었던 참법이 천태지의에 의해

377　법화삼매참의의 참회는 眼耳鼻舌身意 6根의 하나하나에 대한 각각의 참회문이 실려 있어 참회가 얼마나 중요시되고 있는지 보여준다. 고익진, 「원묘국사 요세의 백련결사」, 『한국불교학연구총서』(불함문화사, 2004), p. 40.

378　鹽入良道, 앞의 글, p. 227.

대중이 함께 참여할 수 있는 보편적 수행론으로서의 실천성을 담지하게 된 것이다.

　요세는 '서참회'라고 불릴 정도로 치열한 참회행을 바탕으로 백련결사의 수행론을 전개해 간 것으로 알려져 있다. 위의 『법화삼매참의』의 내용에 비추어 볼 때, 요세의 백련사는 정예의 수행자가 아닌 범부로서의 근기에 적합한 수행론을 천태종의 법화삼매참의와 염불수행에서 구했던 신앙결사였다는 점을 알 수 있다. 하지만 백련결사의 참회의식이 단지 대중적 실천에만 적합한 이른바, 하품(下品)의 수행론이었을까 하는 문제 역시 제기될 수 있으리라 생각한다. 왜냐하면 요세 당시의 천태종은 중국 선종의 한 계열인 영명연수의 법안종과 사상적 맥이 닿아 있었으며, 요세 자신도 지눌의 정혜결사에 2년 동안 참가했던 전력이 있기 때문이다. 또한 백련결사에는 이른바 하품의 수행자들 외에도 엘리트 수행자들 역시 다수 포진해 있었기 때문에 이들의 수행역량 역시 감안해야 하는 이론과 실천이 필요했으리라 생각된다. 이러한 문제의식 위에서 『법화삼매참의』에서 인용한 아래의 구절을 살펴보기로 하겠다.

　이 인연(참회를 수행한)으로 삼매와 상응하는 것을 얻는데, 삼매의 힘 때문에 곧 보현과 시방제불이 이마를 만지며 설법하는 것을 보고 일체의 법문이 한 생각 중에 모두 나타나, 같지도 다르지도 않으며 막힘과 거리낌이 없어…중략…수행자는 마음의 성품이 마치 허공과 같음을 잘 관하면, 마침내 깨끗한 마음 속에서 일체의 법문을 보고 거리낌 없이 통달하기를 또한 이와 같이 된다. 이것을 이름하여 수행자가 마음의 실상을 관하는 참회라고 하는데, 육근이 오욕을 끊지 않고 모든 근이 깨끗해져 가로막힌 바깥일을 보게 되니, 널리 설하자면『법화경』과『보현관경』가운데 밝히고 있는 것과 같다.[379]

인용문에서 보듯, 참회는 선 수행을 통해 얻는 삼매와 상응하게 되며, 일체의 법문을 보고 통달하게 되고 수행자가 자성을 관하게 되는 것에 이르게 됨을 밝히고 있다. 천태지의는 상근기의 수행자가 선 수행을 통해 얻게 되는 공덕을 그대로 참회수행에 투영시키고 있는 것이다. 마찬가지로 요세 역시 백련사의 구성원 중에 적지 않게 포진해 있었던 엘리트 수행자들의 근기에도 적합한 층위의 수행론을 제시해야 했을 필요가 있었을 것으로 생각된다. 법화삼매참의는 하품에서부터 중품과 상품의 수행자들에까지 고루 배속되는 도량 10수행의 주요 실천항목이었으며, 하품의 수행자에게는 '거듭' 참회를 실천할 것을 요구하되, 상품의 수행자에게는 지관수행과 상통하는 참회를 요구했던 다층위적 구조의 수행론이었던 것이다.

흥미로운 것은 요세의 백련사와 동시대인 지눌의 정혜결사에서도 참회의식의 수행공덕을 수용하고 있다는 점이다. 정혜결사의 계율이자

---

379   以是因緣, 得與三昧相應. 三昧力故, 卽見普賢, 及十方佛, 摩頂說法, 一切法門悉現. 一念心中, 非一非異, 無有障閡…. 行者善觀心性, 猶如虛空, 於畢竟淨心中, 見一切法門, 通達無閡, 亦復如是. 是名行者, 觀心實相懺悔, 六根不斷五慾, 得淨諸根, 見障外事, 廣說 如法華經, 普賢觀經中所明,『法華三昧懺儀』(大正藏 (CBETA) 46: 1941, pp. 9–10)

동아시아 염불결사의 연구

청규라고 할 수 있는 『계초심학인문(誡初心學人文)』[380]을 살펴보기로 하겠다.

자신의 죄업이 마치 산이나 바다 같음을 알되 이참(理懺)과 사참(事懺)으로 소멸할 수 있음을 알고, 예배하는 이나 예배 받는 이나 모두 참 성품에서 연기한 줄을 알며, 감응은 허망하지 않아 그림자와 메아리처럼 서로 따르는 것을 깊이 믿어야 한다.[381]

보조지눌 역시 실상(實相)의 도리를 관하는 이참과, 예불과 송경 등의 의식수행인 사참이 죄업을 소멸할 수 있는 수행론이라는 점을 인정하고 있는 것이다. 또한 예배, 감응도교 등의 수행론들을 수용하고 있음을 볼 때, 궁극의 깨달음으로 가기 위한 수행방편으로서의 참회나 예불, 가피(加被) 등에도 정혜결사의 수행론으로서 한 자리를 내주고 있음을 알 수 있다.

대승불교의 자비의 교의가 보살도사상으로 발전했듯이 중국 전통의 인과보응사상이 기존에 축적한 죄업을 참회하는 참회수행, 즉 참법으로 발전하는 모습을 보여준다. 불교 도입 이전부터 존재했던 중국의 전통적인 인과응보설은 사람들로 하여금 복을 구하고, 죄를 멀리 하며, 악

---

[380] 지눌의 『誡初心學人文』은 『四分律』에 원류를 둔 신라 계학의 전통 위에, 道宣의 계학과 현존하는 가장 오래된 청규인 『禪苑淸規』를 바탕으로 한 것이다. 최창식, 「보조 정혜결사와 수선사 청규」, 『보조사상』 5집, 1992, p. 147.

[381] 須知自身罪障, 猶如山海, 須知理懺事懺, 可以消除. 深觀能禮所禮, 皆從眞性緣起. 深信感應不虛, 影響相從. 『誡初心學人文』(大正藏 48: 2019, 韓佛全 4권, p. 738).

을 없애고 선을 따르며, 법률과 도덕률이 할 수 없는 것을 대신하는 작용을 해왔다. 불교의 계율이나 인과의 교의를 사회적 도덕률이나 공공 윤리로 적용하려는 시도가 이어졌으며, 이러한 점을 적극적으로 강조했던 여산혜원이나 운서주굉과 같은 승려들의 노력으로 인해 역대 왕조의 통치자들로부터 상당한 인정을 받기도 했다. 또한 천도의식의 기능을 가지고 있었던 양무제의 자비도량참(慈悲道場懺) 이후 천태지의는 선 수행과 참회를 결합시킨 관음참법을 실천하기도 했으며, 다양한 참회의식과 관련한 의식서들을 저술하기도 했다. 본래 용서와 이해를 구하고, 감사를 표하기 위해 실천했던 참(懺)은 점차 대승보살의 서원문으로서의 의미를 지니게 된 참문(懺文)을 염송하거나 참회의 의미를 가지고 있는 대승경전의 특정품을 염송하는 수행법으로 발전하게 된다.[382]

나아가 중국불교의 참회수행법은 점차 널리 중생을 제도시키는 것을 목적으로 삼는 일종의 의례로 변해 갔으며, 복을 구하고 재앙을 물리치는 기복적 기능과 함께 죄를 멸하고 업장을 제거하는 멸죄수행의 의미까지 갖게 되었다. 인간이 살아가는 과정에서 만들어내는 업장의 축적은 사후의 정토와 지옥을 이미 의식하고 있었던 불교도들에게 두려움을 안겨주었으며, 그들은 지옥행에 대한 불안과 두려움을 참회수행으로 소거시키고자 했다.

참회 수행은 천태지의에 의해 본격적으로 천태교단의 수행법으로 자

---

382 嚴耀中, 「江南佛敎史」(上海: 上海人民出版社, 2000), p. 121.

리 잡았으며, 그 과정에서 지관수행을 참법의 의례 안에 융합시키게 된다. 또한 자운준식에 이르러서는 참회의식이 누적된 업장을 소멸하고 아울러 현세적 공덕까지 생산해낼 수 있는 수행법으로서 자리매김 되는 모습을 볼 수 있다. 자운준식은 그의 결사에서 각종 예참법을 새로이 제정하고 재정비하여 과거와 현생에서 지은 업을 소멸하고, 현세의 이익을 보장하며, 나아가 정토왕생의 보응을 마련하는 수행법으로서의 의미를 부여했으며, 고려의 원묘요세 역시 백련사에서 법화삼매참의를 통해 정토왕생을 기약하고 있었던 것이다.

1-3. 지계(持戒)와 채식에 나타난 자비

계율은 본래 계와 율의 두 용어가 합성된 의미로서, 계(戒, śīla)는 좋은 습관, 성향, 도덕을 뜻하며, 선한 행위에 대한 결심과 실천이 점차 몸에 배게 되어 자발적으로 악을 멀리 하게 되는 것을 말한다. 율(律, Vinaya)은 제거, 제지(制止), 조복(調伏) 등의 의미로서, 심신을 잘 다스려 번뇌나 악행을 제거하고 올바른 방향으로 나아간다는 뜻이다. 이러한 율의 의미는 동아시아불교 안에서 점차 불교 교단에서의 단체 생활을 규정하는 규약이나, 청규(淸規), 기청(起請) 등의 형식으로도 발전하게 된다. 계율은 불교 신도로서의 개인적인 생활을 규정하는 윤리적인 도덕률이자, 교단의 질서를 규정하는 법규이며, 계(戒) · 정(定) · 혜(慧) 삼학의 한 부분을 이루는 그 자체로서 하나의 수행론이 되기도 한다. 특히 율학과 그에 연계된 계율수행을 강조하는 율종의 경우에는 더욱 그러한 특성이 드러남을 볼 수 있다.

남산율종(南山律宗)의 개조인 도선(道宣, 596-667)은 자신이 살고 있던 시대를 말법시대로 규정하고 불교 수행자들에게 철저하게 계율을 지킬 것을 당부하고 있다.

> 지금의 말법시대 중에 선한 근기가 박하여 성인이 보이신 가르침을 느끼지 못하고 겨우 사원이 있다는 것이나 알 따름이다. 불법의 의미를 체득하지 못하고 불법을 공경하지 않으면서 생사의 인연을 초월하기 위하여 복전에 공양하려고 사원에 들어간다.(이러한 자가 많다는 것이지 전부 믿음과 공경이 없다고 말하는 것은 아니다) 사람들은 많이 오고가지만 법회에 참석하지는 않는다. 또한 절에서 기숙하면서 침상에 이부자리를 깔고 누워 마음대로 먹고 마신다.[383]

인용문에서는 도선이 당시의 불교도들이 전혀 불법을 공경함이 없이 사원에 와서 계율에 맞지 않는 행동을 하는 것을 비판하고 있다. 이러한 시각에 따르면 모든 종교의 타락은 교단 내에서 정한 규율조차 지켜지지 않는 것에서 비롯되며, 성직자나 신도가 무절제와 욕망에 따르는 삶을 사는 것을 종교가 제어하지 못하는 상황은 바로 말법시대의 위기

383 　今末法中, 善根淺薄, 不感聖人示導, 僅知有寺而已. 不體法意, 都無敬重佛法, 超生因緣, 供養福田而來入寺也(如此者多, 非謂全無敬信者). 多有人情來往, 非法聚會. 又在寺止, 宿坐臥床褥, 隨意食噉. 『四分律刪繁補闕行事鈔序』(大正藏 40: 1804, 141b06~141b10).

와 직결된다.[384] 도선의 말법의식은 이처럼 불교신도나 나아가 사원의 승려들의 행동에 있어 계율이 부재한 시대라는 점에 근거한다. 이는 또한 도선 자신이 남산 율종의 창시자였다는 점과 무관하지 않을 것이다. 율종 교단의 창시자인 도선에게는 사부대중이 지켜야할 계율이 무너진 당시 시대는 말법시대일 수밖에 없었던 것이다. 하지만 도선이 당시의 세태를 개탄만 하고 있었던 것은 아니었다.

> 불타가 말씀하시기를, 계율을 지키는 사람은 다섯 가지의 공덕을 얻으니, 첫째, 계품이 견고해지고, 둘째, 모든 원망을 잘 이겨낼 수 있고, 셋째, 무리 안에서 결단함에 두려움이 없고, 넷째, 의심과 후회의 상황을 잘 풀어나갈 수 있으며, 다섯째, 계율을 잘 지킴으로써 정법이 오랫동안 머무르게 할 수 있다.[385]

인용문에서 보면 계율을 지키는 이가 갖는 다섯 가지의 공덕 안에 정법이 오랫동안 머무르게 하는 것이 포함되어 있다. 이는 불타가 정한 계율을 잘 지킨다면 지율(持律)의 공덕으로 인해 정법시대는 얼마든지 더 오래 지속될 수 있으며, 결코 5백년이라는 한정된 시간 안에 갇혀 있지 않다는 것을 의미한다. 결국 도선의 의지는 삼시를 구분하는 데 있는 것이 아니라 불타 시대의 계율과 정법의 시간으로 회귀하려는 데 있

---

384 고영섭, 「불교의 末法論」, 『民族과 文化』 제8집, 한양대 민족학연구소, 1999, p. 54.

385 佛言, 持律人得五功德, 一者戒品牢固, 二者善勝諸怨, 三者於衆中決斷無畏, 四者有疑悔開解, 五者善持毘尼令正法久住. 『曇無德部四分律刪補遂機羯磨序」「雜法住持篇」(大正藏 40: 1808, 509c13-509c16).

었으며, 나아가 불법의 시원(始源)으로 회귀하는 가장 적절한 수행론으로서 계율의 수지를 제시하려는 데 있는 것으로 해석된다.

도선의 경우처럼 율종의 입장에 충실한 계율수행 외에도 상대적으로 정과 혜 대신에 실천을 강조하게 되는 정토신앙 안에서 계율의 수지 자체가 수행론으로 정비되는 모습도 나타난다. 선정(禪淨)일치의 교의적 기반을 구축한 자민혜일(慈愍慧日, 680-748) 같은 경우는 『약제경론염불법문왕생정토집(略諸經論念佛法門往生淨土集)』 안에서 참선하는 사람이 재계(齋戒)를 무시하는 것을 비판하면서, 정토를 구하는 사람은 계를 지켜야 하며, 오신채(五辛菜)를 끊어야 함을 역설하고 있다.

술과 고기, 매운 채소는 죽음을 기약하는 것이니 끊고, 먹지 말 것이며, 약은 멀리하고 좋아하지 말라. 항상 재계하며, 청정하게 삼업을 행하고, 염불·송경하며, (공덕을) 회향하여 상품상생하기를 발원해야 한다. 이처럼 수행하기를 다하면 반드시 왕생하게 된다.[386]

자민혜일이 인용문 안에서 제시하는 재계는 일상에서 계율을 지키고 정근(精勤)하는 의미로서, 지계(持戒)의 중국적인 표현이라고 볼 수 있다. 아울러 그가 제시하는 수행론들, 즉 몸가짐과 주문, 그리고 의식을 집중하는 신구의 삼업(身口意三業)수행과 함께 염불과 송경, 회향,

---

386 酒肉熏辛, 以死為期, 斷而不食. 藥分不通. 奉持齋戒, 清淨三業, 念佛誦經, 迴向願求, 上品上生, 盡此一形, 必定往生. 『略諸經論念佛法門往生淨土集』(大正藏 85: 2826, 1242a11–1242a14).

발원 등의 모든 실천이 정토왕생을 지향하고 있다.[387] 따라서 후일 자운준식이나 모자원의 정토결사 등에서 나타나는 지계행과 이에 연계된 채식의 수행론이 이미 자민혜일의 시대, 혹은 그 이전부터 실천의 근거를 구축하고 있었음을 짐작하게 한다.

선종보다 일찍 교단을 형성했던 중국의 천태종에서도 '입제법(立制法)'이라는 별도의 수행규범을 가지고 있었다. 수행자들에게 필요한 생활지침으로서 천태종의 실질적 개창자인 지의가 직접 마련한 입제법은 그의 제자 관정(灌頂, 561-632)이 지의와 관련된 편지나 훈시문 등을 모아 편집한『국청백록(國淸百錄)』에 실려 있다.[388] 매일 4회의 좌선과 6회의 예불을 행하는 엄격한 수행의 일과는 당시 천태교단만이 가진 독특한 기풍이었다. 천태교단의 구체적인 수행일과를 살펴보면 다음과 같다.

좌선하는 승려는 본래 네 차례의 좌선과 여섯 차례의 예불을 일과로 삼는다. 열 번의 참선과 예불 가운데 한 번이라도 빠지면 안 된다. 별도의 도량에서 참회행을 하는 수행자는 행법을 마치면 3일 이전에 대중의 열

---

387 자민삼장의 이러한 교의는『관무량수경』에서 정토왕생하게 되는 중생의 조건 세 가지(불살계행, 경전독송, 육념회향발원)에 대해 설한 것에 근거한 것이다. (復有三種衆生, 當得往生. 何等爲三. 一者慈心不殺, 具諸戒行, 二者讀誦大乘方等經典, 三者修行六念, 迴向發願生彼佛國. 具此功德, 一日乃至七日, 即得往生.『觀無量壽經』(大正藏 12: 0365, 344c13-344c16).

388 지의 당시의 중국불교계가 의존하던 계율은『십송율』에서 점차『사분율』로 바뀌어가는 추세에 있었으며, 재가불자들에게 계를 줄 때에는『범망경』에 의지하고 있었다. (平川彰,「百丈淸規と戒律」,『佛敎』37호, 東京: 佛敎思想學會, 1995. p. 5.); 최기표,「초기 천태교단의 계율」,『한국불교학』제45집, 한국불교학회, 2006. p. 134에서 재인용.

번의 일과에 따라야 한다. 만일 한 차례 예불에 늦으면 벌로서 세 번 예불하고 대중에게 참회하여야 한다. 만일 한 번을 완전히 빠지면 벌로서 열 번 예불 드리고 대중에게 참회하여야 한다…[389]

인용문에서 제시하는 일과수행에서는 하루 네 차례의 좌선과 여섯 차례의 예불, 그리고 위반 시의 엄격한 벌이 명시되고 있어서 수행의 긴장을 늦추지 않으려는 지의의 의도를 읽을 수 있다. 지의는 이러한 천태교단의 입제법을 정하면서 소승계율로서는『사분율』을, 대승계율로서는『범망경』에 주로 근거하여 정비했다.

천태교단에 있어서 율장은 계의 근거로서의 역할을 했을 뿐, 처벌방법과 각종 의식작법을 규정한 타율적 성격의 율로서의 역할은 미미했다고 할 수 있다. 천태교단에서는 대·소승계를 막론하고 수행자 스스로 지키되 이를 어겼을 경우에는 대승경전에 의거하여 참회행을 하도록 했던 것이다.[390] 지의는 소승에는 참회가 없지만 대승에는 있다고 주장하면서『마하지관』안에 계율의 의미를 담고 있는 여러 가지 참회법을 제시하고 있다.[391]

이러한 천태교단의 계율사상은 북송대 사명지례의 결사에서 보살계

389　依堂之僧, 本以四時坐禪, 六時禮佛, 此爲恒務. 禮佛十時, 一不可缺, 其別行僧, 行法竟, 三日外卽, 應依衆十時, 若禮佛不及一時, 罰三禮, 對衆懺. 若全失一時, 罰十禮, 對衆懺. 『國淸百錄』(大正藏 46: 1934, 0793c08-0793c11).

390　최기표, 앞의 글, p. 148.

391　小乘無懺法, 若依大乘, 許其懺悔, 如上四種三昧中說下當更明, 『摩訶止觀』(大正藏 46: 1911, 039c07-039c09).

수계의식을 통한 지계의 삶이 정토왕생을 위한 수행론으로서 실천되었던 모습으로도 나타난다. 수계식 이후에 신도들이 자신이 받은 보살계를 철저하게 지키고자 노력하는 지계행(持戒行)이 한 개인의 궁극적 구원과도 직결된다는 점에서 수계의식이 수행론으로서의 의미를 지니게 되는 것이다. 지례의 수행론 안에서는 여기서 더 나아가 보살계 수계의식으로 생긴 공덕으로 인해 내세의 구원뿐만 아니라 국가와 개인 모두에게 현세적 복락을 가져다 줄 수 있는 것으로 해석이 확장되기도 했다. 원래 사원 안에서 신도 개인의 신앙선언이자 귀의의식의 의미를 가지고 있는 보살수계식이 아미타신앙결사의 주요한 수행론으로 등장하고 있으며, 초기에 정토왕생을 오로지 지향했던 아미타신앙이 현세적 기능까지 담지하게 된 것이다.

또한 자운준식과 모자원의 결사에서는 불살생계를 지키는 것을 결사의 규율로 정비하여 구성원 모두가 채식을 실천하는 모습으로도 나타난다. 특히 자운준식의 결사에서는 육식은 물론이고, 채식 중에서도 5신채(五辛菜)와 같은 매운 채소는 먹지 않았으며, 제사나 민간신앙의 의식에서도 일체의 유혈희생제물을 금지했다. 물론 준식의 결사의 채식은 자비의 교의와 연결되는 불살생계와 직접적으로 맞닿아 있지만, 그 이면에는 민간신앙의 신들을 불보살의 하위 권속으로 귀속시키려는 일종의 포교전략이 있었다는 점은 앞에서 밝힌 바 있다. 이처럼 자비와 불살생의 교의를 바탕으로 한 계율을 일상생활에서 실천할 수 있는 수행론으로 성비하여 정토왕생을 위한 공덕행으로서의 의미를 부여한 것은 준식과 같은 지도자 승려들의 노력이라 할 수 있을 것이다.

한편 한국의 선종의 경우에는 제도적인 청규보다는 수행론의 전개에 더욱 많은 관심과 노력을 기울였기 때문에 독자적인 청규의 저술이라든지 율장 등에 관한 교의의 발전에는 상대적으로 성과물이 적다고 볼 수 있다.[392] 한국불교의 청규는 고려시대 정혜결사를 이끌었던 보조지눌의 『계초심학인문』에서 비롯한다고 보는 것이 일반적인 학자들의 견해이다. 계정혜 삼학의 겸수는 초기불교 당시부터 확립된 전통이지만, 불립문자(不立文字) · 교외별전(教外別傳) · 직지인심(直旨人心) · 견성성불(見性成佛)을 교의로 내세운 선종에서는 상대적으로 계학의 위치가 약해지게 된다. 계율이 밖으로 드러난 행위를 제어하고 있음에 반해, 선종은 마음을 문제로 삼고 있기 때문이다.[393]

비록 백장(百丈)에 이르러 선종 특유의 청규가 제정되어 사원 내에서의 계율과 같은 역할을 하긴 하지만 초기불교 당시의 엄격한 삼학겸수의 수행기풍이 유지되었다고 보기는 어려울 듯하다. 하지만 수선사의 정혜결사는 당시까지 선의 수행전통에서 한 발 비껴나 있던 계학을 다시 선 안으로 끌어들이려는 시도를 보이고 있다. 그 일례로서, 정혜결사에서 1205년에 계율적 실천 강령인 『계초심학인문(誡初心學人文)』을 제정 · 반포했음을 들 수 있을 것이다.

이 『계초심학인문』은 수행공동체의 화합과 수행자로서의 긴장을 잃

392 조선시대에는 休靜(1520-1604)의 『禪家龜鑑』과 白坡亘璇(1767-1852)의 『結社禪規』가 있고, 근 · 현대에 들어서는 鏡虛惺牛(1849-1912)의 『結同修定慧同生兜率同成佛果稧社規例』, 『鶴鳴庵修禪寺若衡淸規文』, 白鶴鳴(1867-1929)의 『內藏禪院淸規』, 白龍城(1864-1940)의 『精修別傳禪宗活口參禪萬日結社會規則』, 봉암사결사의 『共住規約』 등이 청규의 맥을 잇고 있다.

393 김호성, 「정혜결사의 윤리적 성격과 그 실천」, 『한국불교학연구총서』(불함문화사, 2004), p. 305.

지 않기 위해 사소한 일상의 행위 하나까지도 규정하고 있는 점이 눈에 띈다.[394] 또한 초기불교 계율에서는 금지되었으나 중국 선종에서 적극적으로 실천했던 운력(運力)이나 보청(普請) 같은 생산노동 행위를 지눌 스스로 솔선하고 있음을 볼 수 있다. 무엇보다도 중요한 점은 지눌이 선종의 청규전통에 주로 의지하면서도 율장(律藏)을 규범 안에 포섭하고 있다는 것이다. 『비명(碑銘)』에 의하면 도에 관해 얘기하거나, 혹은 수선(修禪)을 하거나, 안거와 두타를 행함에 전적으로 부처님의 계율에 의지하고 있었다고 밝히고 있다.[395]

한편 한국의 봉암사결사에서는 전술한 도선의 경우처럼 말법의식에 입각한 계율수지사상이 나타나고 있다. 봉암사결사의 계율 내지 결사규약이라고 할 수 있는 공주규약을 이루는 내용의 대부분은 대승계율인 『범망경』과 소승계율인 『사분율』 등을 인용하여 만들어진 선종 총림의 생활과 수행규칙인 「청규」에 근거하고 있었다. 봉암사결사의 이러한 계율수지사상은 한국불교정화운동과 맞물려 있었다고 볼 수 있다. 불교 정화는 전통불교에로의 회복으로 이어지는 것이며, 전통불교의 회복은 『범망경』 등과 같은 전통계율의 수지와 직접적으로 연결되는 직선 축이었던 것이다.[396]

정리해보면, 초기불교 교단에서는 계율, 특히 율이 제정되었던 목적

---

394 居中寮, 須相讓不爭, 須互相扶護, 愼爭論勝負, 愼聚頭閒話, 愼誤着他鞋, 愼坐臥越次, 對客言談不得揚, 於家醜但讚, 院門不事不得詣, 庫房見聞雜事....『誡初心學人文』(大正藏 48: 2019, 韓佛全 4권, p. 738).
395 或談道, 或修禪, 安居頭陀, 一依佛律,「天府曹溪山松廣寺贈諡佛日普照國師碑銘幷序」『보조국사전서』, 김달진 역주, (고려원, 1988), p. 371.

자체가 승단의 화합과 안정에 있었으며[397], 아울러 계율은 승가의 청정성을 유지하고 교단을 유지 발전시키는 원동력이기도 했다. 또한 계율의 수지는 수행자 개인적으로는 깨달음을 이루기 위한 수행의 방편이기도 했으며, 보살계의 수계는 범부중생에서 보살로 나아가는 존재론적 전환의 계기가 되기도 했다. 사명지례의 결사에서 보살계의 수계나 수계식의 법회에 참가하는 자체를 하나의 수행의식으로 만들고 거기에 공덕의 의미를 부여했던 것도 이러한 맥락에서였다. 지례와 준식, 그리고 모자원 등은 채식이나 염불시계회 등을 통해 이를 결사의 주된 실천으로 제시했으며, 구성원들의 입장에서는 보살계를 수지하며 근행(勤行)하는 삶 자체가 정토왕생을 위한 하나의 수행론으로서의 의미를 지니게 되었던 것이다.

---

396 이처럼 계율의 수지를 결사의 중요한 수행론의 하나로 삼았던 또 다른 사례로는 20세기 한국의 불교결사인 백용성의 '활구참선만일결사(活口參禪萬日結社)'를 들 수 있다. 백용성은 1925년 8월에 『불교』 14호에 결사모집 광고를 내고, 그 해 10월 15일 동안거 결제일부터 도봉산 망월사에서 활구참선만일결사를 시작하게 된다. 백용성의 결사 모집 공고에서 미리 결사의 규율을 엄격히 할 것임을 공표했기 때문인지 결사에 자원한 수행자들의 수는 많지 않았지만 후일 이 결사에 참여했던 구성원들이 한국불교 승단정화운동의 주역을 담당했다는 점에서 단기간에 그쳤던 결사 안에서의 체험이 한국 불교의 역사를 좌우하는 강렬한 동기를 제공했음을 알 수 있다. 실제로 후일 봉암사결사의 구성원이 된 자운성우가 도봉산 망월사의 용성진종에게로 간 시기는 그가 28세가 되던 해인 1939년이었으므로 활구참선만일결사의 계율수지 수행기풍이 자운을 매개로 하여 봉암사결사로 고스란히 이입되었을 가능성은 충분하다 하겠다.
397 이자랑, 「율장을 통해 본 승단과 현대사회의 조화」, 『한국불교학』 제45집, 한국불교학회, 2006, p. 156.

1-4. 경전신앙의 공덕

불교의 경전은 불타의 말씀을 담은 그릇(藏)이라는 의미에서 불타의 색신의 흔적을 담고 있는 불탑과 마찬가지로 신도들에게 숭배의 대상물이 되어왔다. 불탑이나 불상을 조성할 경우에는 그 안에 불경을 넣는 사례도 많았던 것은 불타의 언어가 담긴 경전이 곧 진리의 화현체로 이해되었기 때문이며, 이는 또한 불경이 불타의 상징인 불상과 동일한 의미를 가지고 있었음을 보여준다. 이러한 경전신앙에 따라 대승불교에서는 경전의 수지 · 독송 · 사경 혹은 경전에 대한 예배공양, 심지어 물질적 기부를 하여 타인에게 사경 작업을 대신하게 하거나, 경전을 인쇄하여 타인에게 배포하는 것만으로도 무한한 공덕이 축적되는 것으로 해석되었다. 대승경전 중에서 특히 『법화경』이 이러한 경전신앙과 관련이 많은데, 동아시아불교결사에서 실천된 경전신앙 관련 수행론들을 보면 『법화경』 외에 다른 여러 경전에도 적용되고 있음을 볼 수 있다.

또한 경전신앙은 불타의 육성이 사라진 이후에도 경전의 형태로 불타의 진리를 영원히 존속시키고자 했던 불교도들의 의지와 연관되어 있기 때문에 삼시신앙과 자연스럽게 연결되는 것을 볼 수 있다. 먼저 중국불교사를 보면 남악혜사(南岳慧思, 515-577)가 『입서원문(立誓願文)』에서 삼시설(三時說)을 제시하면서, 말법시대의 중생의 구원을 위해 미륵불이 세상에 출현하기를 발원하고 있다.

말법시대에 들어서서 9천8백년 후에 월광보살이 진단국에 나서 설법하여 크게 중생을 제도하고 52세에 열반한 후에 수능엄경과 반주삼매경이 멸하여 나타나지 않을 것이다. 나머지 경전도 차례로 멸하게 될 것이며, 무량수경은 5백년간 더 머무를 것이다. 중생을 크게 제도한 연후에 멸하여 사라지게 되면 대악세가 이르게 될 것이다. 내가 지금 서원하기를 교화중생이 멸하지 않고 미륵불이 출현한 시대에 이르기를 원한다. 부처가 계유년에 열반에 든 후로부터 미래 현겁초에 미륵이 성불할 때까지는 56억만년에 이른다. 나는 말법시대의 초기에 대서원을 세웠으니, 수행하고 고행하면서 이와 같이 56억만년을 보내면 반드시 불도를 구족한 공덕으로 미륵불을 보게 되기를 원한다. 서원 안에서 말한 입도의 사유 중에 실천하지 않은 것이 없으나 일찍이 선 수행은 했으되, 경전의 학습은 적었으니, 중간에 장애와 어려움이 있어서 사연이 한결같지 않았던 것이다. 서원문과 금자경전 2부를 조성한 사연을 간단하게 적었다.[398]

인용문에 의하면 혜사는 정법과 상법, 말법의 삼시를 각각 정법 5백년, 상법 1천년, 말법 1만년으로 계산하고 있다.[399] 따라서 혜사가 생존했던 당시 6세기는 이미 말법시대에 들어선 것으로 인식하고 있었으며,

---

398　入末法過九千八百年後, 月光菩薩出震旦國說法大度衆生. 滿五十二年入涅槃後, 首楞嚴經般舟三昧先滅不現. 餘經次第滅無量壽經在後得百年住. 大度衆生然後滅去至大惡世. 我今誓願持令不滅, 敎化衆生至彌勒佛出. 佛從癸酉年入涅槃後, 至未來賢劫初, 彌勒成佛時有五十六億萬歲. 我從末法初始立大誓願, 修習苦行, 如是過五十六億萬歲, 必願具足佛道功德見彌勒佛. 如願中說入道之由莫不行願, 早修禪業少習弘經, 中間障難事緣非一, 略記本源兼發誓願及造金字二部經典. 『南嶽思大禪師立誓願文』(大正藏 16: 1933, 786c07-786c18).

399　正法從甲戌年至癸巳年, 足滿五百歲止住. 像法從甲午年至癸酉年足滿一千歲止住. 末法從甲戌年至癸丑年足滿一萬歲止住. 『南嶽思大禪師立誓願文』(大正藏 16: 1933, 786c04-786c06).

자신이 깨닫지 못한 범부라는 것 때문에 중생제도의 종교적 소명을 이루지 못하는 것에 대해 두려움과 번뇌를 안고 있었다. 인용문의 말미에서 보듯이 혜사 자신은 교단 안에서 선 수행을 위주로 하면서 교학 연구에 많은 노력을 쏟지 못한데 대한 아쉬움을 은연중에 나타내고 있다. 그가 『입서원문』 안에서 대악세(大惡世)가 이르면 대승경전이 차례로 멸하게 되리라는 말법시대의 묵시적 예언과 함께 진리의 영원성을 상징하는 금자사경을 2부 조성하여 봉안한 것은 경전으로 대표되는 교(敎)와 선(禪)의 병행을 은연중에 주장하고 있는 것으로 보인다.

이는 또한 말법의 악세에는 수행자도 깨달은 자도 없어진다는 점에서 선 수행의 실천도 멸하게 되리라는 두려움으로 인해 금자로 새겨진 경전, 즉 교법만이라도 미륵이 세상에 출현하는 그 시간까지 존속시키려는 의지의 발현인 것이다. 다시 말해 불법을 실천하고 깨닫는 인간들은 멸해 없어지더라도 불법을 설한 경전이 물리적 실체로서 남아 있게 된다면 불법은 상징적으로 남아 있게 되리라는 소망의 표현인 것으로 생각된다. 또한 무량수경이 5백년 더 머무르게 되리라는 예언을 인용한 것은 말법악세의 위급한 순간에 중생을 구제할 수단으로써, 무량수경 안에서 설하는 정토신앙, 즉 염불의 실천이 시대적 상황에 적합한 것으로 인식했기 때문일 것이다. 한편 혜사가 금자사경을 봉안했던 구체적인 모습은 다음의 구절을 통해서 확인할 수 있다.

남광주 광성도 광성현 제광사에서 바야흐로 마음속으로 원하던 것을 실천하고, 금자 마하반야바라밀경 한 부를 유리보함과 함께 만들어서 봉안했다. 이때에 대서원을 발했으니, 원컨대 이 금자마하반야바라밀경과 칠보함의 대원으로써 일체의 갖가지 마장과 모든 악재난이 가로막지 못하기를 원하고, 내세에 미륵세존이 세상에 출현하기를 원했다.[400]

금자사경을 담아 봉안했던 함의 재료인 유리(琉璃)는 당시의 중국과 인도에서는 보석의 가치를 갖고 있었던 광물이었으며, 또한 유리광정토(琉璃光淨土)라는 표현이 보여주듯 정토를 장엄(莊嚴)하는 주요 요소 중의 하나였다. 또한 금자마하바라밀경은 영원불멸한 황금의 상징성을 대승경전의 절대적 진리성에 주입시켜 말법악세에도 불법이 멸하지 않고 미륵이 성불하여 세상에 출현할 때까지 남아 있기를 바라는 서원을 표현한 것이다.

아울러 인용문 안에서는 혜사가 금자반야바라밀경의 조성에 부여한 서원으로 인해 금자사경 자체가 온갖 재난과 마장을 막는 강한 주력을 갖게 되리라는 믿음을 보여준다. 이는 중생제도의 서원을 세운 승려가 오랜 세월 쌓은 수행의 공덕을 금자사경에 회향하고, 그 금자사경이 말법악세에 중생과 불법을 수호하게 되리라는 말법시대의 믿음의 표현인 것이다.

이러한 사경의 실천이 정토왕생을 위한 결사의 수행론으로 발전하는 모습은 주로 화엄경신앙결사에서 볼 수 있는데 대표적인 예로 신라

---

400 於南光州光城都光城縣齊光寺, 方得就手報先心願. 奉造金字摩訶般若波羅蜜經一部, 并造琉璃寶函盛之. 卽於爾時發大誓願. 願此金字摩訶般若波羅蜜經及七寶函, 以大願故, 一切衆魔諸惡災難不能沮壞. 願於當來彌勒世尊出興于世. 『南嶽思大禪師立誓願文』(大正藏 16: 1933, 787c18~787c25).

시대의 화엄경사(華嚴經社)와 북송대의 성상(省常, 959-1020)의 정행사(淨行社)를 들 수 있을 것이다. 통일신라 정강왕 1년(886)에 선왕이자 모형(母兄)인 헌강왕을 추복하기 위해 왕실의 주도로 이루어진 화엄경사(華嚴經社)는 40화엄과 60화엄을 위주로 사경하고 독송하는 공덕으로써 망자인 헌강왕은 물론 여타 중생의 망혼들을 천도하려는 목적에 의해 결성되었다. 주로 귀족출신의 고위 관료와 고승들로 구성된 화엄경사는 1년에 두 차례 정기적으로 불국사 광학장(光學藏)에 모여서 『화엄경』을 백 번씩 전독(轉讀)하고 사경을 실천했다. 『화엄경』에 대한 신앙을 표현하는 방식 중에 가장 일반적으로 실천되는 것이 이처럼 경전을 베껴 쓰는 사경(寫經)과 독송(讀誦)이다. 경전을 반복적으로 읽고 외는 독송을 통해서 신비적 체험을 하게 되는 것이 곧 화엄경신앙의 근간이 되는 것이다.[401]

화엄경사의 원문에서는 이러한 『화엄경』의 사경과 독송으로 이루어지는 수행의 공덕으로 말미암아 선왕의 영혼이 정토에 왕생하리라는 것을 밝히고 있다.[402] 또한 의상과 지엄의 추모를 위해 결성된 보은사인 화엄사(華嚴社) 역시 기신제와 법회가 어우러진 성격의 사회(社會)에서

---

401 송의 贊寧은 『송고승전』 권24 「讀誦篇」에서 "독송의 요체는 경전을 여러 번 읽는 것이 아니라 신비로운 이해(神解)에 있는 것"이라고 말하고 있다. 鎌田茂雄, 『中國華嚴思想史の研究』(東京; 東京大出版會, 1970), p. 17.

402 於다음의 인용문은 화엄경사가 결성되었을 때 작성된 결사의 원문이다. 夫以經爲社者, 乃聚人以善緣, 報主以至誠之會也. 慶曆景午相月五日, 獻康大王, 宮車晏駕. 台庭重德, 宗室懿親. 相與追奉冥福, 成華嚴經兩部, (齊詣京城東佛國寺, 圓測和尙講壇), 將陳妙願, 乃著斯文. … 粤有上宰舒發韓金公林甫, 國咸重臣, 蘇判金一順憲等, 或兼金順彩, 或盤石貴宗, 高標廊廟之珍, 深蘊棟樑之器, 瞻茂陵而墮睫, 指梵域以傾心, 永慕天慈, 同追海會. 「華嚴經社會願文」, 『최치원문집』, 최영성 옮김(아세아문화사, 1999), pp. 232-233.

사경을 실천하고 있음을 볼 수 있다.[403] 경전 자체가 갖는 힘과 결사 구성원들의 원력이 어우러져 망자의 혼을 천도하고, 정토에 왕생한 망자는 다시 떠도는 중생들을 구제하게 되리라는 것이 이들 화엄경결사의 일반적인 발원이었던 것이다.[404]

신라의 화엄경사보다 백여 년 후인 순화(淳和) 2년(991)에 결성된 송대 성상의 정행사는 『화엄경』 「정행품」의 사경과 독송을 주로 실천했던 화엄경신앙결사이다. 성상은 백련사의 유풍을 흠모하여 결사를 조직했음을 밝히고 있지만,[405] 정작 그 실천에 있어서는 『화엄경』을 수행의 근거로 삼는 화엄경신앙결사로 꾸려가고 있다. 이는 성상이 활동하던 당시에는 중국의 전역에 걸쳐 화엄교학과 함께 화엄경 신앙이 유행하고 있었던 데다가, 『반주삼매경』에 근거한 백련사의 수행론은 결사 구성

---

403 9세기의 동아시아(한·중)에서 화엄경과 관련한 결사가 조직된 대표적인 사례로는 太和(827~835) 연간에 唐僧 均諒이 春秋之社를 결성한 예와 헌강왕 때의 화엄결사를 들 수 있다. 唐의 海雲이 쓴 「兩部大法相承師資付法記」(834)의 기록에 의하면 균량은 不空 문하의 惠果를 계승하여 청룡사 東塔院에서 주석한 義操의 제자로, 宣懿왕후와 함께 춘추사를 결성했다고 한다. 김복순, 『한국고대불교사연구』(민족사, 2002), pp. 201~202.

404 신라의 화엄신앙은 경덕왕대를 분기점으로 하여 의상의 부석계 화엄과 황룡사의 연기계 화엄이 두각을 드러내면서 신앙결사의 형태를 빌어 신라사회에 자리를 잡게 된다. 신라 하대는 원효를 비롯하여 智儼에게서 수학한 의상이 신라 화엄교학의 수준을 대단히 높게 올려놓은 시기였다. 이처럼 화엄교학이 번성했던 이면에서 『화엄경』을 전독하거나, 베껴 쓰는 사경의 행위를 통해 망자의 정토왕생을 발원하는 화엄경신앙도 함께 유행하고 있었던 것이다. 또한 전술한 화엄경 신앙결사의 구성원 모두 화엄교학이 낯설지 않았을 귀족 관료나 승려였지만 결사의 집회에서 그들은 독송이나 사경 등의 실천을 통해 선왕의 정토왕생을 발원하는 모습을 보여준다. 신라 하대의 화엄경결사 안에서 삶과 죽음의 경계를 넘어 망자의 영혼을 위무했던 것은 고차원의 교학보다는 신앙을 통해 얻어지는 '경전의 힘' 그 자체였던 것이다.

405 성상이 정행사의 초기 결성 당시부터 여산 백련사의 유풍을 따르려 했다는 점은 관련된 문헌이나 행적에서 자주 드러난다. 『咸淳臨安誌』 권79 「大昭慶寺條」에는 소경사에 白蓮堂이 있었는데, 성상이 결사의 모든 행사를 치르기 위해 세운 건물이라고 기록되어 있다. 결사의 명칭 역시 처음에는 '白蓮社'로 정했다가 나중에 淨行社로 고쳤으며, 화엄경 정행품을 혈서로 사경하여 서방 정토업을 닦았다고 한다. 鈴木中正, 「宋代佛敎結社の硏究」, 『史學雜誌』 제52(1)(東京; 東京大史學會, 1941), p. 76.

원들과 시류의 관심 밖으로 밀려나 있었기 때문이었을 것으로 생각된다.[406] 중당(中唐)에 들어서면서 권력구조의 변동이라든지, 이에 따른 경제적 기반의 변화 등의 원인으로 인해 불교 교학의 발전이 저해되는 반면에 실천적인 신앙의 형태가 민중 속에까지 파고들었으며, 화엄경의 독송이라는 방식은 이러한 구조에 아주 적합한 실천이었던 것이다.

성상과 거의 동시대인 북송대 자운준식의 결사에서도 『금광명경』을 가정 내의 불단에 봉안하고 예배토록 하는 경전수지신앙이 보이고 있다. 준식은 『금광명경』 「공덕천품」에서 제시한 대로 『금광명경』의 사본을 가정 내의 제단인 감실에 모셔두고 매일 경전에 예배할 것을 권했으며, 나아가 『금광명경』 안에 등장하는 불보살뿐만 아니라 외래의 '불교적'인 신들까지 천태의 불단 안에 수용할 수 있도록 의례를 정비하기도 했다.

이러한 자운준식의 사상적 작업은 민간신앙의 신들을 천태 판테온의 하위신으로 편입시키고, 그들의 신도들을 불교도로 개종시키기 위한 포교전략이기도 했다. 자운준식이 민간신앙의 신들에게 행해지던 유혈희생의 의례를 금지시키고 이를 천태의 의례로 정비하는 과정에서 채식과 『금광명경』에 대한 예배의식과 함께 해당 경전에서 제시하는 공덕행인 방생의식을 실천하기도 했다. 다시 말해 준식은 민간신도들이

---

406 정행사와 같은 화엄경 결사운동이 처음으로 일어났던 시기는 清凉澄觀(738–839)과 圭峯宗密(780–841)이 활동했던 동시대였다. 화엄경 결사는 華嚴齋 등의 재회에서 발전한 것으로서 남북조 말에서 수·당에 걸쳐 차례로 확대되어 갔다. 그러나 조직적인 대중결사운동으로서 민간신도들 사이에서까지 유행하게 된 것은 9세기 초 무렵부터였다. 鎌田茂雄, 『中國華嚴思想史の硏究』, 앞의 책, p. 235.

기존에 유혈희생의례를 통해 얻었던 현세적 이익의 보증 대신에 경전에 대한 신앙을 통해 공덕을 축적할 수 있는 방법론을 제시했던 것으로 볼 수 있을 것이다.

비슷한 시기에 한국의 결사에서도 『법화경』과 관련한 경전신앙을 실천했던 사례들이 나타남을 볼 수 있다. 백련사의 4세 주법인 천책이 찬(撰)한 『해동전홍록(海東傳弘錄)』을 인증하여 편집된 『법화영험전』에 의하면 고려 13세기에 결사운동과 관련된 사찰 중에 보암사(寶岩社)와 연화원(蓮華院)이 있었다. 개경에 소재했던 보암사는 은퇴한 고위관료들 40여명이 모여 법화신앙공동체를 형성하여 해탈을 기원했고, 연화원은 성남리(城南里)의 신도들이 법화결사를 조직하여 정토회향을 기원했다고 한다.[407] 두 결사 모두 법화신앙에 입각한 정토신앙을 실천했으며, 매월 육재일에는 모두 개경 근처의 특정 장소에 모여 법화경을 독송하거나, 전강(轉講)을 했던 것으로 보인다.

또한 천책의 『호산록』안에는 천태지의의 '관심송경법(觀心誦經法)'에 대해 말하는 대목이 등장하고 있다. 관심송경법은 태고보우(太古普愚, 1301-1382)가 중국에서 가지고 들어 온 『치문경훈(緇門經訓)』에 실려서 국내에 처음 소개된 것으로 알려졌지만,[408] 『호산록』에 등장하는 이 구절을 보면 천책이 활동했던 13세기 초에 이미 고려에 유포되어 있었음

---

407 진성규, 위의 글, p. 156.

408 〈天台智者大師觀心誦經法〉夫欲念經滅罪, 第一先須盥漱整威儀, 別座跏趺而坐. 第二入觀所坐之座高廣嚴好, 次觀座下皆有天龍八部四衆圍繞聽法. 次須運心作觀, 觀我能為法師傳佛正教. 『緇門警訓』(大正藏 (CBETA) 48: 2023, p. 69.)

동아시아 염불결사의 연구

을 알 수 있다.[409] 천책은 요세와 더불어 활동했던 동지이자, 제자였으므로 요세의 선관 역시 관심송경법의 영향 하에 있었으리라는 가정이 가능하리라 생각된다. 천책은 법화경을 보존하고 있는 자체만으로 모든 부처가 세상에 나온 일대사인연(一大事因緣)이 되며, 찰나의 일념을 벗어나지 않게 된다는 강한 '법화경수지신앙'을 보이고 있다.[410]

요세와 천책 등 백련사의 지도자들의 이러한 사상은 경전 독송의 실천과 함께 물질적 보시를 통해 경전을 간행하여 다른 구성원들에게 배포하는 공덕행으로도 나타났음을 확인할 수 있다. 백련사의 모든 구성원들은 『법화경』이나 『금광명경』의 사본을 수지하고 매일 공양과 함께 염불을 실천하도록 권장되었던 것으로 보인다. 이러한 백련사의 경우를 보면, 특정 경전에 대해 일상의 예배의식을 실천하고, 사경 내지 독송하는 신앙의 공덕 외에도 간행과 배포를 실천하여 다른 구성원들에게도 경전을 수지케 하는 것은 물질적 보시, 즉 재시(財施)의 공덕까지 더하는 의미를 갖고 있었으리라 생각된다.

정리해보면 결사 안에서 제시되는 경전신앙의 실천은 경전의 수지와 독송, 사경, 간행과 배포, 예배, 공양 등의 다양한 형태로 나타나며, 독

---

409 천책이 생존했던 시기인 1200년대 초기는 태고보우보다 앞선 연대에 속하므로, 이 관심송경법이 『치문경훈』 소재본이 아닌 단권본의 형태로 고려에 유포되었을 가능성이 있다. 이영자, 「천책의 천태사상」, 『한국불교학연구총서』(불함문화사, 2004), p. 191.

410 일본불교에서 이러한 법화경수지신앙이 강하게 드러나는 사례로서는 역시 니치렌의 일련종(日蓮宗)을 들 수 있을 것이다. 니치렌 특유의 제목(題目)신앙, 즉 말법시대의 중생은 나무묘법연화경의 제목을 외고 실천해야만 비로소 『법화경』 數量品에 설해진 절대적 본불과 서로 통하여 성불할 수 있다는 교의를 만들어 낸 것이다. 『법화경』 이전에 등장한 모든 경전은 석존의 깨달음을 온전히 드러내지 못한 것으로 부정하고, 말법시대인 현재에는 『법화경』의 제목을 외는 것만으로도 성불할 수 있다는 것이다. 松尾剛次, 김호성 옮김, 『인물로 보는 일본 불교사』(동국대 출판부, 2005), p. 111.

송과 사경이 엘리트 구성원들에게 제시되었던 반면에 나머지의 실천들은 이행도적이고 대중적인 실천으로 보급된 것으로 생각된다. 특히 경전에 대한 예배와 공양은 문자해독이 불가능한 민간신도들에게도 경전 자체의 신성성에 접촉하고 감응할 기회를 주고, 물질적 여력이 있는 결사 구성원에게 보시의 공덕행, 즉 경전을 간행하여 나누어줄 기회를 제공했던 것으로 볼 수 있을 것이다.

1-5. 선정쌍수와 제종(諸宗)융합의 수행론

당송대 이후에는 대표적인 난행도, 즉 자력성도인 선 수행을 위주로 하는 선종 교단에서도 정토신앙의 이행도적 실천을 수용하려는 움직임이 일게 된다. 당대 이후 정토신앙이 중국사회에서 점차 유행하게 됨에 따라 선종의 일각에서 정토신앙의 실천을 수용하려는 시도가 생겨난 것이다. 당대 개원(開元) 연간에 활동했던 자민혜일 같은 경우는 『정토왕생집』을 저술하여 적극적으로 염불의 실천을 고취시켰으며, 『반주삼매경』에 근거한 견불삼매의 수행을 권장하기도 했다. 이러한 선정겸수(禪淨兼修)의 흐름은 육조 문하의 남양혜충(南陽慧忠, ?-775)이나 영명연수 등에 이르러 거대한 흐름을 이루게 된다. 법안종[411]의 제3조인 영명연수가 선정쌍수를 강력하게 내세웠던 데에는 개조인 법안문익(法眼文益, 885-958)에서부터 이어지는 법안종의 종풍과도 상당한 연관성이 있었던 것으로 보인다.

법안종은 선종 5가 가운데 가장 늦게 성립했기 때문에 상대적으로 그 전 4가의 선풍(禪風)과 장단점을 따져서 이를 종합하고 비판할 수 있는 유리한 위치에 있었다. 법안종은 선종뿐만 아니라 교종에 대해서도 기존의 다른 선종 종파들과는 달리 긍정적인 관심을 보였다. 법안문익은 화엄학의 원융이론을 수용하는 자세에서 한걸음 더 나아가 선종의 올바른 수행기풍을 위해서는 교학 역시 필요하다는 입장을 주장했다. 법안문익의 이러한 입장은 선종 여러 종파의 사상을 보완하면서, 선의 입장에서 교(敎)를 수용함으로써 선교의 융합을 이루려 한 것으로 볼 수 있다.[412] 이러한 경향은 남종선의 본래의 궤도수정을 의미하는 것으로 오대(五代)이래 선교일치(禪敎一致)의 종합적 추세와 시대적 조류를 반영하는 것이었다.

법안문익은 금릉(金陵) 청량산(淸凉山)에서 활동을 시작했는데, 이 금릉은 오월지방의 전당강(錢塘江)에서 운하를 따라 소주(蘇州) 양주(楊州)를 경유하여 닿게 되는 동남지역의 한 성이다. 문익의 문하에서 활동했던 천태덕소나 영명연수 등도 모두 이 오월지방에 터전을 마련하고 교화활동을 펼쳐 법안종을 꽃피우게 된다. 전란의 화를 입지 않은데다가 호불(好佛)군주의 보호를 받을 수 있었던 이 오월지역은 북송대

411　法眼宗은 중국 선종의 5가7종 가운데서도 가장 늦게 성립하여, 송이 출현하는 시기까지 흥성했던 종파이다. 법안종은 법안문익에 의하여 종파가 만들어지고, 그의 제자 천태天台德昭(891~972)와 고려의 慧炬(?~975) 등에 의해 국내외에 전파되었다. 법안종은 시대적으로는 10세기 중반까지 안사의 난 이후 중앙정부가 통제력을 상실한 지방정권의 시대에 형성되었으며, 지역적으로는 복건·절강·강소성에 걸친 東南沿海 지역을 중심으로 하여 전파되어 고려지역에까지 그 교세를 확장시켜 나갔다.

412　조영록, 「법안종의 등장과 그 해양불교적 전개」, 『이대사학연구』 제30집, 이화사학연구소, 2003, p. 746.

• 천태덕소

천태교단이 활발하게 부흥할 수 있었던 근거지가 되기도 했다.

　법안종 제2조인 천태덕소(天台德昭, 891-972)는 법안종 제2조로서 선종교단인 법안종의 전법활동을 전개하면서도 한편으로는 천태교학과의 융합을 이루려는 노력을 아끼지 않았던 선사였다. 그는 천태산에서 주석하면서 천태종의 사원을 건립하는 외에도 천태지의의 일실된 교적(敎籍)을 복구하는 데 많은 노력을 기울였다. 당시 회창법난과 오대의 혼란을 거쳐 천태의 사원과 서적들이 피폐한 상황에 있었지만 충의왕의 도움으로 천태종이 흥했던 고려에서 천태교적을 구해 온 이야기가 『경덕전등록(景德(傳燈錄)』에 전하기도 한다.[413]

　이러한 법안종의 종풍으로 인해 마침내 천태덕소의 제자인 제3조 영명연수에 이르러서는 선과 정토신앙과의 융합을 위한 노력이 상당히 넓은 범위에서 시도되었으며, 그러한 선정융합의 결과물이 결국에는 상당한 설득력을 갖게 되었음을 알 수 있다. 선의 교의와 정토의 실천을 융합시킨 선정쌍수사상을 본격적으로 전개했던 이는 영명연수라고

413　智者之教年祀浸遠慮多散落, 今新羅國其本甚備, 自非和尚慈力其孰能致之乎. 師於是聞于忠懿王, 王遣使及齎師之書. 往彼國繕寫備足而迴, 迄今盛行于世矣. 『景德傳燈錄』(大正藏 51: 2076, 407c06~407c09).

할 수 있으며, 북송대에는 천의의회(天衣義懷), 혜림종본(慧林宗本), 자수회심(慈受懷深), 장로종색(長蘆宗賾)과 같은 운문종의 사람들을 중심으로 널리 확대되어 갔다. 또한 임제종의 사심오신(死心悟新), 조동종의 진헐청료(眞歇淸了) 등에게까지도 그 영향이 미치게 된다.

초기의 선종 문헌이 정토신앙을 엄격하게 비판한 것에서 알 수 있듯이 아미타불에 대한 절대적인 믿음과 칭명염불의 실천 등은 선의 근간을 이루는 '견성성불(見性成佛)'의 가르침과 양립하기 어려운 것이었다. 하지만 중당 이후에는 본격적으로 선종과 천태종 등의 교의와 아미타 신앙 간의 융합이 이루어지게 되면서 유심정토(唯心淨土)사상과 같은 동아시아불교의 독자적인 형태로 발전하기 시작했다.

유심정토사상을 주창한 대표적인 선승인 영명연수는 정토란 외부에 실재하는 객체가 아니며, 오직 마음 안(唯心)에 존재하는 청정한 상태임을 주장했다. 불타가 염불 수행자에게 자신의 모습을 나타내는 것은 정토신앙자의 임종 시에 법신(dharmakāya)이 현신하는 것처럼 마음속에서 만들어지는 현상이라는 것이다.[414] 따라서 이러한 유심적 경향의 수행관은 자연히 임종과 관련한 각종 의식을 실천함으로써 얻어지는 공덕보다는 아미타불과 수행자의 감응(感應)을 중시하는 방향으로 나아가게 된다. 선정쌍수의 수행관이 본격적으로 대두되기 시작한 남송대 이후의 결사에서는 이러한 유심정토적 수행론이 결사의 수행론에 미치

---

414 영명연수에게 있어 염불은 空을 이해할 수 있는 한 수단이었으며, 정토왕생은 보살의 서원을 완성하는 것이기도 했다. Robert H. Sharf, "On Pure Land Buddhism and Ch'an/Pure Land Syncretism in Medieval China," T'oung Pao 2nd Series 88 (2002), p. 313.)

게 된 영향을 확인할 수 있으리라 생각된다.

또한 초기의 외재적 정토사상이 송대 이후 선종의 수행론과 만나게 되면서 자리 잡게 된 유심정토사상이 가져오는 수행론과 임종의식 등의 변화도 주목해 볼 만하다. 무엇보다도 선종의 조사들에 의해 제기된 선·정쌍수적 수행론은 결사 안에서의 각종 실천을 풍성하게 만들었던 점과 아울러 다양한 계층의 신도들을 불러들이고, 그들의 역량에 맞는 수행론을 제시하는 교의적 배경으로도 작동했음을 알 수 있다.

자민혜일의 맥을 이은 영명연수는 선정일치적 교의를 담은 각종 저술을 진행하면서 동시에 신도들과 함께 결사를 결성하기도 했다. 영명연수는 그의 저서인 『자행록(自行錄)』에서 제시한 108불사 등을 통해 북송대 이후의 결사들에게 선의 교의와 정토의 실천을 융합한 새로운 수행론과 그 사상적 배경을 제공하게 된다. 영명연수가 그의 결사의 구성원들과 함께 일상수행으로서 실천했던 108불사는 좌선에서부터 시식(施食)이나 예불 등의 간결한 의식(儀式)에 이르기까지 다양한 수행법들로 구성되어 있음을 볼 수 있다.

전체적으로 108사를 조망해보면 전반부는 법화당 설립과 법화참법, 좌선과 상당설법을 통해 삼매를 증득하는 수행을 하고 있으며, 중반부 이상부터는 다라니 암송과 예배를 통한 발원을, 후반부에서는 헌화와 분향, 참회와 권청, 수희공덕과 회향, 도량건립과 염불, 삼귀의 의식과 향화, 공양과 저술 등의 공덕행을 중심으로 이루어져 있다. 다시 말해 영명연수는 108불사 안에 대승불교에서 제시되는 거의 모든 수행과 실천들을 망라하고 있는 것이다. 이 108불사는 영명사에서 주석할 당

동아시아 염불결사의 연구

시 결사에 가입했던 수많은 제자와 신도들, 각자 수행 역량이 모두 다른 다수의 구성원을 지도할 수 있는 효과적인 방법론에 대한 고민의 결과물이었으리라 생각된다.

영명연수와 같은 선사가 불교 신도로서의 소소한 일상적 의식 행위를 이처럼 수행론의 위치로 격상시켰던 것은 그들이 대승불교의 교단을 이끄는 종교 지도자, 다시 말해 보살도의 실천을 항상 염두에 두고 있었던 승려라는 점도 중요한 동기를 제공했던 것으로 보인다. 교단 안에서 끊임없이 신도 대중들과 접촉하면서 그들의 갈급한 현실적 고민과 종교적 요구를 들어주어야 했을 선사들이 신도들에게 제시할 수 있는 수행론은 역시 신도들의 역량의 범주 안에 있는 실천들이어야 했을 것이기 때문이다.

정토신앙을 접하게 된 불교도들은 교학이나 종파에 상관없이 사원으로 모여들어 정토왕생의 길을 찾고자 했고, 지도자 승려들은 이들의 종교적 요구를 수용해야 했을 것이다. 사원의 입장에서도 교세의 유지를 위해 많은 신도들이 필요했고, 아울러 대승불교 본연의 보편적 중생구제라는 소명의식으로 연결되면서 자연스럽게 결사의 문호를 확대시키는 결과로 나아가게 되었음을 볼 수 있다. 이러한 과정에서 108불사와 같은 만선(萬善)의 실천을 결사의 수행론으로 수용했던 영명연수의 수행관은 수십 년 후 동일 지역 내에서 결사활동을 이끌었던 북송대 천태교단에도 상당한 영향을 끼친 것으로 생각된다.

북송대 이후 중국불교의 선정쌍수적 흐름은 명말에 이르게 되면 선교율(禪·敎·律)융합이나 유불도 삼교융합과 같은 제종융합의 현상으로까지 확대되는 모습을 보여준다. 명말의 불교계에서 그러한 경향을 명확히 보여주는 대표적인 사례가 바로 운서주굉이 결사활동을 통해 제시한 각종 수행론들이라 할 수 있을 것이다. 명말에 이르면 이른 바 거사(居士)불교가 전면에 등장하게 되는데, 사대부 엘리트와 재가 수행자로서의 양면을 공유한 이른바, 승유(僧儒)인 거사들이 대거 결사활동에 참여하고 주도했던 것이다. 운서주굉은 이러한 명말 불교의 선두에 서서 기민하게 거사들의 종교적 요구와 정치사회적 분위기에 대처해 가면서 제종융합적 수행론들을 정비하여 결사의 실천으로 제시하는 모습을 보여준다.

명대 당시의 대다수의 염불결사는 단순히 염불만 하는 것이 아니라 송경(誦經)과 설법을 듣는 청법(聽法)과 같은 수행법을 포괄하고 있었다. 이 때문에 거의 모든 염불결사들은 정토법문을 수행법 안에 수용하고 있었으며, 절대다수의 선승들이 선정과 정토수행을 겸하고 있었기 때문에 선종 사원에서도 염불결사가 행해지고 있었다.[415] 정토종의 염불을 실천하는 이들이 선종 사원의 선 수행에 함께 참여하고, 밀교의 작법을 실천하거나 교리의 토론에 참여하는 일도 흔했다. 도교와 불교의 경계도 날이 갈수록 흐릿해지고 있었으며, 『거사전』에 등장하는 거사들, 다시 말해 불교결사에 참여한 유교 사대부들이 도교의 양생법을 실천하는 경우도 있었다. 또한 염불결사의 주요 구성원들 역시 승려가

---

415 순수하게 염불만 실천하는 결사의 경우에는 모든 결사구성원들이 홀로 하루 종일 목소리를 내어 염불을 하면서 향 한 오라기를 태우고, 그 다음엔 소리를 내지 않으면서 향 한 오라기를 태우고, 이러한 순서를 번갈아가면서 쉼 없이 일심불란하게 왕생을 기원했다고 한다. 嚴耀中, 앞의 책, p. 250.

아니라 거사들이었다.

결사들 중에는 승려들이나 사원에서 조직한 것도 있었고 거사들 스스로 조직한 것도 있었다. 명말에 이르러 정토신앙을 갖게 된 거사들이 날로 증가하게 되면서 염불결사가 사실상 이러한 거사들에 의해 유지되고 있었다[416]는 사실은 이 시기의 불교결사가 유교적 성격을 담지하게 될 가능성을 근본적으로 안고 있었다는 점을 의미한다. 유교적 소양을 기반으로 사회적으로 활동을 했던 거사들이 불교를 자신의 신앙으로 선택하고 결사활동에 동참했을 때에는 외부의 시선은 물론 거사 자신들을 설득하기 위해서도 불교와 유학의 접점을 찾으려고 노력했을 것이기 때문이다. 운서주굉 같은 명민한 선사들은 이러한 점을 잘 포착하고 있었으며, 시대적 조류를 타고 있는 이들의 종교적 요구에 적절하게 부응하고 있었던 것이다.

당시보다 5백여 년 전인 북송대부터 선정쌍수의 논의와 실천이 불교계에 존속해 왔지만 여전히 참선에 비해 칭명염불 쪽을 수행의 근기가 저열한 실천으로 보는 시각이 우세했다. 종교 엘리트라 할 수 있는 거사들은 수행론을 선택하는 문제에 있어서도 참선의 고담한 정신성과 염불이 갖고 있는 효용성을 다 취하려 했을 것이며, 주굉은 이에 대한 교의적 근거들을 제시해 주고자 했으리라 생각된다.

그는 방법론적으로 간결하고, 누구나 실천할 수 있다는 장점이 오히려 엘리트 신도층에게는 거부감으로 작용할 수도 있다는 점을 충분히

---

416 嚴耀中, 앞의 책, p. 250.

인식하고 있었으므로 염불의 실천에 교의적인 무게감을 더하려고 노력했다. 그가 제시하는 '일심불란(一心不亂)' 즉, 한 마음도 흐트러짐이 없는 전념(專念)이나 삼매의 수행은 해탈을 준비하는 단계로 생각된다. 운서주굉의 해석에 의하면 수행자가 화두를 이용한 참선을 하든, 반복적으로 염불을 하든, 결과는 동일하다. 그에게 있어서는 염불이나 참선 양자 모두 '일심불란'의 상태로 이끄는 방법론들인 것이다.

또한 주굉은 이미 남송대부터 도교 신도들 사이에서 실천되었던 공과격(功過格)[417]을 불교적으로 재해석하여 정비한 공과표의 실천을 제시하기도 했다. 주굉은 공과격의 사상과 실천을 불교 안에 융합하기 위한 작업으로서, 그의 저서 『자지록(自知錄)』안에서 인간의 행위를 공(功, merit)과 과(過, demerit)의 두 범주로 이원화시켰다. 선행에 해당되는 공은 201가지, 악행인 과는 279가지로 이루어져 있으며, 공과표는 각각 행위에 대해 차등화한 점수를 매기는 방식을 취하고 있다.

주굉의 공과표 이론에서는 공이 과보다 많으면 복락을 누리게 되며, 공의 점수가 1만점을 넘게 되면 모든 소원이 이루어진다고 주장되고 있다. 또한 생의 마지막 순간에 과가 공보다 많은 경우에는 후손이 고통을 받게 된다고 하는 점에서 불교의 업(業)이론 보다는 도교의 승부설(承負說)[418]에 더 가까움을 알 수 있다.[419] 매일의 선악을 일심으로 계

---

417 불교의 삼세인과보응설과 결합한 功過의 사상은 남송시대에 이르러서 『太微仙君純陽呂祖功過格』으로 만들어졌으며, 그 이후에 여러 형태의 『功過格』이 쏟아지게 되었다. 이처럼 인간 행위의 선악마저도 수량화했다는 점에서 철저하게 현세적인 중국적 삶의 방식이 표현되고 있는 것으로도 볼 수 있을 것이다. 김성순, 「중국종교의 수행론에 나타난 도 · 불교섭」, 서울대 석사논문, 2007, p. 84.

속 적어나가면 본심(本心)을 속일 수 없으며, 선악과 옳고 그름을 거울에 비춘 것처럼 볼 수 있어서 좋은 스승과 벗이 없이도 개과천선을 독려할 수 있다는 것이 주굉의 지론이었다. 운서주굉의 공과표는 선행의 계량을 통해 보응을 기대하는 사회윤리적 성격이 강한 실천으로서 거사 등을 포함한 당시의 불교 신도들에게 선행의 공덕을 권했던 보조적 수행론으로 볼 수 있을 것이다.

또한 주굉은 자운준식이나 사명지례 등의 천태교단의 정토결사에서 주로 실천했던 방생의식을 결사의 주요 수행론으로 수용하는 모습을 보여 주기도 했다. 질병의 고통을 만들어 내는 원인인 업장을 소멸할 수 있는 것이 방생의 공덕이다. 따라서 방생은 현세에서 일어날 수 있는 고통의 근본적인 원인을 제거하는 이익을 가져다줄 수 있는 실천이라는 것이다. 이는 주굉이 방생의 이익을 현세의 복락과 연결 지었던 과거 천태 결사의 교의를 부분적으로 수용하고 있었음을 보여준다. 아울러 인용문에 의하면 주굉의 방생결사에서 실천하는 방생의식은 방생의 행위 그 자체만이 아니라 승려를 초청하여 의식에 참여하는 사람들의 죄업을 대신 참회하는 대참(代懺)과 스스로의 죄를 마음속으로 참회

---

418 조상이 저지른 과오가 반드시 후손에게 이어진다는 것이 후대 도교의 '承負'사상이다. 중국에 불교가 들어 온 이후, 東晉의 慧遠이 『三報論』을 저술함에 따라 삼세인과보응설이 제기되었다.'三報論'은 세상의 善惡과 화복이 불상응하는 현상에 대해 "세상에 적선을 했는데도 재앙이 모이거나, 못된 짓을 하는데도 경사가 생기는 것은 모두 현생에 지은 업이 아직 보를 받지 않아서이며, 전생에 행위에 대한 보응이 시작된 때문이다."라고 해석하고 있다. 단지 현재에 충실하여 선을 행하고 덕을 쌓으면 장래에 언젠가는 그 행위에 한 치도 어김없는 보응이 있게 될 것이라고 주장하는 삼세인과보응설은 후에 중국 전통의 보응설과 융합하게 된다. 다시 말해, 불교의 육도윤회사상과 도교의 陰曹地府(地下冥府)신앙이 만나서 중국적인 선악인과보응설이 구축된 것이다. 牟鍾鑒, 「中國宗敎與文藝」, 『中國宗敎與中國文化』 4卷(北京: 中國社會科學出版社, 2005), p. 142.
419 K. S. 케네쓰 첸, 박해당 옮김, 『중국불교』(민족사, 1994), p. 474.

하는 자참(自懺), 그리고 염불까지 함께 실천했던 종합적인 수행의식이 었음을 알 수 있다.

방생법회나 공과격의 실천에 의한 자비행의 공덕은 유자(儒者)의 사회적 교화와 중첩되고 있으며, 그 공덕이 정토왕생의 직접적 소인으로 연결되지는 않음을 보여준다. 과거 북송대의 사명지례와 자운준식의 방생의식이 정토왕생을 위한 실천이었다면 주굉의 결사에서 실천했던 방생은 거사들의 소명의식과 직결된 사회운동이자 종교운동의 의미까지 가지고 있었던 것이다.[420] 방생결사의 구성원인 거사들은 개인적으로는 일상의 선행을 계량화한 공과표와 함께 선정과 염불을 융합한 형태인 염불삼매를 실천하면서 정토왕생을 준비하고 있었으며, 대규모의 신도들이 운집하는 방생결사 법회에서는 염불과 주문, 방생을 통해 업장을 소멸시키고 현세에까지 도움이 되는 공덕을 실천하고 있었다. 아울러 주굉에 의해 제시된 이들 교의와 실천들은 승(僧)과 유(儒)의 정체성이 공존하고 있었던 거사들에게 불교의 자비행과 유가적 교화행을 모두 충족시킬 수 있는 기회를 주고 있었던 것으로 생각된다.

결과적으로 각 불교교단들의 경험과 노력들이 축적되어가는 불교사의 후반으로 갈수록 타종파 혹은 타종교의 수행론의 장점까지 취하려

---

420   바로 이러한 점에서 북송대의 방생의식들이 거의 기록에 남지 않은 반면에 명말의 방생법회는 참여한 거사들의 일기와 기념비 등에 후원자 내역 등이 자세히 기록되어 있다. 북송대의 방생은 오직 정토왕생을 기약하는 음덕의 실천이었으므로 '하늘(天)'이 알아주면 되는 것이었고, 명말의 거사들의 방생은 사회적 사건이었으므로 사회와 교감하면서 사람들의 시선을 의식해야 했던 것이다. Joanna F. Handlin Smith, "Liberating Animals in Ming–Qing China: Buddhist Inspiration and Elite Imagination" The Journal of Asian Studies, Association for Asian Studies, Vol. 58 (1999), p. 78.

는 시도들이 늘어났다. 이울러 자민혜일이나, 영명연수, 운서주굉과 같이 교단을 초월하여 수행론의 융합을 위해 노력했던 지도자 승려들로 인해 동아시아 염불결사들의 수행론이 한결 풍성해졌음을 발견하게 된다.

2. 동아시아 염불결사에 나타난 정토사상

이 장에서는 동아시아 염불결사의 실천을 뒷받침하고 있는 정토교의에 대해 서술해보고자 한다. 정토신앙의 실천은 염불로 대표될 수 있으며, 염불은 다시 불보살의 형상과 공덕을 사념하고 관(觀)하는 명상적 염불인 관상염불과 입으로 불보살의 명호를 외면서 고도로 정신을 집중하는 구칭염불로 대별될 수 있다. 전술했듯이, 초기 염불결사인 혜원의 백련사에서는 관상염불에 속하는 반주삼매가 실천되었으며, 당대 이후 선도, 도작 등에 의해 구칭염불이 교학적 배경을 얻어 유행하기 시작하면서 북송대 이후 염불결사에서는 주요 수행론으로서의 위치를 차지하는 모습을 볼 수 있다.

이 장에서는 먼저 염불결사의 구성원들이 확대되면서 구칭염불의 수행론 역시 힘을 얻어가는 모습과 함께 송대 이후에는 다시 구칭염불에 선정 수행의 요소가 융합되기 시작하면서 염불삼매의 수행론으로 발전해 가는 배경에 대해 고찰하고자 한다. 아울러 이러한 칭명염불이 유행하는 데 커다란 원인을 제공한 정토교의 중의 하나인 말법사상이 동아시아 염불결사에서 각 수행론에 미친 영향들을 각 결사활동을 통해 들여다보고자 했다. 또한 마지막으로 염불이 일반적인 결사의 기본적인 실천으로 자리 잡는 데 크게 기여했던 천태교의와 정토신앙과의 연계성에 대해서도 살펴보게 될 것이다.

2-1. 반주삼매와 칭명염불

불교의 염불은 불타에 대한 귀의의 의식임과 동시에 신앙고백이며, 정토왕생의 기원이자, 불타의 원력에 기대어 현실의 위난을 극복하려는 기도이기도 하다. 초기에는 불타에 대한 예경과 찬탄의 표시였던 '불타의 이름 부르기(稱名)'는 점차 구원을 간구하는 기도로서의 의미를 더하게 되었으며, 형식적인 측면에서는 관법(vipaśana)과 더불어 선정(禪定, dhyāna)수행의 요소까지 포함하게 된다. 불교가 중국에 전래된 이후 동아시아 불교의 염불수행 안에는 명상과 구칭(口稱)의 두 가지 요소가 공존해 왔으며, 이 두 가지 요소가 충돌하지 않도록 염불삼매나 선정쌍수 등의 융합적 시도 역시 끊이지 않았다.

혜원의 여산 백련사에서 볼 수 있는 견불(見佛)수행, 즉 반주삼매는 초기의 불타의 모습(image)을 내면에 형상화시키는 관법에서 명말의 운서주굉의 결사에 이르면 선정과 칭명염불의 요소까지 융합시킨 염불삼매로 발전하게 된다. 칭명염불은 실천의 편의성으로 인해 하근기의 신도들을 위한 수행법으로 폄하되기도 했지만, 북송대 이후 천태교단의 정토결사들이 대거 유행하게 되고, 이후 선사들의 일각에서 선정일치의 수행관이 제시되기 시작하면서 결사의 주요 실천으로 자리 잡게 되는 모습을 볼 수 있다. 특히 칭명염불은 동아시아 염불결사 안에서 다수의 구성원이 모여 공동의 수행을 하는 법회의 연대감과 법열을 고취시키는 수행론으로서 가장 큰 역할을 차지하고 있었다. 이 장에서는 반주삼매염불과 칭명염불의 교의적 배경과 함께 이 두 가지 염불법이 동아시아 염불결사의 실천 안에서 차지했던 위치와 맥락을 확인하게 될 것이다.

(1) 반주삼매와 염불삼매

염불(念佛)은 아미타불 혹은 수행자가 개인적으로 신봉하는 여타 불보살의 이름을 영창하거나 기원하는 정토불교의 종교적 실천이다. 이름이 불리는 불타들은 많지만 실제적으로 염불이라고 하면 주로 아미타불의 이름을 부르는 것을 말한다.[421] 중국불교에서는 염불의 개념 안에 "불타를 유념하여 명상하는 것"이라는 문자적인 의미와, "불타의 이름을 영창(詠唱)하는 것"이라는 언외적으로 함축된 의미의 두 가지가 있는 것으로 보고 있다.[422]

---

421 James C. Dobbins, "Nenbutsu," in Encyclopedia of Buddhism, ed. Robert E. Buswell Jr. (New York: Thomson & Gale, 2004), p. 587.

고대 중국어에서의 념(念)은 "생각하다"는 뜻으로 쓰였으며, "숙고하다", "생각하다", "공부하다", "암기하다", "기억하다", "암송하다", "읽다" 등의 의미도 가지고 있었다. 또한 언외적으로는 "상기시키다, 기억하다", "큰 소리로 읽다, 영창하다, 읊다, 암송하다", "기억하고 있는 것을 반복하다"는 의미도 가지고 있다.[423] 이러한 념과 불의 복합어인 염불(念佛)의 문자적 어의는 "붓다의 이름을 반복하다" 혹은 "붓다의 이름을 들리게, 혹은 들리지 않게 반복하다"라는 것이 될 수 있다. 물론 이러한 해석은 단면적인 것이 될 수 있으며, 좀 더 정밀하게 해석하자면 "붓다의 이름을 부르고, 붓다에게 기도하고, 붓다를 생각하는 것"이 염불의 의미가 된다.

한편 가재(迦才, 7세기 후반)는 자신의 저서인 『정토론(淨土論)』에서 염불을 심념(心念)과 구념(口念)으로 나누고 있다.

심념에는 불타의 색신(色身)을 염하는 것과 불타의 지신(智身, 지혜의 구현체)을 염하는 것 등의 두 가지가 있다. 불타의 색신을 염한다는 것은 아미타불의 몸에 8만4천 가지 상이 있고, 또 그 상에는 8만4천 가지의 호(好)가 있으며, 호에는 8만4천 가지의 광명이 있는 것을 명상하는 것을 말한다. 지신(智身)을 염하는 것이란 아미타불이 대자대비력과 무외력

422 Daniel B. Stevenson, "Pure Land Buddhist Worship and Meditation in China," Buddhism in Practice, ed. Donald S. Lopez, Jr. (Princeton: Princeton University Press, 1995), p. 356.

423 Julian F. Pas, Visions of Sukhāvatī: Shan-tao's Commentary on the Kuan Wu-Liang-Shou-Fo Ching (Albany: State University of New York Press, 1993), p. 261.

등의 다섯 불신을 가지고 있는 것을 명상하는 것을 말한다. 또한 구념이란 아직 수행자의 마음의 힘이 없을 경우에 구념으로 보조하는 것으로서, 구념으로 심념을 이끌어 내어 (마음이) 산란해지지 않게 하기 하는 것이다.[424]

인용문을 보면 가재는 칭명염불인 구념을 심념의 보조적인 수행론으로 보고 있음을 알 수 있다. 불타의 색신과 공덕을 명상하는 도중에 마음을 집중하고 흐트러지지 않게 하기 위한 차원에서 실천하는 것이 칭명염불이라는 것이다. 초기 경전에서 관법적인 염불수행법을 구체적으로 강조하고 있는 것은『증일아함경』으로서, 수행자의 염불하는 자세와 마음가짐을 제시하고 있는 것을 확인할 수 있다.

만약 어떤 비구가 몸과 뜻을 바르게 하고 결가부좌하여 생각을 묶어 앞에 두고 다른 생각이 없이 오로지 부처님을 염한다면 미래의 형상을 관하되 눈에서 떠나지 말아야 한다. 이미 눈에서 떠나지 않게 되면 다시 여래의 공덕을 염하라.[425]

이 인용문에서도 여래의 공덕을 전일하게 염하는 것과 함께 여래의

---

424 念佛者復有二種, 一是心念, 二是口念. 心念者, 復有二種, 一念佛色身, 謂阿彌陀佛身, 有八萬四千相, 相有八萬四千好, 好有八萬四千光明等. 二念佛智身, 謂阿彌陀佛, 有五分法身大慈大悲力無畏等也. 二口念者, 若心無力, 須將口來扶, 將口引心, 令不散亂. 『淨土論』(大正藏 47:1963, 089b16~089b22).

425 若有比丘正身正意, 結跏趺坐, 繫念在前, 無有他想, 專精念佛, 觀如來形. 未曾離目, 已不離目, 便念如來功德. 『增一阿含經』(大正藏 2: 0125, 554a20~554a23).

미래의 형상을 관(觀)한다는 개념이 등장하고 있음을 볼 수 있다. 여기서는 관과 념을 같이 수행하되, 관이 념을 하기 위한 방편적 개념으로 쓰이고 있음을 알 수 있다. 또한 『증일아함경』에서는 일반적으로 념의 대상은 불타의 공덕이며, 관의 대상은 불타의 형상, 즉 불타의 몸으로 설정하고 있다. 여기서 말하는 불타의 몸이란 여래십호(如來十號)의 공덕과 32상 80종호를 모두 갖춘 불타의 형상을 말한다.

정토삼부경 중에서 관법에 대해 설하고 있는 대표적인 경전인 『관무량수경』에서는 정토와 불신(佛身), 그리고 크게는 수행자로 하여금 세 종류의 근기로 대별한 인간의 무리(三輩)에 대해 관(觀)하게 함으로써 정토왕생에 이르게 하는 16단계의 관법수행을 제시하고 있다. 정정관(正定觀)이라 불리는 16차에 걸친 관법은 아래와 같은 순서로 진행된다.

① 일상관(日想觀) : 서쪽으로 지는 해를 일심으로 응시하고 생각을 집중하면 저절로 극락의 장엄함이 선명하게 나타난다.

② 수상관(水想觀) : 먼저 청정한 물을 생각하고 그것이 얼음이 되어 투명한 유리처럼 빛나는 것을 보고, 그 유리 아래 정토의 땅이 갖가지 보배로 반사되는 모습을 관하는 것이다.

③ 지상관(地想觀) : 수상관에서 관한 유리정토를 하나하나 마음속에 그리어 잠잘 때 외에는 그 모습이 사라지지 않게 한다.

④ 보수관(寶樹觀) : 정토에는 보배로 된 일곱 겹의 가로수가 있으며, 하나하나의 나무는 칠보로 되어 있고, 그 위를 큰 진주로 엮은 그물이 덮었으며, 각각의 나무들은 갖가지 빛을 발한다. 이들 보배로운 나무

들을 하나하나 뚜렷하게 관한다.

⑤ 보지관(寶池觀) : 정토에는 8개의 연못이 있는데, 각 연못에는 일곱 가지 보배의 물이 가득 차 있으며, 14개의 지류가 되어 흘러내린다. 무수한 연꽃이 피어 있는 지류의 흐르는 물소리가 설하는 법문을 듣는다.

⑥ 보루관(寶樓觀) : 정토에는 500억의 보배로 된 누각이 있고, 그 속에는 천인들이 음악을 연주하며, 허공에 매달린 악기가 저절로 울려 불법을 설한다.

⑦ 화좌관(華座觀) : 정토의 연화대에 피어 있는 연꽃 하나하나의 꽃잎, 알알의 구슬, 낱낱의 광명, 꽃받침 등을 마치 거울 속 자신의 얼굴을 보듯이 선명하게 관한다.

⑧ 상상관(像想觀) : 아미타불이 중앙의 연화대에 앉아 있고, 왼쪽에는 관세음보살, 오른쪽에는 대세지보살이 보좌하는 모습을 생각하며 정토의 장엄을 관한다.

⑨ 진신관(眞身觀) : 아미타불의 신체와 광명을 관하는 것으로, 이 광명이 불타를 염하는 모든 중생을 구제하는 것을 관하는 것이다.

⑩ 관음관(觀音觀) : 관세음보살을 관하되, 먼저 정수리의 육계를 관하고 다음에는 天冠을 관하고, 그 나머지 여러 상호를 마치 손바닥 보듯이 뚜렷하게 관한다.

⑪ 세지관(勢至觀) : 아미타불의 오른쪽에 보좌하고 있는 대세지보살의 진신을 관한다.

⑫ 보관(普觀) : 자기 자신이 정토에 왕생하는 모습을 관한다. 이제까지의

외부적 관찰에서 내부적 체험의 관으로 전환한 것이다.

⑬ 잡상관(雜想觀) : 변화가 자유자재한 아미타불의 모습을 관한다.

⑭ 상배관(上輩觀) : 상품상생 · 상품중생 · 상품하생의 세 종류의 왕생을 관한다.

⑮ 중배관(中輩觀) : 중품상생 · 중품중생 · 중품하생의 세 종류의 왕생을 관한다.

⑯ 하배관(下輩觀) : 하품상생 · 하품중생 · 하품하생의 세 종류의 왕생을 관한다.

인용문에 제시된 관불수행의 내용에서 보듯, 『관무량수경』은 아미타불의 모습을 시각화하는 것을 중요시한다. 수행자들은 진심으로 아미타불의 원력(願力)을 믿고, 아미타불의 모습을 마음속에 형상화시키며, 그의 명호를 염불하게 된다. 또한 아미타불의 양 협시보살인 관세음보살과 대세지보살 역시 관상염불의 대상이 된다.

16단계의 관법은 먼저 자연에 대한 명상으로 의식을 고요하게 집중시킨 다음 불보살과 인간의 근기에 관해 차례로 명상해 가면서 최종적으로 지혜를 증득하는 과정을 그리고 있다. 또한 구원자로서의 아미타불과 관음 · 세지보살의 이미지를 색채와 빛으로 형상화하여 수행자의 의식 속에 선명하게 그려내고 있으며, 절대자의 모습을 사념하는 이러한 관불(觀佛)수행 자체가 정토왕생에 이르는 길이 된다. 다시 말해 수행자는 불보살의 상(相)을 의식 속에 묘사하고, 불보살의 이름을 부르는 수행을 통해 정토왕생의 구원을 얻게 되는 것이다.

이러한 『관무량수경』과 전술한 『반주삼매경』과의 차별성이 있다면 『관무량수경』 등의 정토경전이 내세의 왕생을 주로 다루는데 반해 『반주삼매경』은 현세의 수행 안에서 삼매 중에 불타를 친견하는 '정중견불(定中見佛)'을 중심으로 한다는 점일 것이다. 또한 『반주삼매경』에서는 염불과 삼매의 개념을 융합한 염불삼매[426]를 등장시키고 있으며, 삼매를 얻을 수 있는 세 가지 힘으로 지계를 범하지 않는 것(持戒不犯)과 수행자의 공덕력, 부처의 위신력을 들고 있다.[427]

혜원의 여산 백련사에서는 이러한 『반주삼매경』에 의거한 견불수행, 즉 반주삼매를 실천했던 것으로 보인다. 이 반주삼매는 수행자가 불타에 모습과 공덕에 대해 집중적으로 사념함으로써 불타가 마치 자신의 눈앞에 서있는 것처럼 관조하게 되는 수행법이다. 『반주삼매경』에서는 계율을 지키고 한 곳에 머물러 아미타불을 7일 동안 염하면 7일이 지난 뒤에는 불타를 친견하는 '정중견불(定中見佛)'의 체험을 중심으로 하는데, 혜원 역시 관념, 즉 명상 수행법인 염불삼매를 통하여 정중(定中)에 견불(見佛)할 것을 주장하고 있어서 백련사의 실천이 바로 이 『반주삼매경』을 소의로 하고 있음을 보여준다.

정토왕생을 궁극적 목표로 삼았던 혜원의 백련사에서 이와 같은 반

---

426 『대지도론』에서는 "다른 삼매는 瞋을 다스리지만 업을 다스리지 못하며, 혹은 업을 다스리되 과보를 다스리지 못한다. 그러나 염불삼매는 두루 모든 것을 다스리며, 三毒과 三障을 다스린다"라고 말하고 있다. 이처럼 염불삼매는 모든 장애를 대치하는 공덕이 있기 때문에 수행을 통해 죄를 소멸시키고 정토에 왕생할 수가 있게 된다. 望月信亨, 앞의 책, p. 133.

427 是三昧佛力所成, 持佛威神, 於三昧中立者, 有三事, 持佛威神力, 持佛三昧力, 持本功德力, 用是三事故, 得見佛. 『般舟三昧經』(大正藏 13: 418, 905c15~905c18).

주삼매염불을 채택했던 데에는 백련사 당시에는 아직 칭명염불의 교의와 실천이 본격적으로 제시되지 않았던 것도 그 원인 중의 하나였을 것으로 생각된다. 또한 백련사에서는 이러한 반주삼매의 견불수행법과 연결 지어 아미타상에 대한 예경의식 역시 실천하고 있었던 것으로 보인다.『반주삼매경』「사사품(四事品)」에서는 수행자의 견불체험을 돕기 위해 불상을 만들어 사념에 집중하게 만들라는 내용이 있어서 그에 근거한 불상의 조성과 예경의식이 행해졌던 것이다.

천태교단의 결사에서 다양한 방식으로 응용되는 천태지의(天台智顗)의 '상행삼매(常行三昧)' 역시『반주삼매경』에 근거한 수행법이다. 이 상행삼매에서 말하는 념(念)은 관법과 구념의 양쪽 모두를 나타낸다.[428] 입으로 붓다의 이름을 부르면서, 마음으로 붓다의 이미지를 그리는 상행삼매 안에서 수행자는 불타의 공(空)의 세계를 관조하여 깨닫게 된다. 따라서 상행삼매에서 행하는 염불의 목적은 단지 붓다의 모습을 보는 견불만이 아니라 붓다의 지혜도 깨닫는 것을 포함한다. 이는『반주삼매경』에 근거한 수행론이긴 하지만 반주삼매처럼 고요한 관조를 통해 이루어지는 견불의 체험이 아닌 구칭염불과 삼매가 결합된 새로운 형태의 염불삼매 수행론이 등장하게 된 것으로 볼 수 있을 것이다.

또한 명말에 이르면 운서주굉이 이러한 지의의 상행삼매에서 더 나아가 구칭염불과 선정 수행을 결합시킨 염불삼매를 제시했던 것을 볼

---

428 상행삼매는 고도로 직관적인 수행법으로서 수행자는 천천히 붓다의 이름을 울리듯 부르면서 붓다의 이미지를 떠올리도록 유도된다. Charles B. Jones, "Toward a Typology of Nien-fo: A Study in Method of Buddha-Invocation in Chinese Pure Land Buddhism", Pacific World 3rd series (2001), p. 222.

수 있다. 끊임없이 반복적으로 실천하는 구칭염불을 통해 한 마음으로 정신이 흐트러지지 않는 전일한 상태(一心不亂)인 삼매에 들 수 있다는 것이 염불삼매의 요지이다. 운서주굉은 『아미타경소초』를 통해 선 수행이나 염불 수행이 동일하게 생각에 의해 방해받지 않고 마음에 집중하여 완전한 불성을 깨닫게 되는 궁극적 목표를 향한 실천이며, 오히려 염불 수행이 다른 수행법보다 수승하다는 점을 설파하고자 했다. 『거사전』에 실린 운서주굉의 제자에 속하는 거사들의 기록을 보면 이들도 역시 염불삼매를 실천했다는 내용이 자주 등장한다. 그들이 실천했던 염불삼매는 참선과 염불을 융합시킨 형태의 것이었으며, 이러한 염불삼매의 교의적 근거를 운서주굉에게서 확인했던 것으로 보인다.

주굉은 참선과 염불이라는 이질적 수행론을 융통시키는 작업을 위한 단계로서 먼저 참선보다 훨씬 낮은 단계의 수행법으로 인식되고 있었던 염불을 동등한 위치로 끌어올리기 위해 염불이란 단순히 불타의 이름을 반복적으로 외는 형식 안에 불타를 일념으로 생각하고 잊지 않는 실천임을 주지시킨다. 그는 염불이 불타를 항상 생각하고 잊지 않으면 불타에 거의 가깝게 갈 수 있는 실천으로서의 의미를 갖고 있으므로 하등한 수행론으로 취급해서는 안 되며, 지혜로운 사람이라야 염불을 제대로 실천할 수 있다고 강조하고 있다.

그가 다양한 저술이나 활동들을 통해 일심(一心)을 광범위하게 해석하고, 염불삼매를 재해석하고자 했던 노력들은 그를 따르던 문인 사대부신도, 즉 거사들을 겨냥한 것으로 보인다. 운서주굉은 거사들 역시 염불수행을 실천하여 당시의 말법적 상황을 벗어나 아미타정토에 왕생하

동아시아 염불결사의 연구

는 빠른 구원을 얻기를 원했으며, 당시 그의 방생결사 구성원들의 규모와 거사들이 남긴 수행의 족적으로 볼 때 실제로 그러한 시도가 명말의 사회에서 상당한 설득력을 얻고 있었던 것으로 생각된다.

정리해 보면, 혜원의 시대에 정토왕생을 위한 주요 수행론으로 실천되었던 반주삼매 대신에 명말 운서주굉의 시대에는 칭명염불을 통한 염불삼매가 등장했으며, 그 사이에 관법과 칭명염불이 결합된 상행삼매가 자리하고 있었다. 이는 결국 결사의 구성원과 지향에 적합한 수행론을 제시하고자 했던 지도자 승려들의 노력에 따라 초기 결사의 반주삼매의 견불수행이 점차로 칭명염불과 참선이 결합되는 염불삼매로 나아갔음을 보여준다고 하겠다.

(2) 칭명염불

『무량수경』에는 아미타불의 전생이었던 법장비구가 국왕으로 있을 때에 세자재왕 불타의 가르침을 듣고 출가를 결심하면서 모든 중생을 위해 보리심을 회향할 것을 결심하는 대목이 경전의 중요한 부분을 차지한다. 『무량수경』에서 법장비구는 세자재왕 불타 앞에서 48대원을 세운 것을 세존 불타가 아난에게 설명해주는 형식을 취하여 하나하나의 서원을 들어가며, 대승불교의 교의를 제시하고 있다. 염불의 실천과 관련된 항목은 18원과 19원이며, 그 중 염불에 대해 직접적으로 말하고 있는 18원을 보기로 하겠다.

만약 제가 부처가 되어서도, 시방의 중생들이 지극한 마음으로 믿고 원해 저의 나라에 태어나려고 십념(十念)을 해도 태어날 수 없다면 저는 부처가 되지 않겠습니다. 오역죄인이나 정법을 비방하는 사람들은 제외합니다.[429]

인용문의 내용은 수행자가 생전에 지극한 믿음으로 진심을 다해 외는 열 번의 염불을 한다면 자신이 세운 서원의 원력과 감응하여 정토에 왕생하게 되리라는 강력한 발원이다. 이 18원 안에는 정토왕생이라는 신앙의 결과를 두고 법장비구 자신의 믿음과 자신이 세운 서원의 원력에 대한 수행자들의 믿음이 이중적으로 중첩되어 있음을 볼 수 있다. 또한 법장비구는 서원을 세우기 이전에 세자재왕 불타에게 바치는 게송에서 보시공덕과 계율행, 그리고 선정에 관한 자신의 입장을 분명히 밝히고 있다.

원컨대 나도 부처가 되어 거룩한 공덕의 세자재 법왕처럼
끝없는 생사를 모두 건너고 온갖 번뇌에서 벗어 나고저.
보시를 닦아 뜻을 고르게 하고, 계행을 지니어 분한 일 참아
멀고 아득한 길 가고 또 가고, 이러한 삼매 지혜가 으뜸일세.[430]

---

429 設我得佛, 十方衆生, 至心信樂, 欲生我國, 乃至十念, 若不生者, 不取正覺, 唯除五逆誹謗正法.『佛說無量壽經』(大正藏 12: 0360, 268a26–268a28).

430 願我作佛, 齊聖法王, 過度生死, 靡不解脫. 布施,調意, 戒忍精進, 如是三昧, 智慧爲上.『佛說無量壽經』(大正藏 12: 0360, 267b02–267b03).

법장비구 자신은 육바라밀행 가운데 선정과 지혜를 가장 뛰어난 것으로 믿고 있으며, 이러한 수행의 정신에 근거하여 바라밀행을 실천하고, 이로 인해 생겨난 공덕을 생사의 고통에 허덕이는 모든 중생들에게 회향하겠다는 것이 그의 의지임을 알 수 있다. 하지만 『무량수경』의 하편에 들어서 모든 중생들을 구도시키겠다는 구체적 실천의 서원 안에서는 염불이 수행법으로 등장하고 있다. 중생들 자신이 직접 보리심을 내서 '깨달음'의 수행을 하기 힘든 상황에서는 의심이 없이 굳건한 믿음에 근거한 염불이 제시되고 있는 것이다.

붓다가 말씀하시기를, 아난아, 근기가 낮은(下輩) 시방 세계의 모든 곳의 사람들이 지극한 마음으로 저 국토(정토)에 나기를 원한다면, 가령 모든 공덕행을 할 수 없다 하더라도, 가장 높은 단계의 보리심을 발하여 그 뜻을 오로지하여 십념을 하거나, 무량수불의 이름을 불러 정토에 나기를 원하거나, 깊은 법을 듣고 환희심을 일으키거나, 기꺼이 믿어 의심을 일으키지 않거나, 저 불타를 염불하는데 있어서 지극히 정성된 마음으로 정토에 왕생하기를 원하는 사람은 임종할 때에 꿈에서 저 불타(아미타불)를 만나고 왕생을 얻게 되리라.[431]

이처럼 『무량수경』에서는 염불이 다른 모든 수행의 공덕과 동질의

---

431   佛語阿難, 其下輩者, 十方世界諸天人民, 其有至心欲生彼國, 假使不能作諸功德, 當發無上菩提之心, 一向專意乃至十念, 念無量壽佛願生其國, 若聞深法歡喜信樂不生疑惑, 乃至一念念於彼佛, 以至 誠心願生 其國, 此人臨終, 夢見彼佛亦得. 『佛說無量壽經』(大正藏 12: 0360, 272c04~272c09).

가치를 갖거나 오히려 다른 공덕을 대체할 수 있는 방편으로까지 해석되고 있다. 물론 수행의 근기가 낮은 하배자들로 조건이 명시되고는 있지만 만약 수행자가 의심이 없는 믿음을 가지고 지극한 원력으로 열 번의 염불을 한다면 죽음의 순간에 아미타불을 보고 정토에 왕생하게 되리라는 것이다.

한편 『관무량수경』에서는 "하품하생의 중생이라도 죽을 때 나무아미타불을 정성껏 열 번만 외면 곧 80억 겁의 생사의 죄를 면하며, 목숨이 끝날 때 태양과 같은 금빛 연꽃이 그의 눈앞에 나타나고 한순간에 극락세계로 왕생할 수 있다"고 설하고 있다.[432] 이는 아미타불, 즉 절대적 구원자의 이름을 부르는 칭명염불의 행위 자체가 갖는 종교적 힘을 극대화시킨 교의라고 볼 수 있을 것이다.

『관무량수경』에서 하품상생과 하품상생의 수행법으로서 설하고 있는 칭명염불은 각기 그 수행의 대상과 방법을 다르게 설정하고 있음을 볼 수 있다. 하품상생의 칭명염불은 단순히 칭명에 따른 공덕만을 설하고 있지만, 하품하생의 칭명염불은 "지극한 마음으로 소리가 끊어지지 않게 십념을 구족하라(至心, 聲不絶, 具足十念)"라고 하여 염불의 마음가짐을 자세하게 설명하고 있다. 이는 관법을 위주로 하는 상품상생의 칭명과는 다르다. 이미 불타의 명호 자체에 공덕이 모두 갖춰져 있기 때문에 칭명을 하는 수행자는 그 공덕에 의해 구제된다고 보는 것이다.

---

432 汝若不能念彼佛者, 應稱歸命無量壽佛. 如是至心令聲不絶, 具足十念稱南無阿彌陀佛, 稱佛名故. 於念念中, 除八十億劫生死之罪, 命終之時, 見金蓮花, 猶如日輪, 住其人前, 如一念頃, 卽得往生極樂世界. 『觀無量壽經』(大正藏 12: O365, 346a17~346a22)

즉 하품하생과 하품상생에서 설하고 있는 '칭불명'은 다른 정토경전에서는 발견되지 않는 것으로『관무량수경』만이 가지고 있는 독특한 실천성이라고 말할 수 있을 것이다.『관무량수경』에서는 보리심을 일으킬 수도 없고 염불도 할 수 없는 하근기의 중생이 단지 입으로 불타의 명호를 부르는 수행을 함으로써 쉽게 왕생을 기약하는 실천을 할 수 있도록 하려는 의도에서 비롯된 것으로 생각된다.

이처럼 하근기 수행자들을 위한 실천적 배려 외에도 구칭염불은 입으로 외고, 귀로 듣는 수행법이라는 측면에서 감각을 통해 교의와 종교적인 이상을 체화시키는 효용성을 가지고 있기도 하다. 따라서 불교 결사와 같은 단체회합이나 법회 등에서 수행자는 염불을 계속 따라 하면서 긴장을 이완시키고 내면의 의식으로 들어가게 되는데, 혼자서 수행할 때 보다는 그룹 안에서 함께 염불하는 것이 좀 더 리드미컬하게 심신을 수행에 적합한 상태로 만들 수 있기 때문이다.[433] 그룹 안에서 서로 염불을 이어서 영창하게 되면 자신 만의 운율을 고집하는 것이 아니라 서로의 호흡과 운율을 공유하게 되면서 훨씬 강력한 법열 속에 싸이게 될 가능성이 크다고 볼 수 있는 것이다.

여기에 백거이(白居易, 772-846)가 화엄경신앙 결사인 '화엄경사(華嚴經社)'를 시작하면서 결사에 참여한 신도들의 발원을 표명함과 동시에 결사에 필요한 재원을 시주한 이들의 공덕을 치하하는 내용을 담은 비

---

433 Gabe Turow, "Auditory Driving as a Ritual Technology: A Review and Analysis", Religious Studies Honors Thesis, Stanford University, 2005, p. 77. Turow는 수행자의 몸이 외부의 자극에 맞서 싸우기 보다는 보완적인 방식으로 반응하기 쉽게 만드는 chanting의 효과를 "entrainment(탑재, 동승. 탑승)"라고 부르고 있다.

문을 새긴 「화엄경사석기(華嚴經社石記)」를 보자.

…중략…아, 뜻을 가지고 그(결사)를 도움이여. 아, 내가 듣기에 한 오라기의 시주, 밥 한 그릇의 공양도 끝내 사라지지 않는다 하였다. 하물며 밭 천무를 재회의 비용으로 씀에랴. 그것이 다함이 없이 무궁한 공양을 갖추게 되었다. 아, 내가 듣기에 하나의 원력, 하나의 공덕도 끝내 사라지지 않는다 하였다. 하물며 12부의 경전이 항상 천 명의 입에서 나옴에랴. 하물며 십만 부의 경전이 항상 백 명, 천 명의 귀에 들어감에랴. 나는 결사의 무리들이 반드시 발원을 이루게 되리라는 것을 안다. 경전의 구절, 경전의 신령한 공덕이 있다면 이 책에 존재하게 될 것이다. 결사원들의 성명, 재물을 기부한 자의 이름과 숫자는 별도의 비에 새기니, 이 석비의 문장은 다만 모여서 인연을 맺게 된 이들의 발원을 펼쳐 보일 따름이다.[434]

백거이는 발원문 안에서 '12부의 경전이 항상 천 명의 입에서 나오는 것'과 '십만 부의 경전이 항상 천 명의 귀로 들어가는 것'의 공덕과 원력을 강조하고 있다. '12부의 경전'과 '십만 부의 경전'이라는 표현은 모든 불가의 경전을 이르는 다른 표현으로서 결국 백거이는 입으로 외

---

434 噫乎, 志而贊之, 噫吾聞一毛之施一飯之供, 終不壞滅, 況田千畝齋四時用不竭之, 征備無窮之供乎, 噫吾聞, 一願之力一揭之功, 終不壞滅, 況十二部經常出於千人口乎, 況十萬部經常入於百千人耳乎, 吾知操徒必果是願, 若經之句義, 若經之功神, 則存乎本傳, 若社人之姓名, 若財施之名數, 則列干別碑, 斯石之文, 但敍見願集來緣而已, 實曆二年九月二十五日前蘇州刺史白居易記. 白居易, 「華嚴經社石記」「圓宗文類」(大正藏(CBETA) 58: 1015, p. 46)

는 것과 귀로 듣는 것이 동시에 이루
어지는 결사 내 염불 수행의 효용에
대해 말하고 있는 것이다.

한편 중국불교사에서 담란에 이어
칭명염불에 관한 정토사상의 교의를
한 단계 더 발전시킨 정토교가로서 도
작(道綽, 562-645)을 들 수 있을 것이
다. 도작은 담란의 난행도-이행도의
구별을 성도문(聖道門)-정토문(淨土
門)의 구분으로 대체시키게 된다. 도
작이 보는 난행도와 이행도의 구분은
다음과 같다.

• 도작

삼대아승기겁(三大阿僧祇劫) 중 하나하나의 겁마다 복과 지혜의 자량을
모두 갖추어 육바라밀을 완전히 실천하고, 하나하나의 행업마다 백만 가
지의 어려운 수행의 길을 전부 갖추어야 비로소 한 수행의 계위를 충족
시킬 수 있는 것인데 비해서 이행도란 극락에 가기를 권하여 일체의 행
업을 저 곳에 회향하고 오직 전념하기만 하면, 수명을 다하여도 반드시
태어나 저 극락을 얻게 되는 것이다.[435]

---

435 難行者, 如論說云, 於三大阿僧祇劫, 一一劫中皆具福智資糧六波羅蜜一切諸行, 一一行業皆有百萬難
行之道, 始充一位, 是難行道也. 易行道者, 卽彼論云若由別有方便有解脫者, 名易行道也. 今旣勸歸極樂, 一
切行業悉迴向彼但能專至, 壽盡必生, 得生彼國, 卽究竟清涼. 『安樂集』(大正藏 47: 1958, 16c08-16c15).

도작은 난행도와 이행도를 삼대아승기겁의 무한한 시간과 일순간의 전념(專念)이라는 식으로 극명하게 대비시키는 듯하지만, '일체 행업의 회향'이라는 전제조건을 생각하면 사실상 난행도와 이행도 간의 차이는 불투명해 보인다. 이행도적 수행의 총체인 '일체의 행업'을 정토왕생의 신앙적 목표에 온전히 회향하는 것과, 난행도의 오랜 세월에 걸친 지난한 수행 간에 질적 차이가 있음을 암시하는 표현도 보이지 않는다. 다만 난행도에서 요구되는 시간이 과거와 현재, 미래세를 모두 포함한 삼대아승기겁이라는 무량의 시간인데 반해, 이행도의 구원의 시간은 현세의 수명을 다한 바로 그 순간의 정지점이 존재한다는 차이점이 보이고 있을 뿐이다.

이는 도작이 성도문과 정토문, 즉 난행도와 이행도를 대비시키는 이면에 말법시대를 인식하고 있었음을 의미한다. 도작은 기존의 이행도가 가지고 있는 함의인 '실천하기 쉬운 방편수행'이라는 의미에 더하여, 수행의 공덕을 회향하고 전념으로 기원하기만 한다면 수행을 해온 시간의 길고 짧음에 상관없이 곧바로 정토에 왕생하게 되리라는 순간성과 확실성의 의미를 부여하고 있는 것이다.

이외에 도작이 제시한 정토왕생의 이행도로는 콩알로 염불의 횟수를 세는 소두염불(小豆念佛)을 들 수 있을 것이다. 도작은 하루에 이 소두염불을 7만 번씩 실천했다고 한다. 주로 중국과 일본의 민간 정토신자들 사이에서 크게 유행했던 소두염불은 염불의 횟수가 축적될수록 공덕이 자라나는 것으로 보는 수량염불(數量念佛)의 일종이다. 쌓여가는 콩알로 자신의 염불량을 가늠해보는 소두염불은 문자는 물론 어느 정도 이상의 숫자를 헤아리기도 힘들었던 민간신도들을 위해 도작이 제시한 감각적인 이행도라고 볼 수 있을 것이다.[436]

이러한 수량염불의 실천은 19세기에 결성되었던 한국의 대흥사 무량회(無量會)에서 천 개의 알을 꿴 염주로 염불의 횟수를 세어가며 아침에 천 번, 저녁에 천 번의 고성염불을 실천했던 것에서 그 사례를 발견할 수 있다. 당말 이후의 염불결사나 북송대 천태 교단의 염불결사에서도 이 수량염불이 자주 발견되는데, 그 대표적인 경우로는 사명지례의 염불시계회에서 실천했던 염불표를 들 수 있을 것이다. 사명지례의 결사에서는 각 구성원들이 매일 천 회의 칭명염불을 실천하면서 이를 달력에 표시하고, 정기적인 법회일이 되면 염불의 횟수가 적힌 달력과 시주금을 가지고 와서 『원찬록(院攢錄)』에 적고, 때가 되면 이를 발표하는 식으로 결사 수행의 내용이 구성되어 있었다. 만 명에 이르는 전체 구성원과 이를 다시 48명으로 나누는 소분사의 형태로 운영되었던 사명지례의 결사는 이러한 수량염불을 구성원에게 부과하는 형식으로 거대 신앙공동체의 수행을 이끌어나가고 있었던 것이다.

이러한 소두염불 방식의 수량염불과 더불어 도작이 『왕생예찬(往生禮讚)』[437]에서 제시한 또 다른 실천이 이른바 육시예찬(六時禮讚)법이다.

---

436 소두염불법은 도작의 가르침에 의해 산서성 晉陽, 太原, 汶水의 세 개 현에서 7세 이상의 불교도들이 많이 행했던 염불법이다. 백만 편 염불법은 도작의 제자들 사이에서 많이 행해졌으며, 가재의 『정토론』에서는 『소아미타경』에 의거한 17일 간의 백만 편 염불이 나타난다. 小笠原宣秀, 「中國淨土敎家の硏究」(京都: 平樂寺書店, 1951), p. 144.

437 원래 경명은 『一切衆生願生西方極樂世界阿彌陀佛六時禮讚偈』인데, 줄여서 『願生禮讚偈』 또는 『六時禮讚』, 『禮讚』이라고도 한다.

육시예찬에서 제시하는 육시는 하루에 6회 실천한다는 것으로서 각각 일몰, 초야, 중야(中夜), 후야(後夜), 신조(晨朝), 일중(日中)에 찬문을 외우면서 예배하는 의식이다. 소두염불이 염불의 횟수, 즉 수량을 중시하는 데 반해 육시예찬은 염불을 실천하는 시간에 중점을 두는 의식이라 하겠다. 이러한 육시예찬의 행법은 염불수행에도 적용되어 육시염불개념으로 발전하기도 했다.

아울러 육시예찬과 비슷한 맥락의 결사 수행법으로서 한국의 미황사 만일염불결사[438]에서 하루에 네 차례 시간을 정해두고 염불을 하는 사분정근법을 실천했던 것을 볼 수 있다. 미황사의 만일염불결사는 1858년에 영허의현(靈虛義玄, 1816-1874)에 의해 시작되었으며, 초의의순(草衣意恂, 1786-1866)도 주선(主禪)으로서 함께 참여했던 것으로 알려져 있다. 『범해선사문집』의 「미황영허화행설(美黃靈虛化行說)」에 의하면 미황사의 염불결사인 만일회는 무오년에 미타전에서 시작되었으며, 매일 네 번의 시간(四分)을 정하여 고성염불(高聲念佛)[439]을 실천했다고 한다.

또한 중국의 불교결사에서도 이와 유사한 맥락의 염불이 나타나는 사례를 볼 수 있는데 바로 모자원(茅子元)의 백련채(白蓮菜)에서 실천했던 오회염불이다. 모자원은 오회염불을 매일 실천하면 오계를 증득할 수 있으며, 지극한 믿음으로 오회염불을 하는 것이 계율을 구족한 모든

---

438 한국에서는 염불결사의 한 형태로서 건봉사 만일염불결사나 萬日會처럼 기한을 정해두고 결사를 운영했던 경우가 많다.

439 고성염불의 근거는 『大集經日藏分』에 의한 것으로서, 懷感의 『群疑論』 권7에서는 큰 소리로 외면 대불을 보게 되고, 작은 소리로 외면 소불을 본다는 경문을 들어 큰 소리로 칭명염불을 하면 염불삼매에 들어가기 쉽다고 설명하고 있다. 小笠原宣秀, 앞의 책, p. 144.

선업보다 낫다고 주장했다. 지계를 강조하며 채식과 선행을 백련채의 중요한 수행론으로 제시했지만, 결국 모자원의 수행관 안에서는 염불이 다른 모든 수행들까지 수렴할 수 있는 가장 기본적인 수행론이었던 것이다.

이제 일본불교에서 나타나는 결사염불에 대해 살펴보자면, 먼저 정토진종의 창시자인 신란이 선도의 영향을 받아 아미타신앙을 극단적인 단계로까지 전개시켰던 것을 제시해 볼 수 있을 것이다. 선도는 결코 염불만을 전적으로 수행하는 전수(專修)를 주장하지 않았지만, 일본의 호넨(法然, 1133-1212)은 선도의 이론을 배타적 염불전수의 개념으로 재해석했다. 호넨은 정토왕생을 위해서는 염불 이외의 어떤 행위도 불필요한 것으로 여겨 배척했던 것이다.

호넨의 뒤를 이은 제자 신란(親鸞, 1173-1262) 역시 염불이라는 이행(易行)의 이면에 또 다른 형태의 자력(自力)이 자리하고 있음을 간파했다. 신란에 의하면 인간의 구원을 가능하게 하는 것은 염불의 실천 그 자체가 아니라 본원에 나타난 아미타불의 무한한 지혜와 자비이며, 수행자가 해야 할 일은 단지 이 같은 사실을 인정하고 기쁨으로 본원에 자신을 맡기는 일 뿐이라는 것이다.[440] 신란은 아미타불의 이름을 외는

---

440 신란의 이러한 교의는 다시 그의 사상적 후계자로 자처했던 렌뇨(蓮如)에 의해 재해석되어 일향종(一向宗)을 단기간에 성장시키는 데 크게 기여하게 된다. 렌뇨에 의하면, 염불을 실천하는 자(念佛者)는 성도문(聖道門)의 전문수행자처럼 출가를 해야 할 필요가 없으며, 남녀노소 구별 없이 신심을 얻으면 모두 염불자가 될수 있다. 또한 미타의 원력에 의지하는 일념으로 구원이 결정되면, 그 후에는 아미타불에 대한 보은의 염불을 실천하게 된다. 염불자는 행·주·좌·와(行住坐臥)의 일상생활을 통해 항상 보은과 감사의 칭명염불을 실천해야 한다고 한다.

칭명염불은 자비의 서원에 대한 감사의 표현이며, 나아가 이러한 칭명염불이 정토왕생의 원인이 되는 것이 아니라 아미타불의 서원에 대한 믿음이 직접 원인이 된다고 주장한다.[441]

정리해보면 칭명염불은 그 간결한 실천성으로 인해 빠른 시간 내에 동아시아 삼국 공히 민간신도계층의 폭넓은 지지를 받을 수 있었으며, 탄력적인 변형이 가능하기 때문에 수량염불이나 기일염불, 오회염불, 인성(引聲)염불, 고성염불 등 다양한 형식으로 적용되는 모습을 보인다. 특히 다수의 구성원이 통일된 형태의 수행을 실천할 수 있다는 장점으로 인해 구성원 간의 연대성을 제고시키거나 의식의 현장에서 법열감을 고취시킬 때도 효율성을 발휘할 수 있는 수행론이기도 하다. 또한 일념으로 불타를 부르는 염불이 아미타불의 원력에 대한 절대적인 믿음으로 정토왕생을 간구하는 정토신앙의 본질을 가장 잘 표현할 수 있는 수행론이기 때문에 동아시아 염불결사들의 중요한 실천으로 자리 잡을 수 있었던 것으로도 생각해 볼 수 있을 것이다.

2-2. 말법사상

석가모니불타의 사후로부터 시간이 오래 지날수록 불법의 상황이 점점 더 악화되어 간다고 인식하는 말법사상은 동아시아 불교사에서 전

---

441 Julian F. Pas, 앞의 책, p. 253.

쟁이나 환란 같은 국가적인 위기 상황이 닥칠 때마다 전면적으로 대두되어 왔다. 중국 불교사에서 보면, 이른바 삼시신앙(三時信仰)이라고 하는 말법사상은 574년에 있었던 북주의 폐불을 계기로 하여 수나라 초기부터 말법사상이 유행하기 시작했으며, 수·당대에 가장 유행했다. 말법사상이 불교문헌 상으로 최초로 나타난 것은 남악혜사(南嶽慧思, 515-577)의 『입서원문(立誓願文)』에서이며, 북제의 법상(法上), 후주의 도안(道安) 등이 말법시대 산정의 기준이 되는 불타의 입멸 연대에 대한 논의를 제기했음을 볼 수 있다.[442]

  삼시는 불타의 열반, 즉 불멸(佛滅) 이후의 시대를 3기로 나누어서 정법(正法)·상법(像法)·말법(末法)시대로 구분한다. 부처의 입멸연대를 기점으로 하여 500년 또는 1000년 사이가 정법시대이며, 가르침에 따라 행하고 깨닫는다고 하는 교·행·증(敎·行·證) 삼법이 완전하게 갖춰진 시대이기 때문에 깨달은 자가 나타난다고 한다. 정법시대 이후 1000년(또는 500년)은 상법시대이며, 가르침과 수행은 있지만 깨달은 자가 없는 시대이다. 상법시대가 지난 후 1만 년이 말법시대로서, 가르침만 있고 수행하는 사람이나 깨달은 사람이 없는 시대이다. 이 말법시대 이후에는 불교가 완전히 멸하게 된다고 한다.[443]

---

[442] 법상(法常, 567-645)은 불타의 입멸연대를 周 夷王 14년 경신년(890B.C.)으로 추정했다. 이 주장에 의하면 수나라 대업7년, 즉 서기 611년에는 불타 입멸 후 1501년이 되는 해에 해당하며, 『대집경』에서 설한 네 번째의 500년에 들어간 해가 된다. 또한 정법 500년과 상법 1000년 설에 따르면 대업7년 이후는 말법시대에 해당된다.

[443] 말법 만년이 지나면 불교는 완전히 멸하지만 그로부터 56억 7천만년 후에 현재 도솔천에 있는 미륵보살이 부처가 되어 龍華樹 아래에서 세 번의 법회, 즉 龍華三會를 열어 말세의 중생들을 구제한다는 믿음이 곧 미륵신앙이다.

일본의 경우에는 나라시대나 헤이안시대 초기에 이미 말법사상이 나타났는데 처음에는 교단의 내부에서만 머물렀을 뿐 사회적으로는 별반 영향을 미치지 않았다. 하지만 11세기에 이르러 옛 정치질서의 붕괴와 함께 사회적 혼란, 기근 등이 눈앞에 다가오자 말법사상이 사회 안에서 작동하게 된다. 일본불교에서 상법시대에서 말법시대로 인식이 이전해 가는 시기는 고대국가의 실질적 붕괴와 시기적으로 일치했으며, 대체적으로 1025년 혹은 1052년(永承 7년)을 말법시대의 시작으로 보고 있다.[444] 영승 7년의 말법도래설은 주로 천태종 쪽에서 거론되었으며, 히에이잔 요카와에서 이십오삼매회를 이끌었던 겐신의 『왕생요집』에서도 명확한 말법사상이 드러나고 있다.

인도불교사에서는 정법시대나 상법시대의 인식은 이미 나타나기는 했지만 중국이나 일본의 경우와 같은 말법사상은 보이지 않는다. 다시 말해 중국과 일본의 말법사상은 중앙정부의 불교탄압과 더불어 불교 교단 안에서 위기의식이 커지면서 부처 당시에 대한 회고와 함께 나타난 것이다.[445] 인도의 상법시대에 대한 인식은 정법시대와 유사한 듯하

---

444 말법시대의 기준이 되는 佛滅연대는 대략 기원전 6–5세기설과 기원전 5–4세기설의 두 가지로 나뉜다. 양쪽 모두 마우리아 왕조의 아쇼카왕(기원전 3세기)을 기점으로 해서 계산하고 있지만 남전계통인 스리랑카 전승의 사료에서는 아쇼카왕을 불멸 후 200년경이라 보고 있는데 반해, 北傳계통인 중국 전승에서는 100년경이라 보고 있어서 100년간의 차이가 발생하고 있다. 일본의 경우, 서기 1052년(에이쇼 7년)이 불멸후 2001년이 되는 것으로 보고 있으며, 간혹 이설도 존재한다. 중국의 경우에는 隋代 費長房의 『歷代三寶記』에서 이미 周 穆王 壬申年설이 등장하고 있는데, 이는 남북조 말기에서 수대에 걸쳐 도교와 불교의 다툼 속에서 노자보다 불타 쪽이 오래되었음을 주장할 목적으로 이 설이 나왔을 것으로 보인다. 주 목왕으로 정한 이유는 『列子』에서 목왕시대에 서쪽 나라로부터 化人이 와서 여러 가지 신비를 보이고 왕 자신이 서쪽 나라로 갔다고 하는 대목이 등장한데서 비롯하였을 것으로 생각된다. 따라서 후대 불교도들에게는 이 대목이 목왕과 서방의 神人 불타를 결부시킬 수 있는 소재가 되었던 것이다. 末木文美士, 백승연 옮김, 『일본종교사』(논형, 2009), pp. 123–124.

동아시아 염불결사의 연구

지만 모든 면에서 결코 불타가 살아있을 당시의 시대에는 미치지 못하는 불교계의 상황을 의미하는 뉘앙스가 강했다. 『대보적경(大寶積經)』「마하가섭회(摩訶迦葉會)」에서는 불멸 후의 교단과 수행자의 상황에 대해 다음과 같이 비판하고 있음을 볼 수 있다.

부처께서 미륵에게 말씀하시기를, 미래 5백년 후에는 자칭 보살이라 하는 자가 구차한 법을 실천할 것이니, 미륵아, 예를 들어 개가 먼저 남의 집에 이르면 뒤이어 오는 개를 보고 마음속으로 성을 내어 짖어대면서 내심으로 이 집은 내 집이라는 생각을 일으킬 것이다. 부처께서 미륵에게 말씀하시기를 미래 5백년 후에는 또한 이와 같을 것이다. 자칭 보살이라 하는 자들이 구차한 법을 실천할 것이니, 다른 시주 집안에 이르러 이 집은 내(시주)집이라는 생각이 일어나 곧 탐착이 생겨나서 먼저 도착한 비구가 나중에 온 비구를 보고 흘겨보며 마음속으로 미워하며, 서로 싸우고 비방하게 될 것이다.[446]

---

445 인도불교사 안에서 정법시대와 상법시대를 나누는 시대인식은 인도에서 유학했던 玄奘(602-664)이 중국에 돌아와 『大阿羅漢難提蜜多羅所說法住記』(약칭 『法住記』)를 번역하게 되면서 약간의 변형을 거치게 된다. 善導(613-681)의 제자 懷感의 『淨土群疑論』 등에서는 정상말 삼시사상의 논의 속으로 받아들여져서, 말법사상이 미래불인 미륵과 연관을 갖게 되어, 법멸 아래에 법의 영생이라고 하는 사상을 내포하는 점이 주목된다. 그 외에 선도의 스승 도작의 『安樂集』 「三身三土章」에서 취급하는 『大乘同性經』에 "일체정법, 일체상법, 일체말법"이라고 설해져 있고, 「선견율비바사론」에는 "만년 후에는 불교 경전이 다 멸하게 된다(萬歲後 經書文字 滅盡)"이라 하였다. 또 『정토군의론』에는 「대비경」에서 "정법천년, 상법천년, 말법천년"이라 전한다고 하였다. 그러나 현존하는 『대비경』에는 그러한 문장이 없고, 정상말 삼시라고 하는 구체적인 지시 또한 인도 쪽의 경율론에는 거의 보이지 않는다. 이로 미루어 정상말의 삼시를 내용으로 하는 말법사상의 구체화는 중국에 이르러서야 비로소 나타나게 된 것임을 알 수 있다. 石田充之, 『存在論·時間論』(佛教時代史, 1995), pp. 251-258.

인용문을 보면 인도의 말법사상은 붓다가 입멸한 이후 구심점이 사라지게 되면서 교단 내에 분열이 생기고 사원의 소유물 분쟁이 발생하는 등의 상황에 대한 개탄과 우려에서 비롯된 것이었음을 알 수 있다. 이러한 내용이 담긴 인도의 경전이 차례로 중국으로 들어와 번역이 되면서 인도불교의 초기적 말법사상이 소개되고, 그것이 중국 내에서의 불교의 내부적 타락과 외부로부터의 불교 탄압 등의 여러 조건과 서로 어울려서 정·상·말 삼시사상으로 정비된 말법사상이 중국에서 형성된 것이다.

중국 내에서의 말법사상의 형성은 대략적으로 중국에 불교가 전래된 지 500~600년 뒤인 남북조(420-581) 말엽부터 수(581-617), 당(618-907) 초엽에 이르는 시기에 이루어졌다. 남북조시기에 전개된 전쟁은 국가적 기반을 흔들고 사람들의 삶을 파괴시켰으며, 아울러 북주의 무제가 북제(北齊)를 파멸시키고 폐불을 단행한 종교적 환란이 겹치게 되면서 불교의 존립기반 역시 흔들리게 되었다. 파괴된 사원과 살육당한 승려들을 보면서 이 시기의 승려들이 말법시대적 인식을 갖는 것은 자연스러운 역사적 소산으로 볼 수 있을 것이다. 그들은 초기불교 경전에서 말법시대에 불법이 멸하는 상황을 묘사한 구절을 자신들이 처한 현실에 대입시키고 절실하게 공감했으리라 생각된다. 따라서 그들이 제

---

446 佛告彌勒, 當來末世後五百歲, 自稱菩薩而行狗法. 彌勒, 譬如有狗, 前至他家見後狗來, 心生瞋嫉啀喍吠之. 內心起想謂是我家. 佛告彌勒, 當來末世後五百歲, 亦復如是. 自稱菩薩行於狗法, 至他施主家中, 生己家想, 旣見此想便生貪著, 前至他家見後比丘, 瞋目視之心生嫉恚, 而起[□]諍互相誹謗言. 『大寶積經』(大正藏 11: 0310, 504a13~504a20).

시하는 시대관과 불타관은 절박한 시대적 위기감을 담고 있었고, 그러한 시대에 사는 중생들의 제도를 실천하는 방법론 역시 신속성과 간이성, 그리고 절대적 구원자의 조력을 확신하는 수행론 위주로 되어 있는 것이 일반적이었다.

남북조 말에서 수·당 초엽에 이르게 되면 천태종의 남악혜사가 558년 무렵에 『입서원문(立誓願文)』을 저술하고, 신행(信行, 540-594)이 581년 삼계교(三階敎)를 제창하며, 도작(道綽, 562-645)이 담란의 가르침을 좇아 정토교를 주창한다. 그리고 율종의 도선(道宣, 596-667)과 법상종의 규기(窺基, 632-682) 등이 잇달아 자신들의 이론을 내놓아서 정·상·말 삼시의 이념을 갖춘 말법사상이 급속히 구체화되어 간다. 이들 정토이론가들의 말법사상에 가장 큰 영향을 준 대승경전으로는 『대방등대집경(大方等大集經)』을 들 수 있다. 이 『대방등대집경』에서는 정법과 상법을 각각 5백년과 1천년으로 보고 있다. 아울러 불멸후 1500년이 흐른 말법시대부터는 정법이 왕과 비구에 의해 멸하는 동시에 비구의 파계 및 교단의 타락과 속인들의 배덕이 일어나는 상황을 자세히 묘사하고 있다.[447]

일본불교의 경우에는 11세기에 이르러 당대의 권력자인 후지와라 미치나가(藤原道長)가 만수(萬壽) 4년(1027)에 죽고 나서 일본 전역에 혼란의 시대가 찾아 들면서 말법사상이 힘을 얻게 된다. 이미 미치나가시

---

447 於我滅後五百年中, 諸比丘等, 猶於我法解脫堅固. 次五百年我之正法禪定三昧得住堅固, 次五百年讀誦多聞得住堅固, 次五百年於我法中多造塔寺得住堅固, 次五百年於我法中鬪諍言頌白法隱沒損減堅固. 『大方等大集經』(大正藏 13: 0397, 363a29-363b05).

대에도 1019년에 기타큐슈(北九州)지역에 여진족이 침범해왔으며, 수도 역시 전염병과 치안의 혼란으로 불안했었던 데다가 권력자가 사라진 다음에는 사회불안이 한층 가중되었던 것이다. 이러한 혼란상은 불교계에서도 마찬가지였다. 남도(南都) 나라지역에서는 흥복사(興福寺)의 승병이 동대사(東大寺)를 습격하고, 수도인 북도(北都) 교토에서는 연력사(延曆寺)와 원성사(園城寺) 간의 다툼이 치열하게 벌어지고 있었다.

자연재해와 더불어 중생의 구제에 앞장서야 할 승려들이 앞장서서 일으킨 병란은 불교계는 물론 일반인들에게도 말법시대적 위기의식을 느끼게 하기에 충분한 상황이었다. 당시의 총체적인 사회 혼란 즉, 섭관(攝關)제도가 확립되고 중·하층의 귀족은 신분적·경제적 동요에 직면했으며, 지방의 맹주인 무사의 진출, 악승의 횡포와 잇단 천재지변 등이 말법시대의 위기의식을 추동시키는 원인이 되었던 것이다. 이러한 말법시대의식은 또한 자연스럽게 범부의 근기로도 깨닫기 쉽고 수행하기 쉬운 이행도적 정토교의 대유행을 낳는 계기가 되었다.[448] 결국 이는 고대국가가 붕괴하게 되면서 빚어진 혼란으로 인해 말법사상이 유행하고, 그때까지 불교계의 주류를 이루던 의식불교가 힘을 잃게 되면서 자연스럽게 개인적 구원을 지향하는 정토불교가 힘을 얻게 되어 널리 보

---

448 나라시대의 불교를 이끌어간 승려들 중에 대륙 출신의 저명한 도래인 승려들이 많았으므로 이들을 통해 자연스럽게 동시대 중국의 말법사상이 일본에 전달되었으리라 생각된다. 나라시대의 渡來人 출신 승려들 중에 저명한 이를 들자면 道慈, 智光, 慶俊, 勤操, 道昭(629~700), 義淵, 行基(668~749), 良辯, 慈訓, 護命, 行表, 最澄 등이 있다.

급된 것으로 볼 수 있을 것이다.[449]

또한 이를 다른 방향에서 바라보면 헤이안시대 말기부터 가마쿠라시대에 걸쳐서 절박한 상황에 처해있던 사람들이 새로운 종교적 변화를 갈구하고 있었고, 이를 감지한 불교계의 선도적 승려들이 신도들의 요구에 대한 응답을 제시한 것이 정토교였다고도 볼 수 있을 것이다. 이와 관련하여 비토 마사히데(尾藤正英)는 이 시기에 봉건귀족은 몰락의 길을 걷고 있었지만 무사나 서민계급은 상대적으로 지위를 향상시키고 있었음을 주지시키면서 새로운 시대의 활기가 정토신앙을 추동시켰다고 주장하기도 한다.[450] 다시 말해 변혁기의 불안정한 상황 하에서 과거의 귀족중심사회에서 성행했던 번잡한 불교의례 대신 간이한 정토교 의례가 환영을 받게 되면서, 이들 의례의 사상적 근거가 되는 말법사상이 자연스럽게 유행하게 되었다고 보는 것이다.

말법시대라는 위기적 역사인식을 배경으로 한 대승불교의 수행론은 자연스럽게 간결한 형식 안에 절박한 메시지를 담고 있게 된다. 말법사상이 유행했던 시대의 불교결사들이 대부분 염불을 주로 실천했던 정토신앙결사였던 것은 이러한 점과 무관하지 않으리라 생각된다. 때로는 중국의 백운종(白雲宗)이나 백련종(白蓮宗)처럼 미륵신앙을 표방하며 미래의 종교왕국을 꿈꾸는 정치성 강한 신앙결사도 있었지만 대부

449　진호국가의 전통이 강했던 일본불교 안에서 '국가'를 주된 대상으로 하지 않는 불법을 설한 것은 정토교가 처음이었다. 정토교 측에서는 고대국가에서 버림받은 몰락귀족층이나 일반 재가신도들을 주요 구제대상으로 삼아 융성할 수 있었다고 볼 수 있을 것이다. 川崎庸之·笠原一男, 앞의 책, p. 155.
450　尾藤正英, 엄석인 옮김, 『사상으로 보는 일본문화사』(예문서원, 2003), p. 103.

분의 정토결사들은 아미타정토에의 왕생을 기원하며 아미타불의 원력에 귀의하는 염불을 실천하는 모습을 보여준다. 결국 구원의 시한이 얼마 남지 않았다는 긴박함으로 인해 간결한 실천과 강력한 절대자의 타력에 대한 귀의로 수렴되는 것이 말법사상을 배경으로 한 불교결사 수행론의 가장 큰 특징이라고 할 수 있을 것이다.

2-3. 천태교의와 정토신앙의 만남

중국에 있어서 정토교의 유포는 불교전래 이후, 정토교계 경전의 한역, 혜원과 담란(曇鸞) 등의 거장의 출현에 의해서 비로소 번성하게 되었다고 볼 수 있지만 수당대 이전까지는 중국의 사회 전체에 보급되지는 않았다. 미타정토신앙은 수당대에 이르러서 중국사회에 유행하기 시작했으며, 특히 초당대에 도작 · 선도 등을 중심으로 한 정토이론가들이 출현하여 불교계에 커다란 족적을 남기게 된다.[451]

선도가 『관경사품소(觀經四品疏)』를 저술한 이후 중국 정토교가 독립적 교의를 구축하게 되었으며, 일본의 가마쿠라 시대에 호넨(法然)에게로 계승되어 일본 정토교의 근간을 이루게 된다. 또한 도작과 선도가 이루어 낸 정토신앙의 수행론인 구칭염불은 정토교가 중국의 일반 사회에 깊숙이 뿌리내리는 중요한 포교방법론이 되기도 했다. 선도 이후

---

451 小笠原宣秀, 앞의 책, pp. 99-100.

에 연속적으로 출현한 가재(迦才), 자민(慈愍), 승원(承遠), 법조(法照), 소강(少康) 등도 정토신앙의 보급에 중대한 역할을 했던 이들이었다. 이처럼 개인적으로 정토신앙을 수용하고, 생산하며 실천했던 승려들 외에도 특별히 교단의 정체성을 구축하는 단계에서부터 적극적으로 정토사상과 실천을 받아들이고 적용했던 곳이 바로 천태종이었다.

천태교의의 성립은 천태지의에 의해 법화3부, 혹은 천태3부인『법화문구(法華文句)』·『법화현의(法華玄義)』·『마하지관(摩訶止觀)』의 강의가 종료된 시점에 이루어진다. 천태지의의 저술로 알려진『아미타경의기(阿彌陀經義記)』1권,『무량수경소(無量壽經疏)』1권 등은 진위가 문제되는 저술이긴 하지만 그러한 문헌이 만들어진다는 사실은 천태종에서 일찍부터 정토신앙이 수용되고 있었음을 말해준다.[452] 천태종의 교의를 구축한 천태지의는 아미타불을 응신(應身), 정토를 범부와 성인이 함께 거처하는 범성동거(凡聖同居)의 정토로 보고 있으며, 임종 때에도 서방정토를 향해 입적하는 모습을 보이고 있다. 정토를 범성동거토로 보고 있다는 것은 범부의 상태로도 정토에 왕생할 수 있다는 것으로서, 유식계열에서 미타정토를 48원이 성취된 아미타불의 주처인 보신보토(報身報土)로 보는 것과는 달리, 범부를 중심으로 정토를 보고 있음을 뜻한다.

그 밖에도 지의가 설했던 천태의 사종삼매 중에서 제2상행삼매(第二

---

452   고익진, 「원묘요세의 백련결사와 그 사상적 동기」, 『한국사상논문선집』(불함문화사, 1998), pp. 9~10.

常行三昧)가『반주삼매경』에 기반을 두고 있으며, 이『반주삼매경』은 염불을 실천했던 여산혜원의 백련사의 실천적 배경이었음을 살펴 볼 때, 천태종의 수행론이『반주삼매경』을 매개로 하여 정토신앙을 일찍부터 수용하고 있었음을 보여준다고 하겠다. 또한 여러 참법에서 참회의 주존이 되는 보살들인 관음이나 보현을 중심으로 보살신앙 역시 강하게 형성되었으며, 이에 따라 의식을 구성하는 예배의 요소로서 각종 염불과 주문 역시 다양하게 발전했다. 아울러 천태의 각종 참법을 비롯한 수행론을 구축한 지의의 시대부터 염불이 주요 실천으로 자리 잡게 되었던 것이다.

지의가 원돈지관의 구체적인 수행법으로서 주장한 사종삼매 중 상행(常行), 상좌(常坐), 반좌반행(半坐半行)삼매는 내관(內觀)과 종교적 의례 두 가지를 통해서 진리를 통찰하는 수행법이다. 이에 비해 비행비좌(非行非坐=隨自意)삼매는 종교적 의례 없이 내관만을 통해서 진리를 통찰하는 수행법이다. 사종삼매는 진리에 대한 내관과 더불어 좌선, 염불, 독경, 참회와 같은 외형적인 수행의식의 두 가지로 구성된다. 지의는 이러한 외형적인 수행의식들을 내관을 실천하기 위한 보조적 수행론으로서, 마음을 고요히 하기 위한 방편수행이라고 주장했다.[453] 다음 지의가 사종삼매에 관해 논하고 있는『마하지관』의 한 대목을 보자.

또한 사종삼매의 의식(儀式)이 각자 다르나 리관은 동일하며, 삼행(상행 · 상좌 · 반행반좌)의 의식은 대부분 (깨달음을 돕는) 보조적 수행론으로서 실천되나, 또한 깨달음에 장애가 될 수 있지만 수자의(비행비좌)는 의식의 실천이 거의 없어서 장애가 되는 일이 적다. 만약 방편수행만 이해한다면 사상(事相)에 통달할 수 없지만, 리관을 이해한다면 사상에 통하지 않음이 없다. 또한 리관의 의미를 체득하지 못하면 사상의 방편수행도 이루지 못한다. 리관의 뜻과 사상을 이해한다면 삼매는 자연스럽게 스스로 이루어진다. 사상을 실천하는데 있어서 도량에 들어가 열중하여 체득한다면, 도량을 나오게 된 즉 할 수 없으나, 수자의(비행비좌)는 (장소의)제한이 없는 것이다. 의식은 세 가지 삼매에 국한되는 것이며, 리관은 사종삼매에 두루 통하는 것이다.[454]

인용문의 내용을 보면 지의는 사종삼매 중 세 가지 삼매(상행·상좌·반행반좌)를 리관을 위한 보조적 수행론으로 인식하고 있음이 명확하게 드러난다. 또한 방편수행으로 행해지는 세 가지 삼매가 사원이라는 장소를 중심으로 실천되고 체득되는 제한성이 있는 반면에 수자의삼매는 시공간의 제약이 없다는 점과 이 수자의삼매까지 포함한 사종삼매를 두루 수용하는 개념이 리관임을 설명하고 있다. 지의가 세 가지 삼매의 사상 즉 염불 등의 각종 수행의식에 대해서 내적 관조의 수행인 리관의 보조적인 방편행이라는 점과 상대적으로 한계를 지닌 수행이라는 점은 분명히 하고 있으되, 결코 그 의미를 부정하지는 않았다는 점은 분명해

453 김정희, 「천태지의의 불교수행론 연구」, 서울대 박사논문, 2002, p. 83.

454 復次四種三昧方法各異, 理觀則同. 但三行方法多發助道法門. 又動障道, 隨自意既少方法, 少發此事. 若但解方法所發助道, 事相不能通達. 若解理觀事無不通, 又不得理觀意, 事相助道亦不成. 得理觀意事相三昧任運自成. 若事相行道入道場得用心, 出則不能. 隨自意則無間也. 方法局三, 理觀通四(云云). 『摩訶止觀』(大正藏 46: 1911, 018c10~018c18).

보인다.

정토신앙 내지 여타 수행의식의 요소를 적극적으로 수용했던 사종삼매의 사례에서도 볼 수 있듯이, 지의는 천태 수행론을 구축하는 과정에서 중국 고유의 사상을 전면적으로 배제하지 않았을 뿐 아니라 오히려 적극적으로 그 가운데서 불교와 통하는 것을 발견하여 그것을 불교의 체계 속에 도입시키려는 태도를 취하고 있다.[455] 천태교단에서는 이러한 지의의 수용적인 수행전통이 전승되면서 정토신앙을 실천하는 승려들이 끊임없이 출현했다.

당대 이후 쇠락해가던 천태교단을 부흥시킨 주요 공헌자는 천태지의 이후 거의 5세기가 지난 시점에 활약했던 사명지례와 자운준식이었다. 이 두 승려는 교단의 운영측면에서뿐만 아니라 천태교학과 정토신앙을 융합시킨 의식체계의 재정비를 통해 실천적인 측면에서 일반신도들의 활발한 참여를 이끌어 냄으로써 천태부흥의 임무를 완수해냈다고 볼 수 있다. 결사와 관련하여 송대 정토신앙의 확대는 천태교단에 있어서 외부적인 조직의 문제뿐만 아니라 교단 내에서의 교의 및 수행론 간의 불일치의 문제도 만들어 내게 된다. 산가산외(山家山外)논쟁을 주도할 만큼 천태 교의에 있어서는 철저함을 보였던 사명지례도 정토결사를 조직한다든지, 결사의 실천에 대해서는 정토신앙을 채택하는 모습을 보이고 있는 것이 대표적인 경우라 할 수 있을 것이다. 전체 구성원이 만 명에 이르렀던 염불시계회를 이끌었던 사명지례의 경우 그가 제

---

455 이영자, 앞의 책, p. 32.

시한 수행론에서 드러나는 명확한 특징은 바로 강력한 염불과 참회 실천의 권고이다. 지례와 준식의 결사에서 공히 나타나는 염불의 실천은 이미 천태지의의 『마하지관』에서부터 지관(止觀), 즉 내관(內觀)에 대한 보조적 수행으로서 구칭염불을 병행할 것을 주장한 데서 그 교의적 근거가 드러난다.

지례의 염불시계회는 먼저 발기자 210인을 정하여 한 사람당 48인을 모집하게 하고, 각 사람이 매일 불타의 명호 천 번을 불러 그 수를 기록하고, 매년 2월 15일에는 기록한 것을 가지고 사원에 모이는 형태로 운영되었다. 결사 구성원들이 각자의 일상수행법으로 실천했던 염불참(念佛懺)은 칭명염불과 참회, 그리고 발원(發願)을 병행하여 실천하는 형식이었을 것으로 생각된다. 지례 자신은 일생동안 치열하게 참법을 실천했던 수행자였지만, 그가 결사의 구성원들에게 제시한 실천은 칭명염불에 참법의 의식적 요소를 융합한 염불참과 염불시계회의 수계(受戒)의식이었다. 염불시계회는 규모가 큰 도시인 항주를 배경으로 한 결사였으므로, 만여 명의 구성원이 일률적으로 실천하기 위해서는 염불참이나 보살수계식과 같은 간이한 수행법이 적합했기 때문일 것으로 생각된다.

한편 지례가 이끌었던 염불시계회의 수계식은 내세의 구원 외에도 국가와 개인 모두에게 현세적 복락을 가져다 줄 수 있는 공덕의 근원으로 부각되는 모습을 볼 수 있는데, 이는 정토신앙의 범위가 현세적 복락을 보증하는 데까지 확장된 경우로도 해석될 수 있으리라 생각된다. 수계식의 경우에는 본디 신도들이 수계의식을 기점으로 철저한 지계의 삶을 살아감으로 인해서 한 개인의 궁극적 깨달음과도 직결된다는 점에서 수행론적 의미를 부여할 수도 있을 것이다. 하지만 사명지례의 염불시계회의 경우 수계의식 그 자체와 그 의식의 현장에 참여함으로써 얻어지는 공덕의 회향이라는 측면을 강조한 것으로 보인다.

또한 사명지례는 결사의 수계식 뿐만 아니라 정토왕생을 기원하는 방생법회도 개최하게 된다. 방생법회나 수계식에 결사의 구성원들을 모이게 한 것은 의식의 현장에 함께 하는 것만으로도 그 공덕을 함께 공유할 수 있다는 교의였으리라 생각된다. 의식의 현장에 함께 하는 것도 수행의 공덕을 쌓을 수 있는 길이라는 지례의 교의는 구원의 기회를 극대화시키고자 했던 대승보살도가 투영되어 있는 결사의 모습을 잘 보여준다고 하겠다.

자운준식의 경우에는 개인적으로 천태의 다양한 수행론들 중에서도 참법을 중심적으로 실천했으며, 결사 내에서도 참법을 정토왕생을 위한 최고의 수행법으로 격상시켰다. 그는 참회와 염불의 두 가지 수행법이 공존하는 형태의 일상의식인 『신조십념법(晨朝十念法)』을 만들어, 단 하루도 빠지지 않고 매일 새벽에 온 정신을 집중하는 전심(專心)염불을 하도록 규정했다. 또한 당시 민간에 크게 유행하고 있던 유혈 희생제의 등을 없애기 위해 노력한 결과, 각종 민간신앙의 의례들이 갖고 있던 공덕과 기복의 역할을 불교 신앙의례 안으로 끌어들이기도 했다. 이러한 과정에서 준식이 줄곧 심혈을 기울였던 과제는 천태의 수행론과 정토신앙의 실천을 연계시키는 것이었다. 결과적으로 그가 재정비한 각종 참법과 다양한 의식들은 천태교단에서 결성된 여러 염불결사를 비롯한 후대 염불결사의 수행론을 풍성하게 채우게 된다.

한편 자운준식이 개인적으로 필생의 과제로 삼고 있었던 지방 민간신앙의 교화를 위해 시도했던 작업은 염불, 즉 아미타신앙의 효용성과 공덕을 교의 상으로 극대화시키는 것이었다. 준식이 동액산에서 민간신도들까지 포함하는 결사를 결성한 이후에는 민간계층의 신도들을 위해 구칭염불을 적극적으로 결사의 수행론으로 도입했던 점이 드러난다. 그는 참회의식과 삼매수행 내지 공덕행의 중요성을 배제하지 않은 상태에서 염불의 실천을 특별히 권장했으며, 염불이 현세의 생활에 가져다주는 공덕에 대해서도 적극적으로 강조했다. 아울러 정토왕생신앙의 배경 위에 천태 의례의 필수적 요소인 참회와 예경의식이 결합되어 있는『매일염불참회발원문』을 지어 일상수행의 의식으로 제시하기도 했다. 아울러 이러한 형식의 수행법은 모두 동시대의 염불결사에서 보편적으로 보급되었던 것들이기도 했다.

여산 혜원의 결사와 이십오삼매회에서 죽음과 사후세계에 대한 새로운 이해가 결사활동에 대한 요구를 불러일으켰던 것처럼 송대 역시 불교의 정토신앙과 도교의 명부·시왕신앙 등 사후세계와 인과응보에 대한 종교적 관심이 증대됨에 따라 그에 따른 여러 가지 실천들이 모색되고 있었다. 이러한 시대적 추세에 따라 천태교단에서 제시한 실천이 바로 사후세계의 복락을 위해서 생전에 지은 죄업을 소멸할 수 있는 참회의식과 염불 등의 정토신앙을 결합시킨 수행론들이었던 것이다.

자운준식은 교의 상으로는 지례와 같이 본성미타(本性彌陀)·유심정토(唯心淨土)설을 주장하였지만 실제로 신도들과 만나는 포교의 현장에서 그가 줄곧 주장했던 것은 왕생에 대한 바른 믿음을 세워서 예참과 염불에 전념해야 한다는 것이었다. 이처럼 준식이 민간신도들의 실천을 위해 선택한 의식들은 민간에서 실제로 영위되는 불교의 단편을 보여주고 있으며, 천태지의에 의해 구축된 의식에 정토신앙을 융합하여 실천적인 수행론으로 재정비한 것으로 볼 수 있을 것이다. 또한 비록 준식에 의해 현세적 이익의 기원이나 재난을 방지하는 등의 해석이 덧붙여지긴 했지만 준식이 천태수행론에 수용한 정토신앙 실천의 궁극적인 중심은 정토왕생이었다. 준식이 새로이 정비한 「왕생정토참원의 (往生淨土懺願儀)」와 같은 경우도 바로 정토에 왕생하는 것을 목표로 하는 참회의식으로서 그가 결사의 구성원들, 신도, 제자들과 함께 실천했던 각종 수행의 궁극적인 지향점이 정토왕생에 있음을 명확히 드러내고 있다.

송대에 들어서면서 정토신앙은 300여 년 동안 대단히 융성했으며, 민간에도 그 신앙이 깊숙이 스며들게 된다. 정토사상은 천태종 및 선종 등 여러 불교 종파에서 다양한 방식으로 수용되었기 때문에 그 교리 역시 천태와 선 등의 교의와 융합하여 송대 불교사조의 한 특색을 이루게 되었다. 특히 천태종에 속했던 승려들은 거의 정토왕생수행을 했다고 보아도 무리가 없으며, 그 중 특히 오대 말의 보운의통과 자광오은(慈光晤恩)등이 유명했다. 의통의 문하생인 홍국유기(興國有基), 지례의 문하생인 신조본여(神照本如)・광자혜재(廣慈慧才)・정각인악(淨覺仁岳), 준식의 문하생인 시랑마량(侍郎馬亮) 등도 모두 정토신앙을 실천했던 승려들이다. 또한 준식의 제자인 본여(本如)는 동액산 승천사에서 주석하

동아시아 염불결사의 연구

면서 후에 사원 내에 별도의 정사를 건립하여 승상 장순공(章郇公) 등 여러 문사들과 함께 염불결사인 백련사를 결성하기도 했다.

지례의 문하생인 광자혜재(廣慈慧才)의 법맥에 속하는 참주법종(懺主法宗)과 용천담이(龍泉覃異) 등도 염불결사를 열었으며, 혜재(慧才)의 문하생인 법종(法宗)은 정토사원을 세워서 각 지역의 엘리트들을 모아 매월 48인이 모여서 수행하는 결사를 지도했다. 이 밖에도『불조통기』제53에 의하면 거사 문언박(文彦博)은 인종 때에 정엄(淨嚴)선사와 함께 정토회를 세워 승려와 속인 10만 명이 모이는 염불결사를 결성했다고 한다. 또 본여의 문하생인 신오처겸(神惡處謙) · 사암유엄(榲菴有嚴) · 천태좌중(天台左仲), 준식의 법손인 혜정사의(慧淨思義) · 변재원정(辯才元淨) 등도 모두 정토신앙을 실천한 이들이다.

정리해보면, 중국의 천태교단은 성립과정에서부터 다양한 교의와 의식, 그리고 특히 정토신앙의 실천을 융합하여 천태교학의 체계 안에 융합시킨 수행론적 배경을 가지고 있었다. 북송대 천태교단에서는 수행론 안에 융합된 정토신앙의 요소를 결사활동에 적극적으로 응용함으로써 당대 이후 쇠락해진 교단을 발흥시키는 기회로 삼는 데 성공했으며, 자운준식이나 사명지례의 경우처럼 북송대 염불결사의 온상 역할을 할 수 있었다. 또한 송대에 들어서면서 정토신앙과 도교의 영향으로 인해 사회 전체적으로 사후세계와 인과보응에 대해 재인식하게 되면서 생전에 지은 죄업을 소멸할 수 있는 것으로 설명되었던 참회의식과 염불, 시식과 같은 실천들 역시 유행하게 된다.[456] 바로 이러한 배경에서 염불결사의 수행론 역시 자연스럽게 정토왕생에 대한 기원과 더불어 공덕과 원력을 강조하는 방향으로 선회를 하게 되었으며, 그러한 교의적 작업의 선두에 섰던 이들이 바로 지례나 준식과 같은 천태교단의 승려들이었다고 할 수 있다.

456 Daniel A. Getz, Jr. "T'ien–t'ai Pure Land Societies and the Creation of the Pure Land Patriarchate," Buddhism in the Sung, ed. Peter N. Gregory and Daniel A. Getz Jr. (Honolulu: University of Hawai'i Press, 1999), p. 494.

V

결론

동아시아 불교결사는 대부분 지도자 승려를 중심으로 좀 더 밀도 있는 수행의 실천과 동지적 연대를 위해 결성되었던 신앙조직이었다. 또한 동아시아 불교결사 중에는 정토왕생을 지향하는 아미타신앙을 근거로 하여 결성된 것이 많았음을 볼 수 있다. 이 책에서 다룬 동아시아 불교결사는 이러한 아미타신앙을 실천했던 염불결사를 위주로 했으며, 구성원들 스스로가 결사의 원문(願文)을 작성하여 구체적인 수행의 목표와 실천, 조직 운영 등을 공표한 결사를 서술 대상으로 삼았다. 동아시아 불교결사는 중국의 읍사(邑社)나 한국의 향도, 일본의 고(講) 등의 민간신앙결사를 제외하고는 대부분 특정 사원에 소속된 지도자 승려를 구심점으로 하여 다수의 신도들이 결속된 형태를 취한다. 이들 결사들은 특정 사원에 소속된 승려와 신도들의 별도 조직인 경우도 있었고, 사원에서 독립하여 외부에 별도의 전용 수행공간을 마련하여 운영하는 경우도 있었으며, 심지어는 일 년에 한, 두 차례 정기 법회를 갖는 느슨한 조직의 결사도 있었다. 결사의 전체 구성원이 많은 경우에는 이를 효율적으로 관리할 수 있는 규모로 분사(分社)하여 평상시에는 분사별로 결사의 수행을 관리하고, 봄가을에 한 번씩 대규모 전체 집회를 하기도 했다.

결사의 운영 측면에서 보자면, 이십오삼매회의 근본결중(根本結衆)처럼 승려들만으로 이루어진 결사는 자연스럽게 주거와 수행을 함께하기도 했지만 대부분의 결사는 구성원들이 특정 기일에 약속된 장소에 모여 공동의 수행을 실천하고 다시 개인적인 생활로 돌아가는 형태를 취하고 있었다. 이는 여산 백련사 이후 대부분의 동아시아 불교결사, 특히 아미타신앙을 실천했던 정토결사들이 민간신도들을 다수 결사 안에 포섭하려 노력했던 결과이기도 하다.

이처럼 민간신도들이 승려의 지도 아래 승·속이 함께하는 결사의 구성원이 될 수 있었던 것은 당대 이후 동아시아 전역에 아미타신앙이 보급 확산된 것과 맥락을 같이 한다. 죽음 이후의 세계와 인과보응에 대한 교의가 신분과 남녀, 승·속의 구분을 불문하고 정토왕생이라는 새로운 구원론에 대한 요구를 촉발하게 되었던 것이다. 불교도들은 사원의 경계를 넘어서 결사 안에서 좀 더 밀도 있는 수행과 구성원 간의 연대감을 얻어낼 수 있었으며, 지도자 승려는 구성원들에게서 자신과 사원에 대한 후원을 확보할 수 있었다.

또한 동아시아 아미타신앙결사가 보여주는 수행론의 다양성은 동아시아 불교사에서 아미타신앙에 대한 해석의 다양성과 맥락을 같이 한다. 초기에 죽음 이후의 세계만을 의식하고 있었던 아미타신앙은 점차 그 주요 실천인 염불의 효용성이 극대화되면서 현세적 이익까지 보증하는 방향으로 그 의미가 확대되어 갔다. 따라서 초기 아미타결사에서 보여주는 임종의식, 즉 임종의 순간에 이루어지게 되는 아미타 성중의 내영을 근거로 하는 의식들이 점차 희미해지고 대신에 현세적 복락까지 보증해 줄 수 있는 각종 공덕의 축적을 위한 실천들이 결사의 수행론 안으로 비집고 들어오게 되었던 것이다.

이러한 현상의 배경에는 결사에 모여든 구성원들의 다양한 수행역량을 배려할 수밖에 없었던 지도자 승려들의 고민이 깔려있다. 결사 안에는 다양한 수준의 구성원들이 있었으며, 송대 이후에는 입회의 문이 모든 계층에게로 열린 덕분에 그 숫자 또한 많았다. 다양한 수준별 층차를 가진 다수의 구성원들이, 정기적으로 열리는 대규모의 결사 집회 안에서 모두 실천할 수 있으려면 우선 간결하면서도 대승불교의 교의를 충분히 담지할 수 있는 수행법이라야 했던 것이다. 당말 이후에 각종 결사에서 성행했던 참회의식이나 염불, 그리고 송경(誦經) · 주문(呪文) · 시식(施食) · 분향(焚香) · 헌화(獻花) · 예탑(禮塔) · 예불(禮佛) · 방생(放生) 등의 이른바 공덕을 위한 만선(萬善, myriad good deeds)의 실천은 이러한 경향을 말해준다.

이러한 양상은 영명연수 이후 선종의 교의와 정토신앙이 만나게 되면서 스며들게 된 유심정토(唯心淨土)사상으로 인해 명말에 이르러서 다시 약간의 변화를 겪게 된다. 유학자이자 승려였던 거사들이 활발하게 활동했던 명말에는 운서주굉에 의해 대승불교의 공덕행과 유교의 사회교화행을 접목시키려는 시도가 이루어지기도 했다. 함께 정기 법회에 모이는 결사의 구성원이라 할지라도 수행과 구원은 온전히 개인적인 사건이 되었으며, 임종의식 역시 구성원 각자가 다른 형태를 보이게 된다. 방생 등의 공덕행은 죄업을 소멸할 수 있는 선행으로서 현세에서의 공덕은 생산하되, 정토왕생의 직접적인 요인은 되지 못하는 것으로 해석되었다. 유심의 교의 하에서는 외부의 조력으로 행해지는 임종의식이 더 이상 의미가 없었으며, 임종인 당사자의 염불수행으로 심신이 청정해진 상태라야 정토왕생이 가능한 것으로 경향이 변해갔던 것이다.

이 책에서 실제 사례로서 다루고 있는 여섯 결사 중 첫 번째인 여산 백련사는 수많은 승려와 신도들을 결사의 장(場)으로 이끈 원초적 요소를 보여준다. 동진 불교의 사상적 리더였던 혜원은 중국적 사유에 기반을 두고 인도불교를 재해석 해냄으로써 중국인들의 죽음과 구원에 관한 이해를 전환시키는 한 계기를 마련했다. 영혼과 윤회, 불멸, 그리고 신선사상의 이상적 세계관과 연결된 정토관은 많은 이들을 정토신앙에 몰두하게 만들었으며, 사원의 법회보다 좀 더 밀도 있는 수행을 위한 결사의 결성을 촉발시키게 되었다. 특별히 백련사의 활동에서 주목할 점이 있다면, 결사의 구성원을 승려가 아닌 은일지사(隱逸志士), 즉 일반 지식인에게까지 확대했다는 대목일 것이다. 백련사와 관련된 문헌에서는 '동지의 인연', '모두의 구제'와 같은 구원의 연대성 내지 보편성의 메시지가 자주 나타난다. 동일 사원 내에서의 승려들의 공동 수행의 경우에는 승려들 각자의 개인적 구원을 지향하게 되지만 결사 내에서의 수행에서는 구성원 모두의 구원을 목표로 삼게 된다는 점에서 명확한 대비가 드러나게 되는 것이다.

다음으로 겐신이 이끌었던 히에이잔 요카와(横川)의 이십오삼매회는 요카와의 정주승 25인이 주축이 되어 결성한 결사이지만 결연(結緣)의 방식을 통해 여성을 비롯한 속인 신도들까지 결사의 구성원으로 포섭했다는 점에서 혜원의 여산 백련사에서 한 단계 확장된 결사로서의 의미를 갖는다고 하겠다. 이십오삼매회의 주된 실천으로서 정토왕생을 위해 제시되고 있었던 임종의식 역시 여산 백련사의 초기적 형태에서 한층 다양화되고 상징적 요소가 추가된 모습을 발견할 수 있다.

또한 이십오삼매회의 근본결중과 결연중이라는 이중구조의 결사 운영방식은 제한된 소수의 엘리트들만이 참여할 수 있었던 혜원의 여산 백련사보다는 민간 신도가 결사에 참여할 수 있는 길을 훨씬 넓혀 놓은 것으로 볼 수 있을 것이다. 아울러 이십오삼매회에서 결사의 주된 실천으로서 고수하고 있었던 임종행의는 여산 백련사의 구성원들이 보여준 임종의식에서 몇 단계 나아간 형태를 보여주되, 죽음 직전에 망자의 정토왕생을 돕기 위해 동지들이 치르는 의식이라는 그 기본적인 맥락에서는 연속성을 유지하고 있었다.

이십오삼매회와 거의 동시대인 중국의 북송대에는 정토결사들이 결성되기 시작했던 초기부터 천태 교단의 승려들이 이들 결사들의 운영과 성장에 중요한 역할을 하고 있었던 점이 포착된다. 자운준식과 사명지례는 천태의 교의와 실천적 배경을 잘 활용하여 다수의 신도들이 참여할 수 있는 구체적인 수행론으로 정비하여 결사의 실천에 적용시켰던 대표적인 승려들이었다. 이들은 정토신앙의 재해석을 통해서 현세적 이익을 주는 공덕까지 얻을 수 있는 수행론으로 정비했으며, 이러한 과정을 통해 전사회적으로 정토결사가 확산될 수 있는 배경을 마련했다. 이에 따라 송대에는 아미타정토신앙이 서방정토왕생의 기원뿐만 아니라 현실 생활에서 원력의 가피를 얻는 방향으로까지 확장된다.

정토신앙의 실천이 생산하는 공덕은 현세적 이익까지 수반하는 것으로 재해석이 이루어졌으며, 민간신앙의 신들까지 불교로 개종시키기에 이르렀다. 이처럼 내세의 복락은 물론 국가와 개인의 안녕까지 보증하는 방향으로 해석이 확장된 정토신앙으로 인해 다수의 민간신도와 권력층이 불교 교단으로 수용될 수 있었으며, 나아가 천태교단이 부흥하는 데도 한 몫 거들 수 있었던 것이다.

원묘요세가 이끌었던 만덕산 백련사의 수행론은 중국 천태교단의 염불결사와 유사성을 보이지만 아미타신앙에 대한 요세의 해석과 그에 따른 임종의식 등은 백련사만의 차별성을 보여주는 측면도 있었다. 요세는 정토왕생을 이끄는 소인을 임종인과 아미타불과의 감응(感應)으로 이해하는 이러한 유심정토적 해석을 하고 있었기 때문에 그의 백련사 수행론에서는 다른 천태교단의 염불결사들이 보여주었던 임종의식이 거의 보이지 않고 있다.

또 하나의 차이를 든다면 중국 천태교단의 지례와 준식이 보여주었던 아미타신앙의 확장, 즉 현세이익적 성격까지 추가적으로 제시했던 측면이 요세에게서는 보이지 않는다는 점인데 이는 고려 말의 불교계 상황에 실망하여 먼 남도로 내려가 결사를 조직했다는 점과 연관이 있을 것으로 추정된다. 다시 말해 현세적 공덕을 위한 의식 위주의 불교에 등을 돌렸던 요세가 그의 결사에서는 정토왕생 지향의 개인적 수행에 치중하는 것이 훨씬 자연스러운 귀결이라는 것이다. 아울러 가장 중요한 수행론 상의 차이점은 결사의 구성원들에게 경전의 독송과 배포를 적극적으로 권장했다는 것인데 중국이나 일본의 천태결사와 차별화되는 실천으로서 주목해볼만 하다고 하겠다.

본문에서 제시한 이들 동아시아 불교결사의 현상을 관찰해보면 결사 안에서 이루어지는 모든 실천들은 설령 시간이 지남에 따라 그 의미가 퇴색되거나 상실할 지라도, 기본적으로 대승불교의 교의를 바탕으로 하고 있음을 알 수 있다.

이 책에서는 이러한 동아시아 불교결사의 주요 실천으로서 아미타내영신앙, 참회의식, 경전신앙, 지계, 선정쌍수적 수행론 그리고 실천의 배경이 되는 정토신앙의 교의로서 말법사상, 염불, 천태교단의 제종융합적 성격 등을 제시하고 있다. 이들 교의는 서로 유기적으로 연결되어 있으며, 각자 서로의 근거가 되어 맞물리는 구조를 취하고 있다.

정토왕생을 위한 수행은 죽음을 맞이하기 이전에 완성되어야 하는 것이었으므로, 신도들은 이를 위해 공력이 큰 승려와 신앙적 동지들을 찾아 결사를 맺고, 개인적인 구원의 보증을 기약하고자 했다. 이러한 결사 안에서는 다수의 신도가 결합된 공동체적 특성상 그 실천의 통일성과 간결성을 기함으로써 궁극적 수행의 목표를 더욱 명확하게 드러내고, 견고하게 다지는 모습을 볼 수 있다. 동아시아 불교결사의 커다란 특성인 이 '다수성'으로 인해 결사의 실천적 특성 역시 다수의 신도들이 동시에 참여하고 집중할 수 있는 수행법으로 수렴되는 결과를 낳게 된다.

정토결사를 이끌었던 지도자 승려는 결사의 구성원들을 지도하는 과정에서 자신이 주로 실천하는 수행론과는 별도로 공동체 수행에 적합한 간결한 수행론을 제시하는 경우가 많았다. 이 경우 결사의 지도자 승려들은 교단 내의 전통적인 수행론을 재정비하거나 그 자신이 교의를 재해석하여 새로운 실천을 창출해내는 사례도 적지 않게 나타난다. 동아시아 염불결사가 안고 있던 다수성과 그에 따른 연대성으로 인해 수행역량의 층차가 다양한 신도들 모두가 수용할 수 있는 수행법이 필요했으며, 송대 이후 본격적으로 나타나기 시작한 선정쌍수나 제종융합의 수행론들은 이러한 결사들의 수요를 충족시켜 주는 역할을 하기도 했다.

정토결사에 있어서 지도자 승려에 의해 이루어졌던 교의와 실천의 재창조는 이러한 결사 운영의 현실적 필요 외에도 아미타신앙의 재해석과 의미의 확장에 의해 이루어진 경우도 많았다. 초기에 죽음 이후의 세계를 주로 대상으로 했던 아미타신앙이 점차 현세적 성격까지 담지하는 모습을 보이다가 선종의 영향으로 인해 유심정토사상으로 귀결되면서 차안과 피안의 경계를 허무는 모습이 그것이다. 다시 말해 정토 그 자체가 죽음 이후의 외재적 타계(他界)가 아닌 현세의 삶 안에서 수행자의 청정한 마음에 의해 이루어질 수 있는 내재적 정토로 해석되면서 임종의식이나 여타 수행론 내지 결사의 수행방식에도 변화가 생겨나게 되었던 것이다.

다음 조직구성의 측면에서 동아시아 아미타신앙결사들을 조망해보면 먼저 소수의 엘리트들만으로 구성원이 제한되어 있었던 여산 백련사에서 시작하여 이십오삼매회부터는 점차 결사의 규모가 확대되면서 구성원의 계층 역시 다양해지는 모습을 볼 수 있다. 결사의 규모가 커지는 것은 필연적으로 결사의 다수성과 구성원의 다양성을 동반하게 되며, 지도자 승려는 이에 따른 수행론의 문제를 대승불교의 이행도 교의에 입각하여 해결하는 모습을 보여준다. 결사의 법회 안에서 다수가 공동으로 실천할 수 있는 수행론을 모색하는 과정에서 각종 의식들이 창조되거나 재정비되었으며, 지도자 승려들은 이들 실천 안에 교의적 배경을 담는 역할을 하고 있었다.

지도자 승려들은 결사의 간결한 실천의 이면에서 자신만의 수행론의 세계를 가지고 있었으며, 대승 보살 : 중생, 스승 : 제자의 관계구도를 유지하면서 결사 내에서 지도자 승려의 위치를 각인시키는 모습도 볼 수 있다. 표면적으로 동붕(同朋), 동행(同行), 인연(因緣), 결연(結緣) 등의 용어로 동일한 목표를 지향하는 동등한 수행자 집단임을 표방하는 경우가 많았지만, 결사 내의 의식절차나 형식 등을 보면 지도자승려와 신도들의 수직적 위계가 선명하게 드러남을 볼 수 있다.

다음으로 결사의 수행론, 즉 교의와 실천의 전체적인 구도를 들여다보게 되면 초기의 여산 백련사에서 나타났던 구원의 연대성이 점차 희미해지고 명말 운서주굉의 결사에 이르게 되면 오히려 개인성이 두드러지는 모습을 볼 수 있다. 여산 백련사나 이십오삼매회가 아미타정토에 함께 왕생할 것을 기약했던 강력한 연대성을 보였다면, 북송대 천태교단의 결사들은 전체 구성원이 함께 모이는 수계회에서의 연대성과 소분사의 구성원으로서의 개인성이 혼재하는 모습이 나타난다.

반면에 주굉의 방생결사는 지도자 승려와의 사제관계나 법회에의 동참여부로 연결되어 있었으되, 수행의 결과는 개인에게로 귀결되는 구조를 취하고 있었음을 보여준다. 이러한 경향은 선종 교의와의 융합의 결과물인 유심정토사상이 명말에 이르러 확고하게 자리를 잡게 되었던 이 원인으로 생각되며, 13세기 원묘요세의 백련결사에서도 이미 그 단초가 나타나고 있음을 볼 수 있다. 유심정토사상에서는 궁극적인 정토 왕생이 아미타불과 임종인의 감응 여하에 달린 것으로 해석되었기 때문에 결사의 수행에 있어서도 각 구성원의 개인적인 수행이 강조될 수밖에 없었던 것으로 생각된다.

결국 아미타신앙에 대한 재해석의 변화가 결사의 수행론에 투영되고, 지도자 승려의 노력과 신도들의 요구가 감응하는 과정을 통해 생산된 새로운 수행론들은 연대성과 개인성의 경계를 오가며 동아시아 불교사를 채워가고 있었던 것이다.

1. 원전류

『居士傳』

『景德傳燈錄』

『鏡虛集』

『誡初心學人文』

『高麗史』

『高僧傳』

『觀無量壽經疏』

『觀無量壽經』

『觀彌勒菩薩上生兜率天經贊』

『廣弘明集』

『鳩摩羅什法師大義』

『國淸百錄』

『勸修定慧結社文』

『今昔物語集』

『樂邦遺稿』

『南嶽思大禪師立誓願文』

『楞嚴院二十五三昧根本結衆二十五人連署發願文』

『曇無德部四分律刪補隨機羯磨序』

『答淨土四十八問』

『大方等大集經』

『大寶積經』

『大宋僧史略』

『大乘起信論』

『大乘法苑義林章』

『大智度論』

『東林十八高賢傳』

『東文選』

『東師列傳』

『略諸經論念佛法門往生淨土集』

『摩訶僧祇律』

『摩訶止觀』

『萬德寺志』

『萬善同歸集』

『牧隱詩藁』

『妙法蓮華經』

『無量壽經優波提舍願生偈』

『無量壽經』

『文殊師利所說摩訶般若波羅蜜經』

『般舟三昧經』

『百丈叢林清規證義記』

『梵網經菩薩戒疏發隱事義』

『梵海禪師文集』

『法華三昧懺儀』

『奉法要』

『佛祖統記』

『四經持驗記』

『四明尊者教行錄』

『四分律行事鈔』

『三國遺事』

『西方願文解』

『釋迦如來行蹟頌』

『釋門正統』

『釋氏稽古略續集』

『禪源諸全集都序』

『禪苑清規』

『星湖僿說』

『續高僧傳』

『宋高僧傳』

『新唐書』

『鐔津文集』

『十住毗婆沙論』

『阿彌陀經疏鈔』

『樂邦文類』

『安樂集』

『圓宗文類』

『廬山記』

『廬山蓮宗寶鑑』

『延曆寺首楞嚴院源信僧都傳』

『往生集』

『往生要集』

『往生淨土決疑行願二門』

『慵齋叢話』

『雲棲蓮池大師遺稿』

『雲棲淨土彙語』

『圓宗文類』

『維摩詰所說經』

『一枝庵文集』

『雜阿含經』

『全唐文』

『淨土論』

『淨土眞宗七祖傳』

『淨土賢聖錄』

『宗鏡錄』

『增壹阿含經』

『天台四教儀』

『出三藏記集』

『勅修百丈淸規』

『海東傳弘錄』

『慧日永明寺智覺禪師自行錄』

『弘明集』

『華嚴經社石記』

『華嚴經傳記』

『横川首楞嚴院二十五三昧起請』

---

2. 국내 단행본

- 가산지관 편,『한국고승비문총집』, 가산불교문화연구원, 2000.

- 경허성우선사 법어집간행회 편,『鏡虛法語』, 인물연구소, 1981.

- 고재욱(일지),『삼수갑산으로 떠난 부처』, 민족사, 2001.

- 길희성,『일본의 정토사상』, 민음사, 2002.

- － － －,『知訥의 禪思想』, 소나무, 2006.

- 김달진,『現代韓國禪詩』, 열화당, 1987.

- 김두진,『신라화엄사상사연구』, 서울대출판부, 2004.

- 김복순,『한국고대불교사연구』, 민족사, 2002.

- 김영미,『신라 불교사상사 연구』, 민족사, 1994.

- 김호성,『천수경의 새로운 연구』, 민족사, 2006.

- － － －,『대승경전과 선』, 민족사, 2002.

- 대한불교조계종 교육원 불학연구소 편,『경허·만공의 선풍과 법맥』, 조계종출판사, 2009.

- 뢰영해(賴永海), 박영록 옮김,『중국불교문화론』, 동국대출판부, 2006.

- 마츠오 겐지(松尾剛次), 김호성 옮김,『인물로 보는 일본 불교사』, 동국대출판부, 2005.

- 모찌츠키 신코(望月信亭), 이태원 옮김,『中國淨土敎理史』, 운주사, 1997.

- 무라카미 시게요시(村上重良), 강용자 옮김,『일본의 종교』, 지만지, 2008.

동아시아 염불결사의 연구

- 문옥표 외,『동아시아 문화전통과 한국사회-한·중·일 문화비교를 위한 분석틀의 모색-』, 백산서당, 2001.
- 박원자,『인홍스님 일대기-길 찾아 길 떠나다』, 김영사, 2007.
- 불교문화연구소 편,『韓國天台思想硏究』, 동국대 출판부, 1986.
- 불교사학회 편,『신라 미타정토사상 연구』, 민족사, 1988.
- 비토 마사히데(尾藤正英), 엄석인 옮김,『사상으로 보는 일본문화사』, 예문 서원, 2003.
- 사토 히로오(佐藤弘夫) 외, 성해준 외 옮김,『일본사상사』, 논형, 2009.
- 스에키 후미히코(末木文美士), 백승연 옮김,『일본종교사』, 논형, 2009.
- 시오이리 료오도(鹽入良道), 김세운 옮김,『천태대사 제참법』, 대각, 2007.
- 심재룡 외 편역,『고려시대의 불교사상』, 서울대 출판부, 2006.
- 최치원, 최영성 옮김,『최치원문집』, 아세아문화사, 1999.
- 츠보이 순에이(坪井俊映), 이태원 옮김,『정토삼부경개설』, 운주사, 1995.
- 오금성 외,『명말·청초사회의 조명』, 한울 아카데미, 1995.
- 요아힘 바흐(Joachim Wach), 김종서 옮김,『비교종교학』, 민음사, 2004.
- 雲棲袾宏, 연관 옮김,『竹窓隨筆』, 불광, 1992.
- 윌리엄 제임스(William James), 김재영 옮김,『종교적 경험의 다양성』, 한길 사, 2000.
- 와타나베 쇼코(渡邊照宏), 김진만 옮김,『日本의 佛敎』, 소화, 1995.
- 이부키 아츠시(伊吹敦), 최연식 옮김,『중국 선의 역사』, 대숲바람, 2005.
- 이시다 미쓰유키(石田充之), 김재천 옮김,『존재론·시간론』, 불교시대사, 1995.
- 이은자,『중국 민간종교결사, 전통과 현대의 만남』, 책세상, 2005.
- 이태원,『염불의 원류와 전개사』, 운주사, 2003.

- - - -,『정토의 본질과 교학발전』, 운주사, 2006.

- 장휘옥,『정토불교의 세계』, 불교시대사, 1996.

- 전수태,『능엄주 해의』, 운주사, 2003.

- 보조지눌, 김달진 역주,『보조국사전서』, 고려원, 1988.

- 차차석,『중국의 불교문화』, 운주사, 2007.

- 채상식,『한국중세불교사 연구』, 일조각, 1994.

- 첸, K. S. 케네쓰, 박해당 옮김,『중국불교』, 민족사, 1994.

- 천태지의(天台智顗), 김세운 옮김,『天台大師諸懺法』, 대각, 2007.

- 카마타 시게오(鎌田茂雄), 장휘옥 옮김,『중국불교사 2』, 장승, 1993.

- 카와사키 요오지(川崎庸之) · 카사하라 카즈오(笠原一男), 계환 옮김,『일본 불교사』, 우리출판사, 2009.

- 코칸 시렌(虎關師鍊), 정천구 옮김,『원형석서(元亨釋書)』, 씨 · 아이 · 알, 2010.

- 클리포드 기어츠(Clifford Geertz), 문옥표 옮김,『문화의 해석』, 까치글방, 2009.

- 키무라 키요타카(木村淸孝), 장휘옥 옮김,『중국불교사상사』, 민족사, 1995.

- 타무라 요시로(田村芳朗) · 우메하라 타케시(梅原猛), 이영자 옮김,『천태법 화의 사상』, 민족사, 1989.

- 한국불교연구원,『한국의 사찰 1, 불국사』, 일지사, 1974.

- 한국일본학회,『日本民俗의 理解』, 시사일본어사, 1997.

- 한기두,『한국선사상연구』, 일지사, 1991.

- 한보광,『신앙결사연구』, 여래장, 2000.

- 허흥식,『고려 과거제도사 연구』, 일조각, 1981.

- 허흥식,『眞靜國師와 湖山錄』, 민족사, 1995.

- 히라가와 아키라(平川彰) 외 편, 정승석 옮김, 『대승불교개설』, 김영사, 2001.

3. 국외 단행본

〈중국자료〉

- 陶希聖, 『明代宗教』, 台灣學生書局: 台北, 1968.
- 杜繼文, 『中國佛教與中國文化』, 宗教文化出版社: 北京, 2003.
- 馬西沙・韓秉方, 『中國民間宗教史』, 上海人民出版社: 上海, 1992.
- 牟鍾鑒, 『中國宗教與中國文化』 4卷, 中國社會科學出版社: 北京, 2005.
- 方立天, 『中國佛教與傳統文化』, 上海人民出版社: 上海, 1993.
- 釋聖嚴, 『明末中國佛教之研究』, 台灣學生書局: 台北, 1988.
- 嚴耀中, 『江南佛教史』, 上海人民出版社: 上海, 2000.
- 張鴻勳, 『敦煌說唱文學概論』, 新文豊出版社: 台北, 2004.
- 湯用彤, 『漢魏兩晋南北朝佛教史』, 崑崙出版社: 北京, 2006.
- 洪修平, 『中國佛教文化歷程』, 江蘇教育出版社: 南京, 2005.

〈일본자료〉

- 那波利貞, 『唐代社會文化史研究』, 創文社: 東京, 1977.
- 諸戸立雄, 『中國佛教制度史の研究』, 平河出版社: 東京, 1990.
- 峰岸純夫, 『中世社會の一揆と宗教』, 東京大學出版會: 東京, 2008.
- 道端良秀, 『支那佛教史』, 法藏館: 東京, 1939.
- 酒井忠夫, 『近現代中國における宗教結社の研究』, 國書刊行會: 東京,

2002.

- 佐藤成順,『宋代佛教の研究』, 東京: 山喜房佛書林, 2001.
- 李鐘益,『韓國佛教의 研究』, 東京: 國書刊行會, 1980,
- 荒木見悟,『明末宗教思想研究』, 創文社: 東京, 1973.
- ----,『雲棲袾宏の研究』, 大藏出版社: 東京, 1985.
- 阿部謹也 外,『中世史講座-中世の民衆運動)』, 學生社: 東京, 1985.
- 青木美智男 · 入間田宣夫,『一揆史入門』, 東京大學 出版會: 東京, 1982.
- 柳父章,『飜訳語成立事情』, 岩波書店: 東京, 1998.
- 山崎 宏,『隋唐佛教史の研究』, 法藏館: 京都, 1967.
- 小笠原宣秀,『中國淨土教家の研究』, 平樂寺書店: 京都, 1951.
- 日本佛教學會 編,『佛陀觀』, 平樂寺書店: 東京, 1988.
- 竺沙雅章,『中國佛教社會史研究』, 同朋舍: 京都, 1982.
- 鎌田茂雄,『中國佛教史』, 岩波書店: 東京, 1982.
- ----,『中國華嚴思想史の研究』, 東京大學出版會, 1970.
- 神田千里,『結衆 · 結社の日本史』, 山川出版社: 東京, 2006.
- 上川通夫,『日本中世佛教形成史論』, 校創書房: 東京, 2007.
- 笠原一男,『眞宗における異端の系譜』, 東京大出版會: 東京, 1962.
- 川崎庸之,『源信』, 中央公論社: 東京, 1982.
- 勝俣鎭夫,『一揆』, 岩波出版社: 東京, 1982.
- 木村英一 編,『慧遠研究』「研究篇」, 京都大學人文科學研究所, 創文社 :東京, 1981.
- ---- 編,『慧遠研究』「遺文篇」, 京都大學人文科學研究所, 創文社 :東京, 1950.
- 岸本英夫,『宗教學』, 大明堂, 1971.

- 高取正南 外 編,『圖說 日本佛教史 Ⅱ』, 法藏館, 1980.

- 花山信勝,『往生要集』校訂竝譯註, 小山書店: 東京, 1937.

- 堀大慈,「横川佛教の研究」『國家と佛教』, 永田文昌堂: 東京, 1981.

- 藤本佳男,『民衆と佛教』, 同朋社: 京都, 1984.

- 福田アジオ 編,『結衆・結社の日本史』, 山川出版社: 東京, 2006.

- 平川彰,『講座 大乘佛教』5, 春秋社: 東京, 1985.

- ---,『日本佛教と中國佛教』, 春秋社: 東京, 1991.

- ---,『淨土思想と大乘戒』, 春秋社: 東京, 1990.

〈서양자료〉

- Foard, James, (ed.), The Pure Land Tradition: History and Development, Regents of the University of California, 1996.

- Bell, Catherine, Ritual: Perspectives and Dimensions, London: Oxford University Press, 1997.

- Brook, Timothy, Praying for Power: Buddhism and the Formation of Gentry Society in Late-Ming China, Council on East Asian Studies, Harvard University and Havard-Yenching Institute, Massachusetts: Harvard University Press, 1993.

- Buswell, Robert E., (ed.), Encyclopedia of Buddhism, New York: Thomson & Gale, 2004.

- David L. Macmahan,, Empty Vision: Metaphor and Visionary Imagery in Mahayana Buddhism, London: Routledge, 2002.

- Eliade, Mircea, Yoga: Immortality and Freedom, Willard R. Trask (tr.), Prinston: Princeton University Press, 1990.

- Graham, William A., Beyond the Written Word: Oral Aspects of Scripture in the History of Religion, New York: Cambridge University Press, 1987.

- Gregory, Peter N. and Getz, Daniel A. Jr. Buddhism in the Sung, Honolulu: University of Hawai'i Press, 1999.

- Haar, B.J. ter. The White Lotus Teachings in Chinese Religious History. Honolulu: University of Hawai'i Press, 1999.

- Hansen, Valerie, Changing Gods in Medieval China, 1127-1276, Prinston: Prinston University Press, 1990.

- Kazuo, Kasahara, edt, McCarthy, Paul & Sekimori, Gaynor trs., A History of Japanese Religion, Tokyo: Kosei Publishing Co. 2007.

- Levering, Miriam, edt, Rethinking Scripture, New York: State University of New York Press, 1989.

- Lopez, Donald S. Jr., (ed.), Buddhism in Practice, Prinston: Princeton University Press, 1995.

- Pas, Julian F., Vision of Sukhāvatī: Shan-tao's Commentary on the Kuan Wu-Liang-Shou-Fo Ching, New York: State University of New York Press, 1993.

- Payne, Richard K. & Tanaka, Kenneth K., (ed.), Approaching the Land of Bliss, Honolulu: University of Hawai'i Press, 2004.

- Vermeersch, Sem The Power of the Buddhas, Cambridge: Harvard University Asia Center, 2008.

- Wach, Joachim, Sociology of Religion, Chicago: The University of Chicago Press, 1971.

- Williams, Bruce Charles. Mea Maxima Vikalpa : Repentance, Meditation, and the Dynamics of Liberation in Medieval Chinese Buddhism, 500-650 CE, University of California, Berkely. 2002.

- Yü, Chun-fang, The Renewal of Buddhism in China: Chu-hung and the Late Ming Synthesis, New York: Columbia University Press, 1981.
- Zürcher, Erik, The Buddhist Conquest of China: The Spread and Adaptation of Buddhism in Early Medieval China, Leiden: E. J. Brill, 1972.

4. 국내 연구논문

- 김경집, 「경허의 정혜결사와 그 사상적 의의」『한국불교학』제21집, 한국불교학회, 1996.
- 김정희, 「천태지의의 불교수행론 연구」, 서울대 박사논문, 2002.
- ㅡㅡㅡ, 「원묘국사 요세의 천태정토사상에 대한 소고」, 『철학연구』69집, 철학연구회, 2005.
- 강동균, 「일본 중세의 불교」, 『일본연구』제13집, 한국외대 일본연구소, 1998.
- 계환(장애순), 「송대의 昭慶寺結社에 대한 고찰」, 『한국불교학』제28집, 한국불교학회, 2001.
- 고영섭, 「불교의 末法論」『民族과 文化』제8집, 한양대 민족학연구소, 1999.
- 고익진, 「원묘국사 요세의 백련결사」, 『한국불교학연구총서』, 불함문화사, 2004.
- ㅡㅡㅡ, 「원묘요세의 백련결사와 그 사상적 동기」, 『한국사상논문집』, 불

함문화사, 1998.

• 김당택, 「고려 최씨무인정권과 수선사」, 『한국불교학연구총서』, 불함문화사, 2004.

• 김문경, 「儀式을 통한 불교의 대중화운동」, 『사학지』 제4집, 단국사학회, 1970.

• 김방룡, 「한국불교에 있어 禪·念佛 雙修의 유형 및 사상에 관한 연구」 『회당학보』 제7집, 회당학회, 2002.

• 김상현, 「통일신라시대의 화엄신앙」, 『신라문화』 제2집, 동국대학교 신라문화연구소, 1985.

• 김석암, 「운서주굉의 선관에 대하여」, 『한국선학』 제7호, 한국선학회, 2004.

• 김성순, 「중국종교의 수행론에 나타난 도·불 교섭-당·송대를 중심으로-」, 서울대 석사논문, 2007.

• 김승룡, 「樂軒 李藏用의 詩世界 硏究」, 『한문교육연구』 제18집, 한문교육학회, 2002.

• 김영미, 「고려전기의 아미타신앙과 결사」, 『염불신앙결사의 역사적 조명』, 한국정토학회, 2000.

• 김정희, 「원묘국사 요세의 천태정토사상에 대한 소고」, 『철학연구』 69집, 철학연구회, 2005.

• 김종욱, 「정토사상의 분석적 이해」 『철학연구』 제82집, 대한철학회, 2002.

• 김호성, 「정혜결사의 윤리적 성격과 그 실천」, 『한국불교학연구총서』, 불함문화사, 2004.

• 김현준, 「원효의 참회사상」, 『불교연구』 제2집, 1986.

• 변동명, 「원묘국사 요세의 정혜결사 참여와 결별」, 『한국불교학연구총서』,

불함문화사, 2004.

- 백용성, 「精修別傳禪宗活句參禪萬日結社會規則」, 『불교사 · 불교』 제15호, 1925.

- 서윤길, 「요세의 수행과 준제송주」, 『한국불교학연구총서』, 불함문화사, 2004.

- 송은일, 「최치원의 「鸞郎碑銘」 찬술과 그 의도」 『역사학연구』 제34집, 호남사학회, 2008.

- 안중철, 「해동천태의 원류」, 『논문집』 제2집, 중앙승가대, 1993.

- 양은용, 「寶雲義通祖師와 高麗佛敎」, 『韓國哲學宗敎思想史』, 원광대출판국, 1990.

- 원영상, 「잘 삶의 의미-왕생정토사상을 중심으로-」, 『동양철학연구』 제53집, 2008.

- 유요한 · 윤원철, 「반복과 소유-한국불교 재가신자들의 불경 이용 방식: 비교종교학적 관점의 경전 연구의 한 예」 『종교와 문화』 제17호, 서울대 종교문제연구소, 2009.

- 이덕진, 「경허선사의 法化와 行履에 대하여」 『한국선학』 제4집, 한국선학회, 2002.

- 이영아, 「源信說話에 나타난 彌勒信仰-阿彌陀信仰과의 관련을 중심으로」, 『日本硏究』 제20호, 한국외대 일본연구소, 2003.

- 이영자, 「천인의 법화참법의 전개」, 『한국불교학연구총서』, 불함문화사, 2004.

- - - -, 「천책의 천태사상」, 『한국불교학연구총서』, 불함문화사, 2004.

- 이원숙, 「『자행록』을 통해 본 영명연수의 수행일과와 사상」, 『대각사상』 제7집, 대각사상연구원, 2004.

- 이자랑, 「율장을 통해 본 승단과 현대사회의 조화」, 『한국불교학』 제45집, 한국불교학회, 2006.

- 이정모, 「曇鸞의 왕생행도에 대한 일고찰」, 『논문집』 제6집, 중앙승가대, 1997.

- 이지관, 「延壽의 선정겸수관」, 『불교학보』 제22집, 동국대 불교문화연구원, 1992.

- 이행구, 「화엄경에 나타난 정토신앙」, 『불교학보』 제26집, 동국대 불교문화연구원, 1989.

- 이효걸, 「삼계교-위기시대의 민중불교」, 『중국철학』 제7집, 중국철학회, 2000.

- 장계환, 「中國의 佛敎結社」, 『한국불교학』 제17집, 한국불교학회, 1992.

- 정제규, 「고려시대 불교신앙결사에 대한 인식과 그 성격」, 『문화사학』 제21집, 한국문화사학회, 2004.

- 조영록, 「법안종의 등장과 그 해양불교적 전개」, 『이대사학연구』 제30집, 이화사학연구소, 2003.

- 채상식, 「고려후기 원묘요세의 백련결사」, 『염불신앙결사의 역사적 조명』, 한국정토학회, 2000.

- ----, 「고려후기 천태종의 백련사 결사」, 『한국사상논문선집』, 불함문화사, 1998.

- 채상식, 「고려후기 불교사연구-白蓮結社 · 一然 · 體元의 불교사적 성격-」, 서울대 박사논문, 1987.

- 채인환, 「신라시대의 정토교학」, 『한국정토사상연구』, 동국대출판부, 1985.

- 천진푸(Chen Jin Fu), 「9-12세기 중한불교교류의 각 시기와 특징」, 『불교연

구』제25집, 불교학연구회, 2006.

- 최기표, 「초기천태교단의 계율」『한국불교학』제45집, 한국불교학회, 2006.

- 최병헌, 「근대 선종의 부흥과 경허의 수선결사」, 『덕숭선학』제1집, 한국불교선학연구원, 2008.

- ---, 「대각국사 의천의 천태종 창립과 宋의 천태종」, 『인문논총』 제47집, 서울대 인문대, 2002.

- 최창식, 「보조 정혜결사와 수선사 청규」, 『보조사상』 5집, 1992.

- 한기두, 「고려불교의 결사운동」, 『한국불교학연구총서』, 불함문화사, 2004.

- 한기문, 「고려 후기 상주 공덕산 동백련사의 성립」, 『한국불교학연구총서』, 불함문화사, 2004.

- 한태식, 「염불의 실천방법에 관한 연구」, 『韓國佛敎學』 제11집, 한국불교학회, 1986.

- 허훈, 「율과 청규의 관계에 대한 고찰」, 『불교학연구』 제20집, 불교학연구회, 2008.

- 허흥식, 「고려전기 불교계와 천태종의 형성과정」, 『한국학보』 제4집, 1978.

- ---, 「몽산덕이의 염불화두」, 『한국불교학연구총서』, 불함문화사, 2004.

- ---, 「無畏國統 丁吾의 활동상과 사상적 경향」, 『한국불교학연구총서』, 불함문화사, 2004.

- 황인규, 「고려후기 儒生의 寺刹讀書」, 『한국불교학』 제45집, 한국불교학회, 2006.

5. 국외 연구논문

〈중국 자료〉

• 孟憲實, 「唐朝政府的民間結社政策硏究」, 『北京理工大學學報(社會科學版)』 제3집, 2001.

• 卜秋香, 「唐宋時期的邑社」, 『靑海師範大學學報』 제110호, 2005.

• 傅曉靜, 「唐代民間私社的組織形式與活動方式」, 『理論學刊』 제116집, 2003.

• 曾其海, 「略評遵式在天台宗中的地位」, 『台州學院學報』, 台州學院 人文學院; 浙江 臨海, 권31, 2009.

• 黃公元, 「由『智覺禪師自行錄』看永明延壽的僧範形象與融合特色」, 『浙江學刊』 제1호, 2009.

〈일본 자료〉

• 宮崎ふみ子, 「ミロクの世と女性-近世日本の富士信仰における彌勒信仰の展開」, 『大巡思想論叢』 제17집, 대진대 대순사상학술원, 2004.

• 鈴木中正, 「宋代佛敎結社の硏究」 『史學雜誌』 제52편 1권, 東京大 史學會, 1941.

• 山折哲雄, 「死のための団体形成-源信とその同志たち」, 『宗敎硏究』 52(1), 宗敎硏究會: 東京, 1978.

• 娛健夫, 「源信造立の地藏菩薩像に關する新資料」 『佛敎藝術』 269輯, 每日新聞社: 大阪, 1948.

• 堀大慈, 「源信における講運動の立場-二十五三昧会と靈山院釋迦講-」, 『硏究紀要』 10輯, 京都女子學園佛敎文化硏究所: 京都, 1971.

- 藤本佳男,「源信の宗教的實踐に關する覺書-源信淨土教分析のための前提作業-」,『佛教文化研究所紀要』23輯, 龍谷大學佛教文化研究所: 京都, 1962.

〈서양 자료〉

- Andrews, Allan A., "World Rejection and Pure Land Buddhism in Japan", Japanese Journal of Religious Studies, vol. 4, 1977.

- Andrews, Allan A.,, "Lay and Monastic Forms of Pure Land Devotionalism: Typology and History", Numen, Vol. 40, 1993.

- Benn, James, A., "Where Text Meets Flesh: Burning the Body as an Apocryphal Practice in Chinese Buddhism", History of Religions, Vol. 37, 1998.

- Getz, Daniel A. Jr., "Tien-tai Pure Land Societies and the Creation of the Pure Land Patriarchate", Buddhism in the Sung, University of Hawai'i Press: Honolulu, 1999.

- Haar, Barend J, ter, "Whose Norm, Whose Heresy? The Case of The Chinese White Lotus Movement", Haresien, München: Wilhelm Fink Verlag, 2003.

- Handlin Smith, Joanna F., "Liberating Animals in Ming-Qing China: Buddhist Inspiration and Elite Imagination" The Journal of Asian Studies, Association for Asian Studies, Vol. 58, 1999.

- Jones, Charles B., "Foundations of Ethics and Practice in Chinese Pure Land Buddhism", Journal of Buddhist Ethics, vol 10th, 2003.

- Jones, Charles B., "Toward a Typology of Nien-fo: A Study in Method of

Buddha-Invocation in Chinese Pure Land Buddhism", Pacific World 3rd series, 2001.

- Marra, Michele, "The Development of Mappo Thought in Japan (Ⅰ)" Japanese Journal of Religious Studies, vol. 15, 1988.
- Minor L. Rogers, "Rennyo and Jodo Shinshu Piety: The Yoshizaki Years" Monumenta Nipponica, Vol. 36, No.1, 1981.
- Overmyer, Daniel, L. "Alternatives: Popular Religious Sects in Chinese Society", Modern China, Vol. 7, No. 2, 1981.
- Sharf, Robert H., "On Pure Land Buddhism and Ch'an/Pure land Syncretism in Medieval China" T'oung Pao 2nd Series, Vol. 88. 2002.
- Smith, Joanna F. Handlin, "Liberating Animals in Ming-Qing China: Buddhist Inspiration and Elite Imagination", The Journal of Asian Studies, Association for Asian Studies, Vol. 58, 1999.
- Stanley Weinstein & William M. Bodiford. edt, Daniel A. Getz, "Popular Religion and Pure land in Sung Dynasty Tiantai Bodhisattva Precept Ordination Ceremonies," Going Forth: Visions of Buddhist Vinaya, University of Hawai'i Press: Honolulu, 2005.
- Stevenson, Daniel B., "Protocols of Power: Ziyun Zunshi(964-1032) and Tian t'ai Lay Buddhist Ritual in the Sung", Buddhism in the Sung, University of Hawai'i Press: Honolulu, 1999.
- Turow, Gabe, "Auditory Driving as a Ritual Technology: A Review and Analysis", Religious Studies Honors Thesis, Stanford University, 2005.
- Williams, Bruce Charles, "Toward a Typology of Nien-fo: A Study in Method of Buddha-Invocation in Chinese Pure Land Buddhism", Pacific

World 3rd series, 2001.

6. 기타 자료

- 〈불교경전 및 국학 원전자료 Web DB Site〉
- 中華電子佛典協會: (CBETA) http://www.cbeta.org.
- 고려대장경연구소: http://www.sutra.re.kr/
- SAT Taisho Online: http://21dzk.l.u-tokyo.ac.jp/SAT
- 한국고전종합DB: http://db.itkc.or.kr/itkcdb/mainIndexIframe.jsp
- 전자불전문화재컨텐츠연구소: 한국불교전서검색시스템

A Study of the Nianfo(Buddha Invocation) Societies of East Asia:

Focusing on the Tiantai Order

Kim, Seong-soon

The Department of Religious Studies

The Graduate school

Seoul National University

The nianfo (K. yŏmbul, Skt. Buddha-anusmṛti, recollection or invocation of the Buddha's name) Societies of East Asia usually refers to religious bodies formed by people who share similar religious ideals based on their feeling of solidarity, with a pledge to hold on to identical faith and practice. The main focus of this thesis is the nianfo societies that practiced faith in Amitābha with the goal of rebirth in the Pure Land. More specifically, we will focus on societies under the leadership of monks belonging to the Tiantai (K. ch'ŏnt'ae, J. Tendai) school. The vitality of their cultivation praxiology rests in the fact that it is not a fixed tradition handed down from the past, but one continually reinterpreted, and one that incorporates new elements by intermingling with other doctrines. The East Asian nianfo societies were usually formed when there was a need for a revival of the sangha, for a reformation of the existing community, or demands for a new faith and cultivation praxiology. Therefore, the nianfo societies could easier adopt new forms of praxis than dharma assemblies that had to adhere to the orthodox forms of practice within the order (K. kyodan). In fact, most of the monks in the history of East Asian Buddhism who expanded praxiology have at one point in their careers been involved with Buddha Invocation societies.

The five communities studied in this thesis are those that represent the Amitābha faith societies of Korea, China and Japan. All these societies are based on the soteriology of rebirth in Amitābha's pure land, but each one shows its distinct praxiology. In other words, based on the common cultivation method, nianfo, each has a focus on distinct practices such as visualizing the Buddha (Huiyuan's White lotus society on Mt. Lu), Dharma assembly for greeting Amitābha (mukae-ko) (Nijūgozanmai-e), penitence and precepts-receiving assemblies (Tiantai society of Siming Zhili and Ziyun Zunshi), practice of religious precepts (chijie) and invocation of the Buddha (Mao Ziyuan's Bailiancai), as well as recitation and dissemination of scriptures (Wonmyo yose's Baengnyeonsa). This thesis examines the causes and background of how such diverse cultivation praxiologies came to be held by the Nianfo Societies that share the same ideal of rebirth in the pure land.

The five societies are treated in chronological order, and then the processes of selecting the main praxiology of each society by the leader monk and its adaption to the needs of the members are examined. In addition, through a comparison between praxiologies that had been practiced in the past and those carried out by later generations, the development process of the praxiologies are studied, as well as the features of reinterpretation within the East Asian nianfo societies.

In the beginning, these societies started out as collegia-like groups consisting of only the elites, and as the Amitābha faith gradually spread, the commoners began to be incorporated, so that the societies expanded to embrace wider groups of people. After the Tang dynasty, Amitābha faith became widely diffused throughout East Asia and many lay believers joined the nianfo societies. The doctrines of pure land and karmic retribution came to trigger demands for the new soteriology of rebirth in the pure land from believers of all classes. The formation of these societies enabled the Buddhist believers to escape the formal structure of the temple, cultivate themselves with higher intensity, and acquire better feelings of solidarity. It also helped the leader monks to secure support for themselves and the temple from members of society.

In order to reconcile the solidarity of the societies as communities with many members with the private quality of salvation, the leader monks seem to have utilized practice rituals such as bodhisattva precepts ordinations and the release of animals. At the societies' rituals, where large numbers of members gathered, simple practices such as nianfo-chan—a combination of Buddha invocation and penitence—together with practice religious precept (chijie) and charitable deeds were recommended as ways to achieve rebirth in the pure land. Moreover, in the process of teaching the members, the leader monks sometimes rearranged the traditional cultivation praxiology or reinterpreted details, and so gave birth to new practices. For the East Asian nianfo societies, their great number of members, which in turn required solidarity, called for cultivation praxiologies that could be embraced by all.

The joint cultivation of Chan and pure land (Chanjing shuangxiu) and the integration of all schools, trends which started to appear after the Song dynasty, served as a doctrinal background for satisfying the needs of these nianfo societies. The diversity of cultivation praxiologies demonstrated by the East Asian Amitābha faith societies reflects the multiplicity of explanations regarding Amitābha faith in the history of East Asian Buddhism. This faith, which originally dealt only with the life after death, gradually expanded its meaning to guarantee the benefits in this life, and so the effectiveness of nianfo was increased.

Nevertheless, this situation started to change after the arrival of the concept of "Pure land exists only in the mind" (weixin jingtu), which was propagated when the doctrines of the Chan sect and Pure Land faith came in contact with each other after Yongming Yanshou (904-975). The matter of cultivation and salvation became entirely private due to the influence of weixin jingtu, which maintained that the Pure Land (jingtu) does not exist externally but rather only inside the cultivator's mind. Weixin Jingtu interpreted ultimate rebirth in the pure land as a matter that depended on the communion between Amitābha and the dead, and this made funeral ceremonies carried out by external help meaningless. It was understood that the dead could achieve rebirth in the pure land only when the body and mind became pure through nianfo cultivation.

In sum, nianfo societies of East Asia produced diverse doctrines and cultivation methods through reinterpretation of the Amitābha faith by the leader monks, which interfaced well with the religious needs of the time. Furthermore, it is argued here these in turn served as key factors that enriched the entire cultivation praxiology of East Asia.

Keywords: East Asia Nienfo society, Amitābha faith, rebirth in the Pure Land, praxiology, Tiantai Order, Leader monk

Student Number: 2007-30733